당신의 삶은 누가 통제 하는가

당신의 삶은 누가 통제하는가

William Glasser 지음
김 인 자 옮김

생활심리시리즈 4

한국심리상담연구소

ⓒ 1994년 한국심리상담연구소 김인자에 의해 저작권이 등록되어 모든 권리가 법적으로 공인되어 있음. 이 책의 전체 혹은 부분을 어떤 형태로든지 저작권자 김인자로부터 서면의 허락 없이 복사나 복제하거나 사진을 찍거나 녹음하는 것과 같은 기계나 전류를 통한 전달매체로 전송, 정보 저장과 수정하는 것이 허용되지 않는다.

CONTROL THEORY. Copyright ⓒ 1984 by William Glasser, Inc.
All right reserved. Printed in the United States of America.
No part of this book may be used or reproduced in any manner
whatso-ever without written permission except in the case of brief
quotations embodied in critical articles and reviews.
For information address Haper & Row, Publishers, Inc., 10 East
53rd Street, New York, N. Y. 10022. Published simultaneously in
Canada by Fitz-henry & Whiteside Limited, Toronto.

당신의 삶은 누가 통제하는가? ⓒ   생활심리시리즈 4

1991년 10월 12일 초판 발행
2019년 10월 10일 개정5판 9쇄 발행

지 은 이 / William Glasser
옮 긴 이 / 김 인 자
펴 낸 이 / 김 인 자
펴 낸 곳 / 한국심리상담연구소
인   쇄 / 가톨릭출판사
              서울 중구 중림로 27
              1544-1886(대)
출판등록 / 제10-340호(1989. 8. 24)
              서울시 영등포구 경인로71길 70. 벽산디지털밸리 605호
              (02) 790-9361~2   팩 스 / (02) 790-9363
              http://www.kccrose.com   E-mail / kcc8608@kccrose.com

□ 번역에 도움을 주신 분/ 김경희, 김은진, 김진숙, 연미희, 우애령, 정은숙

ISBN 978-89-90738-15-8
값 12,500원

한국인 독자들에게

내가 저술한 책들 중에서 가장 중요하게 생각하는 책이 한국어로 번역된다니 말할 수 없이 기쁘다. 이 책이 중요한 책이라고 확신하는 이유는 선택이론이 여태까지 내가 찾아본 어떤 이론보다도 인간이 왜 행동하는가에 대해 제일 정확한 설명을 해 주기 때문이다.

선택이론을 내가 처음 발견한 것은 아니다. 이 이론은 윌리엄 파워스에 의해서 개발되었다. 하지만 파워스가 시작한 것을 내가 확장하고 명확하게 해서 누구든지 자기 삶의 질을 향상시키는 데에 쉽게 사용할 수 있는 이론으로 발전시켰다.

내가 선택이론의 실용성을 믿는 이유는 이 이론이 내

삶에서 나를 인도해 주는 빛이 되었고 또한 수많은 사람들이 이 이론이 자신들의 삶에도 실제로 빛을 던져 주었다고 내게 말했기 때문이다.

　이 이론의 좋은 점은 어느 문화권에나 잘 맞는다는 점이다. 이 이론이 전적으로 생물학에 기초를 두고 있고, 우리 모두가 다 같은 종 속에 속해 있는 호모사피엔스이기 때문에 누구에게나 다 적용이 가능하다고 본다. 한국에서도 이 이론을 사용하는 사람들이 많이 늘어나리라고 기대하고 있다.

　마지막으로 나는 내 아이디어를 한국에 전파하는 데 지칠줄 모르고 전념해 온 김인자 교수의 노고에 찬사를 보낸다. 아울러 가까운 장래에 한국을 방문하여 현실치료상담과 선택이론에 대해 더 가르칠 기회를 갖고 싶고, 또 인간인 우리가 어떻게 기능하는가에 관해 배우고 싶어하는 많은 사람들에게 이 아이디어를 전파하고 있는 김인자 교수와, 함께 일하고 있는 사람들을 직접 만나보고 싶다.

William Glasser, M. D.
President & Founder

저자의
노트

    이 책의 대부분은 우리가 인생을 통제하려고 시도할 때 선택하는 행위에 대해 할애되고 있다. 이 책에서 아주 자세하게 설명하려고 하는 바는 모든 행위가 세 가지의 구성 요소로 이루어지고 있다는 점이다. 곧 행하고, 생각하고, 느낀다는 세 가지의 요소이다. 행하는 것과 생각하는 것은 '달리고 있다', '명상하고 있다'와 같이 항상 동사로 표현되고 있다. 어떤 실직자가 '우울한' 상태에 있거나 '우울' 때문에 고통스러워하고 있다는 이야기들은 우리가 흔히 듣는 이야기이다.
  어떤 사람이 우울한 상태에 있다는 것은 '우울'이 그에게 일어난 것을 추론하게 한다. 여기서 내가 설명하려고 하는 바는 그가 우울해하는 것이 실직의 어려움을 견디기 위해 그가 선택한 행동이라는 점이다. 이 사람의 느낌을 행위로도 묘사하고 문법적으로도 정확하게 기술하려면 나는 그가 우울해 하고 있는 중이라거나 우울하기를 선택했다고 말해야 옳을 것 같다.

그러므로 이 책에서는 느낌을 나타낼 때 명사나 형용사보다 동사를 더 많이 사용하고 있다. 예를 들어 '두통'은 '머리 아파하기', '공포증'은 '공포스러워하기', '불안'은 '불안해 하기' 등으로 묘사될 것이다.

이 새롭고 정확한 표현 방식은 처음에는 좀 낯설게 느껴질 것이다. 그러나 이 책을 읽어 나가면서 우리는 우리에게 친숙한 형용사나 명사를 사용하지 말아야 이 책의 원래 주제인 '선택이론'을 충실하게 따를 수 있다는 것을 잘 이해할 수 있게 될 것이다. 언어는 대단히 중요한 것이다. 언어는 우리가 의사소통을 하는 데 중심이 되는 매체이다. 언어를 정확하게 사용하면 할수록, 우리는 우리가 원하는 곳까지 더 멀리 갈 수 있게 된다.

William Glasser

감사의 글

1977년에 나는 William Powers의 귀한 이 론서인 『행위 인식의 통제(Behavior: The Control of Perception Chicago : Aldine. 1973)』를 통하여 선택이론을 처음으로 접하게 되었다. 그 이래로 나는 이 이론이 우리 삶에 힘을 보태는 데 사용될 수 있다는 가능성에 매료되어 왔다. 이 책은 그 가능성을 구체적으로 실천하고자 하는 나의 시도이지만, 학술적인 연구서라기보다는 개인적인 생각들을 정리한 것이다.

아직 많지는 않지만 점차 늘어나고 있는 심리학 분야의 연구들이 (나의 연구와는 별도로 진행된) 나의 선택이론에 관한 생각들을 전적으로 지지해 주고 있다. 최근에 출간된 훌륭한 책,『통제의 심리학』: *The pshchology of Control*(Beverly Hills, Calif. : Sage Puiblications. 1983)에서 나의 생각을 지지하는 연구들을 상당히 많이 정리해 놓은 하버드 대학의 Ellen J. Langer 박사에게 감사를 전한다.

이 책이 나오도록 세심하게 원고를 편집해 준 아내 Naomi에게 감사를 보낸다. 그리고 전에 쓴 네 권의 책들이 성공적일 수 있도록 훌륭하게 편집해 준 사촌 Bob Glasser에게도 감사한 마음을 전한다.

그들이 나와 함께 인내해 주고 책이 명료해질 수 있도록 헌신해 준 데 대한 깊은 감사를 전하고 싶다. 책을 쓴다는 일에 대해 현재 내가 알고 있는 것의 대부분은 그들의 노력을 통해서 배우게 된 것이다.

William Glasser

번역을 마치고

사람과 사람의 만남이나 사람과 크고 작은 사건들과의 만남에서는 반드시 문제가 생기게 된다. 그러나 다행히 인간만은, 자기들의 문제를 피하거나 순응하거나 공격하는 비생산적인 태도보다는 문제와의 만남을 학습의 기회, 성장의 계기로 변형, 감속, 가속하여 창조적이고 질적인 개인 경험으로 만들고 싶어하는 생태적인 욕구를 가지고 있다. 인간은 그 욕구충족 방법을 주도적으로 선택할 수 있는 존재라고 William Glasser 박사는 주장한다.

나는 1960년 초 그의 치료법을 공부하면서 알게 되었지만, Glasser 박사의 'Control Theory'와 'Positive Addiction'을 읽고 나면서부터는 현실치료상담이 지극히 현실적이고 효과적임을 믿게 되었다.

많은 사람들이 시대적이고 사회적인 문제에 얽혀서 그

들의 문제를 주위 환경의 탓으로 돌리고 책임 있는 삶의 주인이 되지 못하고 있다. 이 책이 전문가에게는 물론 가정, 직장, 학교, 사회 관계 속에서의 모든 일반인들에게도 꼭 도움이 되었으면 하는 마음이 가득하다.

1980년 말부터 William Glasser와 자주 만날 수 있었던 것을 나는 개인적인 영광으로 생각한다. 그는 만날 때마다 자기 평가로서 그의 이론을 수정하고 그의 이론 발전에 공헌한 사람들에게 아낌없이 그 공을 돌린다. 그의 개방성과 정직성은 보기 드문 성숙함으로 나에게 다가와 늘 감동을 준다. 특히 한국에서의 '현실치료상담 알리기'를 적극 지지하여 준 그가 역자 개인에게 보여준 관심에서 나는 책임을 크게 느끼고 있다.

항상 나의 욕심이 나의 능력을 앞지르기 때문에 주의 사람들을 실망시킬 수도 있을 것이다. 그러나 독자가 우리의 정성과 동기를 인정하여 주기를 희망하며 따뜻한 충고와 격려를 기대한다.

1994년 현재 독자가 혼돈을 피해야 할 것은 저자의 노트에서 Glasser가 행위의 세 가지 요소라고 한 것을 네 가지로, 즉 행하기, 생각하기, 느끼기 외에 생리기능을 포함하여 전행동(Total Behavior)이라 수정한 것과, Contorl Theory는 원래 Glasser박사가 1980년대에 Take Effective Control of your Life라는 이름으로 출판한 것을 1984년에 수정하여 새 이름으로 출판하였다는 것이다.

특히 우리 첫 번째 R.T. 회원들이 같이 공부하면서 이 책이 나오도록, 좀 더 질높은 책이 되도록, 도움을 아끼지 않은 것에 감사한다.

그리고 한국심리상담연구소 회장인 남편에게 William Glasser를 방문할 때나 북미 각지에 있는 여러 훈련 장소를 찾아다닐 때 동반해 주고 같이 자리해 주고 오늘이 있기까지 물심양면으로 지원해준 것에 대해 감사하고 자랑스럽게 여겨 후배들의 배우자에게 소개하고 싶다. 그의 도우려는 선택이 후배들에게 격려와 좋은 modeling이 될 것이다. 즉 그의 도우려는 선택이 또 다른 많은 사람들의 돕는 선택에 용기로서 보여졌으면 한다.

1994년 4월
김인자

저자의 서언

　　　　　　우리 생명의 기초를 이루는 유전자는 우리가 생존하고 번영하려면 따르지 않을 수 없는 지시의 연속에 불과하다. 이 지시들의 많은 부분이 우리들의 머릿속에 사진으로 의식되고 있다. 그 사진들은 우리가 삶을 영위해 나가는 방식을 통하여 충족되어져야만 하는 것들이다. 우리가 유전자에 이끌려 이 사진들에 사로잡혀 있지만, 어떻게 이것들을 충족시켜야 하는가에 대해서는 사실은 사로잡혀 있지 않다는 것을 배울 필요가 있다. 우리는 거의 언제나 선택권을 가지고 있고 그 선택이 훌륭할수록 우리는 좀 더 스스로의 인생을 통제할 수 있게 되는 것이다.

　우리들 대부분은 결혼이 갑작스럽게 예기치 않은 파경에 이르러 괴로워하고 있는 친구를 위로해본 경험이 있다.

그녀는 되풀이해서 말하기를, "그이가 어떻게 나한테 이럴 수가 있지? 내 나이에 어떻게 처음부터 다시 시작하란 말이야? 우리가 그렇게 오래 걸려 쌓아 올린 것을 그렇게 혼자 깨버려도 되는 거야?" 하지만 본인 이외의 모든 사람들이 보기에는 그녀가 이미 끝나버린 결혼생활에 계속 사로잡혀 있기를 선택하고 있다는 것이 분명하다.

우리는 누구나 다 이런 때를 겪을 수 있다. 갑자기 모든 것이 우리가 원하는 사진과 달라지고, 우리는 자신이 인생에서 통제를 잃어버린 것 같이 느끼게 된다. 우리는 만사가 절망적이라고 느끼게 되고 어디에서 전환점을 찾아야 할지 알 수가 없다. 이런 절망적인 상황에 처해 있을 때, 우리 머릿속의 이 비참함은 우리가 선택한 것이고 우리가 배울 수만 있다면 더 나은 선택을 할 수도 있다는 생각은 좀체로 머릿속에 떠오르지 않는다.

이 책에서 나는 우리가 외부의 어려운 상황 때문에 통제되는 것이 아니라는 것을 설명하려고 한다. 우리는 내면의 힘에 의해 완전히 동기화되고 있으며 모든 행위는 우리 자신의 인생을 통제하기 위한 시도이다. 예를 들어 우리가 우리의 불행을 자녀나 배우자나 부모 탓으로 돌린다면, 우리는 그들이 우리의 인생을 통제하고 있는 것처럼 행동하고 있는 것이다. 앞에서 예를 든 친구는 남편이 떠났을 때 비참하게 느껴야만 했던 것은 아니었다. 그녀는 자신이 상실하고 있다고 느끼는 인생의 통제력을 되찾기 위해서 절망적이지만 별로 효과가 없는 비참해 하기를 선택한 것이다.

이 책은 당신이 효과적으로 인생을 통제하는 데 도움이 되는 통제이론을 가르쳐 준 것이다. 우리는 우리 내부의 강하고 끊임없는 욕구를 만족시키려고 시도해 온 고통스럽고 비효율적인 방법 대신에 좀 더 효율적인 방법을 배우게 될 것이다. 그러나 통제이론을 배우기 위해서 당신은 여태까지 믿어 왔던 상식적인 믿음, 곧 우리가 행하는 모든 일들이 우리 주위에서 일어나는 일에 대한 반응이거나 응답이라는 믿음을 버려야만 할 것이다.

 이것은 쉽지 않을 것이다. 일생 동안 지녀 온 믿음을, 특히 우리 주위의 대부분의 사람들이 그렇게 믿고 있을 때 그것을 버리기는 어려운 것이다. 나는 여러분이 이에 대해 의심할 수 있다고 생각한다. 내가 아무리 설득력 있게 논변을 펴더라도 당신의 생활에서 스스로 이 이론을 사용해 보고 그 성과를 경험하게 될 때까지 이 책의 내용을 전혀 믿지 않아도 좋다.

차례

한국인 독자들에게 / 5
저자의 노트 / 7
감사의 글 / 9
번역을 마치고 / 11
저자의 서언 / 14

제 1장   우리가 생각하고, 활동하고, 느끼는 모든 것은 내면 작용에 의해서 일어난다 ················· 19
제 2장   인간의 기본적인 욕구 :
         우리를 움직이는 강력한 힘 ················· 29
제 3장   머릿속의 사진들 ································ 55
제 4장   무엇이 우리를 행동하게 하는가 ············ 77
제 5장   우리 자신은 하나의 통제체계이다 ········· 93
제 6장   인간은 자신의 행동을 통제할 수 있다 ······· 107
제 7장   불행을 선택하는 것이 타당한 이유 ········· 123
제 8장   불행을 우리가 선택한다는 사실을 왜 인식하지 못하는가 ································ 157
제 9장   우리 카메라에 들어 있는 가치 ·············· 173
제10장   창조성과 재조직 ····························· 193
제11장   광증, 창의성 그리고 책임감 ··············· 211
제12장   창조적 과정의 정신신체질환 ·············· 225
제13장   약물 중독 1 : 삶을 통제하는 '화학적 작용' ··· 255

제14장	약물 중독 2 : 합법적이거나 비합법적인 중독성 약물들	283
제15장	갈등	303
제16장	비난	327
제17장	당신의 삶을 통제하기	351
제18장	선택 이론과 자녀 양육	373
제19장	고통과 불행으로 자신이나 타인을 통제하려 하다	409
제20장	우리의 건강을 통제하기	433
제21장	어떻게 선택이론을 사용할 것인가	463

색　인 …………………………………………… 471

제1장

우리가 생각하고,
활동하고,
느끼는
모든 것은
내면 작용에
의해서 일어난다

필자가 이 책에서 말하고자 하는 것은, 우리가 행동하는 모든 것, 즉 좋은 것과 나쁜 것, 효율적인 것과 비효율적인 것, 즐거운 것과 고통스러운 것, 정상적인 것과 비정상적인 것, 건강과 병약, 그리고 과음하고 그렇지 않는 것들이 모두 우리의 내면에 있는 강한 욕구를 충족시키기 위한 것이라는 점이다.

우리가 차를 같이 타고 가는데 빨간 신호등이 켜져 당신이 차를 멈추었다고 하자. 그때 내가 왜 차를 멈추냐고 묻는다면 당신은 신호등을 가리키면서, "빨간 불이 켜지면 저는 항상 차를 멈추죠."라고 대답할 것이다. 잠시 후 전화벨이 울렸을 때 내가 "왜 수화기를 듭니까?"라고 물으면 당신은 "전화벨이 울렸기 때문이죠."라고 대답할 것이며, 너무나 당연한 것을 묻는 나를 어리석은 사람으로 여길 것이다. 과연 당신이 생각하는 것처럼 나는 어리석은가? 당신은 빨간 신호등이 켜졌을 때 항상 차를 멈추고, 전화벨이 울렸을 때 항상 수화기를 들었는가? 아주 급한 일로 인해 의식적으로 빨간 신호등을 무시한 적은 없었는가? 비록 전화가 걸려왔지만 그 순간에 더 중요한 일을 하고 있는 중이어서 전화를 받지 않은 경우가 때때로 있지는 않았는가?

빨간 신호등이 차를 멈추게 하고 벨 소리가 전화를 받게 하는 것과 전혀 무관하다고 말하는 것은 아니다. 그러나 빨간 신호등과 전화 소리가 차를 멈추게 하고 전화를 받게 하는 직접적인 원인이 되지는 않는다. 우리는 생존하기 위해 최선을 다하려는 강한 욕구를 내면적으로 지니고 있기 때문에 빨간 신호등이 켜졌을 때 차를 멈춘다. 또한 우리들 대부분은 사람들과 이야기하고 싶은 강한 욕구를 지니고 있기 때문에 전화벨이 울릴 때 수화기를 들게 된다. 복잡한 거리에서 빨간 신호등을 무시하고 달린다든가, 아무 일도 하지 않으면서 전화를 받지 않을 수 있는 가능성을 생각해 보라. 결국 당신을 행동하게 하는 것은 외부의 작용이 아니라 당신 자신의 내면적인 작용에 의한 것임이 명백해질 것이다.

우리의 행동은 외부작용에 의해서 유발되는 것이 아니다. 만일 우리들의 행동이 외적 요인에 의해서 결정된다고 믿는다면 우리는 생명을 가진 인간이 아니라 생명이 없는 기계처럼 행동하게 될 것이다. 우리들은 살아 있기 때문에 전화를 받는 행동이 우리가 현재 추구하는 목적을 충족시킬 수 있는지 없는지를 판단하여 전화를 받지 말지 선택하는 것이다. 필자가 이 책에서 말하고자 하는 것은, 우리가 행동하는 모든 것, 즉 좋은 것과 나쁜 것, 효율적인 것과 비효율적인 것, 즐거운 것과 고통스러운 것, 정상적인 것과 비정상적인 것, 건강과 병약, 그리고 과음하거나 않거나 하는 것들이 모두 우리의 내면에 있는 강한 욕구를 충족시키기 위한 것이라는 점이다.

자동응답전화기는 생명이 없는 기계라서 선택의 여지없이 전화를 받을 수밖에 없다. 그 전화기는 외부에서 걸려오는 전화 소리에 언제나 응하도록 유능한 발명가에 의해서 만들어진 것이다. 그것은 사실 로봇에 불과한 노예일 뿐이다. 만일 빨간 신호등처럼 간단한 것이든 난폭한 남편과의 문제처럼 복잡한 것이든 간에 우리 인간이 기계처럼 외부의 힘에 의해 통제된다고 믿고 언제나 선택하기를 포기한다면, 우리는 인간을 노예로 생각하고 받아들이는 셈이 된다.

만일 모든 행동의 동기가 좋든 나쁘든 간에 외부에서 생겨나는 것이 아니라 나 자신의 내면적 작용에 의한 것이라고 믿는다면, 나는 불행할 때 그 불행이 무관심한 부모나, 비열한 배우자, 배은망덕한 자식, 혹은 불만스러운 직업 때문이라고 주장할 수는 없을 것이다. 그러나 만약 내가 기계에 불과하다면 그러한 주장은 타당할 것이다. 즉, 나는 나에게 필요한 사람들이 나를 잘 대해줄 때만 기분이 좋아지게 조작될 것이다.

그러나 나는 기계가 아니다. 우리는 살아가면서 만나는 모든 사람들이 나를 잘 대해주길 몹시 갈망하지만 내가 원하는 것을 얻지 못하게 될 때도 있다. 그러나 그 결과에 대해 슬퍼하거나 않거나 하는 것은 내 선택인 것이다. 내가 불행을 스스로 선택하지 않은 것처럼 생각될지라도 사실은 선택한 것이다. 상식과는 달리 당신이 나를 전화 받게 만들 수 없는 것처럼, 나를 불행하게 만들 수도 없다.

이제 당신은 우리가 느끼는 대부분의 불행은 우리 스스로 선택한 것이라는 필자의 주장에 대해 이의를 제기할 수도 있을 것이다. 가령 당신이 좋은 직장에서 갑자기 해고당했다면 이것은 낭떠러지에서 떨어지는 듯한 기분이라는 것을 필자는 잘 알고 있다. 지금까지 살아오면서 얻은 경험으로는 당신이 불행을 선택한 것이 아니라고 배웠을 것이다. 즉 당신의 불행은 직장을 잃었기 때문에 생겨난 것이며, 직장을 잃은 것만으로도 불행한데 스스로 불행을 선택하는 것이 어떻게 상황을 호전시킬 수 있느냐고 의아하게 여길 것이 분명하다. 만일 독자 여러분이 나에게 근거를 제시할 시간을 준다면 내가 왜 이런 주장을 하는지, 또 이 인식을 어떻게 이용하면 여러분 자신의 인생을 더 효과적으로 통제하며 살아갈 수 있는지에 대해 자세히 설명해 보이겠다.

그러나 당신이 아는 사람들 중 적어도 몇 명은 좋은 직장에서 해고당했을 때 불행이 아닌 다른 효과적인 선택을 했음을 생각해 낼 수 있지 않은가? 그들은 불안해하거나 화내지 않고 사태를 일종의 도전으로 받아들여 그 상황에 지배당하지 않기를 선택했다. 그러한 상황에 보다 효과적으로 대처하려면 그들이 학습한 것을 당신도 배워야만 한다. 즉 당신이 어떻게 느끼느냐 하는 것은 타인이나 사건에 의해 좌우되는 것이 아니다. 당신 스스로 선택하지 않는 한 당신은 신체적으로나 심리적으로나 부모, 남편, 아내, 자식, 경제조건 등의 노예가 되지 않는다. 우리가 원하는 대로 그들이 대우해 주지 않으면 일시적이긴 하지만 어쨌든 가장 좋은 선택으로 보이는 비탄을 우리가 선택하게 된다는 것에 대한 자세한 설명은 뒤에서 하겠다. 이 시점에서 우리가 깨달아야 하는 중요한 점은 그 비탄은 항상 우리가 선택한 것이며 대부분의 경우 그것이 잘못된 선택이라는 것이다.

내 조카는 지난 여름에 애리조나에 있는 큰 시립 선인장 식물원을 방문했을 때 만난 청년에 대한 재미있는 이야기를 하곤 한다. 선인장에 대해 찬사를 보냈던 그 청년을 포함한 모든 사람들이 더위 때문에 가벼운 옷차림을 하고 있었다. 그런데 갑자기 그 청년이 작은 선인장을 많이 심어놓은 곳으로 뛰어들어 가시 돋친 선인장 위에서 뒹굴었다. 겁에 질린 사람들이 그를 끌어내었으나 이미 피투성이가 되어 있었다. 사람들이 왜 뛰어들었느냐고 물었을 때 그는 "그 순간엔 뛰어들어 뒹구는 것이 가장 멋지게 생각되었죠."라고 대답했다.

  우리들 역시 선인장 위를 뒹구는 것과 같은 그런 황당한 일을 해본 적은 없었는가? 잠시 책 읽는 것을 멈추고 당신이 가장 최근에 행했던 어리석은 행동을 생각해 보자. 그 순간 그것이 멋진 생각이라고 믿었기 때문에 그런 어리석을 행동을 하지는 않았는가? 비록, 잠시 후에 그것이 가장 어리석은 행동이었음을 깨닫게 될지라도 우리가 어떤 행동을 할 때엔 언제나 그 행동이 그럴듯하게 생각된 것이나. 그래서 좋든 나쁘든, 우리가 행하는 모든 일이 그 낭시에는 최선의 선택인 것이다. 때로 "내가 어떤 행동을 할 때 그것이 어리석은 행동이라는 것을 알고 있었다."라고 얘기한다 하더라도, 그 순간에는 그 행동을 내가 할 수 있는 최선의 선택인 것처럼 생각한 것이다.

  우리들이 느끼고 행동하는 것이 세상 때문이 아니라고 필자가 주장하는데 대해 빈곤과 불행 속에서 시달리고 있는 수십 억의 사람들은 강하게 반박할 것이다. 그들에게는 전화 소리도 울리지 않고 신호등도 파란불로 바뀌지 않으며, 좋든 싫든 선인장 위를 뒹구는 것과 같은 힘들고 고된 환경 조건만이 주어진 것이다. 그럼에도 불구하고 내가 말하고자 하는 것은 어떤 환경에서든지 우리가 활동하고, 생각하고, 느끼는 모든 것은 효과적이든 비효과적이든 간에 우리의 내면적인 강한 욕구를 충족하기 위해, 바로 그 순간에 우리가 선택한 최선의 방책이라는 점이다. 아무리 최선을 다해도 좋은 성과를 얻지 못하는 사람들이 수없이 많다는 것을 필자도 인정한다. 무엇을 할 수 있든지 간에 그들은 춥고, 배고프고, 비참함을 느낄 뿐이다.

그러나 그들이 불행을 자신들의 운명으로 받아들이든, 세상을 비난하든 그 어느 것도 그들 자신을 위해서 유익하지 않다는 것을 필자는 주장하는 바이다. 그렇게 하는 것은 그들의 삶을 통제하는데 절대적으로 필요한 모든 기회를 놓치는 것이 되기 때문이다. 좋은 기회를 놓친 수많은 사람들 중에서는 힘들게 성공하여 효과적으로 자기 삶을 통제하게 된 몇몇 사람들이 있는데 그들은 세상을 비난하는데 쓸데없이 에너지를 소모하지 않는 것을 일찍이 터득한 사람들이다.

대부분의 사람들은 그렇게까지 절망적인 처지에 있지 않기 때문에 자신의 삶을 효과적으로 통제할 가능성이 더 크다. 우리가 자신의 학교 성적이 향상되지 않은 것을 선생님 잘못으로 돌리고, 일자리가 없는 것을 경제 정책 탓으로 비난한다면 우리에게 많은 기회가 온다 해도 결코 성공하지 못할 것이다.

따라서 몸이 뚱뚱해진 것을 아이스크림 탓으로 돌리면 안 된다. 그것은 우리가 아이스크림을 먹는데 많은 시간을 보냈기 때문이다. 당신이 선택이론(Choice Theory)을 당신 생활에 적용시키는 방법을 배우게 되면, 당신은 문제를 비난하는 대신 문제 해결을 하는데 에너지를 활용하게 될 것이다. 당신이 선인장 위를 어떻게 뒹구는 가는 문제가 되지 않는다. 불평하는 것은 비효과적이다. 당신 스스로 그런 곳에서 벗어나는 수밖에 없다. 자세를 가다듬고 전진하라. 그리고 앞으로는 선인장 가시를 멀리하는 방법을 배우는 것이 훨씬 효과적이다.

제2장

인간의 기본적인 욕구 :
우리를 움직이는 강력한 힘

내 생활을 면밀하게 살펴본 결과 나는 다섯 가지 욕구에 의해 움직이고 있다고 믿게 되었다. 강의할 때 이것에 관해 많은 사람들과 토론했는데 거의 모든 사람들이 나와 같은 욕구에 의해 자신이 움직인다는 사실에 동의했다. 다음 설명을 읽으면서 자신의 생활을 검토하면 당신도 그러한 욕구에 의해 움직인다는 것을 발견하리라고 믿는데, 그것은 같은 종에 속하는 모든 피조물이 유사한 힘에 의해 움직이는 것과 같기 때문이다.

살아 있다는 것은 무언가에 의해 움직인다는 뜻이다. 타인의 인정과 자기 만족을 얻고 싶은 충동을 내면적으로 느끼지 못할 정도로 느슨해져 있는 사람은 드물다. 인간 존재의 핵심에는 유전적인 속성을 따라 지속적으로 충족시켜야만 하는 기본적인 욕구들이 있다. 이 욕구들 중에는 생존하기 위해 숨을 쉬어야 하는 욕구와 같이 절박한 것도 있다. 우리가 공기 부족을 느낄 때, 공기 이외에는 아무것도 중요한 것이 없다. 그러나 그것이 긴급한 것이든 아니든 간에, 욕구가 충족되지 않았을 때 그것을 바로 알아차리게 된다는 점에서는 우리의 모든 욕구가 다 절박한 것이다. 한 욕구가 충족되자마자 다른 여러 가지 욕구들이 동시에, 또는 상충되어 서로 만족을 얻으려고 우리를 압박한다. 우리를 움직이는 힘은 결코 멈추는 법이 없다.

내 생활을 면밀하게 살펴본 결과 나는 나 자신이 다섯 가지 욕구에 의해 움직이고 있다고 믿게 되었다. 강의할 때 이것에 관해 많은 사람들과 토론했는데 거의 모든 사람들이 나와 같은 욕구에 의해 자신이 움직인다는 사실에 동의했다. 다음 설명을 읽으면서 자신의 생활을 검토하면 당신도 그러한 욕구에 의해 움직인다는 것을 발견하리라고 믿는데, 그것은 같은 종에 속하는 모든 피조물이 유사한 힘에 의해 움직이는 것과 같기 때문이다.

1. 생존 및 생식의 욕구

이 욕구는 일단의 소구조(small structures)로 우리 뇌의 가장 오래된 부분으로써 척수 바로 위에 위치한 것으로 보인다. 일반적으로 '구뇌(old brain)'라 불리는 이 구조들은 필수적인 신체기관을 움직이고 건강하게 유지하도록 하는 중요한 과업을 맡고 있다. 호흡, 소화, 땀 흘리는 것, 혈압 조절 등은 하나 혹은 그 이상의 구뇌 조직들에 의해 자동적으로 통제되는 많은 주요 기능 중의 몇 가지 예라 하겠다. 신체에 위험이 닥치면 구뇌는 이를 알아내어 막을 수 있는데, 이러한 활동은 종종 우리가 인식하지 못하는 사이에 이루어진다. 예를 들면 연쇄상 구균이 우리의 목구멍에 침입하면 구뇌는 침입자를 막아내려고 우리의 면역체계를 자동적으로 움직인다. 우리가 운동할 때 구뇌는 우리 몸에 더 많은 산소를 공급하려고 심장 박동수를 증가시킨다. 이 밖의 많은 구뇌의 생존 활동이 우리가 인식하지 못하는 가운데 계속되고 있다.

그러나 대부분의 경우 구뇌는 혼자서 효과적으로 작동할 수 없다. 구뇌는 뇌의 다른 부분, 즉 거대하고 복잡한 대뇌피질 혹은 흔히 '신뇌(new brain)'라고 불리는 부분으로부터 적극적이고 의식적인 도움이 필요하다. 예를 들어, 우리 몸에 수분이 없어져 갈 때 구뇌 깊은 곳 어딘가에서 이것에 대한 부족이 생존에 대한 위협으로 감지된다. 구뇌는 의식이나 의식적 행동을 주도하는 능력이 없기 때문에 우리는 이러한 것이 감지됐다는 것을 모른다. 구뇌가 할 수 있고 정말로 하는 일은 신뇌에 도와 달라는 신호, 즉 우리가 갈증이라고 인식하는 신호를 보내는 것이다. 그때 갈증을 인식한 신뇌에 의해 지시를 받아 우리는 갈증을 해소하기 위한 것을 찾기 시작한다. 음식, 따뜻함, 공기나 성적인 것에 대해서도 똑같이 작용한다. 우리 몸이 이러한 것들을 요구하면 우리는 이러한 신호를 배고픔이나 추위, 절박한 숨 막힘 또는 성적인 욕구로 인식하도록 배워왔기 때문에 이러한 충동을 충족시키기 위해 의식적인 행동을 시도하게 된다. 일단 이런 충동이 충족되면 우리는 사람의 특성상 일정 기간이 지나 다시 충족이 요구될 때까지 더 이상 관심을 갖지 않게 된다.

대뇌피질은 구뇌보다 훨씬 후에 진화되었기 때문에 '신뇌'라 부른다. 대뇌피질을 신뇌라는 단순한 이름으로 부르는 것은, 뇌는 그 자체가 서로 끊임없이 상호작용을 하는 두 개의 주요 부분으로 구성되었다는 것을 독자들이 쉽게 기억하도록 하기 위한 것이다. 뇌는 작고 의식 기능이 없는 구뇌와 거대하고 의식 기능을 가진 신뇌로 나눌 수 있다. 신뇌는 우리가 인식하는 모든 것의 중심부로 모든 자발적인 행동의 원천이고 우리가 배우는 모든 것의 근원이다.

우리가 자신의 존재, 자기 자신, 자신이 누구인지, 자신의 정신 혹은 심리에 대해 말할 때 우리는 신뇌의 의식 기능에 대해서 말하는 것이다. 선택을 해야 할 필요가 없는 일상적인 상황에서 신뇌는 또한 무의식적으로, 즉 자동적으로 기능할 수 있다. 예를 들면 우리에게 익숙한 길을 걸을 때, 우리는 발을 어디로 내딛어야 할지 의식할 필요가 없다. 그러나 우리가 선택을 해야 할 때마다 신뇌의 기능은 학습되고 의식된다. 이러한 일상적이 아닌 상황에서는 우리가 왜 이런 행동을 하고 있는지 모를 수도 있지만 적어도 그것을 행하고 있다는 사실은 항상 알고 있다.

신뇌 없이도 구뇌는 우리 몸을 지속적으로 살아 있게 할 수 있으나, 인간으로써 실제적으로 존재한다고는 볼 수 없다. 만일 사고로 우리의 신뇌가 파괴된다면, 사람이나 기계가 우리를 먹여주고 청결하게 해 주는 것과 같은 단순한 신뇌의 기능을 대행해 주고 구뇌만이 작용하는 혼수상태로도 살 수가 있다. 여러분은 수년 간을 무의식 상태에서 식물 인간으로 살아가고 있는 사람이 있다는 것을 들은 적이 있을 것이다.

생존이 거의 문제시 되지 않는 풍요한 나라에서는, 많은 사람들이 빈번하게 구뇌에서 생성되는 성인의 욕구인 성적 욕구 곧 생식 욕구를 충족하는데 어려움을 겪기도 한다. 그러나 구뇌는 이러한 어려움에 관심이 없다. 왜냐하면 구뇌는 그러한 관심에 관여할 능력이 없기 때문이다.

우리가 잘 먹고 건강한 상태에 있으나 최근에 생식 행동을 하지 않았다고 구뇌가 지각하면 구뇌는 신뇌로 하여금 성적인 욕구 불만을 인식하게 하고 생식 행동을 하라는 신호를 계속해서 보낸다. 이러한 신호를 충족시킬 방법을 찾아내는 것은 실제로 우리 자신이라고 할 수 있는 신뇌에 달려 있는 것이다. 음식과 음료를 발견하지 못하면 우리가 먹고 마실 수가 없고, 또 거처할 곳이 없으면 우리의 몸을 따뜻하게 할 수가 없는 것처럼, 격렬한 성적 신호에 따라 움직이는 사람은 폭 넓고 다양한 성적 활동을 추구하고 있거나 그것을 찾았거나, 여전히 찾고 있는 중일 것이다. 이러한 성적 신호를 충족하기 위한 활동 중에는 생식적인 행동이라고 할 수 없는 자위 행위 같은 것도 있다.

이러한 성적 신호의 궁극적인 원천은 유전인자이며, 이 유전인자는 그 내부에 우리 삶에 대한 청사진을 지니고 있다. 유전인자가 하는 일은 우리가 존재하고 생존하고 건강하려면 반드시 수행해야 하는 일련의 생물학적 지시들을 제공하는 것이라고 설명할 수 있다. 이러한 지시 중 많은 것들이 우리의 신체가 어떻게 존재하는지와 관계가 있다. 예를 들어, 우리 눈은 눈의 색깔을 형성하는 하나의 유전자 또는 유전자 집단의 지시에 의해 검정 또는 갈색을 띠게 된다. 모든 생존활동과 생식 활동을 원활하게 수행하도록 지시하고 우리 몸의 건강을 유지하도록 하는 것 또한 우리의 유전인자이다. 이러한 것들은 자동적으로 행해지는 것이다. 예를 들면 땀을 흘리는 것, 추위에 떠는 것 등은 우리 마음대로 선택할 수 없고 우리에게 주어지는 지시를 정확히 따라야만 한다. 그것들은 구뇌만의 기능이기 때문이다. 우리는 추우면 떨고 더우면 땀을 흘린다. 우리가 아무리 구뇌의 기본적인 기능을 거부하려 해도 거부할 수가 없다.

구뇌에서 보내는 생존을 위한 지시나 생식 활동에 대한 지시가 복잡해지고 신뇌가 의식적인 행동으로 이 지시를 수행해야 할 때, 우리는 무엇을 해야할지 학습해야 한다. 호흡하는 것은 예외지만 우리가 구뇌의 지시를 따르는데 보통 한 가지 이상의 방법을 배우기 때문에, 우리는 그 시점에서 가장 좋은 방법을 선택하도록 배워야 한다. 앞에서 언급한 것처럼, 우리는 성적 활동을 통해 충족하도록 배운 생식적인 지시와 함께 심지어 유전인자가 지시하는 목적에 위배되는 자위 행위 같은 방법들도 배웠다. 우리가 그 지시의 목적에 만족하든 아니든, 또 우리가 그것을 행하는 방법을 아무리 많이 궁리해낸다 하더라도, 유전인자에 암호화되어 있는 생존 또는 생식에 관한 그 어떤 지시를 알아챈다는 것은 불가능하다.

사람은 식욕 감퇴나 단식 투쟁 때문에 굶을 수도 있고 사제와 수녀들처럼 금욕할 수도 있다. 그러나 그들은 생존의 지시를 경시할 정도로 상충되는 유전적 지시를 따르지는 않으며 다만 생존이나 생식 활동보다 그들의 신뇌 중심부에 자리잡고 있는 판단을 더 중요하게 여기는 것이다.

그러므로 구뇌는 우리가 생존하는 데는 아주 중요하지만 매일 살아가는 데 있어서는 지배적인 힘을 발휘하지는 못한다. 구뇌는 신뇌의 도움으로 작용하기 때문에 구뇌가 적절하게 기능을 발휘하기만 한다면, 생존욕구를 충족시키는 것은 우리 삶에서 아주 작은 부분에 지나지 않는다. 우리들 대부분은 무의식적인 구뇌가 아닌 복잡하고 의식적인 신뇌에서 일어나는 훨씬 더 어렵고 상충되기도 하는 욕구를 충족시키는 데 많은 관심을 가지고 있다. 정치적인 목적이 동기가 된 단식 투쟁자는 권력에 대한 신뇌의 욕구를 충족시키기 위해 그러한 행동을 시도하고 있지만 그는 식사 때마다 고통에 시달릴 수밖에 없을 것이다.

이렇게 훨씬 더 복잡하고 충족시키기 어려운 신뇌의 지시들은 사물에 의해서가 아니라 사랑이나 권력 같은 사람에 의해서 충족되어야 하기 때문에 '심리적인 욕구'라고 하는 것이 가장 적절하다. 사실상 심리라는 용어를 정의하는 가장 좋은 방법은, 그것을 신뇌에서 생기는 강한 의식적인 욕구들을 충족하고자 할 때 우리가 서로 관계를 맺는 다양한 방법으로 보는 것이다. 그러나 비록 신뇌의 욕구가 구뇌의 욕구보다 훨씬 덜 구체적이고(음식이 사랑보다 훨씬 더 실체적이다), 신뇌의 욕구를 충족시키려는 우리의 행동이 실체적이 아닌 심리적이라고 하더라도(사랑하는 행동이 먹는 행동보다 더욱 복잡하다), 그 욕구의 원천은 숨쉬고자 하는 욕구와 마찬가지로 우리 유전자 안에 있는 것이다. 우리는 본질적으로 생물학적인 존재이다. 즉 우리가 신체적으로 급박한 유전석 지시나 생물학적 근원을 충족시키기보다는 오히려 심리적으로 몇 가지 충족시키려 든다고 해서 그 지시가 덜 긴급하거나 덜 생물학적인 것은 아니다.

다음은 우리 유전인자 내에 암호화 되어있는 4가지 심리적인 욕구들이다.

2. 소속의 욕구 : 사랑, 나눔, 그리고 협력의 욕구

먹고 마시는 것과 같은 생존에 대한 지시는 아주 분명한 것이므로 우리가 그것들을 감지했을 때는 그 욕구가 너무나 절박하기 때문에, 대부분의 사람들은 생존을 가장 기본적인 욕구로 인정하려 한다. 그러나 생존의 욕구가 기본적인 것이라면 어떠한 자살 행위도 없을 것이기 때문에 이 상식은 틀렸다고 하겠다. 만일 생존에 대한 욕구가 기본적이라면 자살을 한다는 것은 있을 수도 없을 것이며, 많은 스카이다이버들이 하는 것처럼 재미삼아 자신의 생명을 위태롭게 하는 행위조차도 불가능할 것이다. 생존의 욕구는 강력한 것이다. 그러나 자살을 기도하거나 재미로 비행기에서 뛰어내리는 사람에게는 다른 유전적 지시도 똑같이 강한 욕구 때문임에 틀림없다.

몇 년 전 필자는 자살을 시도했다가 겨우 목숨을 건진 한 남자와 대화를 나눈 적이 있다. 내가 왜 자살하려고 했느냐고 물었을 때, 그는 너무나 고독하게 살아왔기 때문에 고통 속에서 사는 것보다 죽는 것이 더 좋은 선택 같았다고 대답했다. 어떤 연구에 의하면, 이 남자의 경우처럼 자살하거나 자살을 기도하는 대부분의 사람들이 엄청난 고독감을 자살의 동기로 설명한다고 한다.

내 자신을 들여다보면 친구들을 갖고 싶은 욕구, 가족에 대한 욕구, 사랑에 대한 욕구 등이 소속에 대한 욕구로서 가장 잘 묘사되는데, 이것들이 생존의 욕구와 마찬가지로 내 마음속에서 큰 비중을 차지하고 있다는 것을 알 수 있다. 이것은 갈증이나 허기처럼 즉각적인 것이 아닌지도 모른다. 그러나 아주 오랫동안 사랑하는 가족과 친구들을 만나지 못한다면 인생이라는 것은 살 가치가 없다고 여기는 것이 당연할 것이다. 친구와 가족이 있을지라도 많은 사람들은 애완동물이나 화초, 심지어는 생명이 없는 보트나 컴퓨터에 대한 소유 또한 즐길 것이다.

3. 힘, 성취에 대한 욕구

우리는 몇몇 부유한 사람들이 공직에 선출되기 위해 재산을 얼마나 많이 낭비하고 있는지 잘 알고 있다. 비록 그들이 상당한 권력을 이미 갖고 있을지라도 그들은 더 많은 권력을 추구하는데 열성적이며, 많은 사람들에게 있어서 정치란 권력 욕구의 극치인 것이다. 다른 사람들을 복종시키고자 하는 욕구와 이 욕구에 수반되는 존경심이 우리를 동기화한다. 심지어 가장 겸손한 사람도 자신을 낮추어가면서 다른 사람들과 경쟁을 하고 있다. 거리를 걸을 때에도 우리들 대부분은 다른 사람들과 자신을 비교해 보면서 자신이 어떻게 보일시에 관심을 기울인다. 우리가 남늘만큼 옷을 잘 입었나, 몸치장은 잘되었나, 젊어 보이나, 잘 걷고 있나, 빨리 걷고 있나, 조심스럽게 걷고 있나, 혹은 난폭하게 걷고 있나, 남 못지않게 부유해 보이나, 잘생겼나, 키가 큰지 혹은 단정한 옷차림인가 등에 신경을 쓴다. 단지 거리를 걷고 있는 데도 말이다. 당신이 당선되기를 원하는 것만큼 이웃들도 자신들의 당선을 원하고 있는 사람과 대결하여 관직에 입후보하는 것이 얼마나 경쟁적인가 상상해 보라.

권력 싸움에서, 남자들은 육체적인 힘이 현저히 강하기 때문에 지금까지도 권력을 가로채서 거의 독차지하고 있다. 그렇지만 여자들도 권력에 대한 욕구를 가지고 있으며, 이제 미국 문화권에서는 여자들도 그들의 유전인자에 내재되어 있는 욕구를 충족시키기 위해 공공연하게 자기의 주장을 내세우고 있다. 여자들이 이런 투쟁을 포기할 것이라고 생각하는 남자들은 여자들도 자기들의 욕구 충족을 위해 투쟁을 계속해 나가는 것 외에는 다른 선택의 여지가 없다는 것을 이해하지 못한다. 즉 투쟁은 그들의 유전인자에 내재된 특성이다. 다만, 수년 전에 비하여 오늘날 달라진 점은 그 싸움이 외부로 드러나고 있다는 것이다. 즉 내면 밑바닥에는 투쟁이 늘 존재해 있었다는 것이다.

이 힘에 대한 욕구에서, 인간은 다른 모든 피조물과 다르다고 나는 믿는다. 인간 이외의 대부분의 피조물들은 생존의 욕구를 제외하고는 단지 힘에 대한 아주 최소한의 욕구만을 가지고 있다. 포유 동물과 조류는 짝짓기 대상을 얻기 위해 격렬히 싸우거나 한정된 영역을 지키려고 투쟁하지만, 인간만이 힘 그 자체를 위해서 투쟁한다. 조지 오웰은 그의 저서 「동물농장」에서 "모든 동물은 평등하게 창조되었으며, 몇몇 동물은 동족끼리 더욱 평등하게 산다."고 관찰을 통해 설명하고 있다. 오직 인간만이 '정상의 자리'를 차지하려는 욕구를 가지고 있으며 합리적인 관계가 되기 훨씬 오래 전부터 그 자리를 고수하기 위해 경쟁해 왔다. Midas 왕은 금전과 토지를 차지하려고 유혈참극을 벌여 가문의 불화를 일으킨 것이 예외적 행동이라기보다는 관습을 따르는 행동이라고 말했다.

우리는, 가장 힘센 배우자를 얻기 위해서, 제일 큰 동굴과 불을 피울 최적의 장소를 차지하기 위해서, 그리고 사회가 발달함에 따라 집단 내에서 지도력을 갖기 위해서 성공적으로 투쟁했던 조상의 후손임에 틀림없다.

한 개인으로서, 우리가 힘에 대한 욕구에 사로잡히는 것은 종종 소속에 대한 욕구와 직접적인 갈등이 되곤 한다. 즉 사람들은 사랑과 소속에 대한 욕구를 얻으려고 결혼하지만 일단 결혼한 후에는 힘에 대한 욕구에 이끌려 서로 통제하려고 애쓴다. 그들은 자신이 배우자에게 굽히려 해도, 사랑이 담긴 방법으로 행동하는 것이 점점 더 힘들다는 것을 알게 된다. 친밀한 부부관계를 파괴시키는 것은 불충분한 사랑이 아니라 불가피한 힘 싸움이라고 필자는 믿는다. 남편과 부인이 타협을 하지 못해 양쪽 모두가 받아들일 수 있는 힘의 절충안을 찾아내지 못할 때 그들의 사랑은 사라진다. 이혼한 많은 사람들은 꽤 정직하게 "나는 그이(혹은 그녀)를 아직도 사랑하고 있어요. 하지만 함께 살 수는 없어요. 그것은 엄청난 싸움이기 때문이에요."라고 말할 것이다.

그러나 힘은 또한 사람을 모이게도 한다. 테니스 스타 지미 코너스는 그가 경기에 졌을 때 '친구들' 도 잃게 된다고 말했다. 사람들의 뇌리에서 사라진 후 1,2년 만에 그가 한 번 더 선두자리를 차지했을 때, 그는 전의 '친구들' 을 다시 얻게 되었다고 한다. 비로소 그는 친구들이 자기를 좋아해서라기보다는 자신이 갖고 있는 힘을 공유하기 위해 모여들었다는 것을 현명하게 깨닫게 되었다.

사람들이 힘에 현혹되어 있을지라도 그것이 지나치게 차이가 날 때에는 우정을 지속해 나가기가 어렵다. 여러분 가운데 전에는 부유했지만 지금은 가난하게 된 사람과 아직까지 적극적으로 우정을 지속하고 있는 사람이 과연 몇 명이나 되는가? 심지어 우리가 관계를 지속시키려고 해도 그들이 더 이상 우리와 경쟁할 수 없어서 함께 있는 것을 불편해 하기 때문에 관계를 유지하기가 어렵게 되지는 않았는가?

  힘에 대한 욕구와 소속에 대한 욕구 사이에 직접적인 갈등이 생겼을 때, 우리는 앞뒤를 재어 그 갈등을 해결하려고 시도한다. 우리에게 얼마간의 힘이 있음을 알게 되자마자 우리는 우호적인 관계를 맺기 위한 방법을 찾아 나서게 된다. 그리고 일단 친구임이 확인되면, 비록 친구들이나 가족으로부터 멀어지는 부분이 생기더라도, 기회를 잡아 힘을 얻으려고 시도할 것이다. 힘과 인정을 얻기 위해 많은 시간과 돈을 소비하며 오랜 시간을 일해 온 탓으로 그들의 가족을 곤혹스럽게 한 남자들이 얼마나 많은가? 왜냐하면 가족들은 돈으로 살 수 있는 모든 좋은 물건에 대한 당신의 약속보다는 당신을 훨씬 더 그리워하고 원하기 때문이다. 얼마나 많은 여자들이 사회적인 인정을 받기 위해 학교나 직장에 되돌아가기를 원할 때 불안정한 남편의 사랑을 잃게 될 위험을 감수해야만 했는가?

  여러분은 재정적인 안정을 확보하기 위해 돈이 필요했다고 합리화할 수도 있겠지만, 당신을 움직이게 한 것은 힘이나 인정에 대한 욕구일 가능성이 크다. 소속의 욕구와 힘에 대한 욕구간의 갈등은 어떤 관계에 있어서나 커다란 위협이며, 이러한 욕구간의 균형을 유지할 수 있는 사람은 운이 좋다고 말할 수 있다.

4. 자유에 대한 욕구

  당신이 여기저기를 자유롭게 돌아다닐 수 없다면 살아 있다고 말할 수 있을까? 만일 당신이 꽁꽁 묶여 있었다면 살아남을 수 있었을까? 어떤 종족은 다른 종족보다 더 많이 움직이지만, 모든 피조물들은 살아남기 위해서 움직여야 한다. "그것을 팔꿈치로 찔러보고 움직이는지 살펴보시오."라는 말은 우리가 어떤 것이 살았는지 죽었는지를 검사하는 일반적인 방법이다. 그러나 우리는 움직일 수 있는 능력 이상으로 훨씬 더 자유롭기를 원한다. 심지어 최악의 독재 치하에서도 사람들이 움직이는 것은 허용된다. 우리는 자신이 어떻게 삶을 영위해 나갈지 선택하고, 자신의 의사를 자유롭게 표현하며, 자신이 선택한 사람과 교제하고, 즐겁게 읽고 쓰며, 예배할 수 있는 자유를 원하고 있다. 역사를 통해 사람들은 이러한 자유를 쟁취하려고 투쟁하고 목숨을 바쳐왔기 때문에, 대부분의 집권자들은 자신들이 갖고 있는 힘이 자유를 원하는 사람들에 의해서 항상 위협당했다는 것을 알고 있다. 만일 당신이 집권자들에 의해서 그러한 자유를 제한받는다면, 당신도 역시 목숨을 건 모험을 고려할지도 모른다. 우리가 자유가 상실된 것을 알게 되면 자유 욕구는 강력한 동기를 유발시키는 힘이 된다. 그러나 힘 때문에 살인을 자행하는 사람들이 자신들의 자유를 수호하기 위해 살인 행위를 하였노라고 주장한다는 것을 명심하라. 집권자들은 대부분 다른 사람들에게 그들의 삶을 어떻게 살아야 할지 지시할 '자유'를 얻기 위해 살인행위를 하고 있다.

   자유세계에 살고 있는 대부분의 사람들은 정당한 정치적 자유를 누리고 있다. 그러나 자유와 사랑 둘 다를 가지고 있는 경우는 많지 않다. 힘에 대한 욕구나 소속에 대한 욕구와 같이 자유도 많은 사람들의 가슴 속에 갈등으로 남아 있다. 사람들이 할 수 있는 최상의 방법은 타협하며 함께 살 수 있는 절충 안을 찾아내는 것이다. 많은 젊은이들, 특히 여자들의 잦은 불평은 정작 결혼할 배우자를 찾기가 매우 어렵다는 것이다. 왜냐하면 다수의 젊은 남성들은 개방적으로 배우자를 선택할 수 있는 자유를 원하며, 어떤 선택이든 간에 그들은 결혼을 이러한 선택권을 포기해야 하는 것으로 간주하기 때문이다.

오늘날 많은 사람들은 더 많은 선택권을 행사할 수 있는 돈을 가지고 있기 때문에, 친밀하게 사랑할 수도 있고 이러한 선택권을 행사할 수 있는 자유에 대한 욕구도 존중하는 사람을 찾고 있다. 그러나 남성과 여성 모두가 사랑하는 사람에게 너무 많은 자유를 부여하면 사랑을 잃을 수도 있다고 믿고 있기 때문에 이와 같은 사람을 찾는 것은 쉽지 않다. 그러나 우리가 그들을 통제하려고 한다면 우리는 또한 사랑을 잃을지도 모른다. 그래서 기본적인 욕구들 간의 일반적인 갈등은 해결하기가 어렵다.

최근에 아내는 수년 동안 만난 적이 없었던 수잔이라는 친한 친구를 우연히 만났다. 수잔은 25년 동안 같이 살아온 남편이 갑자기 이혼을 제기하고 다른 여자에게 갔기 때문에 자신이 불행하다는 푸념을 늘어놓았다고 한다. 수잔의 남편이 한 행동 중 많은 부분은 자유에 대한 욕구 충족을 시행해 본 것이라 하겠다. 수잔이 불평하는 것은 갑자기 소속 욕구 충족이 안 되기 때문이다. 어쩌면 그녀의 남편은 새로운 관계에서 더 자유롭지 못하다고 깨달을지도 모른다. 그러나 부분적으로 그를 이러한 상황으로 이끌었던 동기는 자유에 대한 욕구 때문이라고 하겠다.

필자에게도 결혼한 적이 없는 친구가 한 사람 있다. 그는 오래 전에 고인이 된 어머니를 제외하고는 60년 이상이나 다른 사람들과 단지 피상적인 관계만을 유지하고 있다. 그는 매우 부유하고 새처럼 자유로웠지만 외로움이 너무나 고통스러워서 자유는 그에게 아무런 가치가 없었다. 그는 자신이 외로운 것은 인정하지만 아주 사소한 인간관계도 그가 소중히 여기는 자유를 침범하기 때문에 새로운 관계를 가질 수 없노라고 주장하였다.

우리의 모든 욕구를 충족시키려면 지속적으로 주고받는 것이 필요하다. 당신이 나의 상사로서 힘을 행사한다면, 당신은 내게서 얼마간의 자유를 박탈하는 셈이다. 그러나 내가 힘과 자유를 갖기 위해서는 월급이 필요하다. 월급이 없으면 내가 가장 친하게 소속감을 느끼는 가족을 부양할 수 없다. 내가 자녀를 사랑하는 것만큼 자녀는 나를 구속한다. 자녀들이 내게 요구를 너무 많이 한다거나 내가 자녀들로부터 자유로워질 시간을 갖지 못한다면, 그들을 원망하는 마음이 커질지도 모른다. 편부모들의 문제는 대개 돈에 관한 것이다. 돈의 궁핍을 느끼는 근저에는 자유를 상실하는 것과 같은 것이 있다. 복잡하게 얽혀 있는 모든 욕구들은 각각 개별적이며, 우리가 모든 욕구를 만족하게 충족시키기 위해 어떻게 살아가야 할 지 아는 것은 어려운 일이다. 비록 짧은 시간만이라도 우리가 자신의 삶을 통제한다면 우리는 삶을 잘 통제하는 셈이 된다.

5. 즐거움에 대한 욕구

　대부분의 우리는 힘, 성취, 자유, 소속에 대한 욕구만큼 즐거움에 대한 욕구에 의해서도 이끌리고 있다는 사실을 느끼지 못한다. 그러나 필자는 즐거움이 다른 어떤 욕구 못지않게 기본적인 욕구라는 것을 확신하고 있다. 이 욕구를 충족시키기 위해 우리는 생명의 위험까지도 감수하면서 자신의 생활 방식을 과감하게 바꿔나간다. 즐거움에 대한 욕구도 자유에 대한 욕구만큼이나 강하다. 오랫동안 맺어온 관계일지라도 즐거움을 무시하거나 파트너 중 한 사람이 재미가 없다고 느끼게 되면 그 관계는 끝나게 된다.
　모든 고등 동물들은 즐거움을 통해 학습하기 때문에 필자는 즐거움이 기본적인 유전적 지시라고 확신한다. 고등 동물들은 자신의 욕구를 어떻게 충족시켜야 하는지에 대해 극히 작은 정보만을 갖고 태어난다. 그들은 욕구를 충족시키는 법을 배워야 하는데, 학습이 재미있다는 사실은 우리의 모든 욕구를 충족시키려면 무엇이 필요한가를 이해하는 데 지대한 자극이 되고 있다. 만일 부부가 함께 배우기도 하고 또 각자가 개별적으로 배울 수 있게 서로 장려한다면 그 부부관계는 즐거움이 충만하고 친밀한 관계가 될 것이다.
　많은 실험 결과, 어린 시절 격리되어 정상적인 사회성 놀이를 하지 못한 암컷의 원숭이들은 후에 새끼 원숭이를 양육하는 등의 아주 기본적인 것조차도 배우지 못한다고 밝혀졌다. 새끼를 양육하는 것을 하등 동물이나 조류는 선천적으로 타고날지 모르나, 영장류는 양육에 대한 행동이 거의 후천적이다. 따라서 인간에게는 놀이가 효율적으로 살기 위해 필요한 것을 배우는 방법이 된다. 대부분의 동물들, 심지어 영장류도 성인이 되면 놀이를 그만둔다. 왜냐하면 대부분의 동물들은 욕구가 단순하며 욕구 간에 갈등이 거의 없고, 성인이 되기 전에 사는 데 필요한 모든 것을 거의 다 배우기 때문이다. 그러나 인간이란 항상 어느 정도의 갈등 상태에서 복잡한 심리적 욕구들에 의해 이끌리는 까닭에 일생동안 배워야 하므로 노령에 들어서도 지속적으로 놀이를 계속하고 즐거움을 추구한다. 사실상 즐거움을 추구하는 데 흥미를 잃는다는 것이 노인들에게는 정신적인 퇴보의 신호일 수도 있다.

인간이란 학습에 대한 중요성을 아주 절대시해서 형식적인 학교를 설립한 유일한 피조물이다. 그러나 우리들 대부분은 놀이 없이 배우는 것이 어렵다는 것을 인식하지 못하고 있다. 우리는 무시무시한 대기권의 우주 비행사들이 자신의 사명에 대해 정신적으로 지나치게 긴장하는 것이 유익하지 않기 때문에 우주 공간에서 농담을 하는 것은 칭찬하지만, 교실에서 농담을 하는 학생이나 선생님에게는 거의 관용을 베풀지 않는다. 만약 당신이 어떤 선생님의 수업시간을 아직도 생생하게 기억하고 있다면 회상해 보라. 당신은 선생님이 무엇을 가르쳤던 간에 그 선생님의 수업이 재미있었다는 것을 기억할 수 있을 것이다. 수업에서 즐거움에 대한 욕구 충족의 중요성을 인정하는 교육자들이 엄격하고 지루한 수업이 우리의 교육 체제에 심각한 결점이라고 지적하면 집권자들의 영향을 받는다는 것은 불행한 일이다. 즐거움을 추구하는 우리의 유전적인 욕구가 필자의 생각대로 학습과 밀접한 관계가 있다면, 과제를 더 어렵게 내주고 수업시간을 연장하는 것만으로는 학교에서의 실패를 줄일 수 없을 것이다. 우리가 배우면서 즐거움을 느끼게 되면 어려운 과제를 해결하고 싶어지고 수업이 오랫동안 지속되기를 바라게 된다. 그러나 재미가 없으면 학습은 단조롭고 기계적인 힘든 일이 되어 버린다. 어떤 큰 조직체의 유능한 고용인들에게 재미없는 분위기 속에서 '더 나은' 절차를 가르치려고 시도한다면 당신은 곧 빈 의자에 대고 강의하는 꼴이 될 것이다.

웃음이 인간의 독특한 행동이기는 하지만 우리가 왜 웃는지는 잘 이해되지 않고 있다. 우리가 웃는 주된 이유는, 웃는 순간에 즐거움을 추구하려는 욕구가 충족되었다는 강한 느낌을 경험하기 때문이라고 생각한다. 정신 능력이 없는 동물들은 이런 경험을 얻기 위해 웃을 수가 없다. 그러나 우리는 새로운 진실에서 빠르고 강한 통찰력을 얻었거나 그것이 오랜 전통의 허위성을 생생하게 보여줄 때 웃게 된다. 농담에서 급소를 찌르는 말은 항상 새롭고, 신속하고 그리고 대개는 자유롭게 값진 교훈을 전달하는 내용을 포함하고 있다. 어른들이 아이들의 농담에 웃지 않는 이유는 그 농담이 대개 새로운 것을 알려주는 것이 아니기 때문이며, 어린이들도 성인들의 농담 속에서 즐거움을 발견할 정도로 성숙하지 않았기 때문에 어른의 농담에 웃지 않는다.

코미디언들은 우리 자신에 대한 진실을 가르치는데, 아주 재치가 있어서 재미가 있다고 느낀다. 나는 고인이 된 희극배우 조 루이스가 "나는 부자였던 적도 있었고 가난했던 적도 있었는데 정말로 부자인 쪽이 훨씬 더 좋아요."라고 말한 것을 잘 기억하고 있다. 이 말로서 그가 '가난의 미덕'이라는 어리석은 논리를 완전히 무색하게 만들어 버렸기 때문에 우리는 이 단순한 말 속에 들어 있는 명백한 사실에 직면하여 웃지 않을 수가 없다. 당신이 다음 번에 웃을 때 잠시만 생각해 보면, 당신이 뜻밖의 진리와 지혜에 짧은 순간 직면했었다는 사실을 알게 되리라고 나는 확신한다.

어떤 사람들은 그들 나름의 방식대로 즐거움을 추구하겠지만 대체로 우리들은 재미있는 사람들과 함께 노는 것을 좋아한다. 그러나 그들을 재미있게 만드는 것은 우리가 그들로부터 배우고 있다는 것이며, 우리가 배우는 방식은 생각과 경험을 나누면서 그들과 대화하는 것이다. 예를 들면, 나는 즐거움을 누리고자 테니스를 치지만, 단순히 테니스 경기를 하는 것 이상의 것을 그들과 나누기 때문에 시간을 같이 보낼 재미있는 파트너를 찾는다. 나는 즐거움을 무척 추구한다. 그러나 내가 자유나 권력을 위해서 자신이 죽거나 남을 죽일 수도 있는 것과 같이(내가 좋아하는 테니스 경기를 위해 많은 모험을 감행할지라도) 재미를 위해서 남을 죽이거나 내 자신이 죽으리라고는 생각하지 않는다.

즐거움은 인간 생활에 있어서 절대적으로 필요한 요소이므로 우리는 즐거움이 없는 생활을 상상할 수 없다. 다른 욕구들 간에 갈등이 있는 것처럼, 즐거움을 추구하는 욕구와 다른 욕구들 간에도 마찬가지로 갈등이 있을 수 있다. 즐거움은 생존의 욕구와 갈등이 있을 수 있고(사람들은 즐거움을 얻기 위해 낙하산을 타고 뛰어내리거나 등산을 한다), 소속의 욕구와 갈등이 있을 수도 있으며(남편은 주말마다 부인과 자녀가 남편의 관심을 끌기 위해 잔소리를 하는 동안 축구를 본다), 권력의 욕구와 갈등이 있을 수도 있다(어떤 사람들은 권력에 대한 투쟁에 사로잡혀 있기 때문에 즐거움을 얻기 위한 시간이 전혀 없다). 그러나 당신이 힘을 가졌을 **때** 즐거움을 얻기 위해 더 많은 시간을 낼 수 있다. 그래서 힘은 즐거움을 얻고자 하는 욕구에 더욱 도움을 줄 수 있다.

다른 욕구도 있을 수 있으나 이것들이 필자가 상상한 욕구이며 나와 대화를 나눈 사람들도 동의한 욕구이다. 이 사람들 중 많은 수가 우리에게는 더 위대한 힘에 대한 신앙의 욕구가 있다고 주장했는데, 분명히 많은 사람들이 종교적인 믿음을 위해 순교해 왔으며 앞으로도 순교할 것이다. 당신 자신의 머릿속에서 이 욕구를 느낀다면 당신은 다수에 속하는 셈이다. 그러나 다른 욕구들과 마찬가지로 이것 역시 다른 욕구와 갈등이 있을 수 있다는 것을 발견하게 될 것이다. 예를 들어 나는 가족과 함께 있으면서도 개인적인 소속에 대한 욕구를 충족시킬 수 없었기 때문에 조직화된 종교에 귀의한 몇 명의 사제들과 수녀들을 알고 있다. 또 어떤 사람들은 종교에 대한 소속과 종교가 갖는 힘에 강한 의미를 부여하기 때문에 대다수의 우리들이 원하는 친밀한 성적 관계와 가족관계에 대한 욕구를 충족시키려는 바람은 갖고 있지 않다.

기본적인 욕구들이 우리를 이끌고 있다는 명백성을 입증하는 것은 이 책에서 중요하지 않다. 생활을 효과적으로 통제하기 위해서 우리는 자신의 기본적인 욕구를 충족해야 하고, 또 다른 사람들이 그들의 기본적인 욕구를 충족하는 것을 존중해 주고 좌절시키지 말아야 한다. 무엇이 나를 이끄는지를 스스로 알게 되는 것처럼 당신도 무엇이 자신을 이끄는지 알게 될 것이다. 우리는 다른 사람들의 머릿속을 들여다 볼 수도 없고 그들을 이끄는 욕구들을 볼 수도 없다.

우리는 그들이 말하는 것을 들을 수 있고 그들의 행동을 볼 수도 있지만 그들을 이끄는 것에 대해 아는 체하는 오류를 범해서는 안 된다. 이것은 무슨 일을 하든지 상관없이 우리가 다른 사람을 만족시키는 것이 무엇인지 확인할 수 없음을 의미한다. 우리를 이끄는 것과 다른 사람을 이끄는 것은 유사해서 다른 사람을 만족시키려고 시도하는 것이 해가 없다고 확인하는 것은 상당히 신중한 태도이다. 그러나 우리가 하는 행동이 효과가 없다면 우리는 그 행동을 지속하지 않도록 유의해야 한다. 그렇게 하지 않으면 우리는 친구 또는 애인을 잃게 될지도 모르기 때문이다.

필자가 이런 견해를 피력할 때 오직 하나의 보편적인 욕구, 즉 알고자 하는 배움의 욕구가 있다는 것을 주장하는 사람들의 말을 자주 듣게 된다. 그들은 이 단순한 욕구가 모든 것의 기초가 되고 있다는, 즉 우리의 모든 행동이 우리의 주변 세계에 대해 더욱 많은 것을 알아내려고 하는 욕구에 의해 수도되고 있다고 주장한다. 나는 세계나 그것의 일부인 우리 자신에 관해 배우는 것이 중요하다는 사실을 부인하지는 않으나 이것이 기본적인 욕구라고는 믿지 않는다. 사람들이 단지 산이 거기에 있기 때문에 오른다고 믿는 것처럼, 아는 것 그 자체를 위해 앎을 시도하는 것뿐이라고 본다. 사람들은 힘과 즐거움, 자유 또는 교제를 위해서 산을 오르기는 하나 정상에 있는 그 무언가를 찾아내기 위해 산을 오르는 것은 아니다. 만족한 사람들은 무지해도 행복하게 살 수 있다. 내가 빵을 굽는 데 흥미가 없는 것처럼 나의 아내는 스쿠버다이빙에 전혀 관심이 없다. 이웃 사람에게 당신과 함께 중국어를 배우고 싶은지 물어보라. 만일 그가 중국어 공부가 시작되길 기다릴 수 없을 정도로 빨리 배우길 원한다면 나는 알고자 하는 욕구를 믿을 것이다.

　어떤 사람들은 종교 또는 우리 모두의 마음속에 있는 성령이 모든 사람에게서 우러나오는 유일한 욕구라고 주장하고 있다. 그럴지도 모른다. 그러나 이 욕구가 많은 사람들에게 해당되는 것이라는 확실한 증거는 없다. 필자가 이 글을 쓰고 있는 순간에도 이라크인과 이란인은 똑같은 이슬람교 신앙을 위해서 서로 죽이고 또 죽어 가고 있다. 나는 그들의 신앙에 대해 논쟁하지는 않으나, 그들의 강한 종교적 주장에도 불구하고 실은 힘을 위해 싸우고 있는 것처럼 보인다.

　어떤 종교든 살인을 성스러운 의식으로 옹호한다는 것은 상상도 못할 일이다. 그러나 많은 정치가들이 하는 방법대로, 자신의 추종자들이 권력을 잡게 하기 위해 그들의 싸움을 옹호하고 고무하는 종교인들이 많이 있다. 또 한편, 종교 지도자들은 폴란드에서 일치 단결된 운동을 도우려고 교황이 시도했던 것처럼 자유를 위해 싸우고 있는 사람들의 선두에 앞장서 왔다. 사람들은 생존하기 위해서 도너당 소속의 일부가 만행을 저질렀을 때처럼 일시적으로 종교적인 믿음을 무시할 수도 있다. 종교가 기본적인 욕구라는 것이 많은 사람에 의해 입증되었지만 생존에 대한 욕구보다 더 기본적인 것 같지는 않다.

　욕구가 한 가지 뿐이라면 삶은 단순할 것이다. 우리는 단지 살아남기 위해서 투쟁하는 하등 동·식물과 같을 것이다. 마음속에 아무런 갈등도 없기 때문에 훨씬 더 잘 지낼 것이다. 자기보다 작은 물고기를 잡아먹는 물고기가, 자신들이 그 작은 물고기의 생명과 자유를 빼앗는다는 것을 모르는 것처럼, 우리들 대부분도(소수의 채식주의자를 제외하면) 추수감사절에 먹는 칠면조의 권리에 대해서 아무런 생각도 않는다. 만일 소속에 대한 욕구가 무엇보다 우선시된다면 가족들은 현재보다 훨씬 더 잘 지낼 것이고, 힘에 대한 욕구가 절대적이라면 우리는 이미 핵 충돌을 겪었을 것이다. 즐거움에 대한 욕구가 최상위를 차지한다면 지금보다 더 나은 세계처럼 생각될지 모르나, 놀기만 하고 일하지 않는 것은 사람을 멍청하게 만들 것이다.

모든 살아있는 생물들 중에서 인간이 가장 지적인 존재가 된 이유는 각각의 욕구들 사이에 계속되는 갈등이 있었기 때문이다. 본질적으로 다른 바람을 충족시키려는 우리의 지속적인 노력, 특히 욕구들 간에 끊임없이 존재하는 갈등을 해소하려는 노력이 인간을 모든 생물체 중에서 가장 지적인 존재가 되도록 만든다. 우리는 유전자에 의해 이끌리고 있기 때문에 이런 갈등을 피할 수 없고 오히려 이로 인해 더욱 현명해질 것이다. 우리는 인간의 가장 강력한 고안물인 핵에너지를 저장하여 두는 분별력이 필요할 것이고 그렇게 함으로써 여전히 생존하고, 소속하고, 자유로워질 것이다.

이 책의 목적은 이러한 여러 욕구들을 충족하기 위한 '선택이론'을 가르쳐서 그에 대한 지식을 증진시키도록 도와주는 데 있다. 필자는 우리 중 누구도 이런 냉혹한 욕구들이 우리의 행동 방식에 어떻게 영향을 미치는지 명확하게 알지 못한다고 생각한다. 만일 우리에게 내적인 지시가 전혀 없고 우리의 유전인자의 대부분은 눈과 머리의 색깔과 관계가 있을 뿐이며 우리의 행동은 외부 세계의 힘에 의해 유발된다는 막연한 신념을 계속 따른다면, 우리는 결코 행동을 선택하려 하지 않을 것이다.

제3장

머릿속의 사진들

나는 우리의 모든 감각들이 시각적, 청각적, 미각적 그리고 촉각적 사진과 기타의 사진을 찍을 수 있는 특별한 사진기 안에 결합되어 있다고 생각한다. 간단히 말해서, 지각용 사진기는 감각기관을 통해 우리가 지각할 수 있는 것이면 무엇이든 사진으로 찍을 수 있다. 나는 전문 용어인 '지각(Perception)'보다 '사진(Picture)'이 더 쉽게 이해되기 때문에 사진이라는 말을 선호한다. 우리가 사진첩에 저장하는 80% 이상의 지각 대상이 시각적이므로 사진이라는 단어가 정확한 용어라고 본다.

손자가 낮잠을 자는 동안 딸이 아기를 돌봐달라고 하고 외출했다고 가정해 보자. 딸이 외출하면서 당신에게 말하기를 "아기가 깨어나면 배가 고프겠지만 아버지는 11개월 된 아기에게 섲먹이는 법을 모르니 곧 돌아오겠다"고 했다. 딸의 말이 옳았다. 딸이 떠나자마자 손자가 깨서 울었는데 분명히 배가 고픈 모양이었다. 당신이 젖병을 주었지만 먹지 않았다. 손자는 마음속에 무언가 더 실질적인 것을 원하고 있었다. 그것이 무엇일까? 우는 아기에게 익숙하지 않은 당신이 마지막으로 손자에게 초콜릿 과자를 주었더니 울음을 뚝 그치는 기적이 일어났다. 손자는 처음에 그것이 무엇인지 모르는 것 같았는데 곧 알아차리고는 연달아 3개를 먹어치웠다. 딸이 돌아와서는 아기에게 초콜릿 과자를 주다니 어리석다고 당신을 비난하면서 "이제 그 과자를 달라고 종일 소리지를 거예요."라고 말했다. 딸의 말이 옳았다. 만일 아기가 우리들과 같다면 십중팔구 이 아기는 일생동안 초콜릿 과자를 마음속에 간직하면서 살 것이다. 이 글을 읽는 조부모들은 동감하리라고 확신한다. 결국 손자에게 인생의 좋은 것들을 알려주지 못한다면 우리 조부모들은 무엇 때문에 존재하는가.

나는 우리가 마음속에 새겨진 사진들—우리 내면의 욕구를 만족시킬 수 있다고 믿고 있는 특수한 사진들—을 어떻게 발전시키는지 보여주기 위해 이 이야기를 하였다. 우리는 수태되는 순간에 우리의 기본 욕구를 충족시켜 주는 대상들을 유전적인 지시 체계에 담고 있지만 세상에 태어난 후 우리의 기본적인 욕구들이 무엇인지, 어떻게 그것을 충족시켜야 하는지에 대해서는 전혀 모른다. 우리는 태어나기 전부터 기본적인 욕구를 충족시키기 위해 머릿속에 사진첩을 만들어 우리가 원하는 구체적인 사진으로 사진첩을 채우기 시작한다. 우리의 전체적인 삶은 이러한 사진첩을 확장시켜 나가는 데에 소비된다.

앞선 이야기에서 아기는 깨어났을 때 자신이 느낀 욕구가 배고픔이라는 것을 이해하기 시작했다. 또한 아기는 자신의 작은 사진첩을 훑어보았을 때 젖병이 배고픔을 충족시키기 위한 것이 아니라는 것을 알았다. 나는 아기의 사진첩에 다른 구체적인 음식의 사진이 들어 있었으리라고는 생각지 않는다. 아기는 초콜릿 과자에 대해 아무 것도 몰랐지만 젖병이 아닌 다른 것에 대한 막연한 사진을 갖고 있었다고 확신한다.

또한 아기는 울음을 안다. 태어나는 순간부터 그것을 배워서 자기의 욕구를 충족시키는데 사용하여 큰 성공을 거둠으로써 이후에도 계속 울게 된다. 아기는 울 때 사람들이 자기를 달래려고 다가온다는 것을 잘 알기 때문에 그런 행동을 할아버지 이외의 다른 사람들에게도 사용했다. 초콜릿 과자와 다른 맛있는 음식에 대한 사진을 사진첩에 오랫동안 간직해 온 우리들에게는 이 모든 것이 매우 쉬워 보인다. 그러나 아기는 이러한 욕구가 무엇인지 처음에는 알지 못하기 때문에, 그 욕구들을 충족시켜 주는 것이 무엇인지를 발견해 내기가 어려운 것이다.

이는 상점에 가서 점원에게 "빨리 그걸 가져와 주세요." 라고 말하는 것과 같다. 점원이 당신에게 '그것' 이 뭐냐고 물으면 "나를 만족시킬 수 있는 것 말이오. 바보 같으니 빨리 가져와요." 라고 말한다. 그가 친절한 사람이라면 당신에게 물건을 하나씩 가져다 보여주겠지만, 그가 형편없이 무능하여 당신이 원하는 것을 서둘러서 가져다 주지 않으면 당신은 상점을 부수겠다고 소리칠 것이다.

우리는 모두 점원의 입장에서 아기와 동물, 화초를 대해 왔다. 즉 아끼던 화초가 죽으려고 할 때 우리는, "뭐가 필요한지 알 수만 있다면." 하고 말한다. 그러나 우리 모두는 자신이 무엇을 원하고 있는지 처음에는 알 수가 없다. 절실히 무언가를 원하고 있다는 것만 안다. 그래서 우리는 비명을 지르고, 울고, 입을 삐죽이거나, 그것을 얻으려고 무분별하게 이것저것 해본다. 원하는 것을 아는 방법은 우리의 행동이 어떤 욕구를 충족시키는 결과를 가져왔을 때, 우리의 머릿속 한 구석에 욕구를 충족시켜 준 그 행동을 사진으로 저장하는 것이다. 이제부터 나는 이 저장소를 '개인 사진첩(Personal Picture Album)' 이라고 부르겠다. 초콜릿 과자가 매우 만족스럽다는 것을 알

앉을 때, 아기는 평생 동안 개인적 사진첩에 그 과자의 사진을 붙여 놓을 것이다.

아기는 사람들에게 자신의 배고픔을 충족시키게끔 하려고 운다. 비록 무엇이 자기의 배고픔을 충족시켜 주는지 모르지만, 자기가 가지고 있지 않으면 틀림없이 외부에 있다는 단순한 논리를 터득했을 것이다. 이것은 욕구를 충족시켜주는 것이 무엇인지 인식하기 위해서는 세상과 접촉해야 한다는 것을 의미한다. 모든 생물체들이 외부와 접촉하는 방법은 자신의 눈·코·손가락·혀 그리고 코와 관련된 감각기관을 통해서이다. 그러나 이러한 감각기관이 바로 현실 세계의 주요한 두 부분인 우리 자신의 심신(心身)과 접촉한다는 것을 명심하는 것 또한 중요하다.

나는 우리의 모든 감각들이 시각적, 청각적, 미각적, 그리고 촉각적 사진과 기타의 사진을 찍을 수 있는 특별한 사진기 안에서 결합되어 있다고 생각한다. 간단히 말해서, 지각용 사진기는 감각기관을 통해 우리가 지각할 수 있는 것이면 무엇이든 사진으로 찍을 수 있다. 나는 전문 용어인 '지각(Perception)'보다 '사진(Picture)'이 더 쉽게 이해되기 때문에 사진이라는 말을 선호한다. 우리가 사진첩에 저장하는 80% 이상의 지각 대상이 시각적이므로 사진이라는 단어가 정확한 용어라고 본다.

과자의 맛을 본 후, 그 아기는 과자를 매우 좋아하게 됐다. 즉시 자신의 지각용 사진기로 쿠키를 찍어서 비슷한 욕구를 느꼈을 때 다시 찾을 수 있도록 사진첩에 저장했다. 아기는 그 욕구가 배고픔이라는 것을 아직은 완전히 이해하지 못하겠지만 그것이 무엇이었든 초콜릿 과자가 배고픔의 욕구를 충족시킨다는 것은 알았을 것이다.

이것은 우리가 자신의 기본 욕구 중 한 가지, 또는 그 이상을 충족시킬 수 있는 사물을 찍어서 개인 사진첩에 저장한다는 것을 의미한다. 앞으로 그 아기는 배가 고플 때마다 자기의 사진첩에서 음식에 관한 부분을 찾아보기 시작할 것이다. 초콜릿 과자의 사진에 도달했을 때 혼잣말로, "이것이야말로 내가 지금 원하는 거야."라고 하면서 실제로 과자를 찾으려고 할 것이다.

나는 다이어트를 할 때 초콜릿이 먹고 싶어 죽을 뻔했던 적이 여러 번 있었다는 친구 몇 명을 알고 있다. 잠시만 생각해 보아도 당신의 개인적 사진첩-당신 머릿속의 사진들-은 당신이 평생 이루려고 하는 것의 구체적인 동기가 된다는 것이 명확해 질것이다. 그러나 당신이 알고 있는 모든 것이 다 사진첩에 저장되는 것은 아니다. 그것은 기억력과는 다르다. 예를 들어, 우리의 욕구를 충족시키려면 말하거나 읽어야 하므로 우리가 사용하고 인식하는 모든 단어들을 기억 속에 저장 하지만, 이 단어들이 욕구를 충족시키는 사진의 일부가 아니라면, 사진첩 안에는 존재하지 않을 것이다.

많은 사람들이 식사 전 기도에서 만족감을 느끼기 때문에 기도자의 사진은 사진첩에 있지만, 기도자가 한 세부적인 말들은 훨씬 큰 기억 속에 저장되어 있다. 그러므로 우리 머릿속의 사진첩이나 세계는 전체 기억 중에서 선택되는 일부분에 불과하다. 그것은 내가 현재 원하는 '세계'이며 '이상적(ideal)인 세계'라고 부를 수도 있지만, 그것은 이상적(ideal)인 것보다 더 특별하다. 즉 그것은 내가 소유해야만 하는 세계이며 만일 그렇지 못하게 되면 나의 욕구가 충족될 수 없다고 생각되는 세계이다.

우리 개인의 사진첩은 결코 막연하거나 일반적이지 않다. 그것들은 우리의 욕구를 당장 충족시켜줄 수 있는 아주 구체적인 사진들만을 담고 있다. 어떤 식으로든 우리를 충족시켜 주는 것이라면 그것을 저장한다. 만일 욕구의 어느 일부분도 충족시키지 못하는 것이라면, 나는 그것에 거의 또는 전혀 주의를 기울이지 않을 것이다. 예를 들어, 나는 1950년 형 녹색 시보레(Chevrolet) 차 한 대를 갖고 있었던 것을 기억한다. 비록 그 사진이 내 기억 속에는 있을지 모르지만, 현실적으로 나의 어떤 욕구도 충족시키지 못하기 때문에 내 사진첩 속에는 더 이상 존재하지 않는다.

어떤 사진이 내 욕구를 충족시켜 주는지 결정하는 동안에는 잠정적으로 사진첩에 보관해 두겠지만, 만일 보관할 가치가 없다는 결과가 나오면 없애버릴 것이다. 이것이 바로 노인들-힘이 없고 약해서 더 이상 그들의 끊임없는 욕구들을 적극적으로 충족시킬 수 없는 사람들-이 현재에 대해 거의 기억하지 못하는 이유이다. 만족스럽지 못한 것을 저장하는 것이 무슨 의미가 있겠는가? 그러나 그들이 세상에 효과적으로 대처할 수 있었던 과거에 대해서는 놀랄 정도로 잘 기억한다. 나이가 들어 점점 비효율적이 되면서 우리는 사진첩에 사진을 점점 적게 붙이는 경향이 있다. 자존심을 유지하기 위하여, 우리는 젊고 유능했을 때 영구적으로 붙여놓았던 훌륭했던 옛 사진들에 대해 이야기하기를 원한다.

수년 동안 사진첩에 들어 있던 사진이 더 이상 내가 원하는 만큼 만족스럽지 못할 때, 나는 그것을 대신할 보다 새롭고 만족스러운 사진을 찾곤 한다. 그것은 내가 낡은 자동차를 더 좋은 새 것으로 바꾸었던 것과 같다. 이것은 수잔의 남편이 다른 여자 때문에 수잔을 떠났을 때도 마찬가지였다. 자기만 알고 남들에게 그 이유를 말하진 않겠지만 수잔의 남편은 수잔을 다른 사람과 바꿀 때까지 오랫동안 그의 사진첩에 자신의 욕구를 충족시켜 주는 아내로서 가지고 있었다. 어쩌면 사랑에 대한 그의 욕구를 새로운 여인이 더욱 충족시켜 주었을지도 모르고, 만일 그녀가 부자라면 오랫동안 좌절되었던 그의 힘에 대한 욕구를 충족시켜 주었을지도 모를 일이다. 또는 그녀에게 그의 생활방식에 대한 더 많은 이해심이 있다면 그의 자유에 대한 욕구를 만족시켰을지도 모른다. 이유야 어찌되었건 설령 즐거움 때문이라 해도, 수잔의 남편은 다른 여자의 사진을 붙이고 수잔의 것은 떼어버렸다. 이렇게 우리는 중요한 사진을 바꾸면서 우리의 인생도 바꾼다.

우리는 각각의 욕구를 충족시켜 줄 수백 개 또는 수천 개의 사진을 가지고 있는 것 같다. 만일 우리가 사랑이 넘치는 대가족 속에서 자랐다면 같이 어울리고 싶은 친척들이 많았을 것이다. 우리는 모든 욕구에 대해 최소한 한 장의 사진은 가져야 한다. 그러나 우리에게 아무런 사진도 없다면 충족되지 않은 욕구는 먼저 그것을 충족시킬 수 있는 사진을 찾게 하고, 다음으로 그 사진이 현실과 만족스런 접촉을 하도록 할 것이다. 어떤 욕구든지 그것을 충족시켜주는 사진을 발견하기는 어렵지 않다. 그러나 우리가 보통 현실 세계에서 충족시킬 수 없는 사진들도 사진첩에 갖고 있다는 것-원한다고 해서 다 이루어지는 것이 아니다-을 명심하자.

나는 자살을 시도했던 사람과 이야기를 나누었는데 그는 자기 곁에 아무도 없고 찾을 수도 없어 절망했다고 했다. 절망 속에서 그는 자살하려 했던 것이다. 소속의 욕구를 충족시켜 주는 사진이 없는 인생은 진정 희망이 없는 인생이다. 추측컨대 그는 누군가가 있었지만 어울릴 수 없었기 때문에 절망한 나머지 아무도 없다고 말했을 것이다. 사진이 없어서 문제가 되는 일은 드물고 우리가 가진 사진을 충족시킬 수 없는 것이 문제이다. 힘에 대한 강한 욕구는 가지고 있으나 소속에 대한 욕구는 없어 보이는 정신병자처럼 우리가 유전적으로 결함이 없는 한, 대체로 우리는 사진첩에 사랑하는 사람의 사진을 최소한 한 장 정도는 가지고 있다.

그러한 사진의 힘은 절대적이다. 욕구를 충족시키려고 우리는 생명까지도 위태롭게 하는 행동을 선택하게 될 수도 있다. 수세기 동안 부모들은 10대인 딸이 음식을 먹지 않고 굶어 죽으려고 할 때 심리적 고통을 겪었다. 이것은 아직도 고대 라틴어 용어인 anorexia nervosa - 의학적인 원인 불명의 식욕감퇴증 - 라고 불린다. 이 먹지 않겠다는 광적인 선택은 머릿속의 사진첩이라는 개념으로 이해할 수 있다. 식욕감퇴증에 관한 독창적인 실험을 했던 한 연구자는 젊은 여성들에게 우리들 대부분이 '보통'의 몸매라고 할 수 있는 것에서부터 '매우 마른' 몸매라고 할 수 있는 여러 가지 몸통 위에 그들 각자의 머리를 얹어 놓은 사진들을 보여 주었다. 그런 다음 그들에게 "어느 몸통 위에 당신의 머리를 놓고 싶으세요?"라고 물었는데, 놀랍게도 그들의 대답은 모두가 너무 뚱뚱해서 싫다는 것이었다. 그들은 자신들이 거울에서 보았던 것보다 더 날씬해지길 원한다고 말하고 있었다. 불합리할 정도의 이런 날씬함을 얻기 위해서 그들은 굶을 수밖에 없었고 실제로 그렇게 했다.

이 사례는 우리 사진첩 속의 사진들이 합리적이 아닐 수도 있다는 것을 입증해 주고 있다. 제정신이건 아니건, 사진이 해야 할 일은 개인이 그 순간에 가장 중요하다고 결정한 욕구를 충족시키는 것이다. 비록, 식욕 감퇴가 생명을 위태롭게 하는 사진 속에 연결된 이유를 설명하진 못하더라도, 치료하는 의사가 분별있는 사람이라면 환자가 굶어 죽도록 내버려 둘 수 없다고 말했을 것이다. 필요하다면 그녀를 살리기 위해 억지로라도 먹일 것이다. 왜냐하면 그들은 더 날씬해지려고 하는 것이지 죽으려고 하는 것이 아니기 때문이며, 이런 치료에서 가장 중요한 점은 좋은 상담자가 그들의 사진첩에 있는 사진을 바꾸도록 도와주는 동안 그들을 살아 있게 하는 것이다. 일단 사진을 바꾸기만 하면, 그들은 자신들이 너무 말랐다는 것에 몸서리치며 먹기 시작할 것이다. 나중에 우리는 이것이 어떻게 이루어지는지에 대해 이야기 할 것이다.

알코올 중독자들은 알코올을 통해 그들의 모든 욕구를 충족시키려는 사진에 지배되고 있다. 이러한 '모든 것을 충족시켜 주는 멋진' 사진이 사진첩 속에 있는 한, 그들은 좌절했을 때뿐만 아니라 미래에 일어날 좌절을 예방하기 위해서도 술을 마실 것이다. 그리고 욕구를 충족시켜 주는 알코올의 사진을 해롭다고 생각하지 않는 한 어떤 치료법도 효과가 없을 것이다. 많은 사람들처럼 그들이 단주협회(Alcoholics Anonymous)에 가입하게 되면 그들은 알코올의 사진을 AA의 사진으로 바꾸기 시작할 것이다. 만일 그들이 AA에 정기적으로 참석한다면 이 만족스러운 단체와의 관계가 AA의 사진을 우세하게 유지시켜 주어 술을 끊을 수 있을 것이다. AA의 정규 회원인 알코올 중독자들은 모두 자신들의 술 마시는 사진을 사진첩에서 완전히 제거할 수 없다고 믿는다. 그것은 뒤로 이동하는 것이지 사라지는 것은 아니기 때문이다. 만일 자신들이 AA모임에 참석하지 않고 AA사진을 사진첩 앞부분에 크게 부착하지 않으면 다시 알코올에 빠지게 될 것이라고 주장한다.

보통 이성과의 성관계로 성적 충동을 만족시키지 못하는 동성연애자들이 왜 그들의 성적 행동을 바꾸기가 거의 불가능한지도 어느 정도는 이 사진들로 설명이 된다. 왜냐하면 그들의 사진첩에는 대부분의 사람들이 보통의 성행위로 간주하는 것과는 다른 방법으로 그들의 성적 충동을 충족시키는 사진을 갖고 있기 때문이다. 이제까지 아무도 그 이유를 설명하진 못했지만, 통상적이건 아니건 간에 일단 우리가 어떤 성적 만족을 얻는 사진을 사진첩 속에 넣게 되면, 이것을 제거하기란 거의 불가능하다. 문화적인 압력으로 우리의 머릿속에 갖고 있는 사진과는 다른 성행위를 장기적으로 하려고 하면, 우리는 성행위를 할 수 없게 되거나 또는 하고 싶지가 않을 것이다. 우리 스스로 사진을 바꿀 수 없다면, 그리고 만일 아직까지 우리가 사진을 바꾸도록 이끌어 줄 수 있는 상담기술이 없다면, 우리는 우리가 갖고 있는 사진을 받아들여야만 한다. 이것이 비록 어려울지라도, 우리는 최선을 다해 사회 규범 안에서 그 사진과 더불어 살아가는 법을 배워야 한다.

만일 성적 사진이 다른 사람에게 해로운 것이라면 – 예를 들어, 어린 아이하고만 성관계를 하고 싶은 사진을 갖고 있는 사람의 경우 - 이들은 성적으로 좌절된 삶을 사는 것을 배우거나 감옥에 갈 각오를 해야 할 것이다. 비정상적인 성행위에 대해 많은 연구가 있었지만 현재까지의 주된 발견은 정상이건 비정상적이건, 사진을 바꾸기란 거의 불가능해도 그것이 타고난 것은 아니라는 것이다. 우리는 통계적으로 동성연애자들의 자녀라고 해서 동성연애자가 되지 않는다는 것을 연구 결과로써 알게 되었다.

사진 때문에 당신이 자손을 번식하려는 기본 욕구와 상반되는 비생식적인 동성연애를 하게 된다는 것은, 그것이 얼마나 강력하게 그리고 그것이 얼마나 구체적으로 당신의 인생 항로를 결정짓는지를 보여주는 것이다. 그러므로 사진은 당신이 살고자 하는 삶을 구체적으로 나타낸다. 만일 이것이 당신의 사진첩에 설정해 놓은 역할을 못마땅해 하는 사람들과 실제로 관련된다면, 당신은 그 사람들을 변화시키기 위해 길고 비참한 싸움을 시작해야 할지도 모른다. 수잔은 그녀가 남편에게 원하고 있는 것을 거절당했기 때문에 지금 그러한 싸움 중에 있는 것이다. 수잔이 원하는 방향으로 남편이 돌아오지 않는다면 - 그는 돌아오지 않을 것 같다 - 수잔은 패배하는 싸움을 계속하거나 자신의 사진을 바꾸거나 둘 중 하나를 택해야만 할 것이다. 우리는 대개 사랑하는 사람의 사진을 다른 사람으로 바꿀 수 있으므로 결국 수잔도 그렇게 하리라고 추측한다.

큰 뇌를 소유한 인간은 하등 동물보다 자신의 사진을 더 많이 변화시킬 수 있지만, 우리는 항상 다른 것이 아닌 우리가 원하는 것만을 바란다. 나는 달걀을 완숙해서 먹는데, 그것은 달걀을 먹는 방법에 대한 내 머릿속의 사진 때문이다. 내 아내는 그것이 자신의 머릿속에 있는 사진이 아니기 때문에 달걀을 요리할 때마다 이해할 수 없다고 한다. 아내가 내게 달걀을 반숙해서 먹으라고 말할 때, 나를 설득시켜 사진을 바꾸게 할 수 없는 한 그녀가 이길 승산은 거의 없다. 수잔의 남편이 그녀 곁을 떠나기 전에, 각각의 사진첩에 갖고 있던 결혼에 대한 다른 사진들로 인해 많이 다투었을 것이다. 함께 잘살아가지 못하는 남편과 아내 그리고 가족은 항상 상대방으로부터 만족을 얻고 싶어 하는 다른 사진들을 갖고 있다.

우리 자신의 사진을 바꾸는 것도 쉽지 않겠지만 상대방을 설득해서 그의 사진을 바꾸게 하기란 더욱 어렵다. 사진을 바꾸려면 우리는 문제가 되는 욕구를 동등하게 만족시켜 주지는 않더라도 최소한 만족스럽게 느낄 수 있는 다른 것으로 바꾸어야 한다. 이것은 협상과 타협을 통해서만 이루어질 수 있다. 강제로 힘을 사용하는 것은 효력이 없다.

대부분의 사람들은 자신의 머릿속에 있는 사진에 의해 자극을 받는다는 사실을 모르며 또한 그 사진이 얼마나 강력하고 구체적인지도 모른다. 대부분의 인간 관계에서, 좋은 관계에서조차, 우리는 끊임없이 상대방을 우리가 원하는 방향으로 변화시키려고 한다. 당신의 아들을 어린이 야구단에 가입하게 하고, 딸의 긴 머리를 자르게 하고, 당신 남편에게 브리지 게임을 하라고 하고, 당신 아내에게 아침 식사 전에 5마일씩 조깅을 하라고 말하면 당신은 엄청난 반발에 부딪치게 될 것이다. 당신이 편하게 즐겨 입는 다 헤어진 낡은 스웨터를 벗어 던지기가 얼마나 어려운지 생각해 보라! 그러면 곧 당신은 사진을 바꾸도록 압력을 가했던 사람에게 당신이 효과 없는 화를 내고 있다는 것을 깨닫게 될 것이다.

우리들 가운데 어느 두 사람도 그들의 머릿속에 똑같은 사진을 갖고 있지 않다는 사실을 알아야 한다. 이것을 가족한테까지 확대시키면 공유의 어려움은 훨씬 더 커진다. 어느 두 사람도 정확하게 똑같은 삶을 살아갈 수 없으며, 우리 모두 동일한 욕구에 의해 좌우된다고 할지라도 개개인마다 강도가 다양하다. 나는 당신보다 사랑을 더 많이 요구하고 당신은 나보다 권력에 더 좌우될지도 모른다. 그러나 우리들은 두 가지 모두를 필요로 하며, 부부로서의 성공은 이러한 욕구를 충족시킬 구체적인 사진들에 얼마나 잘 동의할 수 있느냐에 달려있다. 당신과 내가 같이 살면서 우리 사진첩의 사진 가운데 절반을 공유한다면 우리는 아마 대부분의 사람보다 공통되는 점이 더 많이 있는 셈일 것이다. 그러므로 만일 우리가 소속의 욕구-우리를 힘께 있게 하는 - 를 충족시키고자 한다면 공동으로 가지고 있는 것을 공유하고, 공유하고 있지 않은 사진들은 받아들이거나 최소한 인내하는 것을 배워야 한다.

만일 우리가 인생을 효과적으로 통제하고자 한다면, 어느 두 사람도 똑같은 사진을 공유할 수 없다는 인식이 우리 주변의 모든 것을 다루는데 절대 필요한 지침이 되어야 한다.

10대인 당신 아들이 학교에 가지 않고 밤새도록 '이상한' 음악을 들으면서 마리화나를 피운다고 가정하자. 아들의 인생이 어떠해야 하는지에 대해 당신과 아들은 아주 다른 사진을 가지고 있는 것이다. 아들에게 무슨 말을 하기가 불가능한 것처럼 보인다. 그를 바라보는 것조차 당신을 화나게 한다. 이 이야기의 변형은 모든 가족들에게 적용된다. 결혼생활에서 서로의 사진이 극단적으로 달라질 때는 이혼을 할 수 있지만 자식이 부모와 이혼할 수는 없으며 형제나 자매로부터 완전히 분리되기란 더욱 어렵다. 몹시 실망스런 일이지만 그들을 대체하기는 쉽지 않다.

좋지 않은 인간 관계를 활기차게 하기 위해서 보통 사람들은 변화를 주고자 한다. 아들이 학교에 가서 공부하고 마리화나를 끊도록 압력을 가한다. 자동차를 뺏고 용돈을 줄이고 친구가 집에 오지 못하게 하고 밤 외출을 금한다. 그러나 이것은 효과가 거의 없다. 당신이 좋아하든 싫어하든 아들이 자신의 사진에 만족하는 한 그는 당신의 사진이 아닌 자기 자신의 사진에 따라 살 것이다. 아들은 "난 아빠를 괴롭히는 것이 아니에요. 왜 날 혼자 내버려 두지 못하죠?"라고 말하면서 당신을 무시할지도 모른다. 그러면 당신은 아들을 괴롭히려는 것이 아니라 단지 그가 얼마나 인생을 망치고 있는지 지적하고 싶었을 뿐이라는 훈계를 하고 싶을 것이다. 당신이 그렇게 함으로써 두 사람 관계는 더욱 악화된다. 그런데도 당신은 학교와 마약 사용에 대한 아들의 태도를 받아들일 수 없기 때문에 잔소리를 한다. 아들이 택한 삶이 당신의 사진첩과 맞지 않기 때문이다.

아들과 잘 지내고, 그를 설득하여 자신의 일부를 바꾸도록 하기 위해서는 당신과 아들이 아직도 함께 나눌 수 있는 사진을 찾아내는 것부터 시작해야 한다. 서로 함께 나눌 수 있는 한 장의 사진이 화해의 계기를 만들어 줄 것이다. 서로의 사진이 매우 다를 때 관계를 재개하는 유일한 방법은 함께 나눌 수 있는 하나, 혹은 그 이상의 새로운 사진을 발견하려고 노력하거나 한때 두 사람을 충족시켰던 옛날 사진들을 다시 나눠 보는 것이다. 당신과 아들이 함께할 수 있는 것, 즉 둘 다 원하는 것을 찾아 무엇인가 해야 한다. 한때 당신이 아들과 낚시하는 것을 즐겼으나 오랫동안 사이가 좋지 않아서 함께 낚시하자는 말을 해 볼 생각조차 못했다고 가정해 보자. 이제 당신이 아들과 만족스럽게 어울릴 수 있는 방법을 찾아야 한다고 깨달았으므로 "낚시하러 가자. 잔소리는 안 할게." 하면서 아들에게 제안을 한다. 아들이 동의해서 둘은 주말을 사이좋게 보냈다. 조금은 옛날 기분이 났다. 당신이 인내심 있게 잔소리를 하지 않고 낚시하는 것 외에 좀 더 많은 일들을 같이 한다면 일시적이지만 친밀하고 강한 관계를 가질 기회가 생긴다. 대개 그렇듯이, 아들이 살고자 했던 방식이 결국에 가서 그의 욕구를 충족시키지 않게 되면, 아들은 당신이 계속 얘기해 온 것에 주의를 기울이게 될 지도 모른다. 기억할 것은 당신이 이미 여러 번 말했으므로 더 이상 말할 필요가 없다는 것이다.

　이것이 어린이들이나 부모, 형제, 자매들에게 우리가 할 수 있는 모든 것이다. 우리가 공유할 수 있는 것을 정하고 우리 사진첩 안의 많은 사진들이 결코 같을 수 없다는 사실을 받아들여야 하지만, 우리가 함께 잘 지내게 되면 될수록, 더 많은 사진들을 다시 함께 나누게 될 것이다.

　만일 당신이 좌절해서 아들을 집에서 내쫓는다면, 당신이 얻은 것이라곤 아들을 잃어버리는 것뿐이다. 그러나 만일 당신이 아무것도 하지 않는다면 당신의 눈앞에서 아들이 파멸할지도 모른다고 당신은 염려하고 있다. 이것은 쉽게 해결할 수 없는 딜레마이지만, 당신이 공유할 수 있는 사진을 찾아야 한다는 것을 명심한다면 아들을 내쫓아서는 안 된다는 것을 알 것이다. 절충안은 중간 입장을 취하는 것이 좋다. 아들을 집에 있게 하는 최소한의 조건으로, 집 안에서 시끄러운 음악과 마리화나를 피우지 않는 규칙을 세우는 것이다. 아들이 규칙을 어기면 12시간 동안 집에서 내보냈다가 돌아와서 다시 시도하라고 말하라. 아들에게 다정하게 이야기하고(훈계하지 말고) 매주 그와 최소한 한 가지 이상 유쾌한 활동을 같이 하도록 노력하고, 아들이 학교에 가지 않거나 일하지 않으면 돈이나 다른 물질적 보상을 주지 말라. 그런 다음에 기다리는 것이다.

어떤 사람을 설득하여 사진을 바꾸도록 만드는 데는 오랜 시간이 걸린다. 엄격함과 온유함 사이의 최선의 길을 누가 제시해 주길 기대하지 말라. 그런 것은 존재하지 않기 때문이다. 그러나 당신이 집에서 좋은 관계를 유지하고, 가끔 낚시도 같이 가면서 아들과 가까이 지낸다면 방법은 많아질 것이다. 아들은 집에서 자신을 파멸시키거나 스스로 자신을 돌볼 능력도 없으면서 집을 나가는 것보다 더 나은 선택의 자유를 갖게 될 것이다.

우리가 다른 사람들과 함께 잘 지내길 원한다면, 같이 나눌 수 있는 새로운 사진을 찾기 위해 항상 노력하고, 함께 공유할 수 없는 것을 받아들이거나 최소한 참으면서 우리가 나눌 수 있는 것을 즐기는 데 시간을 보내야 한다. 당신이 아내의 사진첩에 있는 사진을 받아들일 수 없다는 것을 알았다면, 오늘은 내 방식대로 하고 내일은 당신 방식대로 하겠다는 합의를 할 수 있을 것이다. 많은 사람들이 휴가를 그런 식으로 보낸다. 지금 당신이 악화된 관계 속에 있다면, 당신은 배우자와 일치할 수 있는 사진 찾기를 솔선하여 실행해야 한다. 배우자가 이것을 먼저 하도록 기다리지 말라. 그는 어떻게 해야 할지 모르기 때문이다. 당신들 중 한 사람만이라도 머릿속 사진의 중요성을 이해한다면 서로 잘 지낼 수 있는 훨씬 좋은 기회를 갖게 될 것이다.

우리가 머릿속에 새롭게 집어넣은 사진과 과거의 사진이 종종 갈등을 초래할 수 있다. 수잔의 남편은 자신이 매우 충실한 사람이라는 사진을 가지고 있었으므로 그가 새 아내와 보다 나은 생활을 시작하려 할 때 자신의 불성실을 불행하게 느꼈을지도 모른다. 그러나 만일 그가 수잔에게 돌아간다면, 그에게 중요한 다른 사진들을 충족시키기에는 사랑과 자유와 즐거움이 여전히 불충분할 것이다. 이 책의 뒷부분에서 갈등에 대해 상세히 다룰 것이므로, 지금은 다만 선택이론에서는 머릿속의 사진들이 일관성이 있어야 한다는 원칙이 없다는 것만을 이해하도록 하자. 사실, 모순과 갈등은 우리의 모든 사진첩에 공통되게 함께 끼워져 있다. 수잔의 남편이 자신을 충실하게 보는 사진이 그가 자신을 흥분시키는 새로운 여인을 만났다고 해서 사라지는 것은 아닐 것이다. 그것은 여러 해 동안 새로운 관계를 시작하는데 방해가 될지도 모른다. 계속 자신을 충실한 사람으로 보이게 하기 위해 그는 수잔에게 재정적으로 책임있는 행동을 할지 모르며, 이 점에 있어서 수잔은 그 사진의 덕을 보는 셈이 된다. 우리의 사진첩에서 사진을 떼어 내는 유일한 방법은 동일한 기본적 욕구를 잘 채워줄 다른 사진과 예전 것을 바꾸는 것이기 때문에, 사진을 바꾸지 못할 때 많은 고통을 받으며 때로는 비참한 인생을 택하기도 한다. 많은 여자들이 결혼 생활에서 남편에게 구타와 굴욕을 받으면서도 함께 사는 것은 남편이 아내들에게 유일하게 찍힌 사랑의 사진이기 때문이다. 학대로 고통을 받고 있는 아내들이 그들의 삶은 생지옥이라고 불평을 하면서도 그들의 사진첩에서 남편의 사진을 바꿀 수 있다고 믿지 않기 때문에 그들은 계속 그 남편과 살고 있는 것이다. 만일 이 여자들이 사진첩 개념을 이해한다면, 그들이 늘 자문하게 되는 "왜 내가 여기에 있지?"라는 질문에 가능성 있는 답변을 발견하게 될 것이다. 그리하여 그들은 자신의 삶을 효과적으로 통제하기 위해 보다 나은 사진을 적극적으로 찾아 나설 것이다.

그러나 만일 우리가 수년 동안 욕구를 충족시켜왔던 방법을 빼앗긴다면 어떻게 될까? 사랑하는 배우자가 죽었다고 가정해 보자. 이 사진에 무슨 일이 일어났겠는가? 당분간 아무 일도 없을 것이고, 평상시와 똑같을 것이다. 즉 현실 세계에서 우리가 사랑했던 사람을 잃었으나 사진첩에는 아직도 그가 살아있다. 우리가 누군가를 잃게 되었을 때 고통 받는 것을 선택하는 이유도 바로 여기에 있는 것이다. 나중에 설명하겠지만, 우리가 아무것도 할 수 없을 때 우리는 고통을 선택한다. 우리와 친밀한 사람들이 우리 주위에 모여 들어 우리를 염려해줄 때 안심하게 된다. 얼마가 지난 후 우리는 사랑했던 사람을 되살릴 수 없다는 사실을 받아들이게 된다. 친구들과 친척들의 도움으로 죽은 이를 간직하는 것이 우리를 영원히 비통하게 만든다는 것을 자각하면서 사진첩에서 죽은 이를 떼어 내는 작업을 천천히 시작하게 된다.

비록 사진첩 속의 사진을 부인하는 것이 불가능할지라도, 때때로 우리는 사진을 충족시키기 위해 아무것도 할 수가 없다는 것을 인정하기가 고통스럽기 때문에 그 사진들을 마음에서 떼어 내려는 노력을 하게 된다. 우리는 모두 어떻게 하면 우리의 결혼 생활이 더 행복해질까 또는 우리의 직업이 어떻게 하면 더 보상받을 수 있을까에 관한 사진을 사진첩에 가지고 있지만, 그 사진들의 존재를 인정하는 것이 우리가 감추고 싶은 상처를 건드려 놓기 때문에 오히려 부정하려고 한다. 우리는 자기 자신에게 만사가 잘 되어간다고 얘기하고 싶지만, 실은 여전히 불만족스런 상태에 놓여 있기도 한다.

한 번은 어떤 외로운 여인이 상담하러 와서 전날 숨을 쉴 수가 없어 응급실에 갔었다며, 여전히 가쁜 숨을 내쉬었다. 의사들은 그녀가 담배를 너무 많이 피우고 있다는 것 외에는 다른 잘못된 점을 발견할 수가 없었다. 그녀는 말하는 도중에도 헐떡거렸지만 숨가쁜 것이 심리적일지도 모른다는 내 말을 강하게 부인했다. 그러나 그녀가 원하는 것 – 좋은 인간관계-에 대해 이야기 하는 동안, 나의 도움으로 원만한 인간관계를 맺을 수 있다는 것을 그녀가 느끼면서 호흡은 한결 편해졌다. 그녀는 자신이 다른 사람의 도움을 필요로 하고 있다는 것을 인정하기가 어려웠다는 것을 알게 되었다. 그녀의 호흡이 가빴던 것은 도움을 청하는 방법인 셈이었다. 당신의 사진첩-당신이 사랑, 가치, 성교, 즐거움, 그리고 자유를 발견하는 곳-은 당신이 살고 싶어 하는 세계이며, 당신의 모든 욕망은 물론 갈등조차도 충족되는 곳이다. 그 누구도 자신의 사진첩에 자기 자신이 나쁘게 행동하는 모습의 사진을 갖고 있지 않을 것이다. 때때로 우리 주위 사람들이 자기 파괴적이라고 일컫는 행동을 선택할지도 모르지만, 자신을 파괴하려고 이러한 행동들을 하는 것은 아니다. 우리가 충족시키고 싶어하는 사진들은 우리에게 큰 의미가 있는 것이다. 시끄러운 음악을 듣고 마리화나를 피우는 아들은 자기 아버지가 생각하듯 자신의 삶을 파괴하고 있다고 생각하지 않을 것이다.

때때로 우리는(예를 들면, 아버지나 다른 사람의 생각에) '실패'를 선택하는 경우가 있는데, 그것은 '실패'가 '성공'보다 우리가 원하는 것을 더 많이 가져다 줄 것처럼 보이기 때문이다. 학교의 성공은 아들에게 그가 원하지 않았던 법률가와 같은 전문직을 마련해 줄지도 모른다. 보다 구체적으로 말하자면, 아들이 성공한다는 것은 아버지가 아들에게 아들의 머릿속에 있는 사진들로부터 멀어지도록 요구하는 결과가 될 것이다. 우리들 중 누구도 실패하고 싶어하지 않았지만, 우리 모두가 성공에 대해 동일한 사진을 갖고 있지 않다는 것을 명심해야 한다. 당신이 지금 하고 있는 일을 하도록 하는 것은 그 누구도 아닌 바로 당신 자신의 머릿속에 있는 성공에 대한 사진인 것이다.

제 4 장

무엇이 우리를 행동하게 하는가

왜 우리가 행동하는가를 설명하기에 가장 좋은 방법은 온도 조절기가 실내온도를 어떻게 조절하는지를 자세히 관찰해 보는 것이다. 온도 조절기는 외부의 차거나 더운 공기에 의해서 작동되는 것이 아니라 맞추어 놓은 기온과 방 안에 있는 공기와의 온도 차이에 의해서 작동된다는 사실을 우리들 대부분은 깨닫지 못하고 있다.

왜 우리가 행동하는가를 설명하기에 가장 좋은 방법은 온도 조절기가 실내 온도를 어떻게 조절하는지를 자세히 관찰해 보는 것이다. 온도 조절기는 외부의 차거나 더운 공기에 의해서 작동되는 것이 아니라 맞추어 놓은 기온과 방 안에 있는 공기와의 온도 차이에 의해서 작동된다는 사실을 우리들 대부분은 깨닫지 못하고 있다. 수잔의 분노가 남편이 집을 떠난 데서만 기인된 것이 아니듯이, 온도 조절기도 사람과 마찬가지로 내부에서 자극을 받아 방 안의 온도를 '원하는 만큼'의 온도로 조절한다. 이런 맥락에서 볼 때, 수잔이 분노한 것은 남편이 집을 떠났기 때문이 아니다. 수잔은 자기와 함께 살았던 남편으로써 자신의 머릿속에 그려진 남편의 사진과, 다른 여자를 찾아 떠나간 실제 상황에서의 남편의 사진과의 차이점에 대처해 나가기 위한 최선의 방법으로 분노를 선택했던 것이다. 이런 어려운 상황에 대처해 나가기 위해서 수잔이 왜 분노의 방법을 선택했는지 그 이유는 뒷장에서 설명하기로 하겠다. 그보다 먼저 필자는 우리가 활동하고, 생각하고, 느끼는 이 모든 행동을 유발시키는 원인에 대해 설명을 하겠다.

온도 조절기 역시 사람처럼 내적 세계가 있다. 물론 무척 단순하리라는 것은 인정한다. 그러나 그것은 자신이 놓인 주위의 기온이 정해 놓은 온도와 비슷해져야만 만족을 하는 매우 구체적인 사진을 가지고 있다. 또한 이것은 지각적(知覺的) 장치, 즉 지각용 카메라가 있어 방 안의 기온이 맞춰 놓은 온도보다 낮거나 높은 것을 감지할 수 있다. 만약 방 안의 기온이 정해진 온도보다 너무 높거나 낮을 경우에는 사람들처럼 그 차이를 줄이기 위해 작동한다. 그러나 난로나 냉방 장치의 사용으로 인해 온도 조절기가 '원하는' 온도를 맞출 수 없을 때에는, 사람들과는 달리 전혀 작동하지 못한다. 이미 기능을 상실한 기계가 할 수 있는 일은 아무것도 없다는 것이다. 그러나 살아있는 생명체가 멈추는 법은 결코 없다. 우리가 알고 있는 지식으로 우리가 원하는 것을 얻지 못할 때 우리는 좀 더 효율적인 새로운 행동을 창출해 낼 것이다. 우리의 모든 행동은 -낡은 행동이든 새로운 행동이든- 우리가 원하는 것(우리의 머릿속에 있는 사진)과 우리가 가지고 있는 것(세상의 사물을 보는 방법)과의 차이를 줄이려는 끊임없는 노력인 것이다.

새로이 창출된 이 행동들이 제대로 작동하지 않을지도 모른다. 그것들은 원래 행동보다 실제 상황에서 더 좋지 않을 수도, 또는 더 나쁠 수도 있을 것이다. 그러나 우리가 새로이 창출한 행동들이 더 좋을 가능성은 늘 있는 법이다. 또 우리가 원하는 것을 얻으려고 필사적일 때, 우리는 항상 새로운 행동들을 고려하게 될 것이고 그것을 종종 시도해 보기도 할 것이다. 바퀴에서 컴퓨터에 이르기까지 훌륭하게 고안된 모든 것들은, 머릿속에서 떠오른 사진을 가지고 실제 생활에서 무엇인가 창조하려고 노력한 사람들에 의해 성취되어진 것들이다. 그러나 필자가 뒷부분에서 상세히 설명하겠지만, 심장병에서 정신병에 이르는 모든 불행한 개혁의 산물 역시 위와 같이 노력한 사람들에 의해 창출된 것들이다.

만약 수잔이 그녀의 사진첩에서 남편의 사진을 없애버리지 않는다면, 그녀는 자신이 알고 있고 또 가능한 방법을 모두 동원하여 남편을 자신의 곁으로 다시 돌아오게 하려고 할 것이다. 그녀는 자기 머리에 떠오르는 모든 새로운 아이디어들을 심각하게 고려해 볼 것이다. 어떤 점에서 그녀는 필자의 아내에게 했던 것처럼 우연히 만난 사람에게 모조리 털어놓는 그런 새로운 행동을 해 볼지도 모른다. 비록 이러한 시도가 실패로 끝난다 하리라도 그녀는 단념할 수 없다. 그녀가 원하는 사진에 의해 고통을 당하면서도 그녀는 더 많은 노력을 기울일 것이고, 그 행동이 고통스럽고 어리석은 방법으로 나아갈지라도 여전히 그 행동을 택할 것이다. 원하는 것과 현재 가지고 있는 것 사이에 차이가 있을 때마다 우리는 행동을 해야만 하는데 그것은 활동하고, 생각하고, 느끼는 등 우리의 신체 반응과 관련된 것들로 모든 것들은 우리가 원하는 것을 얻기 위하여 끊임없이 투쟁할 때 우리가 이끌어 내는 전행동(total behavior)의 구성 요소들이다.

실제 생활에서 당신이 좌절감을 느꼈을 때나, 실제 상황이 당신이 상상했던 것보다 훨씬 더 나빴던 경우를 한 번 회고해 보라. 그때 당신은 고집스럽게 머릿속 사진만 고수하려 하지 않았는가? 오랫동안 그것을 고수하려고 하면 할수록, 당신이 원하는 것에서 더욱 멀어짐에도 불구하고 말이다. 효율적인 방법을 시도해 보려고 하지도 않고 비합리적인 생각만 함으로써 그 전에는 한 번도 느껴보지 않은 고통스런 감정들을 느끼지 않았는가? 친숙한 사람을 찾아가 당신의 비통한 사연을 말하고, 그러한 좌절에 이끌려 어느 정도 당신에게 새롭게 다가오는 다양한 활동과 생각, 감정을 시도해 보지 않았는가? 그때 당신은 몇 가지 광적인 생각을 하고 또한 예전보다 훨씬 더 우울감에 빠지지는 않았는가? 병이 났거나 혹은 무책임하게 행동했는지도 모른다. 혹은 마약을 복용하기 시작하였거나 예전보다 훨씬 더 많은 양의 알코올을 마시기 시작하였는지도 모른다.

　만일 당신이 개인적으로 심하게 거부를 당했거나 좋은 직장을 잃게 되어 고통을 당했다면 이런 식으로 자주 행동하고 생각하고 느꼈을 것이다. 예를 들어, 당신은 이름난 의과대학에 필사적으로 입학하고 싶어 하지만 학교 측에서 당신을 받아주지 않을 수도 있다. 우리들 대다수는 적자를 줄이기 위해 운영하고 있는 사업을 포기해야 할 때에도 그것을 유지하려고 오랫동안 고집하는 경향이 있다. 어째서 우리는 머릿속에 있는 사진대로 성취할 수 있는 가능성이 희박한데도 불구하고 생각하고 있는 그 사진에만 집착하는 것일까? 이것은 다음 두 가지 이유 중 어느 하나 때문일 것이다. (1)당신은 보다 나은 사진, 또는 최소한 당신에게 만족을 줄만한 다른 합당한 사진이 있다고 믿지 못하기 때문일 것이다. (2)당신이 원하는 것을 얻을 수 있는 행동을 당신이 어떻게 해서든지 할 수 있을 것이라는 희망을 포기할 수 없기 때문일 것이다.

당신은 아직도 당신이 얻을 수 없는 사진에 집착하고 있지 않은가? 만약 그렇다면 실패가 확실한데도 노력을 계속함에 따라 더 불행해지고 비효율적으로 되어간다고 생각하지는 않는가? 우리가 원하는 사진과 현재 눈앞에 있는 사진 간에 차이가 있을 때마다, 이 차이에서 생겨난 신호가 우리를 행동하도록 만들고, 또한 그 신호가 지속되는 한 우리는 그 행동을 계속할 것이다. 우리는 실제로 행동하도록 만드는 강한 신호를 느끼고 있다. 벽에 비스듬히 걸려 있는 그림이 있다고 상상하고 그것을 쳐다보자. 그림을 똑바로 해놓고 싶은 즉각적인 충동을 무시해 보라. 그림은 똑바로 걸려 있어야 한다는 사진을 머릿속에 가지고 있는 우리들 대부분은 이 충동이 너무나도 압도적임을 느낄 수 있다. 그래서 비스듬히 걸려 있는 그림을 무시한다는 것이 거의 불가능할 수도 있다.

온도 조절기가 방 안의 온도와 원하는 온도와의 차이를 감지한 후 신호를 보냄에 따라 난방이 작동을 하듯, 수잔도 어떤 행동이 일어날 수 있도록 그녀의 두뇌 각 부분에 신호를 보낸다. 그녀가 퍼붓고 있는 강박적인 불평, 동정을 구하는 행동, 분노, 불행, 그리고 복수를 위한 계획 등은 머릿속에 지니고 있는 사진과 실제의 사진과의 차이에서 야기된 강렬한 신호에 의해서 생기는 것이다. 만약 필자의 아내가 수잔에 대해 잘 이해하고 있었더라면, 그녀의 앨범에서 남편의 사진을 없애 버리라고 권유했을 것이다. 그러나 어떤 행동을 계속해서 하라는 신호에 강하게 이끌리고 있는 수잔으로서는 그 충고에 조금도 개의치 않을 것이다. 수잔이 욕구라든가 사진 혹은 신호 같은 것은 전혀 모르고 오로지 남편을 다시 찾기 위해 계속해서 어떤 행동을 하겠다는 강한 충동만을 가지고 있음을 기억해야 한다.

이 비기술적(非技術的)인 책의 목적을 설명하기 위해 필자는 행동을 유발시키는 두뇌의 모든 부분을 하나로 묶어 행동 체계라고 부르겠다. 이것은 행동을 하라는 신호가 들어오면 행동을 시작하는 체계이다. 이것은 바로 수잔이 필사적인 노력으로 남편을 다시 찾기 위해 현재 사용하고 있는 모든 불행한 행동을 유발시키는 체계인 것이다.

이 책을 읽을 정도의 나이가 되면 당신은 상당한 행동 체계를 가지게 되는데, 그 체계에는 신호를 받을 때마다 당신이 행하고 생각하고 신체 반응하면서 학습한 모든 것들이 즉시 사용될 수 있도록 저장되고 조직되어 있다. 사진의 차이로 신호가 오면 그것은 우리로 하여금 즉시 자신의 행동 체계를 살펴보고 조직화된 많은 행동 중에서 사진의 차이를 줄일 수 있다고 판단되는 가장 바람직한 것 중 한 가지나 그 이상의 행동을 선택하도록 한다. 수잔이 필자의 아내를 만났을 때, 그녀는 아내가 자신을 도와줄 수 있으리라는 희망에서 '나는 어떤 행동이라도 하겠으니 내게 충고를 해 달라.'는 식의 행동을 선택했다. 우리의 행동은 항상 우리가 원하는 것과 관련되어 있다는 사실을 명심해야 한다. 결혼 생활이 싫었지만 의무 때문에 얽매여 있을 때 마침 다행하게도 남편이 집을 나갔다면, 필자의 아내를 만났을 때 그녀는 위의 경우와는 완전히 다른 행동을 선택하였을 것이다. 즉 그녀는 자기의 결혼 생활에 대해서는 언급이 없는 채, 더 이상 사랑하지도 않는 남편에게 매달릴 필요없이 새로운 생활을 시작할 계획에 대해서만 말했을 것이다.

우리가 처음 세상에 태어났을 때에는 음식을 삼키고 눈을 깜빡이고 대소변을 보고 젖을 빠는 등의 필수적인 생리적 활동을 제외한 행동 체계는 거의 비어있는 백지 상태와 같다. 태어날 때부터 걷기, 수영 등 비교적 잘 조직화된 행동 체계를 가지고 태어나는 하등 동물에 비해 인간은 아무것도 갖지 않은 채 태어난다. 그러나 하등 동물과는 대조적으로 출생 직후부터 복잡한 행동을 배우는 인간은 일생동안 계속해서 거의 무한할 정도로 복잡한 행동을 배운다. 이것들은 행동의 저장소에 조직화되어 필요한 때에 쉽게 꺼내 쓸 수 있게 되어있는데, 이때 우리는 우리의 욕구와 바람을 가장 잘 충족시킬 것이라고 믿는 행동을 선택하게 된다. 2살 된 아이가 언제 어떠한 행동을 하는지에 대해 얼마나 많이 알고 있는지 생각해 보자. 시간이 지나감에 따라 이 행동 체계가 일나나 큰 소식을 갖게 되는지 생각만 해도 저절로 고마운 마음이 들 것이다.

그러나 태어나는 순간에 우리는 그렇게 무능력하지만은 않다. 생존을 전적으로 부모에게 의존하고 태어나는 대부분의 포유동물이나 조류처럼 우리 인간도 강력하고 잘 조직화된 행동을 가지고 태어난다. 즉 분노를 강하게 표현할 수 있는 능력이다. 만약 우리가 그렇게 하지 못했다면, 생존의 가능성은 그만큼 더 줄어들었을 것이다. 갓난아기조차도 생존하기 위해서 그들이 할 수 있는 모든 방법을 동원하여 자신들을 둘러싸고 있는 세계를 통제해야 한다는 것을 알고 있다. 정상적인 갓난아기의 경우, 현재 자신의 환경이 어머니의 자궁에 있었을 때와 같이 고요하고, 모든 것을 충족시켜주는 환경(아마 아기가 자기의 조그마한 두뇌 속에 가지고 있을 첫 번째 사진)과는 무척 다르다는 것을 깨달았을 때 말벌처럼 성나서 미친 듯 행동할 수 있는 능력을 가졌다는 것은 의심의 여지가 없다.

아기가 자신의 세계를 좀 더 편안하게 만들기 위해서 무엇인가를 하지 않는다면 자신은 생존하지 못하고 죽을 것이라는 생각은 못하겠지만, 머릿속에 있는 사진과 현재 눈앞에 펼쳐져 있는 사진과의 차이를 강하게 감지하고 즉각적으로 자신의 행동 체계에 신호를 보내서 실제의 상황이 아기가 머릿속에 가지고 있던 편안한 세계와 같아지도록 가능한 모든 행동을 선택할 것이다. 아기의 좁은 행동 체계에서 현실세계에 강하게 영향을 줄 수 있는 유연한 행동을 찾아본다면 그것은 분노를 표현할 수 있는 막강한 능력뿐일 것이다. 그러나 정말로 화가 난 아기는 단순하게 느끼는 그 이상으로 행동한다. 즉 아기는 전행동에 관련시킴으로써 분노를 느낄 뿐만 아니라 화난 몸짓으로 몸부림을 친다. 필자가 추측컨대 아기는 화가 난 생각을 할 것이다. 이러한 것은 전행동이므로 이것을 단순히 '화(anger)' 라고 부르는 대신 '화를 내는 것(angering)' 이라고 부르고자 한다. 이렇게 하면 감정에 대해 좀 더 자세히 기술하게 될 뿐만 아니라, 행동과 사고 역시 감정을 수반한다는 것을 의미하기 때문이다. 동사 형태인 '화를 내고 있다(angering)' 는 말은 아직 많은 사람들에게 친숙하게 들리지 않고 처음에는 좀 성가시게 들릴 것이라는 점을 알고 있다. 그러나 다음의 몇 장에 걸쳐 왜 행동을 명사로 표현하지 않고 행동 그 자체의 동사 형태로 표현하는 법을 배우는 것이 우리 자신의 인생을 좀 더 효율적으로 통제하는 데 도움이 되는지에 대해서 설명하겠다.

　화를 내는 것은 우리가 세상에 태어날 때 갖고 나오는 유일한 행동으로써 우리를 둘러싸고 있는 세계에 직접적인 영향을 끼친다. 음식을 삼키고, 물건을 움켜잡고, 눈을 깜빡이고, 기침을 하고, 재채기를 하고, 배설을 하는 것은 모두 생존에 필요한 것들이다. 그러나 분노를 표현하여 이 세상에 있는 어느 누군가가 우리를 보살펴 주도록 하지 못하면 이러한 행동은 아무런 가치가 없게 된다. 아무도 아기에게 음식을 먹여주지 않는다면 삼키는 행동 자체만으로는 아무런 의미가 없다. 우리는 차츰차츰 성장해 가면서, 세상에 강하게 영향을 끼칠 수 있는 활동을 하고 생각하고 느끼는 여러 가지 방법들을 배우게 된다. 그러나 초기 단계에서 우리가 할 수 있는 것은 화를 표현하는 것뿐이며 생존하기 위해서는 그것만으로도 충분하다. 오늘날에는 세계 여러 지역에서 화를 표현하지 못하는 아기도 생존할 수 있다. 그러나 비참할 정도로 가난하고 인구 과잉 상태에 있는 제 3세계의 몇몇 지역에서는 아기가 화를 강하게 표현할 수 있는 능력이 있느냐 없느냐에 따라 생존하기도 하고 그렇지 못하기도 한다는 것을 필자는 알고 있다. 진화의 관점에서 보면, 생존한 아기들은 화나는 것을 많이 표현할 수 있기 때문에 후대의 우리에게도 화에 대한 많은 유전적인 특성을 물려주었다고 할 수 있다.

　우리가 다양한 충동에 의해서 움직이고 있다는 사실을 출생시에 날카롭게 인식하게 되지만 그것이 무엇인지에 대해서는 전혀 모르고 있다. 우리 내부에 있는 그러한 충동을 분류하기까지는 몇 년이 걸리며, 우리의 일반적인 욕구에 대해 구체적인 생각을 할 수 있기까지는 더 많은 세월을 필요로 한다. 그러나 생존하기 위해서는 신비로우면서도 강력한 충동을 어떻게 충족시킬 수 있는지 즉시 간파해야만 한다. 우리는 그러한 충동이 무엇인지도 알지 못할 뿐만 아니라 그러한 충동이 이 세상에서 충족되어야 하는지도 모르고 있다. 우리는 사실상 이 세상이 무엇인지, 우리라는 존재가 정말로 무엇인지도 모르고 있는 것이다. 우리가 알고있는 사실은 우리가 지금 편안하지 않다는 것과, 우리의 희미하고 조그마한 사진첩에 가지고 있는 태내에서의 인생만큼 현실에서의 인생도 편안했으면 좋겠다는 바람을 가지고 있다는 것뿐이다.

우리는 좀 더 편안하게 되기를 바라는 희망에서 화를 내는 것이다. 그 화를 누가 감지하든 간에, 주로 어머니가 여기에 해당되는데, 어머니는 우리를 잘 보살펴 주고자 하는 머릿속의 강한 사진에 의해 움직이면서 우리를 기쁘게 해 줄 수 있는 모든 것을 다한다. 우리는 이런 식의 보살핌을 받음으로써 우리 일이 잘 처리된다는 것을 지각용 카메라를 사용하여 관찰하게 되고 그가 우리에게 매우 만족을 주는 사람이기에 우리는 그 사람의 사진을 찍어 사진첩에 붙여두는데 이 사진첩은 일생동안 우리의 머릿속에 남아있다.

우리는 어머니가 무엇을 하는지 또는 어머니의 행동이 우리가 매일매일 인식하는 여러가지 충동을 어떻게 충족시켜 주는지에 대해 주의깊게 관찰하면서 이것들을 계속 우리의 사진첩에 담아둔다. 우리는 소속에 대한 욕구를 만족시키기 위해서 어머니의 관심을 원하고, 또 어떤 경우에는 생존의 욕구를 만족시키기 위해서 소리를 지르기도 한다. 그리고 어머니가 우리에게 서둘러 오는 것을 보고는 우리가 강한 힘을 가졌다는 사실에 대해 만족을 느낀다. 우리는 점점 그곳에 있는 사람이 누구인지 그리고 그곳에 무엇이 있는지 감지하게 되고 통제의 방법으로써 우리의 만족을 채울 수 있는 모든 새로운 행동을 배우게 된다. 지각용 카메라는 우리가 성숙해감에 따라 점점 더 예민해지고, 카메라로 찍어서 사진첩에 붙여둔 사진들은 점점 더 구체화된다. 이렇게 함으로써 초기의 화내는 행동은 적지만 더 강력한 행동목록으로 조직화되어 우리가 인식하는 다양하고 빠르게 바뀌는 갖가지 욕구를 충족시켜 준다.

아기를 양육한다는 것 자체가 만족스러운 일이긴 하지만 경우에 따라서는 아무리 아기에게 헌신적인 어머니라 하더라도 끊임없이 요구만 하는 아기의 욕구를 전적으로 들어주는 것이 어렵다는 것을 알게 된다. 화내는 아기는 폭군과 같아서 자유를 원하는 어머니의 욕구와 낯서게 될 것이다. 훌륭한 어머니는 자신이 마치 아기의 하인인양 아기를 떠받든다면 아기가 스스로를 돌보는 법을 배우지 못하리라는 것을 안다. 그래서 아기가 출생한 후 며칠이 지나게 되면, 더 이상 아기는 화내는 것으로 어머니를 전적으로 통제하지 못하게 된다. 어머니는 아기도 스스로 무엇인가를 하기 시작해야 한다는 메시지를 심어준다. 아기에게 젖을 주고 토닥거려 주고 목욕을 시켜주고 아기가 몹시 피곤한 기색을 보일 때 아기를 눕혀놓고 나면, 아기가 어머니의 관심을 끌기위해 또다시 소리를 지르더라도 아기에게 달려가지 않는다. 이제 화내는 방법이 더 이상 어머니에게 소용이 없다는 것을 알고 아기는 자기가 느끼는 충동을 만족시키기 위해 다른 방법을 강구하지 않을 수 없다.

　어머니가 아기의 노예처럼 행동하지 않으면 아기는 자신이 원하는 대로 어머니를 통제할 수 없다는 것을 알게 된다. 이것은 마치 당신이 불끈 화내는 것에 아무도 반응을 보이지 않으면 더 이상 화내는 것도 소용이 없다는 것을 알게 되는 것과 같다. 만일 당신 자신을 위해서 무엇인가를 해야겠다고 결정했다면 화내는 것이 도움이 되기보다 해가 되는 경우가 더 많을 것이다. 화가 났을 때에는 무엇인가 가치 있는 일을 해 보려고 하라. 그러면 필자가 의도하는 바를 알 수 있을 것이다. 아기가 소리를 지르는데도 아무 일도 일어나지 않는다면, 아기들은 재빨리 다른 새로운 것을 찾게 된다. 우리 인간은 모두 창조적이라는 사실을 기억하자, 대부분의 아기들이 제일 먼저 창조해 내는 행동 중의 하나가 미소짓는 일이다. 아기들이 일단 이 미소짓는 행동을 창조하게 되면, 그것을 사용하여 그들이 원하는 것을 얻으려고 하며, 실제로 이 방법은 화내는 방법보다 여러 상황에서 훨씬 더 효과적이다.

　미소를 짓는 것, 기뻐서 깔깔 웃는 것은 아주 강한 통제력을 가진 행동이다. 어머니가 아기의 미소에 저항하는 것이 거의 불가능함을 알고는 즉시 아기는 웃음으로 대응하게 된다. 사실상 미소짓는 행동은 매우 효과적이어서 아기는 이 방법으로 낯선 사람까지도 통제하게 되는데, 만일 아기가 화내는 방법을 사용했더라면 이런 일은 좀처럼 일어나지 않았을 것이다. 미소짓는 행동은 놀라운 창작품으로써 우리는 이것을 행동 체계에 저장하여 평생 사용한다. 화내는 것 이외의 다른 행동이 있다는 것을 아기가 일단 배우게 되면, 아기는 모방과 창조를 통하여 자신의 행동 체계에 잘 조직된 강력한 일련의 활동, 사고, 그리고 여타의 다양한 행동들을 저장하는 빠른 과정을 시작하게 된다. 이렇게 하여 발견한 행동들이 화내는 행동보다 훨씬 더 효과적이고 즐거운 방법이 되는 것이다.

우리는 성장하여 학교에 가고 책을 읽고 텔레비전을 봄으로써 많은 새로운 행동들을 배우게 된다. 우리가 행동 체계에 저장한 대부분의 행위들은 그것이 효과적이든 비효과적이든 간에 우리가 좋아하고 존경하는 사람들로부터 배운 것이다. 소속 욕구에 이끌려서 우리는 그 사람들을 머릿속 사진첩에 붙여 두게 되고 결국 그들은 우리에게 가장 많은 영향력을 행사하는 선생이 되는 것이다. 이 세상을 (좀 더 좋은 의미에서) 통제할 수 있도록 우리들은 행동해야 하고, 더 많이 배울 수 있는 능력과 창의성을 가능한 많이 이용해야 한다. 사람들이 이것을 잘하느냐, 못하느냐에 따라 커다란 차이가 나타나게 되고, 이 차이는 행동 체계의 적절성과 직집직으로 연관된다. 그러나 행동 체계가 적절하든 부적절하든 간에 인간은 그렇게 만들어졌으므로 자신의 욕구와 바람을 충족시키기 위해 행동하는 것 뿐이다.

제5장

우리 자신은 하나의 통제체계이다

통제체계는 이 세상에 대해 영향을 미치며 그 자체로서 세상의 일부분이 되어 원하는 사진을 얻으려고 한다. 내가 갈증이 날 때 물을 마심으로써 목마름의 욕구를 채우듯이 나의 행동은 단순하면서도 훌륭한 기능을 수행하는 통제체계로써의 행동인 것이다. 나는 나의 행동을 통제하며 또한 내가 행동하는 것은 머릿속에 있는 갈증 해소의 사진을 만족시키기 위해서이다. 이와는 대조적으로, 만일 당신이 내게 물을 주어 마시게 한다면 내가 아니라 바로 당신이 내 인생을 통제하는 것이다.

우리는 일상생활에서 '통제력을 갖고 있다' 든가 '통제력을 잃고 있다' 라는 식으로 이야기하면서도 선택이론의 용어를 많이 사용한다는 인식이 없다. 성공적으로 음식 조절을 하게 되면 우리는 많은 사람들에게 자신이 체중 조절을 잘해 내고 있다고 즐겁게 이야기한다. 또한 마라톤 경기에 나가기 위해 준비하고 있다면, 자신이 신체를 잘 통제하고 있다고 이야기한다. 우리의 자녀들, 학생들, 골프 시합, 부하직원, 국회의원들을 우리의 '통제하(undercontrol)'에 두게 되면 기분이 좋아질 것이다. 이와 반대로 우리가 가장 고통스러워하는 시간은 통제력을 잃었을 때이다. 자녀들이 곤경에 처하거나, 30년 동안이나 일해 온 회사가 갑자기 파산하거나, 의사가 당신에게 불구가 될 병에 걸렸다고 이야기하는 경우 등이다.

우리들 대부분은 우리 자신이나 다른 사람을 통제하려고 할 때 커다란 문제가 생긴다는 것을 인식하고 있다. 잔디밭에 있는 잡초와 같은 사물을 통제하는 것은 그래도 쉬운 일이다. 그러나 예를 들어 잘 알지도 못하는 남자와 결혼하고 싶어하는 딸을 어떻게 통제할 수 있으며, 일하러 가기 싫어하는 아들을 어떻게 통제하겠는가. 내가 이제부터 돈을 좀 저축해야겠다고 결심했음에도 불구하고 나 자신을 통제할 수 없음을 알게 되는데 그 이유는 내가 옷을 사는 것을 너무 좋아하기 때문이다. 혹은 체중을 좀 줄여서 날씬한 몸매를 유지하고 싶은데 차려놓은 음식이 너무도 먹음직스럽게 보일 때 어떻게 나 자신을 통제할 수 있겠는가? 차를 한 대 샀는데 공교롭게도 그것이 불량품일 때 내가 좌절하는 것은 결함있는 차 때문이 아니라 내가 믿고 도움을 청했던 그 판매원 때문이다. 우리가 가는 곳마다, 자신 혹은 남들에게 통제력을 얻느냐 잃느냐 하는 문제가 표면에 드러남을 볼 수가 있다. 그 이유는 살아있는 모든 유기체는 생명이 없는 기계인 온도 조절기와 마찬가지로 통제체계로서의 기능을 가지고 있기 때문이다.

 통제체계는 이 세상에 대해 영향을 미치며 그 자체로서 세상의 일부분이 되어 원하는 사진을 얻으려고 한다. 내가 갈증이 날 때 물을 마심으로써 목마름의 욕구를 채우듯이 나의 행동은 단순하면서도 훌륭한 기능을 수행하는 통제체계로써의 행동인 것이다. 나는 나의 행동을 통제하며 또한 내가 행동하는 것은 머릿속에 있는 갈증 해소의 사진을 만족시키기 위해서이다. 이와는 대조적으로, 만일 당신이 내게 물을 주어 마시게 한다면 내가 아니라 바로 당신이 내 인생을 통제하는 것이다. 이론적으로 말하자면 만약 당신이 잔인하게도 계속해서 내게 물을 갖다 준다면 당신은 내가 죽음에 이르도록 물을 마시게 할 수도 있다는 것이다. 이러한 예가 어리석게 들릴 수도 있다. 그러나 어째서 우리가 그러한 방식으로 행동하는가에 대한 가장 일반적인 이론을 이야기한 것이다. 이것이 바로 '자극 – 반응이론(stimulus-response theory)'이라 불리는 것이며 이 이론에 의한 모든 것을 자극-반응(S-R)체계라 부른다.

필자가 1장에서 설명한 것처럼 우리의 행동이 외부의 사건이나 자극에 대한 반응이라는 것은 잘못된 이론이다. 필자는 우리의 모든 행동이 내부에 있는 욕구에 의해 야기되는 것이라고 설명한 바 있다. 차를 운전하다 빨간불이 켜졌을 때 차를 멈추는 이유는 자극-반응(S-R)체계에 의해서가 아니라 통제체계에 의해서인데 그 이유는 우리의 살고자 하는 욕구 충족 때문이다. 우리의 인생을 효율적으로 통제하기 위해서는 통제체계로써의 우리가 어떻게 기능을 수행해야 하는지를 배우고, 여기서 배운 것들을 우리가 살아가는 방법에 중요한 부분으로 삼아야 할 것이다. 대부분의 모든 '과학적' 심리학에서는 기계적인 S-R(자극 – 반응) 체계 이론을 택하고 있다. 더군다나 이 이론은 우리들 대부분이 받아들이고 있는 상식적인 체계이기 때문에 앞으로 우리들이 극복해야할 일들이 참으로 많다.

예를 들면, 부모는 자신이 생각하기에 가장 훌륭하다고 생각되는 것을 자녀들에게 시킬 수 있고 또한 그렇게 하도록 통제해야 한다고 믿으면서, '자녀가 올바른 반응을 보이도록 강압적으로 강한 자극'을 보낸다. 몇몇 고용주들은 피고용인이 원하는 것은 돈이므로 급여만 주면 피고용인의 만족 여부에는 상관없이 고용주가 원하는 대로 피고용인들이 모든 것을 할 것이라고 믿는다. 남편은 아내를 통제하려 하고 아내는 남편을 통제하려 드는데, 그것은 서로 통제할 수 있다고 믿기 때문이다. 교사는 학생을, 의사는 환자를, 정치가는 선거인을, 로비스트는 정치가를 통제하려 드는데 그들은 그렇게 통제하는 것이 가능할 뿐만 아니라 바람직하다고 믿기 때문이다. 우리는 종종 남을 만족시키는 일을 해왔고 그들 역시 우리가 원하는 대로 '반응'을 보여왔기 때문에, 우리가 원하는 대로 그들이 행동해 주도록 만들었다는 믿음 속으로 자꾸만 말려들어가고 있는 것이다.

자녀들은 종종 강압적으로 통제력을 휘두르는 부모에게 복종하고, 몇몇 피고용인들은 더 많은 돈을 벌기 위해서 아무 일이나 닥치는 대로 다 하며, 남편과 아내는 그들이 어떤 일로 좌절감을 느낄 때에도 서로 잘 지낸다. 또한 교사들은 지루한 과목인데도 불구하고 학생들이 순종적으로 잘 따라와 준다는 것을 알게 되고, 몇몇 환자들은 의사를 마치 성인처럼 따른다. 또 선거에 뽑힌 정치인들은 사람들을 파멸적인 방향으로 몰고가기도 한다. 그러나 명심하자. 다른 사람에 의해 통제된 것처럼 보이도록 남의 말을 따르는 사람들은 자신의 욕구를 충족시키는 한도 내에서만 따르는 체한다는 것을 말이다. 남을 따르는 것이 자신의 욕구를 더 이상 충족시켜 주지 않는다고 느낄 때 그것을 중단할 뿐만 아니라, 그 상황을 통제할 수 있는 힘을 얻거나 또는 얻기 위해 투쟁할 것이다. 대개 이러한 투쟁은 다양하고 비참한 행동의 형태로 표출된다. 즉 낙담하던가 심장병과 같은 자기 파괴적인 질병에 걸리든가 한다.

왜 우리가 이런 식으로 행동하게 되는가는 다음 장에서 상세히 설명하겠다. 우리는 무엇보다 먼저 통제체계로서 우리가 어떻게 기능하는가를 배워야 한다. 그때 비로소 우리는 자신 또는 주변에 있는 다른 사람을 통제하려는 시도로써 종종 고통이나 무능을 직접 또는 간접적으로 선택한다는 사실을 받아들이게 된다. 또한 실제로 다른 사람들의 통제를 받아들이고 있지 않음에도 불구하고 사람들은 자신들이 남의 통제를 받아들이는 것으로 믿고 있다. 예를 들면, 어떤 부인이 자기 남편을 무조건 따르는 것처럼 행동할 수 있다. 그녀가 그렇게 행동할 때에는 자신이 남편에게 반감을 갖거나 그의 통제를 선택한다는 사실을 깨닫지 못했을 것이다. 그런 것을 깨닫든 깨닫지 못하든 간에 그들이 우리를 통제하는 것이 좋은 일이라는 것을 자신에게 아무리 열심히 확신시키려 해도 소용이 없다. 만약 우리를 통제하려는 사람들의 시도나 우리 자신의 시도가 우리의 기본적 욕구를 충족시키지 못할 때에는 어떻게 해서든 반항하기를 선택하게 된다. 이러한 반항이 식섭적인 경우는 거의 드물다. 그것은 항상 고통스럽고 앓든가, 혹은 질병에 걸리는 것과 같은 좀 더 자기 파괴적인 방법으로 나타난다. 그래서 병원은 자신의 삶을 효율적으로 통제할 수 있는 능력을 잃은 사람들로 꽉 차 있다. 그들을 통제하려는 것에 대한 반항과 자신들을 통제하려는 그들의 비효율적인 시도가 위궤양이나 대장염, 천식, 류머티스, 관절염, 또는 심장병과 같은 질병으로 나타난다는 사실을 그들은 모르고 있다.

우리는 의식적으로 분노하거나 자기도 모르는 사이에 병에 걸리면서까지 자신의 삶을 통제하려고 들거나 그 통제로부터 벗어나려고 애를 쓰고 있다. 만일 우리가 취하고 있는 이와 같은 것들이 바로 우리의 행동이라는 것을 배울 수만 있다면, 우리는 인생을 더 효율적으로 통제하기 위해 알아야 할 기본적인 것을 이미 터득하기 시작한 셈이라고 할 수 있다. 이러한 지식을 가지고 있으면 우리는 고통스럽고 자기 파괴적인 행동을 택하는 것보다 효율적인 선택을 할 수 있게 될 것이다. 잘 알려진 저널리스트인 노만 쿠진스(Norman Cousins)는 고통이 매우 심했는데도 전통적인 의학적 치료를 받지 않고 자신의 통제력을 발휘함으로써 거동이 불편했던 척추관절염에서 회복되었다. 어떻게 그같이 할 수 있었는지, 특히 그가 어떻게 재미에 대한 욕구를 충족시킬 수 있었는지 등이 그의 베스트셀러 「질병의 해부」(Anatomy of Illness)에 훌륭하게 묘사되어 있다.

만약 우리가 사람들에게 어떤 일을 하도록 설득하는 바가 그들 머릿속에 있는 사진을 만족시키지 못한다면, 우리가 그들을 통제할 수 있다고 믿고 싶은 만큼 그들을 통제할 수 없다. 대체로 강경하게 나아가기보다는 유화정책을 씀으로써 더욱 효율적으로 사람들을 설득할 수 있다. 즉 벌보다는 칭찬을 받음으로써 욕구를 충족시키고자 하는 사진을 갖고 있기 때문이다. 그러나 만약 칭찬이 단지 우리가 하고 싶지 않은 것을 하도록 만들 뿐이라고 의심하게 되면, 칭찬은 오히려 벌보다 설득력이 떨어지게 된다. 많은 사람들은 마음에 상처를 입는 것보다 속임을 당하는 것에 더 분개한다.

사람들에게 만족을 주지 못하는 일을 하도록 그들을 통제한다는 것이 거의 불가능할 뿐만 아니라 동물들에게 강제로 우리의 통제를 받아들이도록 하는 것도 아주 힘든 일이다. 우리가 동물도 통제할 수 없다면, 성공적으로 사람을 통제할 수 있는 가능성이란 거의 없다는 점을 나는 여기서 말하고자 한다. 야외 유원지에서 새끼 돼지를 훈련시키는 한 조련사의 말을 들어보면 잘 알 수 있다. 바람직한 '자극'으로 음식을 사용하여, 그 조련사는 새끼 돼지들이 사다리를 타고 올라가 미끄럼틀에서 미끄러져 내려오게 만든다. 미끄럼틀의 바닥에는 새끼 돼지들이 지렛대를 발길로 차면 약간의 음식이 접시 위에 떨어지도록 되어 있다. 한창 자라나고 있는 돼지들의 식욕을 한 번도 만족시켜 주지 않았기 때문에, 새끼 돼지들은 더 많은 음식을 먹기 위하여 사다리를 타고 올라가서 미끄럼을 타고 내려와야만 하는 것이다. 그런 식으로 계속 반복되는 것이다.

자극-반응 이론에 의하면, 건강하지만 배고픈 새끼 돼지들은 한 번도 충분한 음식을 제공받지 못했기 때문에, 더 많은 음식을 먹기 위해서 지칠 때까지 계속해서 사다리를 타고 올라가 미끄럼을 타야 한다는 것이다. 그러나 실제로 그 돼지들은 몇 주 동안만 그렇게 하다가 나중에는 그만 중단해 버린다고 한다. 음식이 새끼 돼지가 미끄럼을 타도록 '자극' 하지 못하기 때문에 돼지는 미끄럼 타기를 그만둔다는 것이다. 이 말은 갓 태어난 새끼 돼지들만이 몇 주 동안 무대 위에 서고, 그 후에는 새로운 돼지들이 그 무대 위에 서는 것을 의미한다. 미끄럼 타는 것을 중단하기로 결심한 어느 철학적인 새끼 돼지가 자신이 베이컨으로 바뀌기 직전에 무대를 바라보면서 "저건 모두 상술이지."라고 중얼거렸다는 일화가 있다.

이처럼 반생존적인 행동으로 보이는 행동을 회유와 위협 이론 (carrot and stick theory, 상벌 교육: 역자의 해석)으로 설명할 수는 없다. 다만 통제이론을 이해함으로써만이, 즉 그 새끼 돼지의 통제체계가 어떻게 기능하는가를 이해함으로써만이 미끄럼타기를 거부하는 돼지들의 행동을 설명할 수 있을 것이다. 짐승들과 함께 생활해 본 경험이 있는 사람들은 짐승들이 그 한정적 지능으로 자신이 통제력을 잃었다고 생각되면 생을 포기하기로 결정한다는 것을 관찰할 수 있다. 발버둥치지 못하도록 조련사에 의해 제지를 받아온 쥐들을 물이 담긴 양동이에 넣으면 몇 분 후에 곧 죽고 만다. 그러나 제지를 당해 본 경험이 없는 쥐들을 물이 담긴 양동이에 넣으면 몇 시간이고 그곳에서 빠져나오려고 헤엄을 친다. 그렇게 끊임없이 점잖지 못한 방법으로 음식을 얻어먹어야만 되는 생활을 감지한 돼지들은(필자는 동물도 품위를 가지고 있다고 생각하고 싶다) 더 이상 자신이 인생을 통제할 능력을 갖고 있지 못하다는 것을 알아차리자 살기를 포기하고 차라리 굶어 죽기로 결정을 내렸다. 만일 어떤 동물이 외부의 자극에 대처하는 것으로 인해 자신의 인생을 더 이상 통제할 수 없다고 판단을 내리게 되면 그에게는 어떠한 외부의 '자극'도 제대로 작용할 수 없게 된다.

 만약 당신이 그 돼지와 같은 상황에 처해 있다면 얼마나 오랫동안 미끄럼을 타겠는가? 아마 그 새끼 돼지보다 더 오랫동안 미끄럼을 탈지도 모른다. 그러나 남은 생애 동안 그렇게 해야만 음식을 얻어먹을 수 있다는 것을 확신하게 되면 오랜 기간 동안 미끄럼을 탈 사람은 아무도 없을 것이다. 왜냐하면 우리는 미래에 대한 기대감이 있기 때문에 희망을 가지고 경멸스러움에 복종도 하고, 생명을 걸고 반항할 수도 있다. 역사는 머릿속 사진첩에 있는 하나 또는 그 이상의 사진을 위해 죽은 순교자들로 가득 차 있다. 그럴 수 있는 상황에 놓인다면 우리들 중 많은 사람 또한 순교자가 될 수 있을 것이고, 어떤 순간을 넘어서게 되면 어느 누구도 권위에 복종하지 않을 수도 있다. 그러나 그 시점에 도달하기 전까지 대부분의 사람들은 생에 대한 통제력을 얻고자 또는 다시 찾고자 시도하는 방법으로 장기간의 고통과 무능을 견디기로 선택할 것이다.

이제부터 당신 자신을 하나의 통제체계로 생각한다면, 당신 행동의 동기는 지금 현재의 욕구뿐만 아니라 그것이 충족된 후의 미래의 욕구까지도 통제한다는 것을 배우기는 그리 어렵지 않을 것이다. 예를 들어, 이제 막 만족스럽게 저녁식사를 끝냈다고 하자. 남은 음식을 치우기 위해 냉장고 문을 열어보니 계란이 하나도 없다는 것을 알게 된다. 당신은 지금 당장 계란이 필요한 것은 아니다. 어쩌면 다음날 아침에도 계란이 필요치 않을 것이다. 그럼에도 불구하고 당신은 통제력을 잃었다고 생각할 것이다. 계란이 다 떨어져서가 아니라 당신의 머릿속 사진첩에는 음식이 쫙 들어찬 냉장고의 사진이 있는데 결국 '계란이 하나도 없다'는 것은 어느 정도 음식 제공에 대한 통제력 상실을 의미하기 때문이다.

최근에 휘발유 파동이 일어나자 대부분의 사람들은 기회 있을 때마다 주유소에 들러 휘발유를 사 넣곤 했다. 물론 목적지까지 가기에 충분한 양의 휘발유를 원했을 것이다. 왜냐하면 휘발유의 부족은 단순히 휘발유가 충분하지 않다는 것 이상을 의미하는 것으로서, 우리의 머릿속에는 휘발유가 탱크에 꽉 차 있는 것이 통제력을 나타내는 것이기 때문이다. 따라서 가는 지점마다 들러 휘발유를 채워 넣는 행동은 통제력을 회복하고자 하는 노력인 것이다. 모노폴리

(Monopoly) 게임은 왜 흥미를 끄는가? 그것은 짧은 동안이나마 통제력을 회복할 기회를 우리가 가지기 때문이다. 원하는 것만큼 통제력을 갖지 못한 우리들 대부분은 놀이에서만이라도 더 많은 통제력을 가지려 한다. 이것은 통제체계에 있어 기본이 되는 것이며 우리는 항상 자신이 통제를 하고 있다는 느낌을 갖고 싶어하며, 어떻게 해서든 놀이에서라도 이런 느낌을 가질 수 있다면 그것은 유쾌한 일이 된다.

이 책을 읽고 있는 대부분의 부모들은 머릿속에 그들의 자녀는 매우 성공적이고 행복해 하는 사진을 갖고 있을 것이다. 그 사진대로 성취하기 위해서 우리는 자녀에게 끊임없이 "이렇게 해라, 저렇게 해라"라고 말한다. 우리의 동기가 반드시 이기적인 것만은 아니다. 우리는 다만 우리가 원하는 대로 하는 것이 자녀들에게도 최선일거라고 확신하기 때문이다. 그러나 우리가 약간의 통제력을 행사하려고 하면 항상 문제에 부딪치게 된다. 하나의 통제체계가 통제를 하고 싶어하는 만큼 다른 통제체계도 통제되기를 원치 않기 때문이다.

이것은 대부분의 생애 동안 자신의 삶을 통제해 온 사람이 다른 사람에게 동정받을 때 왜 분노하는지 그 이유를 잘 설명해 준다. 즉 너무 배가 고파 동냥밥을 얻어 먹으면서도, 그 사람은 밥을 준 사람에게 분노하게 된다. 왜냐하면 사람은 동정을 받을 때 자신이 삶에 대한 통제력을 잃었다고 느끼기 때문이다. 우리가 어떤 일을 행하는 것은 그들을 위해서라기보다 오히려 자신을 위해서이다. 만약 우리가 그들을 통제하려고 한다는 것을 그들이 알아차린다면, 그들은 우리의 통제를 수용하느니보다 그 혜택을 거절하려 들 것이다.

일상생활에서 당신을 통제하려 드는 것에 대한 당신의 분노를 관찰해 볼 수 있을 것이다. 누군가가 당신을 통제하려는 조그마한 움직임만 보여도 당신은 쉽사리 화를 낼 것이다. "왜 늦었나요?"와 같은 간단한 질문도 당신의 통제력에 대한 도전으로 여기게 되면 당신을 화나게 만들 수 있다. 그러므로 아이와 경쟁적인 게임을 할 때 무척 조심해야 한다. 만약 당신이 일부러 져 준다면 아이는 화를 내게 될 것이다. 그것은 아이에게 있어 통제력의 완전한 상실을 의미하며 그렇게 되면 오랫동안 당신과 그 게임뿐만 아니라 다른 어떤 게임도 같이 하지 않을 것이다.

당신은 남의 밑에서 일하는 것보다 돈은 더 적게 벌지만 자기 자신을 위해서 일하는 사람이나, 이와 유사한 입장을 취하는 사람들을 많이 알고 있지 않은가? 그들은 스스로를 위해서 일하는 것이 자신의 인생에 대해서 더 많은 통제력을 갖게 된다는 것을 알고 있는 것 같다. 즉 당신은 더 많은 시간을 일하면서 더 적은 수입을 얻게 될지도 모른다. 그러나 그 시간동안은 인생에 대해 더 많은 통제력을 갖게 되며, 여기에는 자유나 성취욕구 등이 모두 포함된다. 통제는 욕구가 아니다. 다만 이것은 욕구를 충족시키기 위해 우리가 기능하는 방법인 것이다. 그러나 우리는 모두 다 통제체계 방식으로 만들어졌기 때문에 서로 끝없는 싸움에 참여하고 있는 셈이다. 우리는 이 싸움을 잘 인식하고 있기 때문에 주변의 사람들과 조화롭고 행복하게 지내는 사람을 초인간(superhuman), 또는 인간 이하인 바보로 간주하는 경향이 있다. 초인간도 아니고 바보도 아닌 우리는 싸울 수밖에 없지만 소속에 대한 욕구 때문에 우리는 서로를 필요로 하며, 그리하여 어느 정도는 남의 통제를 기꺼이 받아들이고 있다.

그러므로 우리의 인생은 끊임없는 투쟁이라고 할 수 있는데, 우리 주변에 있는 사람, 특히 가까운 사람들의 욕구 충족을 박탈하지 않은 범위 내에서 우리의 욕구를 충족시키는 방법으로 통제력을 얻으려고 계속 투쟁하는 것이다. 이렇게 말하기는 쉽고, 또 논리적으로 들리겠지만, 실제로 이 주장에 주의를 기울이는 사람은 많지 않다. 전쟁을 준비하는 국가나, 자기네 나라를 통치하려 드는 나라를 통제하기 위해서 전쟁을 하는 국가처럼, 여러 만성 질병을 포함하여 우리들이 느끼는 많은 고통과 비참함, 그리고 광기 등은 우리 주변에 있는 사람들을 통제하기 위하여 마련한 개인적인 전쟁인 것이다.

마지막으로, 우리가 국가적인 전쟁에 참여하고 있든 개인적인 전쟁에 참여하고 있든 간에 인간에게는 오직 하나의 길만이 있다. 즉 협상과 타협을 통해서만 조화롭게 살아갈 수 있는 길을 열 수 있는 것이다. 수잔과 그녀의 남편은 그들의 결혼생활에 종말을 가져온 자기 파괴적인 행동을 선택함으로써 협상과 타협에 있어서 갓난아기 정도의 신뢰를 보여주고 있다.

즉 우리가 서로 잘 지낼 수 있는 효율적인 수단은 협상과 타협밖에 없다는 것을 배울 수 있다면, 국가와 국가 간에도 너무 늦기 전에 이 교훈을 배울 수 있지 않을까 하는 것이다. 다음 제3차 세계대전이 일어난 후에는 평화에 대해 이야기할 수 있는 사람이 하나도 살아 남아 있지 않을 것이므로 지금 인습을 타파하고 먼저 평화회담을 갖는 것이 최선의 길일 것이다.

제6장

인간은 자신의 행동을 통제할 수 있다

우리가 지금 가지고 있는 것이 원하는 것이 아니라는 점을 감지하게 되면, 우리는 세상뿐만이 아니라 이 세상의 일부분인 우리 자신에게까지 영향을 미치는 행동을 하게 된다. 우리의 행동을 관찰해 보면, 4가지의 각기 다른 행동으로 구성되어 있다는 것을 첫눈에 알 수 있다. 그러나 우리의 오감과 마찬가지로 서로 다른 것처럼 보이는 이 활동들은 실제로 항상 전행동(total behavior)을 구성하고 있는 4가지 분리된 구성 요소로 되어있다.

필자에게는 매우 경쟁적인 사업체를 운영하고 있는 친구가 하나 있는데 그는 기후의 악화, 공급자들의 파업, 급속도로 변하는 정부 당국의 규세 등으로 빈번이 사업상 예기치 못한 문제에 부딪지곤 한다.
　어떤 때는 이 모든 문제들이 한꺼번에 밀어닥쳐 그는 자신이 해야 할 모든 작업에서 마치 통제력을 상실한 것처럼 느끼기도 한다. 그럴 때 그는 책상 앞에 앉아 침울해하기보다는 슈퍼마켓으로 간다. 그가 필자에게 말하기를 문제가 얼마나 심각하든 간에 슈퍼마켓에 가서 바구니에 신선한 딸기, 버섯과 오래된 포도주 그리고 아이스크림을 담아 밀고 나와 바구니에 담긴 물건 하나 하나를 바라보면 기분이 나아진다는 것이다. 그리고 집에 도착할 때쯤이면 그의 마음은 딸기를 얹은 아이스크림의 사진으로 꽉 차 있어 사무실에서의 문제는 어느덧 눈 녹듯 사라져 버린다는 것이다.

필자는 욕구를 충족시키기 위해 행동할 때 우리가 통제할 수 있는 것과 통제할 수 없는 것에 대한 설명을 하기 위해 이 이야기를 꺼냈다. 필자가 이 장에서 설명하고자 하는 것은 우리가 어떻게 느끼든지 간에 상관없이 항상 자신의 행동을 자신이 통제할 수 있다는 것이다. 필자의 친구가 통제력을 잃었을 때 그는 식료품을 사러 나간다. 그가 모든 곳에서 통제력을 잃었다 해도 적어도 슈퍼마켓에서만은 통제력을 가지게 되는 것이다.

통제체계로서 머릿속에 있는 어떤 사진을 충족시키기 위해서, 우리는 우리의 주변 세계와 자신의 내면세계에서 무슨 일이 일어나고 있는지를 감지할 수 있어야 하며, 또한 그 정보에 따라 행동할 수 있어야 한다. 우리 주변에서 어떤 일이 일어나고 있는지 알아내기 위해서는 잘 알려진 5가지의 외적 감각기관 즉 시각, 청각, 촉각, 미각 그리고 후각을 사용해야 한다. 또한 이보다 좀 덜 알려져 있으나 우리 몸의 상태에 대한 적절한 정보를 제공해 주는 내적 감각기관을 이용해 우리의 내면에서 무슨 일이 일어나고 있는지를 알 수 있어야 한다. 이러한 감각기관은 우리가 배가 고프거나 피곤하거나 갈증이 나거나 성적으로 흥분해 있거나 아프거나 긴장해 있거나 낙담해 있을 때 우리 내부에서 그러한 일들이 일어나고 있다는 것을 알려준다. 이러한 내적 감각기관은 우리와 우리의 내부 세계를 늘 긴밀하게 연결해줌으로써 우리의 사진첩에 지금 현재 어떤 욕구충족의 사진이 유효한지 알려준다.

내적 감각기관이 대부분 개별적인 것인데 반해서(즉 갈증은 갈증 자체로만 느껴질 뿐 다른 어느 것도 아닌 것이다) 외적 감각기관은 우리를 둘

러싸고 있는 세계에 대한 복합적인 감각 사진을 우리에게 제공해 주는 총체적인 체계의 구성 요소라고 볼 수 있다. 대부분의 상황에서 우리는 다른 어떤 것보다도 몇몇 감각의 구성 요소에 더 관심을 가진다.

예를 들어 극장에 가서 영화를 볼 때 나는 주로 눈과 귀를 통해 감지되는 것에 많은 관심을 기울이고 코나 입 혹은 피부감각을 통해서 들어오는 것에는 거의 무관심하다. 그러나 내가 냄새, 맛, 촉감에 별 주의를 기울이지 않는다 해도 결국 이러한 감각에 의해서 정보가 계속 흘러들어온다. 만약 버터에 뜨겁게 튀긴 팝콘의 향긋한 냄새가 온통 진동을 하여 내 사진첩에 팝콘을 먹는 사진을 갖게 된다면 팝콘을 좀 사야겠다고 생각할 것이다. 감각의 모든 구성 요소들은 항상 작용을 하기 때문에, 우리가 어떠한 감각기관도 작용을 못 하도록 할 수는 없다. 그러나 우리는 원하는 바에 따라 대부분의 경우 다른 모든 감각보다도 일부 감각에 더 많은 주의를 기울일 수 있고 그리고 사실 그렇게 하고 있다.

우리가 지금 가지고 있는 것이 원하는 것이 아니라는 점을 감지하게 되면 우리는 세상뿐만이 아니라 이 세상의 일부분인 우리 자신에게까지 영향을 미치는 행동을 하게 된다. 우리의 행동을 관찰해 보면 4가지의 각기 다른 행동으로 구성되어 있다는 것을 첫눈에 알 수 있다. 그러나 우리의 오감과 마찬가지로 서로 다른 것처럼 보이는 이 활동들은 실제로 항상 전행동(total behavior)을 구성하고 있는 4가지 분리된 구성요소로 되어있다.

전행동을 구성하고 있는 4가지 요소는 다음과 같다.

1) 활동하기(Acting behavior)

걷거나 이야기하는 것과 같이 자발적으로 신체의 일부 혹은 전체를 우리가 움직이고 싶은 방식대로 움직이는 것을 의미한다(몇몇 비자발적인 행동도 대부분의 일상적인 행동에 속한다. 예를 들면 내가 이야기를 할 때 나는 혀의 위치를 자발적으로 정하지 않는다).

2) 생각하기(Thinking)

자발적으로 생각을 끄집어내거나 혹은 꿈속에서와 같이 비자발적으로 생각을 이끌어간다.

3) 느끼기(Feeling)

우리가 생각하고 활동하는 것처럼 즐거움과 고통 등의 다양한 감정을 끄집어 낼 수 있다. 우리가 고통이나 슬픔을 숨길 때 일부는 나만 느낄 수 있지만 대부분의 감정은 주변 사람들도 곧 알아차리게 된다. 특히 우리를 잘 알고 있는 사람들은 우리의 감정을 쉽게 알아차린다. 감정을 수용하기란 어려운 일이지만 우리의 느끼기는 생각하고 활동하는 것과 마찬가지로 전행동의 일부이다.

4. 신체반응(Physiology)

땀을 흘리거나 또는 주먹을 불끈 쥐는 것과 같이 활동하고 생각하고 느끼는 것과 관련된 자발적인 또는 비자발적인 신체적 메커니즘을 작동하도록 이끌어 내는 능력을 말한다.

  신체적인 방법을 통해 우리에게 활동하고 생각하고 느끼도록 하는 복잡한 생리작용이 있다. 예를 들면, 만족스런 성적활동에 수반되는 강렬한 쾌락은 오르가즘과 그 과정 중에 활발해진 특별한 세포의 활동을 통하여 두뇌에 주입된 모르핀과 같은 자연스러운 화학성분의 결과이다. 활동뿐만 아니라 생각까지도 신체의 신체반응에 극단적인 효과를 가져올 수 있다. 우리가 공포 영화를 볼 때에는 대개 심장의 고동이 평상시보다 훨씬 더 빨리 뛰는 것을 알 수 있다. 심장이 빠르게 고동치는 것을 멈추게 하려고 이것은 단지 영화일 뿐이라고 우리 자신에게 '다짐'을 하지만, 우리의 마음을 사로잡고 있는 무서운 생각은 심장고동을 조절하는 구뇌의 일부에 빠른 메시지를 보낸다.

  지금 여기에서 말한 것의 의미를 아는 것보다 세계를 어떻게 감지할 것인가 하는 것을 배우는 것이 실제적인 가치가 별로 없는 반면 어떻게 행동할 것인가 하는 것, 특히 욕구를 좀 더 효과적으로 충족시킬 수 있기 위해서 우리의 행동을 통제할 수 있는 방법을 배우는 것은 상당한 가치가 있다. 이것을 알아보기 위해서 매우 당황스러운 상황, 즉 아주 중요한 시험에 실패한 상황을 필자가 어떻게 대처해 나가는지 자세히 살펴보기로 하겠다. 시험장에 갔을 때, 필자의 머릿속을 지배하는 사진은 내가 합격한다는 사진이었다. 그러나 지금 나의 모든 감각은 내가 시험에 실패했다는 나쁜 소식을 전해주려고 한다. 나는 여전히 합격하기를 바라고 있으므로, 이러한 불만족스러운 상황을 통제할 힘을 내게 줄 거라고 믿어지는 가장 현명한(적어도 내게는) 행동을 하려고 할 것이다.

이 경우 내가 즉시 해야한다고 느끼는 일은, 먼저 집에 가서 의자에 깊숙이 앉아 약간의 맥주를 마시고, 내가 시험에 합격했을 것이라고 믿고 있는 대부분의 같은 반 친구들을 피하는 일이다. 내가 현명한 일이라고 생각하는 일은 열심히 공부하지 않는 자신을 책망하고 시험에 합격했더라면 얼마나 좋았을까, 그리고 이제 무엇을 해야 할까를 생각하며 또한 그 모든 것에는 무언가 잘못된 것이 있기를 바라는 것이다. 이 모든 일련의 생각은 내가 그 상황에 대처하고 또한 그 일을 정당화하기 위한 나의 최선의 노력이고 즉각적인 대처행동이라고 하겠다.

또한 나는 당장 정말 그럴듯하게 여겨지는 다양한 감정들을 끄집어낼 수도 있다. 낙담하고 초조해 하며 약간은 원망하는 마음을 갖게 되고 기운이 없으며 걱정과 긴장, 그리고 두려움을 느낄 것이다. 이러한 감정들은 내가 시험에 실패했을 때 나타날 수 있는 적절한 일련의 감정이라고 생각한다. 나는 또한 활동하고 생각하고 느끼는 것 외에도 두통이나 설사와 같은 생리작용으로 '고통을 겪을지도' 모르는데, 이러한 것들이 이 상황에서 나의 전행동을 구성하는 것이다.

이와 같은 불행한 상황에 처하게 되면 우리들 대부분은 자신이 하는 행동의 구성 요소 중 어떤 특정한 하나의 요소를 보다 더 강하게 감지하게 된다.

이러한 사실 때문에, 우리는 그 구성 요소를 전행동의 한 부분이라고 생각하기보다는 단지 하나의 분리된 행동으로 생각하는 경향이 있다. 예를 들어, 시험에 실패한 후 어떻게 지내느냐고 누군가가 내게 묻는다면, 나는 위에서 열거한 모든 감정의 구성 요소를 다 언급하지는 않을 것이다. 다만 어느 한 가지 느끼기의 구성 요소만 말할 것이다. 그래서 "저는 당황했습니다."라거나 "그때 비참할 정도로 낙담했습니다."라고 말할 것이다. 어떤 복잡한 것에 대해서 말을 할 때에는 우리 모두가 그렇게 하듯이, 가장 뚜렷하거나 인식하기 쉬운 구성 요소를 말하게 된다.

내가 실패했을 때 나와 나를 아는 모든 사람들이 가장 쉽게 알아차릴 수 있는 감정은 의기소침이다. 그동안 나는 집에 앉아서 낙심한 생각만 하고 있을 것이므로 내가 하는 행동이나 생각보다도 더욱 많이 의기소침한 감정을 갖게 된다. 그렇기 때문에 어떻게 지냈느냐는 질문을 받았을 때 내가 낙심했다고 얘기한 것이다. 그러나 비록 이 감정의 구성 요소가 나와 나를 아는 사람들에게 있어 가장 대표적이고 뚜렷한 것이라고 할지라도, 여전히 나의 전행동을 구성하는 4가지 구성 요소 중 하나인 것이다. 즉 감정은 전행동을 이루는 4가지의 구성 요소 중 하나라는 것을 우리가 잘 알면 알수록, 우리는 인생에 대해서 더 많은 통제력을 가지게 된다. 그러므로 선택이론을 배워감에 따라, 당신은 의기소침과 같은 부정확한 명사형을 사용하지 않게 될 것이다. 명사형을 사용하게 되면 4가지 요소로 구성된 당신의 행동에서 오로지 느끼기 부분만 기술하는 것이므로 부정확한 표현이 된다. 그러므로 당신이 선택이론을 배우게 되면 동사형의 표현법을 사용하게 될 것이다. 그렇게 되면 '의기소침해지기', '초조해지기', '두통을 갖기'와 같은 정확한 동사화 표현이 의기소침이나 두통 그리고 초조감과 같은 부정확한 명사를 대신하여 당신이 하는 말 속에 많이 등장하게 될 것이다.

우리가 하는 활동하기를 전행동으로 생각하게 되면, 시험에 실패했을 때 내가 느낀 '의기소침'이 나에게 일어나지 않을 것은 명백하다. 의기소침은 전행동의 일부분인 느끼기 요소로써 불행한 상황에서 내가 선택하는 것일 뿐이다. 이것은 의자에 앉아서 불행한 생각을 하는 것뿐만 아니라 내가 느끼는 '의기소침'과 내게 '고통을 주는' 두통이나 설사병까지도 내가 선택한다는 것을 의미한다. 전행동 요소를 전부 동시에 선택하는 것도 불가능하겠지만, 전행동의 모든 요소를 선택하지 않는 것 역시 불가능한 일이다.

그러나 우리가 자신의 전행동을 변화시키기를 원한다면, 우리가 할 수 있는 방법은 활동하기와 생각하기의 요소를 변화시키려고 선택하는 것이다. 이것이 어떻게 작용하는지를 보여주기 위해서, 실제의 상황이 어떻게 전개되는지 좀 더 설명하고자 한다. 내가 의기소침해 있다고 하자. 당신이 나의 기분을 위로해 주기 위해서 다음과 같이 말했다고 가정해 보자. "자, 이제 그만 좀 울적해 하라고. 몇 달 후에 다시 시험을 치르면 되지 않나. 그것으로 세상이 끝나는 것도 아닌데 뭘 조금만 더 공부하면 시험에 합격할 수 있을 걸세. 거기 그렇게 앉아서 불행하게 행동하는 건 무의미해."라고 말이다. 이 모든 말이 당신에게는 완벽하게 이치에 맞는 말이다. 그러나 당신의 그런 좋은 의도와는 달리 나는 계속 그곳에 앉아 있는 것을 선택한다. 그것이 내 기분을 위로해 준다는 것은 거의 불가능하다. 내가 생각하고 활동하고 있는 것을 바꿔야 한다고 마음먹지 않는 한 내가 느끼는 감정은 변하지 않을 것이다. 왜냐하면 의기소침해 있는 전행동이 지금의 나에게는 매우 합당하게 여겨지기 때문이다.

다음 장에서 설명하겠지만, 내가 몹시 실망할 때마다 불행한 감정을 주요 요소로 하는 전행동을 선택하는 데에는 4가지의 강력하고 합리적인 이유가 있기 때문이다. 이러한 이유에 근거하여 생각해 보면 의기소침해 하는 것만이 신중한 선택은 아니나, 유사한 환경에 처한 우리들에게도 마찬가지겠지만, 나에게도 역시 의기소침해 하는 것이 이런 특정한 시간에 택할 가능성이 가장 많은 행동인 것이다. 그러므로 아무리 당신이 나의 기분을 북돋워 주려고 해도, 또한 내가 그렇게 하겠다고 '주장' 해도, 기분이 좋아지지도 않고 좋아질 수도 없다는 것은 나의 전행동 중 많은 부분이 불행하다는 기분을 갖고 있으므로 당장은 불행하다는 감정이 내게 가장 타당하게 느껴지기 때문이다.

우리는 자신이 왜 불행을 택하는지 선혀 의식하지 못할 뿐만 아니라, 또한 그것을 우리가 선택하지 않은 것처럼 느끼게 되는 이유도 알지 못한다. 필자는 그것을 왜 우리가 선택한 것처럼 느끼지 않는가에 대한 3가지 이유를 8장에서 설명하겠다. 그러나 당신이 지금 알고 있는 사실은, 당신이 좌절하고 '불행하게 느껴질 때' 그것은 전혀 당신이 선택한 것이 아닌 것처럼 느껴진다는 것이다. 아마 당신은 당신이 경험하고 있는 불행이라는 것에 어쩔 수 없이 갇혀 있다고 느낄 것이다. 그러므로 당신에게는 확실히 다음과 같이 반박할 권리가 있다.

즉 "내가 겪고 있는 이 불행이 내가 선택한 것이라면, 기분까지 울적한 이 마당에 내가 왜 좀 더 행복한 선택을 하지 못하는가? 뿐만 아니라 내가 이 기분을 변화시킬 수 없다면, 그것이 선택이라는 사실을 아는 것이 내게 무슨 도움이 되겠는가?"라고 말이다.

이에 대한 대답은 감정의 구성 요소가 중요하지만, 의기소침한 감정은 전행동을 구성하고 있는 4가지 요소 중 한 요소일 뿐이라는 것이다. 시험에 실패했을 때, 활동하고 생각하는 것과 내가 느끼는 것을 분리하여 내 기분을 변화시킬 능력은 없지만, 내가 활동하는 것을 변화시킬 능력은 확실히 가지고 있다. 또한 어떤 기분을 느끼기로 선택하는 것과는 별도로 내가 생각하기를 변화시킬 수 있는 능력은 있다. 특히 내가 활동하는 것에 대해서는 더욱 그러하다. 내가 의자에 깊숙이 앉아서 시험에 실패한 생각을 하고 있다고 가정해 보자. 내가 얼마나 불행한가에 대해서 골똘히 생각하고 있을 때, 당신이 내게 "무엇을 그리 생각하나?"라고 묻는다면, 나는 "음, 이런 식으로 계속 사는 것이 무슨 의미가 있나 생각한다네. 나는 이제 실패자라고. 이제는 대학도 그만 다녀야할까 봐."라고 대답할 수도 있다.

그러나 만약 당신이 나의 관심을 끌만한 주제를 가지고 내게 말을 걸어왔다면 학구적이 아닌 평범한 대화의 장으로 나를 이끌 수도 있었을 것이다. 즉 당신이 축구나 음악에 대한 이야기를 꺼낸다면, 나는 시험에 실패한 생각 이외의 다른 생각을 재빨리 선택하게 될지도 모른다. 그럼에도 불구하고, 나는 계속해서 느끼기의 요소로서 우울해하는 것을 선택할지도 모른다. 그러난 나는 생각하기와 느끼기를 분리시킬 수 있기 때문에 내 마음을 새로운 주제로 바꿀 수도 있다. 또한 텔레비전을 켜서 운동 경기나 오페라를 시청할 수도 있다. 위에서 열거한 활동을 한다고 해도 곧바로 느끼기를 변화시킬 수는 없기 때문에 속상해서 우울해하기는 하지만 생각하기를 어느 정도 변화시킬 수도 있고, 또 활동을 전적으로 변화시킬 수 있는 통제력을 가지고 있기도 하다. 그래서 나는 텔레비전을 켜고 운동 경기나 오페라를 볼 수 있고, 의자에서 일어나 냉장고로 가서 사과를 꺼내 먹을 수도 있다. 그런 후 텔레비전에서 보던 경기가 끝나면 산책을 하거나 영화를 보거나, 도서실을 갈 수도 있으며 또는 테니스를 칠 수도 있다. 혹은 다음 시험에 대비하여 다시 공부를 시작할 수도 있다. 예기치 못한 부분에 부딪쳐 당황했을 때 친구와 슈퍼마켓에 가는 것을 선택하는 것과 같이 내가 어떻게 느끼든지 간에 위에서 열거한 것 중 어느 것이 내게 가장 타당하다고 여겨지면 내가 선택할 수 있는 일은 수없이 많을 것이다.

제 6장을 읽고 있는 지금 당장 이 간단한 것을 시험해 보기로 하자. 화를 내보라. 분노의 감정을 끄집어 내려고 해 보라. 아마 그것이 불가능하다는 것을 알게 될 것이다. 왜냐하면 지금 당장 화내야 한다는 것이 타당하게 여겨지지 않으므로 당신은 마음대로 화내는 것을 선택할 수가 없다. 유명한 배우라고 하더라도 자신에게서 그러한 감정을 끄집어내기 위해서는 그렇게 느낄만한 이유(등장 인물의 동기 유발)가 있어야 하는 법이다. 우리가 노력한다 해도 타당치 않은 느끼기를 마음대로 나타내기란 거의 불가능하다.

자, 이제 전부 초록색으로 덮여 있는 장면을 생각해 보라. 다른 색은 모두 지워버리고 초록색만으로 꽉 차 있어야 한다. 이것은 고도의 집중을 해야 가능하다. 잠시라도 긴장을 풀면 초록색이라는 개념이 당신의 마음속에서 서서히 사라질 것이다. 왜냐하면 그 자체가 그리 합당한 것이 아니기 때문이다. 이번에는 오른손을 들어 머리 위로 올려보라. 이러한 행동을 하기란 무척 쉽다는 것을 알게 될 것이다. 왜냐하면 우리가 여태까지 전개시킨 바와 같이, 우리의 전행동에서 활동하기의 요소는 우리가 합당하게 생각하든 그렇지 않든 간에 거의 전적으로 우리의 자발적인 통제하에 있기 때문이다. 그러므로 당신이 의자에 앉아서 우울한 감정을 '분노'로 바꾸려고 해도 그것은 불가능하다. 또 잠시동안 당신의 생각을 '초록색'으로 바꿀 수는 있으나 그것 역시 시간이 지나면 사라져 버린다. 그러나 머리 위로 오른손을 들어올리기로 했다면 그것이 당신에게 만족스럽게 여겨지든 혹은 장난으로 여겨지든 간에 그것은 당신이 확실히 할 수 있는 일이다.

이 이론 전개 과정에서, 우리는 전행동의 요소 중 활동 요소에 대해서는 거의 완전한 통제력을 가지고 있고 생각하기 영역에서도 약간의 통제력이 있으며, 느끼기 영역에서는 거의 통제할 능력이 없고 신체 반응 영역에서는 더 통제력이 없다는 것을 알게 되었다. 예를 들면 공포영화를 보면서 두려워하지 않기란 매우 어려운 일이고 일단 두려움을 느끼면 심장이 쿵쿵 뛰는 것을 막기란 불가능하다. 그러나 아무 때고 우리가 원하기만 하면 자리에서 일어나 극장을 나갈 수 있다. 그렇게 하면 우리는 즉시 무서운 느끼기를 없앨 수 있고 또한 심장 박동수도 정상으로 되돌아올 것이다. 그래서 이런 식으로 극장 밖으로 나온 후 다음에 무엇을 해야 할 것인지를 생각하게 되고, 그럴듯하게 여겨지는 일이 있으면 우리는 활동을 하게 될 것이다.

그러므로 내가 중요한 시험에 실패하여 우울해하는 것을 '현명한 처사로' 선택했다면, 내가 우울해하는 것을 그만두거나 내가 불행한 것을 원치않기 때문에 내 기분이 나아지게 할 수 있는 방법은 없다. 그러나 나는 내가 행하기로 선택한 것을 변화시킬 수 있는 능력을 가지고 있다. 의기소침한 채 의자에 푹 주저앉아 있을 필요는 없다. 감정이 어떻든 간에 친구에게 전화를 걸어 테니스를 치자고 말할 수도 있다. 테니스를 치면서 기분이 나쁘다고 불평을 할 수도 있고, 이런 '기분 좋지 않은' 날에 시합을 하자고 해 미안하다고 친구에게 말할 수도 있으며 또는 게임 도중에 좋지 않은 기분을 친구에게 말할 수도 있고, 학문적으로 나는 실패했다고 말할 수도 있다. 어쨌든 나는 최선을 다해 시합을 할 수는 없을지 몰라도 테니스를 칠 수는 있다.

테니스를 계속 침에 따라 다른 생각을 하고 다른 감정을 느끼며 다른 신체 반응을 경험하고 있는 자신을 감지하게 될 것이다. 두통이나 복통은 깨끗이 사라지고, 우울함도 없어지는 것 같으며 시험에 실패했다는 생각보다는 테니스 시합에서 이기는 것에 대해 더 많이 생각하게 될 것이다.

우리 모두는 이와 비슷한 경험을 한 적이 있을 것이므로 여기에서 아주 중요한 교훈을 배웠을 것이다. 즉 우리의 행동체계 중 활동 요소에 관해서는 항상 통제력을 가지고 있으므로 우리가 활동 요소를 현저하게 변화시킨다면 생각하거나 느끼기, 그리고 신체적인 요소 역시 변화되지 않을 수 없다는 것이다. 즉 우리가 불행을 선택했을 때에 행하던 우울해하는 것이나 두통 등과는 전혀 다른 적극적인 활동에 더 많이 관여하고 있을수록 우리의 생각과 느낌 그리고 신체

작용 역시 더 많이 변화시킬 수 있다는 것이다. 그리고 여기에는 더 좋은 느낌과 유쾌한 생각 그리고 더 나은 신체적 편안함이 수반될 것이다.

그러나 일단 우울해하는 것과 같은 불행한 행동을 선택하여 위와 같은 방식으로 되지 않을 때는 고통스러운 느낌에 사로잡히게 될 뿐만 아니라 비관적인 생각과 자신의 편견에서 벗어나지 못하게 된다. 이러한 잠재적 '감금' 상태에서 벗어날 수 있는 유일한 방법은 전행동의 구성 요소 중 활동의 요소를 통제할 수 있도록 배우는 것이다. 예를 들어 만약 우리가 신체적으로 구속을 받고 있지 않다면, 의자에 앉아 우울해하는 것보다 더 효과적인 방법을 선택할 수 있다는 것을 배우는 것이다. 도서관에 가서 전력을 기울여 열심히 공부하여 재시험을 신청할 수도 있다. 이렇게 함으로써 우리는 효과적인 생각을 하고, 유쾌한 기분을 느끼며 신체적 반응 역시 시험에 실패하기 이전 상태로 되돌아가는 것을 느끼게 될 것이다.

이러한 사실을 염두에 두고 심하게 좌절을 느낀 사람들이 어째서 효과적인 행동하기(doing)를 선택하지 않는지 그 이유를 설명하고자 한다. 우리들 대부분이 여러 가지 불행한 감정을 나타내는 행동 즉 우울해하는 것, 편두통, 초조감 같은 것을 행동으로 선택하는 것이 어째서 그 상황에서는 적합한(sensible) 일인지 알게 될 것이다.

제7장

불행을 선택하는 것이 타당한 이유

구체적으로 우리 생활의 일부분이 되어 버린 고통을 겪는 것을 우리가 왜 선택하는지 거기에는 4가지 뚜렷한 이유가 있다. 내가 이러한 이유를 설명해 갈 때 마음속으로 당신이 최근에 '우울해 했던' 것을 생각해 보고 당신이 우울하기로 선택한 이유 중 어느 것이 나의 설명으로 타당하게 여겨지는지 생각해 보라. 왜 당신이 그러한 선택을 했는지에 대해 더 많이 인식하게 될수록, 당신이 선택한 것을 잘 받아들일 수 있게 된다. 이런 식으로 당신의 행동을 관찰하는 것이 많은 사람들에게 낯설고 새로우며 책임감을 느끼게 하는 방법이라고 여겨지겠지만, 일단 당신의 불평이 당신의 선택이었다는 것을 받아들이게 되면 당신은 그것에 대처하기 위해 더 나은 선택을 모색하게 될 것이다.

지금까지 설명한 것은 당신이 이해했다고 하더라도 당신이 고통을 겪고 있는 대부분의 불행을 당신이 선택했을 뿐만 아니라 불행을 선택한 것이 그때는 가장 타당하게 여겨졌다는 사실을 믿기는 어려울 것이다. 몇 년 전 일어난 실례를 설명함으로써 필자가 뜻하는 바를 말하고자 한다. 나는 그때 집에서 약간 떨어진 곳에서 세 아이를 데리고 차를 천천히 운전하고 있었다. 우리는 조용한 주택가에 살고 있었으므로 길은 한적하고 아무도 없었다. 그때 10살가량 된 소년이 반대편 길에서 자전거를 타고 우리를 향해 빠르게 달려오고 있었다. 그런데 갑자기 이렇다 할 아무런 이유도 없이 그 소년은 넘어지고 말았다. 소년이 매우 심하게 넘어졌으므로 나는 그가 혹시 도움이 필요하지 않을까 해서 차를 세웠다. 소년은 잠시 놀라더니 재빨리 자전거에 뛰어 올라타고는 자기가 온 방향으로 페달을 밟아 달려가는 것이었다.

　소년이 자전거에 올라타자마자, 나는 세 아이들에게 "봐라, 아마 저 애는 울지 않았을 것이다."라고 말했다. 그런데 그 소년은 정말로 울지 않았다. 나는 아이들에게 심리적 지식을 가르쳐 주려고 했었고, 예상한 대로 그 소년이 울지 않자 나는 아이들에게 그 이유를 물어보았다. 처음에 아이들은 이런 질문에 놀라는 듯했다. 그러더니 세 명의 아이들이 모두 마치 합창이라도 하듯이 "여기서는 울지 않을 거예요. 그 아이는 집에 갈 때까지 참을 거예요."라는 것이었다. 그리고 이 책에서 이미 내가 내린 결론을 아이들이 설명하기 시작했다. 즉 그 소년은 울 것인가, 울지 않을 것인가를 선택할 수 있고, 운다면 언제 울 것인가도 선택하며 이 텅 빈 길에서 운다는 것은 합당하게 여겨지지 않는다고 생각했을 거라는 것이었다(소년은 우리가 있는 방향을 한 번도 돌아보지 않았다). 만약 그 아이가 울기로 했다면, 누군가 울기 위한 대상이 있어야 하는 것이다. 그래서 아이는 자신의 어머니를 대상으로 울기 위해 집으로 달려갔는지도 모른다. 우리 모두는 그 소년이 모퉁이를 돌아 본격적으로 달리게 되면 울기 시작하고, 집에 도착하여 집 안으로 들어갈 때쯤이면 크게 울음을 터뜨리라고 예상했다.

　적절한 시간과 장소에서 울기로 한 이 매우 의식적인 선택과 다음에 소개하는 내 친구의 최근 경험을 비교해 보고 이 두 사건이 실제로 같지 않다는 것을 살펴보자. 내 친구는 수개월 동안 제니스와 데이트를 하고 싶어했는데, 마침 어느 날 제니스가 저녁 시간 동안 자기 일은 제쳐두고 내 친구와 데이트를 하겠다고 했다. 그러나 마지막 순간에 이르러 그녀는 내 친구에게 전화를 걸어 자기가 병이 났음을 알려왔다. 순간적으로 그 친구는 비참한 기분이 들었다. 그러나 이러한 실망과 좌절된 상황에서 그가 비참하게 느꼈다고 하여 그가 겪고 있는 이 고통을 스스로 선택한 것이라고는 생각할 수 없다. 그의 인생에서 어떠한 일이 그에게 일어났다고 생각되는 것이 있다면, 그것은 그가 느낀 기분일 것이다. 그녀의 쉰 목소리나 기침 소리도 그녀가 아프다는 것을 뒷받침하지 못했다. 더구나 영화 티켓을 즐거워하면서 가져가는 그의 어머니의 행동은 마치 그의 상처 부위에 소금을 문질러 비벼대는 것처럼 여겨졌다. 제니스가 병에서 회복될 무렵 그는 직장일 때문에 6개월 예정으로 지방 출장을 떠나게 되었다. 만약 그녀가 아프지만 않았던들 얼마나 상황이 달라졌을까를 생각하며 수주일 동안 그는 '우울해' 했다.

자전거를 타던 소년의 경우처럼, 내가 만약 친구들에게 무엇인가를 가르칠 수 있다면, 그것은 그가 불행을 느끼는 시간과 장소를 선택했다는 것이다. 이것을 깨달음으로써 그는 더욱 효율적인 또 다른 선택 역시 가능하다는 것을 알게 될 것이다.

이 두 사례를 염두에 두고, 수잔의 남편이 떠난 이후로 수잔이 어떤 행동을 선택했는지 살펴보기로 하자. 자신이 아는 한도 내에서의 상식에 따라, 그녀는 자기를 이와 같은 상황으로 몰아넣은 남편을 비난하고 그녀가 느끼는 불행을 자신이 스스로 선택했다는 것을 암시하는 것에 대해 분노를 나타냈을 것이다. 그녀가 그와 같은 행동을 하도록 몰아붙이는 것은 그녀가 원하는 것과 지금 실제로 가지고 있는 것과의 차이 때문이라는 것을 우리는 알고 있다. 그리고 남편이 다시 돌아오길 원하는 한, 그녀는 그를 다시 돌아오게 하기 위해서 노력을 기울여야만 할 것이다.

시간이 흘러감에 따라, 그녀는 필사적으로 자신이 통제력을 다시 얻을 수 있는 행동을 발견하기 위해 그녀의 행동 체계 안으로 깊이 들어가게 될 것이다. 그러나 기억하도록 하자. 그곳에서 그녀는 자신이 원하는 것을 얻기 위해서 자신이 활동하기와 생각하기와 느끼기로 구성된 전행동(total behavior)을 항상 발견할 것이다(이 경우에 신체적 반응은 적절하지 않으므로 생략하기로 한다). 그래서 그녀가 자신의 행동 체계에서 발견한 것은 우울해하는 것, 불평하는 것, 화내는 것, 우는 것, 음모를 계획하는 것, 죄의식을 갖는 것 등으로써 느끼기의 구성 요소로 전행동은 확실히 고통스러운 것이다. 우리의 모든 행동은 활동하기(doing), 생각하기(thinking), 그리고 느끼기(feeling)로 구성되어 있다는 것을 명심하자. 그러므로 감정만이 현저하게 드러나는(유쾌한 혹은 고통스러운) 모든 행동은 느끼기 행동이라고 기술하는 것이 바람직할 것이다.

그녀는 자신이 선택한 비참한 느끼기 행동 대신에 좀 더 효율적인 활동 행동을 선택할 수도 있었을 것이다. 예를 들면, 가보고 싶었던 곳으로 여행을 떠날 수도 있고 혹은 오랫동안의 결혼 생활 끝에 헤어진 자신들의 이야기를 책으로 쓸 수도 있을 것이다. 이는 주로 생각하기 행동이다. 그러나 실제로 그녀가 선택한 것은 일련의 고통스러운 느끼기 행동인데 대부분의 사람들과 마찬가지로 그녀도 오랜 경험을 통해서 그러한 느끼기 행동이 우리 자신의 생활과 우리가 만나는 사람들의 생활을 통제하는 힘이 있다는 것을 알기 때문에 선택한 것이다. 그러나 그녀는 자신이 그것을 선택했다는 사실을 모르고 그러한 고통스런 선택을 한 합리적인 이유도 모른다. 그리고 비록 그것이 강력하다 하더라도 계속적이지 못할 것이며 이 경우에는 더욱 그러하다. 수잔은 수개월 동안 계속해서 우울해하고 있지만 그녀의 남편은 여전히 돌아오지 않고 있다.

선택이론을 이해하고 나면 수잔이 현재의 불행을 선택하고 있다는 것을 알 수 있다. 만약 그녀가 내게 도움을 청했다면 동정하는 마음으로 그녀의 이야기를 들어준 후에 사랑에 대해 절망한 내 친구에게 물어보았을 때와 똑같은 간단한 질문, 즉 "남편이 떠나간 것에 대해 내게 불평을 털어놓는 것이 당신에게 무슨 도움이 되나요?"라고 물어보았을 것이다. 그러면 아마 그녀는 불평하던 것을 멈추고 그것이 무슨 뜻이냐고 내게 물을 것이다.

그러면 나는 그녀의 입장을 이해해서 포기하지 않고 질문을 반복해서 해주었을 것이다. 그녀가 진실로 도움을 원한다면, 나는 그녀가 이 가벼운 대면적 질문이 얼마나 중요한 것인가에 대해 깨닫기를 원할 것이다. 나는 그녀가 자신의 전행동, 즉 그녀가 활동하고 생각하고 느끼는 것에 대해 조금은 생각해 보기를 바란다. 아마 다른 사람들은 그녀가 고통스러워하고 불평하기 때문에 이러한 극히 중요한 질문을 못할지 모르지만 필자는 그렇지 않다. 나는 그녀가 스스로 고통을 선택했다는 것을 알고 있다. 그리고 그녀가 갑자기 기분을 명랑하게 할 수 없다는 것도 알고 있다. 그러나 그녀가 자신의 행동 중 활동 영역에 대해 좀 더 집중할 수만 있다면, 그녀는 좀 더 나은 그러면서도 덜 고통스러운 선택을 할 수 있을 것이다. 6장에서 설명했듯이 우리는 자신이 느끼거나 생각하는 것을 변화시킬 수 있는 능력을 거의 갖고 있지 않다. 그러나 우리가 행하는 활동에 대해서는 그것이 우리에게 만족을 주든 그렇지 않든 간에 거의 완벽하리만큼 통제력을 가지고 있다.

　우울해하고 있는 동안에도, 수잔은 여러가지 다양하고 적극적인 활동을 선택할 수 있다. 예를 들면, 직장에 나가 일을 할 수도 있고 집을 수리할 수도 있으며 여행을 하거나 작업을 성취하고 신체를 단련시키는 프로그램에 참석하거나 새로운 사회생활을 모색하고 있다고 친구들에게 알릴 수도 있고 또는 돌아가면서 손님을 초대하여 대접하는 모임을 가질 수도 있었을 것이다. 이 책의 마지막 장에서 이러한 중요한 과정을 하나씩 다룰 것이다. 여기에서는 다만 진행동중에서 우선적으로 고통스런 느끼기만을 우리가 선택한다는 사실을 아는 것이 매우 중요함을 지적하고자 한다. 우리의 인생을 효율적으로 통제하기 위해서는 고통스러운 느끼기를 어떤 상황에서든 선택할 수 있는 어떤 다른 활동, 즉 위에서와 같은 활동으로 대체하려고 노력해야 한다. 그래서 우리가 선택한 어떤 활동이 조금이라도 효율적이라면 그 성공적인 활동을 하는 동안 느끼기가 매우 유쾌해져서 기분이 훨씬 나아질 것이다.

　이제 당신의 생활을 돌아보고 세상이 당신에게 얼마나 나쁘게 대우해 주었나 하는 생각 때문에 우울해하고 불평을 토로했던 때를 생각해 보라. 그리고 그러한 불평이 당신에게 얼마나 도움이 되었나를 스스로에게 물어보라. 이것은 수사학적인 질문이 아니라 냉혹하리만치 논리적인 답변을 요하는 실제적인 질문이다. 우리 생체나 우리가 세상에 작용하는 방식이 항상 효율적이지는 않지만 늘 논리적이다. 제니스가 데이트 약속을 이행하지 못했기 때문에 또는 남편이 떠났기 때문에 우울하기로 결정했다면 거기에는 그런 선택을 한 이유가 있다. 우리가 그러한 상황에서 우울해하는 것 또는 다른 상황에서 여러가지 고통스러운 감정을 선택한다는 것은 그것이 자신이 처한 좌절스러운 상황에서 통제력을 다시 얻을 수 있는 가장 훌륭한 선택이라고 믿기 때문이다. 이러한 사실을 받아들이기가 어렵겠지만 통제력을 다시 얻으려는 목적으로 전행동의 구성 요소인 감정, 즉 극심한 고통과 불행의 대가를 기꺼이 치르고자 하는 것이다.

구체적으로 우리 생활의 일부분이 되어버린 고통을 겪는 것을 우리가 왜 선택하는지 거기에는 4가지 뚜렷한 이유가 있다. 내가 이러한 이유를 설명할 때 마음속으로 당신이 최근에 '우울해 했던' 것을 생각해 보고 당신이 우울하기로 선택한 이유 중 어느 것이 내 설명으로 타당하게 여겨지는지 생각해 보라. 왜 당신이 그러한 선택을 했는지에 대해 더 많이 인식하게 될수록, 당신이 선택한 것을 잘 받아들일 수 있게 된다. 이런 식으로 당신의 행동을 관찰하는 것이 많은 사람들에게 낯설고 새로우며 책임감을 느끼게 하는 방법이라고 여겨지겠지만, 일단 당신의 불평이 당신의 선택이었다는 것을 받아들이게 되면 당신은 그것에 대처하기 위해 더 나은 선택을 모색하게 될 것이다.

1. 첫 번째 이유 : 통제하에서 화를 내기 위하여

생후 1년이 되면 아기는 어머니나 자기를 보살펴 주는 사람을 통제하기 위해 화내는 행동 목록(repertoire)을 배우게 된다. 아기가 자라면서 자기가 내는 분노가 얼마나 효율적인가를 평가하게 될 때 아기는 원하는 것을 얻기 위해 분노를 표현하는 데에는 허점이 있음을 발견하게 된다. 이 방법은 자신이 갓난아이였을 때만큼 효과를 보지 못한다. 화난 목소리로 소리를 지르면 달려와서 보살펴 주던 사람이 거의 혹은 아무런 주의도 주지 않는다. 온 힘을 다하여 매우 심각하게 화를 낸다 하여도, 부모들이 동정을 하기는 커녕 오히려 웃고 만다. 이것은 정말 실망스런 일이다.

화를 냄으로써 얻었던 기적적인 결과는 아기가 2살 정도가 되면 사라지기 시작한다. 따라서 아기는 그 행동의 효율성에 대해 의문을 가지게 된다. 그러나 화내는 행동만큼 또는 그것보다 더 나은 효과를 나타내는 어떤 다른 행동으로 대체하기까지 아기는 그 행동을 포기할 수 없다. 아기는 미소짓는 방법이 매우 효과적인 것을 알았을 때 미소를 지을 수 있다. 만약 아기가 심하게 좌절되었다면 미소 짓는 것은 어려운 노릇이다. 좀 더 강력한 행동을 모색하다가, 아기는 자기의 창조적인 행동 체계를 타진하여 화내는 행동에 대체해서 평생동안 사용할 수 있는 강력한 행동, 즉 우울해하는 행동을 배우게 된다.

2살 된 아이가 누군가 자기를 데리고 산책을 가길 바라고 있는데, 사람들이 모두 바쁘다고 가정해 보자. 그래서 사람들은 아이에게 혼자 놀면 다음에 산책할 때 데리고 가겠다고 말한다. 아이는 이미 이젠 더 이상 화내는 방법이 효과가 없다는 것을 알고 있으므로 새로이 창안해 낸 우울해하는 방법을 그의 행동 체계에서 실험적으로 끄집어 내어 시도해 본다. 우울해하고도 그것이 자신의 선택이었다는 것을 모르는 대부분의 어른들과는 달리 2살의 나이에 이 아이는 벌써 자기가 우울해할 때 그것이 자신의 선택이었다는 것을 완벽하게 인지하고 있다. 자신이 잠깐 상실했다고 생각하는 통제력을 다시 얻게 되길 바라면서 그와 같은 선택을 한 것이다.

아이는 생기가 없어 보이고, 마룻바닥만 쳐다보며, 아무런 반응도 하지 않고, 장난감이나 텔레비전에도 관심을 나타내지 않으며, 대체로 초보자로서는 꽤 훌륭하게 우울해하는 역할을 해내고 있다. 아이에게는 50번 동안이나 이런 연습을 해 온 수잔에게서 볼 수 있는 역할의 세련됨은 없지만 아이 역시 머지않아 이 역할을 해내는 데는 전문가가 될 것이다. 시금 초보자 난계에서의 첫 시도에서 꽤 잘해내어 좋은 효과를 보고 있는 것이다. 즉 아이는 사람들의 관심을 끌게 되고 자신이 원했던 산책에 누군가가 데리고 나감으로써 '기분이 좋아지게' 된다.

그러나 가장 중요한 것은 누군가가 아이가 좋아하는 산책에 아이를 데리고 나감으로써 아이가 다시 통제력을 회복하여 우울해하는 것을 멈추게 된다는 사실이다. 아이는 자기가 매우 강력한 새로운 행동을 창안해 냈다는 것을 알게 되어 이것을 아무 때고 즉각적으로 사용할 수 있도록 행동체계에 잘 저장(보관)해 둔다. 아이는 평생동안 이것을 좀 더 정교한 방법으로 개선하기 위해 많은 시간과 노력을 들일 것이다.

그러나 여기에서는 심각한 장애가 있으니 방법이 너무 고통스럽다는 것이다. 이 방법이 제대로 작용된다 하더라도 그것은 화내는 것보다 훨씬 고통스럽다. 그러나 이 방법은 매우 강력한 영향력을 행사하기 때문에 자기 주변의 사람들을 통제하기에 효과적이므로 설사 고통이 따른다 하더라도 그 대가를 치를만한 값어치가 있다고 생각하여 아이는 좌절될 때마다 번번이 이 방법을 사용하게 된다. 또 사실상 아이는 자기가 이 방법대로 행동을 하면 고통을 느끼게 된다는 것을 깨닫게 된다. 만약 우울해하는 척하여 고통의 대가를 치르지 않는다면 사람들이 이 의도를 알아차려 결국은 효과를 얻지 못하게 된다.

남편이 떠났을 때, 수잔은 심하게 화를 냈다. 그러나 자기가 계속해서 화를 내게 되면 사태를 더 악화시키게 된다는 것을 결국 깨닫게 되었다. 화내는 사람들과 많은 시간을 기꺼이 같이 보내겠다는 사람은 아마 거의 없을 것이다. 수잔은 가까운 사람들이나 자기가 좋아하는 사람들을 잃고 싶지 않았던 것이다. 그녀는 또한 분노를 통제하지 못한다면 자신이 남에게 파괴적인 행동을 할 위험이 있다는 것도 알게 되었다. 그래서 화내는 것을 그만두는 일이야말로 아주 중요하다는 것을 알게 되었다. 우리가 지나치게 파괴적으로 될 때에는 생존 그 자체가 위협을 받게 된다.

수잔은 분노가 파괴적이고 고립적인 속성을 지니고 있다는 것을 깨닫고 좀 더 안전하고 효율적인 방법으로 통제력을 얻고자 우울해하는 방법을 선택했다. 이 방법에는 우울한 행동에 수반되는 고통의 대가가 뒤따랐다. 그녀는 이 강력한 행동이 가져다 주는 통제력을 얻기 위해 비싼 대가를 기꺼이 치르려고 할만큼 필사적이었다. 우울해하는 방법은 그녀에게 약간의 여유 있는 시간을 준다. 화를 내는 방법은 매우 긴박하고 적극적인 행동이어서 어떤 상황을 더 나쁘게 몰고 갈 수 있다. 그러나 우울할 때, 우리는 이보다 훨씬 천천히 움직인다. 우리는 문제에 대해 생각해 보고 문제를 제대로 해결하기 위해 우리가 활동하고 생각하고 느끼는 어떤 다른 방법이 없을지 헤아려 볼 시간을 갖는다.

정상적인 성인이라면 오랫동안 화를 내지 않고 아주 짧은 시간 화를 낸다. 왜냐하면 화내는 것을 우울해하는 것으로 대체하면 더 많은 통제력을 얻을 수 있다는 것을 알기 때문이다. 그러나 불행하게도 우리 모두는 너무 자주 우울해하기 때문에 대부분 장기간 계속해서 '우울해하는 사람'에게는 주의를 기울이지 않는다. 이것은 나중보다는 처음에 사용할 때 훨씬 더 강력한 행동이 된다. 이 방법이 계속해서 강력한 영향력을 발휘하길 바란다면 강도를 증가시켜야만 한다. 그렇기 때문에 만성적으로 우울함에 빠지는 사람들이 잘 쓰는 보다 보편적인 방법은 자살하겠다는 위협이다.

우리가 어른이 될 무렵에는 다양하게 고통스런 느낌, 행동을 창안해 내거나 혹은 남에게서 배우게 된다(대개 이 두 가지의 복합이 많다). 이렇게 해서 얻은 것을 미래에 사용하기 위하여 우리의 행동 체계에 저장시켜 놓는다.

그러나 우리의 인생을 효율적으로 통제하고 싶다면, 처음에는 이러한 행동을 함으로써 통제력을 얻을 수 있다고 생각할지 모르나 이 방법은 짧은 시간 동안만 적용된다는 것을 알아야 한다. 이러한 행동에 대체할 수 있도록 좀 더 효율적이면서 고통스럽지 않은 방법을 배울 필요가 있다. 그러나 처음에는 고통스러운 방법이 우리의 선택이었다는 것을 이해하기 어렵다. 이러한 것에 대한 이해를 하고 나면 우리는 더 나은 선택을 할 수 있게 된다.

그렇지 않으면 그러한 일이 그저 우연히 일어났다고 잘못 생각하여 불행한 상태에 자신을 장기간 가두어 놓게 된다. 좌절했을 때에 화내지 않는 사람은 거의 없다. 그러므로 우리 주변에는 폭력이 난무하고 있다. 나는 최근에 텔레비전에서 방영된 다큐멘터리를 보았는데, 그 내용은 실직한 아버지가 아내와 아이들을 때리는 일이 급증했다는 것이었다. 그 사람들의 머릿속 사진첩에는 자기들이 매우 열심히 일하는 사람들이라는 사진이 있었던 것이다. 그러나 직장을 못 구하게 되자 그들은 자신을 통제할 힘을 잃게 되고, 심각한 경기 침체 때문에 장기간의 실직 상황에 적절히 대처해 나갈 효율적인 행동을 찾을 수 없었던 것이다. 인터뷰에 응한 대부분의 사람들은 직장을 구하지 못한 자신들의 좌절감을 다루는 방법으로 폭력을 선택했다는 것을 알아차리게 되었다. 이러한 인식은 우울해하는 방법을 선택하는 길로 나아가는 첫번째 단계가 된다. 만약 그러한 실직상태가 수년간 지속된다면, 그들은 화내는 방법을 우울해하는 방법으로 대체할 것이다. 여기에서 우울해하는 방법은 그들의 생활을 더 악화시킬 수 있는 방법이다. 텔레비전 프로그램에서 시사해 주고 있는 것은 거의 이백만 명의 사람들이 일자리 찾는 것을 포기하고 심각한 우울증에 빠져들고 있다는 것이다.

2. 두 번째 이유 : 다른 사람들이 우리를 돕게 하기 위해서

우리가 좌절했을 때 우울해하는 방법을 선택하는 두 번째 이유는 남의 도움을 유도하기 위해서이다. 수잔은 자신의 불행에 동정을 불러일으키는 방법을 사용함으로써 남들의 도움을 구하고 있다. 우울해하는 방법은 우리가 가진 행동 체계에서 남의 도움을 얻을 수 있는 가장 강력한 행동이라 하겠다. 전혀 모르는 사람이라도 그가 우울해하는 것을 볼 때 그것을 모른척 하기는 어려운 일인데, 하물며 우울해하고 있는 어린이의 곁을 그저 스쳐지나간다는 것은 더욱 어려운 일이다. 그러므로 우리는 즉각 동정을 보이게 된다. 왜냐하면 우리는 그것이 어떠한 것인지 잘 알기 때문이다.

수잔이 우울해하는 것은 다른 사람으로부터 일반적인 동정과 도움을 구하려는 의도일 뿐 아니라, 남편의 동성을 얻으려는 계속석인 시도이기도 하다. 즉 자기가 얼마나 당황했나 하는 것을 남편이 깨닫는다면 다시 자기에게 돌아올지도 모른다고 생각한 것이다.

그러나 남편은 이러한 것을 알기 때문에 수잔을 직접 만나지 않고 꼭 변호사를 통한다. 그는 강하게 부딪쳐오는 우울함의 위력에 자기 자신이 얼마나 약한지를 잘 알고 있다. 우울함의 최후 수단은 자살에의 위협 혹은 자살 시도이다. 직접 자살을 하는 방법이 매우 강한 통제가 될지 모르나, 남에 대한 통제력을 얻는 데에는 효과가 없는 방법임에도 대부분의 사람들이 통제력을 다시 얻고자 할 때에는 자살을 하겠다고 위협하는 방법을 사용한다.

"만약 도움을 원한다면, 그냥 도움을 청하면 되지 무엇 때문에 우울해할 필요가 있습니까?"라고 질문을 할지 모른다. 이 물음에 대한 한가지 이유는 거절당할까 두렵기 때문이다. 도움을 청했는데 계속 거절당해 왔다면 더욱 그러할 것이다. 그리하여 우리는 자신이 원하는 것을 얻기 위해서 강력한 다른 방법을 찾아내야 하는 것이다. 그것이 바로 우울해하는 방법이다. 거절당할까 두려워하면서 어떤 것을 청할 때 우리들 대부분은 우울한 분위기를 풍기며 말을 하게 된다.

즉 "만약 당신이 거절하신다면, 저는 당황하게 될 거에요."라는 의미를 포함하게 되는 것이다. 이것은 당신이 도움을 거절하면 우리가 어떻게 될 것인지를 보여주는 것이 되며 그럼으로써 결국은 우리가 청하는 것에 약간의 힘을 부가하는 셈이 된다.

도움을 요청하고 싶지 않은 또 다른 중요한 이유는 도움을 요청하는 것 자체가 자신의 나약함을 시인하는 것이 되기 때문이다. 이것은 힘의 욕구에 대한 좌절을 나타내게 되며 또한 우리들 대다수는 이것을 구걸하는 것과 비슷하게 간주하고 있다. 구걸하지 않고도 도움을 요청할 수 있는 가장 강력한 방법은 비록 그것이 좀 고통스럽기는 해도 우울해하는 방법인 것이다. 많은 사람들이 우울해하는 '기술'을 잘 터득해 왔기 때문에 그들은 청하지 않고도 도움을 얻을 수 있을만큼 우울해할 줄 안다. 왜냐하면 필요 이상으로 우울해하면 쓸데없이 고통을 많이 겪어야 하기 때문이다.

그러므로 우울해하는 방법은 도움을 청하도록 허용하면서도 또한 동시에 그것을 필요로 한다는 것을 부인함으로써 우리의 자기 존중감이 유지되게 해준다. 매우 심하게 우울해 본 경험은 없는가? 그때 사람들이 도움을 주면 당신은 그저 "나 때문에 신경쓰지 마세요. 그러면 오히려 당신까지 당황해 하실 거예요. 절 그냥 혼자 내버려 두세요."라고 말하지는 않았는가? "절 그냥 혼자 내버려 두세요."라는 말이나 "저 때문에 당신까지 당황할 필요는 없어요."라는 말이 우울해하는 방법을 잘 활용하는 전문가다운 특징을 나타내는 것은 아닐까? 우리는 어떠한 일에 대한 대가를 치러야만 한다. 그러나 많은 사람들이 이 방법을 사용하는 것으로 보아 이 방법은 확실히 대가를 치를만한 가치가 있는 것으로 보인다. 꼭 이해해야 할 중요한 것은 우울해하는 방법을 선택했다는 것을 인식하지 못함으로써 또한 이 선택에 부수적으로 따르는 고통이라는 무거운 대가를 치르기로 선택했다는 것도 알지 못하고 있다는 것이다. 그러나 이 모든 것이 우리의 선택이라는 것을 알게 되면, 그 대가를 치루고 싶은 마음이 조금은 덜 일어날 것이고 또 우리가 상처를 받지 않을 수 있는 효율적인 행동을 적극적으로 찾게 될 것이다.

3. 세 번째 이유 : 좀 더 효율적인 행동을 하고 싶지 않은 우리의 마음을 변명하기 위해서

비효율성이나 두려움 또는 두 가지 모두를 변명하기 위해서 고통이나 불행을 사용하는 것은 흔한 일이다. 우리는 종종 좌절을 당했을 때 그저 앉아서 우울해하는 것보다 좀 더 나은 방법이 있다는 것을 인식하게 된다. 그러나 우리가 해왔던 방식을 생각해 보면 이 방법을 시작하기는 무척 어렵다. 왜냐하면 이 방법은 많은 노력이 필요하며, 또 우리의 머릿속에는 지금 당장 우리가 느끼는 방식대로 자신이 열심히 일하는 사람이라는 사진을 가지고 있지 않기 때문이다. 지금 가지고 있는 사진은 남들이 우리를 도와 문제를 해결해 주는 것이다. 자신과 다른 사람들에게 이 사진을 정당화할 수 있는 가장 좋은 방법은 우리가 게으른 사람이 아니고, 정말로 어떤 일에 착수하기를 원하지만 다만 기분이 더 좋아지면 곧 하겠다고 주장하는 것이다.

많은 경우 두려운 상황에 직면하는 것을 피하기 위해 우울해하는 방법을 사용한다. 예를 들면 내 친구 톰(Tom)이 매우 좋은 직장을 잃게 되었을 때 나는 그를 격려해 주기 위해서 그의 집에서 많은 시간을 보냈다. 나는 그가 우울해하는 방법을 선택했다는 것과 그가 자신의 통제 아래 분노하고 도움을 구하고자 한다는 정도의 통제 이론을 알고 있었다. 1-2주일 정도는 동정을 했으나, 그 이후에는 일자리를 찾기 위해 이력서도 내고 좀 돌아다녀 보라고 그에게 말하지 않을 수 없었다. 그 역시 내 말에 동의했고 그렇게 하고 싶어 했으나 그렇게 하기에는 그의 기분이 너무나도 우울해 있었다.

톰은 게으르지도 않고 도움을 원하지 않는지도 모른다. 그는 머릿속 사진첩에 있는 것과 같은 종류의 직장을 구하기가 용이하지 않으리라는 생각 때문에 두려워하고 있었으며, 또한 그가 도움을 청한 후에 거절을 당하면 현재 상태보다 더 좌절을 느끼게 될까 봐 두려워하고 있었던 것이다. 그가 두려워하고 있는 일련의 거절이 실제로 일어나 현재보다 더 그의 일생을 통제하기 어렵게 될까 봐 그런 일이 일어나지 않도록 하는 변명의 구실로 현재의 '우울함'을 사용함으로써 그는 자신을 '보호'하고 있는 것이다. 만약 그가 이러한 마음에서 그렇게 하고 있다는 것을 안다고 해도 갑자기 훌훌 털어버리고 일어나서 일에 착수하지는 못한다. 그렇다고 해서 스스로 만들어 낸 이런 변명을 오랫동안 계속해서 해나가기란 더욱 어려운 노릇이다. 그가 직장을 찾아나서는 날이 빠르면 빠를수록, 비록 그것이 매우 어려운 일이기는 해도 직장을 찾을 수 있는 기회는 그만큼 더 많을 것이 확실하다.

4. 네 번째 이유 : 강력한 통제력을 얻기 위해서

우울해하는 방법은 통제력을 제공해 주기 때문에 고통스러운 행동에 뒤따르는 대가를 기꺼이 치러야만 된다는 사실을 기억하기 바란다. 여러 해 동안 '전문적으로' 우울해하는 행동을 선택해 온 아주머니가 여러분 주위에는 몇 명이나 있는가? 여기에서는 편의상 그 아주머니를 캐롤 아주머니라고 부르자. 그녀의 전문가적인 능력은 그녀가 온 가족을 통제하도록 허용하고 있다. 그녀의 능력은 어떤 한 분야의 대가와 같아서 항상 대화를 자신의 생활에 대한 주제나 혹은 자신이 겪는 가혹한 불행에 관한 것으로 끌어들인다. 사람들이 그녀를 위해 해주는 것이 무엇이든지 간에 그녀에게는 충분치가 않다. 또한 동시에 그녀는 왜 사람들이 자꾸 자기를 성가시게 하느냐고 노련하게 묻는다. 자기가 혼자서 조용히 죽을 수 있도록 왜 내버려두지 않느냐는 것이다. 그러면 사람들도 자기가 모든 일에 트집 잡는 걸

볼 필요없이 그들의 생활을 즐길 수 있지 않겠느냐는 것이다.

그녀는 매우 오랫동안 계속해서 우울해하는 행동을 선택해 왔기 때문에 가족들은 이제 그것에 지쳤고 그래서 점차 주의를 기울이지 않게 되었다. 그러나 그녀는 이 행동을 함으로써 통제력을 갖게 되었으므로 이 행동을 강화하려는 노력을 두 배로 하게 된다. 다른 사람이야 어쨌건 이렇게 함으로써 그녀의 딸 필리스에 관한 통제력은 항상 얻을 수 있기 때문이다. 딸이 자기에게 제대로 주의를 기울이지 않으면 딸로 하여금 죄의식을 느끼도록 만드는 캐롤 아주머니의 능력은 놀라운 것이다. 또 딸로서는 자기 어머니가 불행을 선택하고 있다고는 꿈에도 생각지 못했으므로 이런 식으로 계속 진행되어 갔다. 그러나 딸이 죄의식을 가질 때면 그녀가 자신의 분노를 통제하고 있다는 사실을 잊지 말아야 한다. 그렇지 않으면 분노가 폭발할 테니까 말이다.

딸이 선택이론에 대해서 조금이라도 배우게 된다면, 그녀는 어머니를 대하는 방법을 바꿀 것이다. 그녀는 어머니가 전화기에 대고 끝없이 하는 하소연을 더 이상 경청하지 않을 것이며, 너무 흥분해서 말도 제대로 못 하겠다고 해도 이제는 더 이상 어머니에게 달려가지 않을 것이다. 딸은 천천히, 그러나 참착하면서도 단호하게 자기는 더 이상 어머니의 불평을 몇 분 이상 듣지 않겠다고 말할 것이다. 그리고 어머니와 좀 더 유쾌한 이야기를 나누지 못하면 필리스는 그냥 전화를 끊어버릴 것이다. 그녀는 '위급상황'을 간과하지는 않을 것이지만, 일정한 날짜나 시간을 정해놓고 서로 방문하여 어떤 일을 같이 하도록 계획할 것이다. 이렇게 정해 놓고 하는 방문에서 어머니가 또 우울해하는 행동을 선택하게 되면 딸은 그 방문 횟수를 줄이고 서로 같이 하는 일도 줄여나가며 결국 나중에는 어머니와 더 이상 아무것도 하지 않게 될 것이다. 어머니 자신이 우울해하는 행동을 선택했다는 것을 알게 되고, 또 자신의 도움을 얻어 더 나은 선택을 할 수 있다는 것도 알게 되면 딸은 자기가 어머니 때문에 가졌던 죄의식의 고통으로부터 자유롭게 벗어나게 될 것이다.

나중에 생활에서 통제이론을 어떻게 적용시켜야 할지에 관해 자세하게 설명하겠지만, 불행하고 비효율적인 이와 같은 행동으로 우리를 통제하도록 해서는 결코 안된다는 것을 충분히 깨달았을 것이다. 왜냐하면 그것은 그들뿐만이 아니라 우리에게도 이롭지 않기 때문이다.

이것이 바로 우리가 흔히 쓰고 있는 고통스러운 느끼기에 초점을 맞춘 행동을 사용하는 4가지 이유이다. 우리가 겪는 불행의 대부분은 이와 같은 고통스러운 느끼기로 구성되어 있는데, 이것을 선택했다는 것을 의식하지는 못해도 사실 언제나 우리가 선택한 것들이다. 그러나 화를 내는 행동은 여기에서 예외다. 화내는 것은 선택한 것임을 인식할 수 있기 때문이다. 이것이 정당화되었다고 믿게 되면 기분이 좋을 수도 있고, 또한 그것이 우리의 선택이었다는 것을 대개 인식하게 된다. 그러나 대부분의 경우 자신이 화난 것에 대해 다른 사람의 탓으로 돌려 "당신이 나를 화나게 했어요."라고 말한다. 그리고 이러한 경우에는 대체로 고통이 수반되며, 우리가 그것을 선택했다는 의식은 전혀 갖지 못한다.

우울해하는 것은 불행하기는 하지만 지나치게 오랫동안 사용하지 않는다면 유용한 방법이라는 것을 지적하지 않으면 안 될 것 같다.

예를 들면, 아주 가까운 사람이 죽었을 때 우리가 '애도'라고 부르는 몇 개월 간의 우울함은 당신 자신의 생활을 다시 통제하려고 시도할 때 매우 도움이 되는 것이다. 당신이 애도를 표하게 되면 부적절한 분노가 억제되고 가족과 친구들로부터 원조를 얻는 데 도움이 된다.

당신의 가족과 친구들은 이것을 당신이 그들을 통제하려는 시도로 알고 분노하기는 커녕, 오히려 그들이 당신을 얼마나 사랑하고 있는지를 보여줄 수 있는 기회로 삼게 된다. 그러나 애도의 기간이 지나치게 길어지게 되면 – 6개월이 이상적이라고 한다 – 그것은 비효율적이고 또한 자기 파괴적인 행동이 된다.

대단히 좌절한 어떤 상황에서 짧은 기간, 즉 몇 시간에서부터 몇 주 정도의 기간 동안 수동적이며 비활동적인 우울해하는 행동은 그 상황을 더 악화시킬 수도 있는 성급하고 화난 행동을 피할 수 있도록 도움을 준다. 그러므로 우울해하는 것은 고통스럽기는 하나 안전하다는 장점이 있다. 통제력을 잃을 때 우울해하는 행동을 선택하는 사람들이 더 많아질수록 사회는 그만큼 폭력이 더 줄어들 것이다. 그리고 어떤 상황이든 간에 대부분의 경우, 가장 적합한 행동은 될 수 있는 한 행동을 하지 않는 것인데, 우울해하는 행동이 바로 여기에 해당된다.

나중에 12장에서 정신신체질환에 관하여 살펴볼 때, 이러한 자기 파괴적인 병은 자신들의 인생을 통제하려는 시도로 고통스러운 느끼기 행동을 사용하지 않는 사람에게 흔히 일어난다는 것을 설명하게 될 것이다. 이러한 행동은 불행하기는 하나 종종 강한 통제력을 주어 신체가 병에 걸리지 않도록 해준다. 자살의 행동조차 매우 심하게 우울해하는 사람보다는 우울해하려고 시도했으나 이것마저도 그가 찾고 있는 통제력을 그에게 주지 못한다는 것을 발견한 사람의 경우에서 더 많이 확인할 수 있다. 친구나 가족 중 계속해서 통제력을 갖지 못하고 지내면서도 수개월 동안 우울해 왔는데 그 후 별다른 이유없이 우울해 하지 않는다면 그 사람이 어쩌면 자살을 생각하고 있는지도 모르므로 주의를 기울여야 할 것이다. 이 경우에 그가 우울해하지 않는다면 그 것은 상태가 좋아져서가 아니라 악화되어가기 때문인 것이다.

수많은 좌절을 겪으면서 인생을 살아가고 있는 동안, 우리는 태어날 때부터 가진 분노의 감정과 그 후에 배우게 된 우울해하는 행동에 보충할 수 있는 부수적인 느끼기 행동들을 다양하게 배우게 된다. 우리는 강력하게 통제하는 행동들의 군거 집단을 사용하는데 익숙해지게 되는데, 이 중 한두 가지에 특별히 익숙해지거나 작동이 잘되는 어떤 하나에 치중하는 경향이 있다.

이 부수적인 행동들은 걱정하는 것, 죄의식을 느끼는 것 그리고 머리가 아픈 것 등으로 사람마다 아주 다르므로 그 사람이 어째서 다른 행동 대신 그 특정한 행동을 선택하느냐 하는 것은 그 사람이 어떠한 것을 창안해 냈고 배웠는가에 따라 다르며, 또한 그 특정한 행동이 얼마나 효과적이었나에 대한 그 사람의 평가에 따라 다르다. 대부분의 사람들은 어떤 특정한 행동이 다른 행동보다 자신에게 더 효율적이라는 것을 알고 있다. 캐롤 아주머니가 우울해하는 것은 세계적 수준급이고, 딸은 죄의식을 갖는 데 전문가라고 할 수 있다. 그러나 캐롤 아주머니는 우울해하는 방법으로 지나치게 통제를 하게 되자, 딸 역시 어머니의 통제를 벗어나는 방법으로 편두통을 앓는 방법을 배우게 되었다. 그 행동들이 어떤 것이든 상관없이, 그것들은 우리가 위에서 살펴본 네 가지의 똑같은 이유로 선택된 것이다.

사람들이 왜 이런 고통스러운 행동을 사용하는지에 대한 이해를 돕기 위하여 몇몇 사람을 예로 들어보자. 랜디는 대학시절에 거의 전부 A(straight A)를 받은 무척 똑똑한 학생이었다. 그는 경영대학원에서도 처음 1년간은 그와 같은 수준을 계속 유지했다. 그러나 대학원 마지막 해에 이르러 갑자기 두려움과 초조감으로 무능력해지기 시작했다. 그는 초조한 행동을 선택했는데, 수업시간 내내 가만히 앉아 있을 수가 없었다. 가만히 앉아야 한다고 자신에게 압력을 가하면 가할수록, 초조감은 공포의 극에 달해 교실에서 나가지 않으면 그 자리에서 금방 죽기라도 할 것 같았다. 뱃속은 느글거리고 손에는 땀이 나고, 심장은 두근거리고 귀에서는 이상한 소리가 들리는 듯하며 입 안은 타는 듯이 말라 똑똑하게 말을 할 수가 없었다.

모든 과제물에서는 쉽게 'A'를 받을 수 있었지만 수업시간에 치르는 마지막 시험을 보지 못하면 졸업을 할 수 없었으므로 그는 곤경에 처하게 되었다. 그의 사진첩에는 그가 성공한 경영 간부가 되어 있는 사진이 있었는데, 현실적으로 그는 갑자기 실패한 대학원생이었다. 그가 마지막으로 생각한 것은 그의 행동을 그가 선택했다는 것이었다.

랜디는 자신을 지나치게 수줍어하고 매력이 없는 사람으로 보았다. 그래서 그가 학교에서 얼마나 공부를 잘했든지 간에 아무도 그를 채용해 주지 않을 것이라고 믿고 있었다. 그가 학교생활을 성공적으로 했다 하더라도 현실 세계에 직접적으로 부딪치게 되면, 그의 사진첩에 있는 것과 같은 성공한 경영 간부가 결코 될 수 없다고 생각하였다. 그러나 그는 그만두기에는 자신의 높은 성적 점수 때문에 학교를 포기할 수 없었다. 그 대신 강의실에 들어가기만 하면 수업을 두려워하는 모습과 걱정하는 모습으로 자신을 통제하였다. 이러한 행동들을 통해, 그는 자신이 남에게 호감을 주지 못하고 매력적이지 못한 것에 대한 분노를 통제할 수 있었다. 그는 자신에게 그러한 행동을 야기하고 있는 학업문제에 대해서도 도움을 청할 수 있었다. 그가 상담을 통해 좀 더 효율적으로 통제를 가할 수 있는 방법을 배우게 되면서, 학교를 우등으로 졸업할 수 있었다. 그래서 자신의 인생에 대한 통제도 하게 되고, 열심히 일한 결과 몇 해 안가서 그는 장래가 유망한 어느 회사의 부사장이 되었다.

메리는 집을 떠나는 것에 대한 억누를 수 없는 두려움으로 남편을 통제하고 있다. 심리학자들은 이러한 증세를 '공포증(Phobia)'이라고 부른다. 메리와 같은 사람들은 수십만 명이나 되는데 그들이 가진 공포증에는 비행기를 타는 것에 대한 것서부터 병균에 대한 것까지 무척 다양하다. 메리는 남편, 또는 딸과 동행할 때만 집을 나설 수가 있다. 그녀는 자신의 이러한 무능력에 대해 자기는 책임이 없다는 것을 자기 자신, 가족, 그리고 목사님에게까지 확실히 해 둔 바 있다. 그녀는 사람들이 많이 모인 곳에 가는 것을 두려워하는 광장 공포증(그녀는 시장에 가는 것을 두려워한다)으로 고통을 받고 있는데, 이것은 신경계통에서 비롯되는 '병'이다. 그녀가 어떻게 이러한 '병'에 '걸리게' 되었는지는 불분명하지만, 그녀의 어머니도 이와 유사한 병으로 고통을 겪었다는 단서를 그녀의 회고 속에서 찾을 수 있었다.

어쩌다 간혹 메리가 외출을 해야하는 경우(대부분 이것은 가족들이

미리 눈치채게 된다), 그녀는 랜디가 겪었던 것과 비슷한 초조한 증상으로 고통을 당했다. 그래서 그녀는 집에만 있게 되고, 남편이 직장에 가는 경우를 제외하고는 그를 실질적인 죄수로 만들어 그가 꼼짝 못하게 했다. 메리를 안심시켜 주기 위해 그가 직장에서 전화를 할 때조차도 그녀는 전화를 받지 않고 얼마동안 가만히 두는데, 이것은 아주 강력한 통제계획이다. 그녀는 남편에게 전화 통화 내용을 엿듣고 그녀 혼자 집에 있다는 것을 다른 사람이 알게 될까 봐 두려워서 전화를 받을 수 없었다고 말한다. 남편이 전화를 해도 받지 않으므로 그는 이따금 직장에서 할 일을 남겨둔 채 집에 '와 봐야만' 했다.

그녀가 내면 세계에 가지고 있는 사진은 아주 강하면서도 헌신적인 남편과 멋진 결혼 생활을 하는 것이다. 그러나 실제로 그녀는 행복한 결혼생활을 하지 못하고 있다. 그녀는 남편에게 직장에서 열심히 일하라고 상기시켰기 때문에 남편이 사업에서는 성공적이지만 실제적으로는 나약한 사람이라고 보고 있는 것이다. 남편은 자신이 성공하였으므로 그녀의 성화에 대해 이제 저항감을 갖게 되었다. 그러자 그녀는 공포감을 갖는 행동을 선택하여 남편을 통제함으로써 자신의 힘에 대한 욕구를 충족시키는 것이다. 그녀는 집을 나서는 것이 무섭고 남편이 그런 그녀를 위해 어떤 행동을 해야한다고 보기 때문에 사무실로 전화를 거는 거라고 말함으로써 자기 마음대로 남편을 통제하고 있었던 것이다. 메리는 딸도 통제하고 싶어했으나, 딸은 대학에 진학하여 그녀의 통제에서 벗어났고, 이러한 사실을 알기 때문에 딸은 될 수 있는 한 뜸하게 집에 오곤 했다.

집을 나서는 것에 대한 메리의 두려움은 그녀의 분노를 통제해 주었고 힘의 욕구도 충족시켜주었으며, 또한 '병든' 사람이 됨으로써 다른 사람의 주목도 많이 받을 수 있게 해 주었다. 재미있는 것은 수년 동안 메리의 '포로'로 지내온 그녀의 남편이 갑자기 한 마디의 경고도 없이 메리의 곁을 떠나갔다는 것이다. 그리고는 자신을 위한 새로운 생활을 계획하고 있었다. 그녀의 통제력이 너무 지나쳤던 것이다. 그후 딸은 자기가 아버지 대신이 되고 싶지 않다는 강한 저항을 보였기 때문에 메리는 이제 자신의 공포증으로는 아무도 통제할 수 없다는 것을 알게 되었고, 또 돈도 떨어지게 되자 정신을 차리게 되었다. 그녀는 직장을 구하고 친구도 사귀고 함으로써, 지난 수년보다 훨씬 나은 생활을 할 수 있게 되었다.

우리가 더 나은 방법을 사용할 줄 알게 되면, 우리는 예전에 사용했던 비효율적인 방법을 보통 포기하게 된다. 바로 메리의 경우가 그렇다. 선택이론을 이해하지 못하는 사람들은 이것이 마치 무슨 기적적인 치료 방법인양 여기게 되나, 기적이 전혀 일어나지 않았다는 것을 메리는 어렴풋이 깨달았다.

리차드는 보험회사의 중개인인 자신의 직업을 전혀 좋아하지 않았으나 재정적 책임감 때문에 그만 그 직업에 끌려들고 말았다. 어느 날 그는 사무실에 있는 냉각기에 물을 채워 넣으려고 커다란 물통을 들어 올리는데 등에서 우지끈하는 소리를 들었다고 한다. 그는 수주일 동인이면 치료될 수 있는 가벼운 등 통증을 얻게 되었다. 그러나 그 이후에도 그는 등을 쓰지 못하게 되었고 그런 식으로 4년을 지냈다. 그는 2번의 수술에서 '살아났고' 거기에 든 비용만도 150,000달러나 되었다. 그의 등은 예전보다 더욱 '악화되었고' 거의 모든 시간을 침대에 누워지내야 하므로, 정말로 그가 다시 일어나 직장에 나갈 수 있을지 의심스러울 정도였다.

그의 통증이 신체적인 것인지 정신적인 것인지를 알아보기 위해 검사를 했는데, 의사는 그에게 아미탈(Amytal)이라는 마취약을 주었다. 이것은 최면상태와 같은 황홀감을 주기는 하나 고통의 근원을 없애주지는 못한다. 이 약을 먹고서 리차드는 침대에서 일어나 허리를 구부려보고 뛰어보고 통증없이 물건을 집어올리는 등 의사의 지시에 따를 수 있었다. 만약 등의 통증이 신체적 요인에 기인한 것이었다면, 그는 이런 활동을 도저히 할 수 없었을 것이다. 그가 통증을 느낄 때에는 그 고통스러운 선택에 마음을 집중시킬 수 있는 완전한 의식이 필요한데, 그 약은 그가 더 이상 통증을 느끼지 않을 만큼 의식을 해체시켜 버렸던 것이다. 약을 먹고 난 후 그가 그렇게 운동하는 것을 비디오로 보여줌으로써, 그가 더 이상 등을 못 쓰는 사람이 아니라는 것이 증명된 것이다. 그러자 그는 계속해서 통제력을 갖게 되길 바라면서, "제가 수년 동안이나 그렇게 말씀드리지 않았습니까? 정말 실제적으로 도움이 되는 약을 주시면 저는 아무렇지도 않을 거라고요. 제가 그 놀라운 약을 좀 더 먹어도 되겠지요?"라고 말하는 것이었다. 물론 그는 그 약의 힘으로 황홀경에 빠져서 살 수는 없다. 그 실험은 그가 더 이상의 수술을 받지 않도록 해준 좋은 '약'이 되었으나 그것이 인생을 좀 더 효율적으로 통제하고자 하는데는 아무런 도움이 되지 못했다. 화학적으로 두뇌에 영향을 끼치는 약이라도 그 자체가 신체를 재활시키는 성질을 가지고 있는 것은 아니다.

등의 통증은, 지긋지긋하게 여기는 직업에 종사하고 있다는 것에 대한 그의 분노를 비록 고통스럽기는 하나 잘 통제해 주고 있다는 것을 알게 해준다. 병원으로 의사를 찾아오는 많은 사람들과 입원한 많은 환자들 중에는 리차드와 같이 '전문적인 환자들'이 있어, 이들은 참을 수 없는 인생의 어떤 상황에 대처하는 한 방법으로 통증을 사용하는 것이다. 이렇게 선택된 고통을 어떤 사람들은 '상상적' 고통이라고 부르기도 하나 그렇지는 않다. 이러한 고통은 다른 통증과 마찬가지로 실제로 아픔을 느끼는 것이다. 만약 리차드가 느낀 통증을 수치로 계산할 수 있다면 그것은 정말 신체상으로 그의 등에 이상이 생겼을 때의 통증보다 더 강렬할 것이다. 우리가 상처를 입었을 때에는 우리의 신체(우리의 두뇌)가 '믿기에' 그 상처 부위를 움직일 수 있게 할만큼의 통증을 우리 자신도 느낀다. 그러나 등에 통증을 느낄 때, 자신의 인생을 통제할 수 있을만큼 고통을 선택한다. 이것은 대개 상처 부위를 움직일 수 없게 하는 제한적이고 국부적인 통증 이상을 요구한다.

필자가 모든 통증과 아픔은 그것이 머리 부위건 관절 부위건 등이건 목이건 배 부위이건 간에 통증을 겪는 사람이 직접 선택한 것으로 주장하는 결론을 내리지 않았다는 것이 중요하다. 통증이 의학적인 진단으로 보아 그만한 이유가 있다고 여겨진다면, 즉 상해를 당했다거나 혹은 선천적으로 결함이 있거나 할 때는 의학적 치료와 더불어 휴식을 위하는 것이 가장 좋은 치료법이다. 그러므로 심리적 요인에 의한 통증인지를 알아보기 위한 진단은 통증을 느낄 명확한 이유가 없을 때, 그리고 휴식이나 훌륭한 치료법도 효과를 보지 못할 때 내려져야 한다. 당신이 심리적 요인에 기인한 통증을 느끼고 있는지를 구별할 수 있는 가장 좋은 방법은 그 통증이 얼마나 오랫동안 계속되어 왔는지를 자신에게 물어보는 방법이다. 당신이 어떤 상해 때문에 휴식을 취하고 교정훈련을 받고 있다면, 그것이 아무리 심한 상처라 하더라도 3개월이면 치료가 되기 때문이다.

리차드의 경우 아마 6주 정도면 치료가 되었을 것이다. 이 기간 이후에 그는 위에서 열거한 이유 때문에 통증을 느끼고 있었던 것이다. 등이나 목 또는 관절 부분의 만성적인 병은 대개 상해로 시작되지만, 대부분의 경우 치료가 된 뒤에도 통증의 형태로 계속된다. 물론 치료가 된 다음이라 해도 상해를 당한 부분이 약해지거나 상처가 난 세포조직에 의해 역으로 영향을 받음으로써 다시 상해를 입는 수도 있다. 등에 상해를 입은 경우에는 무거운 것을 들 때 농구나 디스코 춤과 같은 격렬하게 몸을 움직이는 운동을 할 때 조심해야 한다.

당신이 느끼는 통증이 신체적 요인에 근거한 것이 아니라는 사실을 받아들이기가 무척 어려우리라는 것을 안다. 특히 의사에게서 그렇다는 확신을 못 받았을 때는 더욱 그러하다. 대부분의 의사는 환자에게서 아무런 신체 병리적 이유를 발견하지 못했을 때라도 신중하며 환자에게 심리적 이유를 제시하지 못한다는 사실을 알아야 한다. 그들은 통증의 원인을 발견할 수 없기 때문에 안 믿는 것이 아니라 통증이 실제로 존재하지 않기 때문에 안 믿는 것이다. 통증이 신체적 이유에 기인한 것이라면 모든 검사와 X-ray촬영을 통해 그 원인을 발견하지 못할 리가 없다. 의사가 아무런 원인도 발견할 수 없다고 말했는데도 그 통증이 3개월 이상 지속되었다면 당신 스스로 결론을 내려야 할 것이다. 당신이 고통스러워한다는 사실에 직면하는 것이 당신의 인생을 효과적으로 통제하는 방향으로 나아가는데 한 발 크게 내딛는 것이 된다.

당신이 통증을 느낌으로써 삶에 대한 통제력을 얻기 시작했는데 나중에 알고보니 그 고통은 신체적 요인에 의한 것이어서 치료가 가능한 것이었다는 결론을 지었다고 가정해 보자. 당신은 자신에게 아무런 해를 끼치지 않았을 것이다. 오히려 그것은 유익한 것으로써 당신이 자신의 생활에 더 많은 통제력을 가질수록, 어떤 치료든 더 나은 효과를 볼 수 있기 때문이다. 그렇다고 해서 당신이 어떠한 상해를 당했을 때 수개월 동안 좋은 의학적 치료나 휴식을 시도해 보지도 않고 이러한 결론을 내리라고 제안하는 것은 아니다. 만약 의사가 아무런 신체적 요인을 발견하지 못하고, 휴식을 취해도 통증이 완화되기는 커녕 오히려 리차드의 경우처럼 더 고통스럽고 또는 어떤 때 기분이 좋으면 통증이 좀 가라앉으나 좌절감을 느낄 때 통증을 다시 느낀다면, 당신은 자신이 통증을 선택하지는 않았는지 생각해 보아야 한다. 즉 통제가 불가능한 당신의 생활에 대해 통제력을 다시 얻기 위한 시도로서 통증을 선택한 것이 아닌가 하고 자신을 의심해 보아야 한다.

테리는 하루 50번씩 충동적으로 손을 씻는다. 그리고는 자신의 청결에 대한 강박관념을 '광적인' 짓이라고 부른다. 그녀는 착실하나 둔감한 남자와 결혼하여 생활한지 거의 20년이 되어가는데 별다른 재미도 없고 성적 만족도 없는 생활을 하고 있다. 그녀가 매력적이어서 남자들은 그녀에게 많은 관심을 쏟았다. 그녀는 자신의 생활에서 잘못된 점 한 가지는 강박관념이라고 주장한다. 비록 그녀가 남편을 놀리기는 하지만 자신의 손씻는 버릇을 남편과 연관시키지는 않고 있다. 그러나 그녀의 심리 사진첩에는 지금 그녀가 하고 있는 결혼 생활과는 아주 다른 결혼 생활의 사진이 들어 있다.

 그녀의 표현대로 그녀가 '광적일 정도로 깨끗한' 사람이 되기 전에 그녀는 사교적이고 매력적이며, 결혼 경력이 있는 프레드라는 남자로부터 청혼을 받은 적이 있었다. 그녀는 은근하고 익살스러운 방법으로 거절했으나 그렇다고 그가 그녀에게 흥미를 잃게 만들지는 않았다. 그녀는 계속해서 이러한 온화하고 부드러운 관심의 표명을 즐기고 있었다. 남편에게 프레드에 대해 이야기했을 때 그는 웃으면서 그녀가 그렇게까지 정숙할 필요는 없지 않았느냐고 말하는 것이었다. 이 말은 그녀를 놀라게 했고, 그녀는 그가 한 말이 무슨 뜻인지 곰곰이 생각해보는 대신 그 이후부터는 더 이상 그 일에 대해 언급을 하지 않았다. 그리고는 비누와 물을 가까이 하는 시간이 중요하게 여겨져 그러한 시간이 부쩍 늘어나게 되었으며, 이제는 밤낮으로 청결과 개인적 위생을 유지하기 위해서 정신없이 바빠지게 된 것이다.

 테리는 이제 안전하다. 그렇게 충동적으로 계속 씻는 한, 옆길로 빗나갈 일이 없다. 그러나 얼마나 오랫동안 그녀의 생활을 '깨끗한' 상태로 통제할 수 있을지는 알 수 없다. 만약 그녀가 더 많은 재미와 흥미를 얻기 위해 무엇인가를 하지 않는다면, 그녀는 문자 그대로 자신을 문질러 닳아 없어지게 할 것이다. 그녀는 일생동안 아무런 재미나 흥분도 얻지 못하고 성적 관심도 전혀 없이 사는 생활에 자신을 가두어 놓고 사는 수백만의 여자들과 이런 광적인 증상을 공유하고 있는 것이다. 그 중 몇몇이 테리처럼 지나치게 씻지만 대다수의 사람들은 우울함, 공포증, 두통, 등의 통증, 복통, 초조감 등의 행동을 선택한다. 대부분 과식하고 과음하며 합법적이든 비합법적이든 마약을 복용한다. 이들의 남편 또한 마찬가지다. 행복하지 못한 관계라는 우리에 가두어 놓게 되면 그곳에서 빠져나오기 위해 또는 관계를 개선시키기 위해 고통스럽고 자기 파괴적인 방법으로 투쟁을 전개한다. 우리가 선택한 많은 방법들 - 테리가 지나치게 씻는 것을 선택한 것이라든가, 수잔이 우울해하기를 선택한 것 같은-에는 우리가 선택하지 않은 것이 더 많이 있다.

그 중의 몇몇이 정신착란 증세와 같은 불합리한 정신적인 행동이고 나머지는 '정신신체질환(Psychosomatic)' 이라고 불리는 불합리한 생리학적 행동이다. 이 두 가지 모두 자신의 인생에 대한 통제력을 회복하려고하나 그것은 자기 파괴적인 노력의 일부가 될 수 있다. 자신의 욕구를 충족시킬 수 없을 때, 오랫동안 굶주린 사람처럼 아무것이나 먹으려고 든다. 바닷가에서 혼자 고립된 어떤 사람의 이야기를 읽은 적이 있는데, 그는 배고픔을 줄이기 위해 지악도 먹고 가죽으로 된 구두창도 먹는 등 닥치는 대로 무엇이든 먹었다고 한다. 마찬가지로 우리들 중 어느 누구도 미치거나 병드는 것을 원치 않기 때문에, 이러한 것들은 삶을 다시 통제하려는 필사적인 노력의 일부분이 될 수 있다. 뒷장에서 창의성과 재조직에 관해 설명할 때 어떻게 이러한 강압적이고 비합리한 선택을 하는지 설명하겠다. 우리는 스스로 모든 불행을 선택하다고 주장하고 있지 않음을 여기에서 나는 분명히 언급해 두고자 한다. 그러나 이 장에서 논한 것처럼, 우리 모두는 고통스런 느끼기 행동을 선택한다. 그리고 우리가 겪는 거의 대부분의 불행은 자신들이 선택하는 것이라고 말할 수 있을 것이다.

제8장

불행을 우리가 선택한다는 사실을 왜 인식하지 못하는가

　선택이론을 선택하는 사람은 자신의 생활에 이것을 통합시킬 수 있는 방법을 배울 수 있다. 그러나 그들이라고 해서 그 방법을 쉽게, 또는 빨리 배우는 것은 아니다. 왜냐하면 그들도 우리와 마찬가지로 일생 동안 그들이 느끼는 불행이 마치 그들에게 우연히 일어난 것처럼 행동하고 느껴왔기 때문이다. 당신이 두통이나 우울한 기분에 빠져 있을 때, 당신이 불행을 선택한 것 같다고 말해 줄 사람은 아무도 없을 것이다. 그 불행이 선택이라는 것을 받아들이게 되면 그것에 대한 책임을 당신 자신이 져야 하기 때문에 그 책임을 지기가 싫어 차라리 두통이나 우울함을 택하게 된다는 점을 당신은 알아야 한다.

지금 당신이 기분이 좋다면, 당신이 겪은 불행을 스스로 선택하고 있다는 내 설명을 받아들이기가 쉬울 것이다. 당신이 잘 지내고 있을 때에는, 나의 이러한 급진적인 주장도 나름대로 이치에 맞는 도전적이고 지적인 통찰이 될 것이다. 그러나 이 주장을 실행으로 옮기는 것, 즉 지적인 정보를 실제 생활에 적용하기란 결코 쉬운 일이 아니다. 예를 들면, 당신이 두통을 앓는다 해도 자신에게 "내 결혼생활이 지금 곤경에 처해 있기 때문에 분노를 통제해야만 해요. 그렇지 않으면 격렬한 행동을 취하게 될 것 같아 두통을 앓기로 선택했어요. 물론 저는 결혼생활에 대해 도움을 구하고 싶지만 자존심이 너무 높아 그것을 청하지 못하죠. 실은 제 인생에서 어떤 중요한 변화를 취해야 한다는 사실에 직면하기보다는 차라리 두통을 완화시킬 수 있는 도움을 구하고 싶은 것이 솔직한 마음입니다." 라고 말하기는 거의 불가능할 것이다.

이것을 당신의 삶에 통합시키는 데는 어느 정도의 시간이 걸릴 것이라는 자기인식(Self-awareness)이 있어야 한다. 그러나 선택이론을 선택하는 사람은 자신의 생활에 이것을 통합시킬 수 있는 방법을 배울 수 있다. 그러나 그들이라고 해서 그 방법을 쉽게, 또는 빨리 배우는 것은 아니다. 왜냐하면 그들도 우리와 마찬가지로 일생 동안 그들이 느끼는 불행이 마치 그들에게 우연히 일어난 것처럼 행동하고 느껴왔기 때문이다. 당신이 두통이나 우울한 기분에 빠져 있을 때, 당신이 불행을 선택한 것 같다고 말해 줄 사람은 아무도 없을 것이다. 그 불행이 선택이라는 것을 받아들이게 되면 그것에 대한 책임을 당신 자신이 져야 하기 때문에 그 책임을 지기 싫어 차라리 두통이나 우울함을 택하게 된다는 점을 당신은 알아야 한다.

내가 우울할 때 깨달아야 할 마지막 한 가지는 바로 내가 이(또는 다른 것이든) 고통스러운 행동을 선택했다는 점이다. 예를 들면, 팔꿈치가 아파 테니스를 칠 수 없을 때 내가 우울해하는 행동을 선택했다는 것을 의식하게 된다면, 내가 원하는 동정을 남에게 구하기란 매우 어려운 것이다. 왜냐하면 동정을 구하려면 나만이 아니라 내 주위에 있는 모든 사람이 지금 불평하는 그 일을 내가 선택했다는 사실을 알게 되면 안 되기 때문이다. 선택이론을 배우면서, 내가 우울해하는 행동을 선택하고 있다는 것을 의식할 수 있으면, 이보다 더 나은 선택을 할 수도 있다는 것을 또한 알게 될 것이다. 이 이론을 내 생활에 적용하게 될 때, 우울해함으로써(이외의 여러 불행한 선택을 포함하여) 낭비하는 에너지가 더 이상 없을 것이다. 나는 동정을 적게 받으면서도 잘 살 수 있다는 것을 배우게 되고, 내 팔꿈치를 치료받는 동안 열심히 내 일을 할 것이다.

  삶을 효율적으로 통제해 나가는 데 방해가 되는 것은, 불행이 우리에게 우연히 일어난 것처럼 느끼는 감정을 일생에 걸쳐 변화시켜야 한다는 데 대한 저항이다. 7장에서 설명한 바 있는, 고통을 선택하게 되는 4가지 논리적 이유를 배우면 많은 도움이 되나, 일생 동안 경험을 극복해 나가기에는 충분치가 않다. 왜냐하면 그것들이 선택이라는 것을 인식하지 못하게 하는 논리적이고 매우 강력한 3가지 장애가 있기 때문이다.

1. 일시적이고 강렬한 어떤 감정은 선택한 것이 아니라 우연히 일어난 것이다

  최근에 있었던 선택이론 세미나에서 우리가 느끼는 대부분의 감정은 우리 자신이 선택하는 것이라는 설명을 끝마치고 나자, 어떤 부인이 필자에게 다가와 전반적으로 내 설명에 동의하나, 자신이 갑자기 좌절하거나 급작스럽게 만족을 느낄 때 그녀가 느끼는 즉각적인 고통이나 기쁨에는 내 설명이 적용되지 않는다고 말했다. 그녀의 말이 옳다. 전 행동을 구성하는 느끼기 요소로서 고통이든 기쁨이든 간에 오랫동안 지속되는 느낌은 우리가 선택하는 반면에 그녀가 질문한 대로 순간적으로 일어나는 일시적인 느낌은 우리가 선택하는 것이 아니다. 순간적으로 일어나는 강렬하고 일시적인 느낌은 우리에게 우연히 일어나는 것이다. 이런 이유로, 우리가 느끼는 모든 느낌이 우연히 일어나는 것이라는 사실이 논리적인 것 같지만 이것은 잘못된 결론이다. 사실 우리가 느끼는 모든 느낌 중에서 순간적으로 일어나는 느낌들이 우리 안에 아주 작은 부분을 차지하고 있을 뿐이다.

우리가 느끼는 느낌은 2개의 뚜렷한 부분으로 구분되어지는데, 그것은 항상 단계적으로 일어난다.

첫 번째 : 즉각적으로 경험하는 아주 강렬하면서도 짧은 느낌은 우리가 좌절 또는 만족감을 느끼는 바로 그 순간에 일어난다. 고통이나 기쁨의 이런 순간적인 표출을 순수한 느낌이라고 말하는 것이 가장 적절할 것 같다.

두 번째 : 좌절에 대처하거나 만족감을 연장시키려고 우울해하는 것 또는 사랑하는 것과 같이 장기간에 걸쳐서 느끼게 되는 행동은 거의 항상 선택하게 된다. 이러한 행동들은 수년간 지속될 수도 있고, 또 시간이 흐름에 따라 그 강도가 증가되기도 한다. 그러나 아주 짧은 시간 동안만 지속되는 순수한 느낌은 그 느낌이 생겨나자마자 곧 강도가 약해지기 시작한다. 이러한 느낌들은 좌절에 대응하고자 선택한 행동에 따라 단기간에 완전히 대치된다. 이것은 선택하는 것이 아니고 일시적으로 지속되는 강렬한 느낌으로, 어떤 부인이 세미나에 고통과 기쁨에 대한 나의 설명에 포함시켜 달라고 요구한 것이다.

생존이 기본적인 욕구였던 진화의 초기 단계에서는, 우리가 위험에 처해 있는지 그렇지 않은지를, 이 책에 따르면 우리가 자신의 생활을 통제하고 있는지 아닌지를 재빨리 알아차릴 수 있는 몇 가지 방법에 있어야 한다고 했다. 이런 정보를 얻을 수 있도록 진화된 방법은 느낌을 통해서였다. 곧 고통을 느끼면 고통을 없애려고 행동을 시도하고, 기쁨을 느꼈을 때는 기쁨의 느낌을 지속하려고 끝까지 버틴다. 예를 들면, 번갯불이 심하게 번쩍거릴 때, 미처 위험을 감지하기도 전에 먼저 무서움을 느끼게 되어, 몸을 피할 곳을 찾아 달려가기로 선택하자마자, 맨 처음 번갯불이 번쩍했을 때 느낀 순수한 고통은 약해지기 시작하고, 우리가 움직이기 시작할 때쯤이면 그 고통은 사라지게 된다. 그 고통의 느낌은 몸을 피할 곳을 찾아 달려가는 행동으로 대치가 된 것이다. 우리가 달려갈 때 번갯불을 치는 것에 두려움을 느꼈다면, 뛰어가는 행동에 덧붙여진 두렵다는 느낌이 번갯불이 처음 일어났을 때 우리가 느낀 순수한 고통을 대치한 것이다. 뛰어가는 행동과 두렵다는 느낌이 결국 우리를 안전한 곳으로 가게 했다면 우리는 곧 통제력을 회복했다는 순수한 기쁨을 경험하게 되는 것이다.

그러나 이것 역시 피난처에 들어가 앉게 되면서 약해지게 되고, 다음 행동을 선택하는(아마 그 피신처를 살펴보는) 것으로써 대치될 것이다. 그리고 후에 우리는 이 모든 경험을 가족이나 친구들과 함께 나누는 기쁨의 느낌을 즐기게 될 것이다. 어느 경우든 즉각적으로 일어나는 순수한 고통이나 기쁨은 일시적이어서 그 상황에서 행동하고 생각하고 느끼는 것으로 재빨리 대치된다. 그러므로 무엇을 행하고 생각하고 느낄 것인지를 선택하나 그 이전에 일어나는 순수한 느낌을 선택하는 것이 아니다. 이것은 우리의 통제체계 안에 형성되어 있어서 우리가 자신을 통제하고 있는지 아닌지를 즉각적으로 우리에게 알려주는 일을 한다.

우리의 복잡한 느낌은 생존과도 직결되는 것으로, 이것들은 단순한 최초의 느낌에서 비롯되어 발전되었으며, 많은 행동의 주요 구성요소가 되고 있다. 비록 우리의 느낌이 복잡해지더라도, 모든 느낌은 짧은 순간이든 장시간 지속되든 목적에 있어서는 같다. 우리가 통제할 때에는 기분이 좋지만 통제하지 못할 때에는 기분이 나빠진다.

순수한 느낌을 좀 더 잘 이해하려면 훌륭한 직장을 잃은 내 친구 톰을 다시 한 번 생각해 보는 것이 좋을 것 같다. 그가 월급봉투에서 해고통지서를 발견하였을 때, 거기에는 그가 원했던 것(직장)과 그에게 실제로 일어난 것(해고) 사이에 순간적으로 커다란 차이가 생겼다. 그 순간 그는 실망으로 인해 쓰라린 고통을 느꼈다. 우리는 이러한 고통이 어떤 것인지를 정말 잘 알고 있을 것이다. 이 고통은 그에게 인생의 중요한 부분에서 그가 통제력을 잃었으며, 거기에 대해 뭔가 다시 시작해야 한다는 사실을 일깨워 주었다. 어떤 경우에 좌절을 느끼게 되는지 목록을 만들자면 끝이 없을 것이다. 곧 직장을 잃은 경우, 집에 강도가 든 경우, 명나라 시대의 귀중한 도자기를 깬 경우, 또는 지금 곧 수술을 받아야 한다는 이야기를 들은 경우 등 끝이 없을 것이다.

그러나 그것이 어떠한 경우이든, 우리가 느끼는 순수한 고통은 거의 같다고 믿는다. 고통이 얼마나 심한가 하는 데에 차이가 있을지 몰라도 우리 모두에게 그것은 본질적으로 같은 고통이다. 그런 경우에 내가 느낀 고통은 강렬하고 가슴을 찌르는 듯하며 조이는 것 같은 아픔이었다. 필자는 심장마비를 한 번도 경험해 본 적이 없지만 내가 느꼈던 가슴을 찌르는 듯하고 조이는 것 같은 고통은 사람들이 말하는 협심증의 고통과 같았다. 내 실망감이 어떠했던가는 그리 중요하지 않다. 이것은 대부분 내가 느끼는 순수한 고통이기 때문이다.

여러 사람이 자신들이 즉각적으로 느낀 고통을 내게 이야기했다. 그것은 갑작스러운 두통, 절박한 죽음에 이른 것 같은 기분, 메스꺼움이나 몸의 떨림과 함께 일어나는 복통 등이다. 그러나 그것이 어떠한 것이든 – 모든 사람들이 그 고통이 오랫동안 지속되지 않는 – 대개 잠깐 또는 몇 분 동안 지속되는 격렬한 고통의 감정이라고 말한다. 고통이 오랫동안 지속되는 경우는 아주 드문데 그 이유는 좌절감을 다루고자 선택하는 행동과 결부된 다른 느낌으로 즉각 대처되기 때문이다.

이미 설명한 바와 같이 톰은 갑자기 직장을 잃게 되자 대처방법으로 우울한 느낌을 선택했다. 이것은 통제를 잃은 경우에 선택하게 되는 가장 일반적으로 오래 지속되는 느낌이다. 그러나 실망으로 인해 일어나는 순수하고 즉각적인 고통은 그가 선택한 것이 아니었다. 순수한 고통을 새빨리 내치하는 방안으로 채택한 우울함이 장기간 지속될 때 그 고통 역시 그가 선택한 것이 아니라고 결론을 내리는 것은 쉽고 자연스러운 일이다. 순수한 고통이 약해지면서 다른 느낌으로 대치되어 갈 때, 짧은 기간 동안 두 느낌이 한데 섞여 있어 우리로서는 언제 순수한 고통이 끝나고 만성적 고통이 대치하게 되었는지 분간하기가 어렵다. 이러한 징후들이 언제 일어나는지를 분간하기란 아주 어려우므로 장기간의 고통 역시 순수한 고통처럼 우리에게 우연히 일어나는 것이라고 생각하는 경향이 있다.

이 두 고통의 차이, 곧 즉각적으로 일어나는 짧고 순수한 고통은 선택된 것이 아니고 오랫동안 지속되는 고통만 선택된 것이라는 사실을 명확하게 지적해 주는 간단한 검사가 있다. 당신이 해야 할 일은 심한 좌절의 상태에서, 문제를 해결해 줄 수 있는 효율적인 행동으로 좌절을 대처해 나갈 때 당신이 어떤 느낌을 느끼는지 그것을 깨닫고 있으면 된다. 당신이 선택한 효율적인 행동이 고통스러운 느낌의 요소를 지니고 있지 않기 때문에, 심한 고통은 즉시 사라질 것이고 오래 지속되는 고통도 없어진다는 것을 알게 될 것이다. 또한 효율적인 행동이 상처를 주지 않는다는 것도 알게 될 것이다.

예를 들어, 며칠 전에 다른 직장에 근무하는 톰의 친구가 톰에게 좋은 자리가 비어 있으니 응시를 해보라고 이야기 한 적이 있었는데, 만약 해고 소식을 들은 후 그 친구에게 곧바로 전화를 했더라면, 그가 다이얼을 돌리는 순간 그의 순수하고 격렬한 고통은 줄어들었을 것이다. 만약 그 친구가 그때 톰에게 일자리를 제공해 주었더라면 톰은 결코 우울해하지 않았을 것이다. 실제로 그렇게 되었더라면, 그는 자기 자신을 통제할 수 있었고, 그리고 기쁨에 넘쳐서 오는 즉각적이면서도 격렬한 '기쁨' 또는 '즐거움'을 느꼈을 것이다. 그 '기쁨' 또는 '즐거움'은 그가 선택할 수 있었던 것이 아니고, 그에게 비자발적으로 일어날 수 있는 것이다.

한편 다른 회사에 근무하는 톰의 친구가 톰에게 격려는 해주었으나 이렇다 할 언질을 주지 않았다면 톰은 즉시 우울해졌을 것이나, 실망에서 오는 격렬한 아픔은 순간 대치되었을 것이다. 그가 느꼈을지도 모르는 아픔은 우울한 느낌에 뒤따르는 성가신 고통이었을 것이다. 필자가 여태까지 설명한 선택이론에 관한 상당부분을 당신이 배웠다고 한다면, 이와 비슷한 상황에서 느끼는 즉각적이고 격렬한 느낌과 나중에 느끼는 만성적인 느낌의 차이를 아는 데 별 어려움이 없을 것이다.

첫 번째 경우에서 톰이 바로 새 직장을 구할 수 있었다면, 톰의 머릿속에 있는 사진과 실제로 가지고 있는 사진과 처음에는 많은 차이가 있었겠지만, 곧 일치가 되어 순수하고 격렬한 기쁨의 순간을 경험했을 것이다. 이 기쁨의 느낌은 두 사진 간의 차이가 크면 클수록 더욱 컸을 것이다. 그러나 이 황홀한 기쁨 역시 일시적인 것이다. 경우에 따라서 이 느낌은 실망에서 오는 고통보다는 조금 더 오래 갈지 모르나 결코 오래 가지는 않는다. 그 무엇인가를 성취했건 또는 우리에게 어떤 일이 우연히 일어났건 간에, 순수한 기쁨은 갑작스런 좌절에서 오는 순수한 고통과 마찬가지로 누구에게나 거의 비슷하게 잠깐 동안만 느껴진다. 우리는 다른 사람과 어울리고 싶은 소속의 욕구가 있으므로 대부분의 경우 우리가 좋아하는 사람들과 행운을 함께 나누려는 행동을 선택하게 되고, 극도로 기쁠 때에는 모르는 사람과도 나누고 싶어 한다. 텔레비전에서 복권에 당첨된 사람이 그 앞에 있는 사람 아무나 껴안고 키스를 하는 것이 좋은 예이다. 즐거움을 함께 나누는 것은 아주 유쾌한 행동이다. 톰이 바깥으로 나가서 새 직장을 갖게 된 것을 자축했다면, 그 행동에서 오는 기쁨은 자신이 선택한 것이고, 또한 그 기쁨은 친구가 그에게 직장을 제공해 주었을 때 일어났던 순간적인 순수한 기쁨의 표출과는 현저한 차이가 있다.

갑작스럽게 통제력을 얻었을 때 오는 강렬한 즐거움과 같은 쾌감을 맛보려고 사람들은 수천 년 동안이나 마약을 구하려 했고 발견해 왔고 사용해 왔고 팔아왔으며 또 이 마약을 퇴치하려고 싸워왔다. 순간적인 쾌락을 주는 마약은 갑자기 통제력을 얻었을 때 느끼는 순수한 즐거움과 같은 쾌감을 주며 생활에서 갑자기 통제력을 얻었을 때조차도 느낄 수 없는 다양하고 강렬한 쾌감을 제공해 주기까지 한다. 과학자들은 이제야 몇몇 화학성분이 갑작스런 좌절에서 오는 것과 같은 즉각적이고 순수한 고통을 야기시킬 수 있다는 것을 발견했으나, 사람들은 수천 년 동안에 걸쳐 어떤 약을 사용하면 황홀경에 이를 수 있는지를 알고 있었던 것이다. 헤로인이나 코카인과 같은 마약을 복용하면 순수한 기쁨을 자연스럽게 경험할 때보다 황홀한 기분을 훨씬 오랫동안 느낄 수 있으나, 결국 마약 중독자가 되어 자신의 생활에 대한 통제력을 완전히 상실하게 된다.

2. 대부분 이런 고통스런 선택은 자동화된 것이다

잠깐 동안 책 읽는 것을 중단하고 일어나는 방안을 걸어보라. 그리고 다시 의자로 돌아가라. 자, 이제 의자에 앉아서 잠시 걷는 동안 당신의 발을 어디에 놓았었는지 정확하게 말해 보라.

당신은 모를 것이다. 목적은 단지 방안을 거닐다가 다시 제자리로 돌아오는 것이었으므로, 당신의 발은 당신이 의식하지 않고 걸어다니는 것을 도와주었을 뿐이다. 발걸음을 옮겨놓을 때마다 발을 어디에 놓을까 하고 신경을 쓰면 아마 넘어지고 말 것이다. 하여튼 당신은 발을 어디엔가 놓아야 했다. 그것도 아주 정확하게 말이다.

어떤 행동을 관찰해 보면, 그 행동을 행하는 동안 주로 주의집중을 하는 것은 목적이나 목표임을 알 수 있다. 어떤 목표에 도달하고자 행하는 많은 행동은 오랜 기간을 거치는 동안 자동화가 되며, 특히 종종 도달했던 목표일 때는 더욱 그러하다. 처음으로 걸음을 걸었을 때, 발을 어디에 놓아야 할지 많은 신경을 썼을 것이다. 당신이 만약 어떤 사고나 뇌일혈로 인해 걷는 것을 다시 배워야 된다면, 전에는 자동적으로 걷던 행동에 지금은 많은 주의를 기울여야 할 것이다. 복잡한 행동일지라도 무의식적인 습관이 될 수 있다. 어떤 중요한 것을 생각하면서도 길이 익숙한 길일 때에는 차를 몰아 목적지에 도착할 수 있다. 사실상 어떻게 해서 거기까지 도착했는지에 대한 의식도 없이 말이다.

앞장에서 설명한 그러한 이유로 해서 수 년 동안 우울하게 지내고 있다면, 방을 거닐 때 발을 어디에 놓을까 하고 생각하는 정도만큼이나 거기에 대한 의식이 전혀 없는 것이다. 걸음을 걷는 것보다 우울한 느낌을 느끼는 것이 훨씬 더 복잡하다는 사실만으로는 그것이 선택이라는 것을 깨닫게 하시는 못한다. 톰은 해고쪽지를 보고 난 순간부터 우울해하기 시작했다. 그 당시 그에게는 잃어버린 통제력을 다시 얻으려고 강력하나 고통스러운 느낌행동을 선택하고 있다는 의식이 전혀 없었다.

그러나 좌절감을 느낀 2살 된 아이(또는 자전거에서 넘어진 10살짜리 소년)의 경우를 보면, 그 아이는 자기가 시무룩해할 것인지 화를 낼 것인지 꽤 의식적으로 그 상황을 살피는 것을 볼 수 있다. 아이는 먼저 시무룩해하고, 그 다음에 화를 내는 행동을 해볼지도 모른다. 아이는 자기가 무엇을 하는지를 잘 알고 있다. 어른이 될 때쯤이면, 시무룩해하는 행동은 우울해하는 행동으로 바뀐다. 그리고 좌절을 느꼈을 때 몇 가지 느낌을 선택하게 되는데, 그 행동들을 선택했다는 것을 거의 의식하지 못한 채 무의식적으로 빠르게 사용하게 된다.

느낌행동들은 고통스러운 것만큼 즐거운 것이다. 대개 우리는 즐거운 감정에 관한 한, 욕구를 충족시키려고 행한 행동에 따른 책임을 기꺼이 받아들인다. 당신을 껴안고 키스하게 당신이 허락하지 않아도 기분이 좋기 때문에 나는 그렇게 하고 싶다. 두통과 같이 뚜렷하게 드러나는 고통스런 행동은 20가지 밖에 안 되지만(우리 대부분은 그 중에서 효과적이라고 생각하는 4가지 또는 5가지 행동만을 사용한다), 우리가 선택하는 즐거운 행동은 무한히 많다. 그러나 통제이론 체계는 기쁨이나 고통 어느 한쪽에만 작용되는 것이 아니다. 그들은 모두 감정행동들로 선택된 것들이다. 고통을 선택할 것인지, 기쁨을 선택할 것인지는 인식의 차이이다. 고통스런 행동선택에 대해 책임을 지고 싶지 않기 때문에 이러한 선택을 인식하고 싶지 않은 것뿐이다.

3. 우리는 자기 존중감을 잃고 싶지 않다

우리는 힘과 자기 존중감에 대한 욕구가 아주 강하므로, 내가 우울해하거나 두통을 앓기로 선택했다는 것을 깨닫게 되면, 이것은 어느 정도 통제력을 잃게 만드는 요인이 된다. 그러므로 좌절 상황에서 통제력을 유지하고자 내가 불행을 선택하고 있다는 의식을 억누르는 것이다. 그뿐만 아니라 내 주위의 사람들이 불행이 내게 우연히 일어난 것이라는 사실을 믿는다면, 나의 '명백한 취약성'은 나에게 강점이지 약점이 아니다. 내가 고통이나 불행을 선택하였다는 것을 시인하거나 또는 그들이 그렇게 알게 되면 나는 어쨌든 통제력을 잃게 되는 것이다. 간청하지도 않고 도움을 얻을 수 있다는 것이 내가 고통을 겪기로 선택한 한 가지 이유라는 사실을 기억하라.

자기 존중감을 유지하고자 해야 할 최선의 일은 내가 느끼는 대부분의 불행을 자신이 선택했다는 인식을 억누르는 것이다. 성인이 되면 이것은 아주 익숙해져서, 나를 집 안에 묶어두는 공포와 같은, 어떤 새롭고 고도로 통제된 느낌행동들을 발견했다 하더라도 그 행동을 자신이 선택했다는 인식은 완전히 억누를 수가 있다. 의사에게서 내가 신경쇠약증으로 고통을 겪고 있다는 말을 들어도 기쁘게 나는 그의 말에 동의할 것이다.

다음에 당신이 우울해하는 행동이나 감정 행동 중 어떠한 것이라도 효과적으로 사용하게 될 경우에 당신의 사진첩을 하나하나 뒤적이며 원하는 사진을 찾아보리. 그리고 "우울해하기로 선택한 것이 내가 원하는 사진을 지금 당장 얻을 수 있는 가장 최선의 방법인가?"라고 자문해 보라. 논리적으로 보았을 때 효과적인 다른 행동을 선택할 수 있다고 판단되면 재빨리 우울해하는 것을 멈추고 그중에서 다른 한 행동을 선택할 것이다.

이 장을 읽고 나면서도 예전에 그랬던 것처럼 당신이 우울해하는 것을 편안하게 느낄 수 있을지 필자는 의문이다. 불행이 자신의 선택이라는 것을 인식하고 나서도 계속해서 불행을 선택하기란 아마 거의 불가능할 것이다.

제 9 장

우리 카메라에 들어 있는 가치

"아름다움은 보는 사람의 눈에 따라 다르다."
 물론 추악함, 비범함, 위대함, 비열함 역시 마찬가지이다. 우리가 지닌 모든 가치는 좋은 것이든 나쁜 것이든 우리 안에서 나오는 것이다. 현실 세계에 모든 것이 존재한다고 가정하는 모든 것에는 가치도, 어떠한 종류의 등급(designation)이나 명칭도 없을 것이다.

"아름다움은 보는 사람의 눈에 따라 다르다."

물론 추악함, 비범함, 위대함, 비열함 역시 마찬가지이다. 우리가 지닌 모든 가치는 좋은 것이든 나쁜 것이든 우리 안에서 나오는 것이다. 현실 세계에 모든 것이 존재한다고 가정한다면, 모든 것에는 가치도, 어떠한 종류의 등급(designation)이나 명칭도 없을 것이다. 우리의 언어가 발달되어 감에 따라 명확하게 의사소통을 하고자 우리가 접하게 되는 여러 가지 물체에 명칭을 붙이는 것에 동의하기 시작했다. 오랜 세월을 거치면서 우리가 아는 모든 것이 하나 또는 그 이상의 기술적(記述的)인 명칭을 가지게 되자 나무는 나무로, 위쪽은 위쪽으로, 단것은 단것이라고 부르게 되었다.

사람이나 강과 같은 어떤 특별한 형상을 기술할 때에 우리는 대체로 동의한다. 그러나 다른 사람을 해치려고 하는 사람에 대해 경고하려 하거나 수정같이 맑은 강물에 대해 설명하려 할 때, 우리는 우리 설명에 가치를 덧붙이게 된다. 곧 우리는 '나쁜' 사람이라거나 '멋진' 강이라고 말을 하게 된다. 그러나 그렇게 할 때에 우리의 의견이 종종 극심하게 다를 수도 있고, 이러한 가치에 대한 의견의 불일치는 우리에게 계속해서 많이 남아 있다. 가치에 대한 논의를 피하기는 거의 불가능하다. 왜냐하면 우리는 우리가 보는 거의 모든 중요한 것에 대해 좋다, 나쁘다 하는 가치를 부여하도록 지각용 카메라를 발전시켜 왔기 때문이다. 우리가 의식적으로 개입하지 않는 한 이렇다 할 인식을 하기도 전에 거의 자동으로 그러한 행동을 하게 된다. 가치는 우리가 보는 색상, 모양, 크기 등에 많은 영향을 준다. 이것은 기술적(記述的)인 명명(命名)과는 달리 매우 개인적인 것이다. 예를 들면 사람의 피부색을 가지고 논쟁을 벌이는 사람은 없지만, 어떤 피부 색깔이 사람의 가치를 결정한다는 의견에 대해서는 논쟁을 하기도 한다.

나는 '좋은' 의도로 친구에게 그의 아들이 '어리석게' 행동하도록 부추기지 말라고 말한 적이 한 번 있었다. 그러고 나서 그 친구와 좋은 관계를 회복하는 데 5년이나 걸렸다. 나는 아이의 행동에 대해서 생각해 보지도 않고 성급하게 말했던 것이다. 내 생각으로는 친구의 아들이 너무나 분명하게 '어리석게' 행동하고 있었기 때문에 친구 역시 아이의 행동을 어리석다고 느낄 것이라고 생각했다. 선택이론에 따르면, 내 머릿속에 있는 아이들이 이러저러하게 행동해야 한다는 사진이 들어 있었는데, 친구의 아들이 내 머릿속에 있는 사진과 다르게 행동하는 것을 보자, 내 자신을 억제하지 못하고 아이의 행동을 '어리석다'고 말했던 것이다. 나 자신을 억제할 수 없었던 이유는 내가 처음 그 아이를 보고 '어리석은'이라는 형용사를 붙였다는 것을 알지 못했기 때문이다. 나의 감지 카메라(sensory camera)를 통해서 본 것은 어리석은 한 소년의 사진이었던 것이다.

내가 다른 사람들에게 나의 가치를 강요하고 있다는 것을 의식하지도 못한 채 얼마나 많은 사람들에게 나의 가치를 강요해 왔는가? 차를 몰면서 직장에 출근할 때에 라디오에서 어떤 '바보'가 먹고 싶은 것을 다 먹어가면서도 체중을 줄일 수 있다고 주장하는 것을 들은 적이 있는가? 비서에게 주의를 많이 주었는데도, 당신의 '게으른' 비서가 우편물을 뜯어서 잘 분류하였는가? 부서를 재구성하자는 당신의 '위대한' 계획을 '무관심한' 당신의 상관이 다섯 번이나 거절한 적이 있는가? 녹초가 되어 집에 돌아왔을 때 '아무짝에도 쓸모없는' 당신 아들이 잔디도 깎지 않고 쓰레기도 치우지 않은 것을 보지는 않았는가? '옳고 그른 것'도 제대로 분별하지 못하는 고등학교 상급반인 딸이 잘 알지도 못하는 남학생과 여름방학 때 유럽 전역을 무전여행(hitch-hike)하려는 '무모한' 계획을 세워 당신을 놀라게 하지는 않았는가? 자신의 사진첩에 있는 사진과 매우 다르게 행동하는 이러한 사람들과 마주치게 될 때, '무관심한', '게으른', '아무짝에도 쓸모없는', '무모한 것'과 같은 단어가 그들에게 마치 팔과 다리처럼 따라다닌다고 생각하지는 않았는가?

그러나 이러한 가치들이 당신의 아들, 딸, 상관 비서에게 예전에는 붙어 있지는 않았다. 몇 년 동안 당신의 아들은 자신을 '발견'하려고 애써 왔던 '훌륭한' 소년이었다. 그리고 갑작스런 무전여행 계획을 생각하기 전까지 당신의 딸 역시 아무런 나쁜 짓을 하지 않은 '사랑스러운' 아이였다. 당신의 비서도 개인적인 문제에 마음을 빼앗겨 업무에 제대로 신경을 쓰지 못하게 되기 전까진 '열심히 일하던 사람'이었다. 그리고 '권력에 심취한' 부사장에게 시달림을 받기 전까지만 해도, 수 년 간 당신의 '이해심 많은' 상관은 모든 제안을 경청해 줄 시간이 있었다. 당신의 생활을 효과적으로 통제하고 싶다면, 지각용 카메라는 세상을 있는 그대로 충실히 기록해 두는 특별한 카메라가 아니라는 사실을 알아야만 한다. 그것은 특별한 카메라로서 가능한 한 당신이 원하는 대로 세상을 찍는다. 그것은 당신의 머릿속에 있는 사진과 비슷한 방법으로 세상을 '보고' 싶어 한다. 그러므로 당신의 욕구를 충족시키고자 수 년 동안 직장을 갖지 못한 아들을 '자기 자신을 발견하려고 애써온 것'으로 보지 않고 다른 방법으로 보는 것은 바로 당신을 좌절시키는 일이 된다. 수천 명의 유럽 화가들은 예수를 그릴 때 예수의 실제 모습처럼 검은 피부를 가진 중동인으로 그리지 않고 그들 머릿속 사진에 있는 대로 흰 피부를 가진 유럽 사람으로 그리고 있는데, 이것도 이러한 맥락에서 이해할 수 있다.

  우리의 눈앞에 보이는 것이 우리가 바라는 것과 아무런 관련이 없을 때에야 비로소 우리의 카메라는 현실을 충실하게 기록한다. 예를 들면 사무실에서 일을 하고 있을 때, 바람 부는 우중충한 날을 현상 그대로 보게 된다. 사무실 안에 있는 나에게 날씨는 그다지 중요하지가 않다. 그러나 휴일에 내가 테니스를 치려고 할 때에는 그 똑같은 날이 테니스 치기에 안성맞춤인 날씨로 보이지가 않는다. 이런 이유 때문에 친구들은 나에게 현실을 직시하라고 자주 이야기한다. 왜냐하면 그들에게는 날씨로 인해서 좌절된 적이 없었기 때문에 오늘의 날씨를 그대로 파악하기가 쉬운 것이다. 테니스를 치지 않는 내 아내는 종종 정확한 판단력을 지니고, "이렇게 궂은 날에 어떻게 테니스를 치려고 하세요?"라고 묻는다. 그러나 나는 테니스가 몹시도 치고 싶기 때문에 내 감지용 카메라가 개입해서 날씨를 좋게 보려고 한다.

그러나 우리에게 복종적인 카메라조차도 세상을 왜곡시키는 데는 한계가 있다. 우리가 자신의 머릿속에 있는 사진 안에서 살고 싶은 마음만큼, 2년 간이나 직장도 구하지 못한 채 집에서만 있는 아들이 우리의 욕구를 충족시켜 주지 못하고 있는 현실세계에서도 살아야만 한다. 그럴 때 우리는 조금씩 있는 그대로 그를 보게 된다. 그리고 마지막으로 그에게 무언가를 바란다는 것이 비효과적인 행동이므로 통제력을 다시 얻으려는 노력의 일환으로 그에게 '아무짝에도 소용없다', '무위도식하는 아이'라는 꼬리표를 달아주게 된다. 이것은 우리가 비서를 '게으른' 사람, 상관을 '무관심한' 사람, 그리고 딸을 '무모한' 아이라고 명명했던 것과 같은 맥락이다.

좌절은 친절, 인내, 관용으로 우리가 바라는 것을 얻지 못할 때 가치에 변화를 가져오도록 한다. 힘의 욕구를 충족시키려고 우리는 만약 그가 태도를 바꾸지 않으면, 내가 그를 변화시키겠다고 생각하게 된다. 그러나 우리는 행동을 취하기 전에, 무엇이 옳고(머릿속에 있는 사진) 무엇이 그른가(그가 행동하는 방법)에 대한 차이를 될 수 있는 한 정확하게 정의하고 싶어 한다.

'게으른', '무관심한', '아무 짝에도 쓸모없는' 것과 같은 꼬리표는 이러한 차이를 명확하게 해 주고 또 우리가 어떠한 행동을 선택하든 그것을 정당화 해준다. 그러면 우리는 '아무짝에도 쓸모 없는' 아들을 정정당당하게 차 버릴 수도 있고, '무모한' 딸에게 용돈을 안 줄 수도 있으며, '게으른' 비서에게 훈계를 할 수도 있고, '무관심한' 상관에게 업무상의 방해(sabotage)를 가할 수도 있다. 이 모든 것은 그들을 변화시키려고 위장한 방법이다. 우리가 하는 일에 대해 어떤 의혹을 갖고 있다면, 그들에게 붙이는 꼬리표는 의혹을 감소시키는 역할을 해 준다. 우리가 행한 일이나 또는 어떤 일을 하려고 새롭게 세운 계획에 대한 지지를 얻으려고 친구나 가족에게 이러한 문제에 대해 이야기를 하게 될 때, 우리는 그들에게 옳다는 확신을 주고자 항상 어떤 꼬리표를 사용한다. 그렇다면 결국 가만히 앉아서 '무위도식' 하는 아들을 2년 이상씩이나 참고 보고 있는데 이보다 더 참아야 한다고 누가 논쟁을 할 수 있겠는가?

우리의 진화의 초기 단계에서 세상을 바라보던 방법의 일부가 바로 가치관이 된 것이라고 할 수 있다. 위험을 '인식할 수' 있는 사람은 무엇이 일어나는지 간파하지 못한 사람보다 훨씬 더 유리한 생존의 가능성을 지니게 된다. 예를 들면 우리 조상이 무시무시한 이빨을 가진 호랑이와 마주쳤을 때, 그들은 호랑이를 보고 그 호랑이가 매우 '위험' 한 동물임을 인식하자마자 즉시 어떤 행동을 취해야 했다. 우리는 그런 상황에서 멈춰서서 곰곰이 생각해 보는 조상들의 후예는 아니다. 오늘날 우리는 자녀들이 총이나 낯선 사람을 위험한 것으로 '인식하도록' 가르치고 있지, 잠시 시간을 내서 기다려 보고 그들이 스스로 그런 결정을 내리도록 가르치지는 않는다. 총이나 낯선 사람들이 모두 위험한 것은 아니다. 그러나 위험한 성격을 띤 것이 상당히 있으므로 우리는 총이나 낯선 사람들이 위험하게 비춰지는 것이 좋은 생각이라고 믿는 것이다.

우리가 사랑하는 사람들에게 가치를 둘 때, 이 가치들은 상당한 좌절을 야기할 수 있다. '사랑스러운', '열심히 일하는', '관대한' 과 같은 좋은 가치를 갖게 되면 문제가 없으나, 아들을 '아무짝에도 소용없는' 사람이라고 보는 함정에 빠지게 되면 당신이 아들을 보거나 생각할 때마다 당신과 아들 사이의 간격은 점점 더 벌어지게 된다. '아무짝에도 소용없는' 사람들이 '개심' 하듯 당신 아들이 그렇게 한다고 해도, 오랫동안 당신이 그를 그렇게 보아왔기 때문에 서로 화해를 하는 데도 오랜 시간이 걸릴 것이다. 당신이 아들에게 그와 같은 꼬리표를 붙여주지 않았더라면 훨씬 더 잘 지낼 수 있었을 것이다.

일단 가치가 우리의 카메라에 들어오게 되면, 그것을 실제로 사용하게 된다. 여기에서 초래되는 좌절을 피하려면 그 꼬리표를 카메라에 담아 두었다가 없애버릴 수도 있다는 것을 인식하도록 계속적인 노력을 기울여야 한다. 어린아이일 때부터 '낯선 사람은 위험하다' 라는 꼬리표를 당신의 카메라에 담아 두었다면, 오랫동안 알고 지냈던 사람들이 아닌 경우 외에는 그 관계가 무척 편치 않았을 것이다. 이성적으로 따져 그 사람이 위험하지 않다는 것을 알고 난 한참 후에라도, 당신의 카메라에 남아 있는 그 가치 때문에 여전히 조금은 편치 않을 것이다.

　우울해하는 행동은 선택하는 것이고 이보다 나은 선택 역시 가능하다는 것을 배움으로써 더 많은 통제력을 얻을 수 있는 것처럼, 자신이 보는 것에 지나치게 나쁜 꼬리표를 자주 붙이는 경향이 있다는 것도 알아야 한다. 효과적으로 통제하려고 노력할 때 우리가 학습해야 할 가장 어려운 과제 가운데 하나는, 원하는 것과 다르다는 이유 때문에 그것을 '나쁜' 꼬리표를 붙이지 말아야 한다는 것이다. 나쁜 세계에서보다는 다른 세계에서 욕구를 채우는 것이 훨씬 쉬운 일이다. 우리가 보는 것에다 나쁜 가치를 적게 부여하면 할수록, 그만큼 우리는 더 효율적이 된다.

　예를 들면 동네를 산책하고 있다고 상상해 보자. 나는 곧 이웃집 잔디밭이 '쓰레기 더미'로 '더럽혀' 있는 것을 보게 된다. 잔디밭이 '쓰레기 더미'로 '더럽혀' 있는 이웃과 잘 지내기란 쉬운 일이 아니다. 그러고 나서 나는 '평판이 나쁜 건달'이 '낡아빠진' 트럭을 타고 와서 '나의' 동네를 '돌아다니는' 것을 보게 된다. 그는 약탈할 집을 찾아다니는 '강도'가 되고 나의 심장은 건강에 해로울 정도로 고동을 치기 시작한다.

　우리는 자신의 카메라 뒤편에 두세 가지 종류의 꼬리표를 가지고 있는데 하나는 좋은 것이고 다른 하나는 나쁜 것이다. 우리가 원하는 것과 아주 다른 것을 보게 되면, '나쁜' 종류의 더미 속에서 꼬리표를 꺼내어 그것에 붙인다는 것을 깨닫기도 전에 그것이 나쁘다고 보기 시작한다. 우리가 원하는 것과 일치되는 것을 보게 되면, 위와 같은 방법으로 거기에 즉각적으로 좋은 꼬리표를 붙인다.

좋은 가치는 별 문제를 일으키지 않으나 나쁜 가치는 많은 문제를 일으키는 요인이 되는데, 나쁜 꼬리표를 붙임으로써 보는 것과 원하는 것의 차이가 증대되기 때문이다. 그리고 이 차이가 크면 클수록, 그것을 감소시키려는 어떤 행동을 취해야 한다. 지나치게 많은 나쁜 꼬리표를 비생산적인 논쟁, 싸움, 거절, 험담, 잡담, 교화, 설교, 음모로 자신을 지치게 한다. 예를 들면, 아들을 '아무짝에도 소용없는' 아이라고 부르고 딸을 '무모한' 아이라고 할 때, 이런 나쁜 꼬리표들을 큰 더미 속에서 곧바로 쉽게 꺼내어 사용할 수 있기 때문에 우리에게 잠정적으로 우월감을 느끼게 할 수 있다. 그러나 이것은 또한 논쟁하고 싸우고 우울해하도록 이끌기 때문에 우리가 원하는 아이들이 되게끔 유도하는 데 결코 효과적이지 못하다. 우리는 이러한 사실을 알고 있으면서도 계속해서 이러한 행동을 하게 되는데, 이는 우리의 비효과적인 행동의 근원이 그들의 행동만큼 많은 우리 자신의 꼬리표 때문이라는 것을 깨닫지 못하기 때문이다. 실행하기보다는 말하기 쉬운 관용이라는 덕은, 내가 사랑하는 사람들을 포함한 다른 사람들이 나와는 다른 사진을 가지고 있다는 사실을 수용하려고 애쓰는 것을 의미한다. 관용적이지 못한 이유는 일단 우리가 다른 사람에 대해 좋지 않게 평가하기를 선택한다면, 그런 선택을 한 우리 자신의 행동이 우리가 수용할 수 있는 행동과 차이점을 점점 더 증대시키기 때문이다.

관용적이 되려면 먼저 우리가 얼마나 빠르게 남을 나쁘게 평가하는지 알아야 하고, 그리고 그렇게 즉각적으로 평가할 필요가 없다는 것을 깨닫도록 노력해야 한다. "내가 아들을 '아무짝에도 소용없는'

아이라고 부르는 것이 무슨 도움이 되겠는가? 그에게 가만히 앉아 있지만 말고 뭔가를 해야겠다고 설득하는 것이 나에게 어떻게 도움이 될 것인가? 내가 아들을 모욕하고 그와 싸우고 또 우울해한다면 그가 나의 도움이 필요할 때 어떻게 내게 도움을 청하겠는가?"라고 우리는 스스로에게 물을 수 있다. 어떤 사람을 나쁘게 볼 때마다, 잠시 멈추어서 자신에게 "이 꼬리표가 내가 원하는 것을 얻는데 도움을 줄 것인가?"라고 물어보아야 한다. 대답이 '아니오'일 때는 그 꼬리표를 없애버려야 한다. 꼬리표를 적게 사용하면 할수록 그만큼 더 자신의 생활에 대해 통제할 수 있게 된다.

감각용 카메라 뒷면에 우리가 인지하는 거의 모든 것을 통과시키는 최종 필터, 곧 가치의 더미가 있는 가치 여과기라는 것을 우리 모두는 가지고 있다. 예를 들면 개인적 가치여과기로 안에 측정한 유행 감각을 지닌 사람은 세상을 유행 필터로 바라보게 된다. 그래서 무엇이든 스타일이 좋은 것은 좋은 것으로 간주하고 그렇지 않은 것은 나쁜 것으로 간주한다. 유행은 그가 행하는 모든 것에서 우위를 차지하게 된다. 그래서 테니스를 칠 때 공을 얼마나 잘 치느냐 하는 것보다는 적절한 복장을 입는 것이 그에게는 더 중요하다.

돈에 대한 가치 필터를 가지고 있는 사람들은 모든 것을 볼 때 그것의 값이 얼마나 나가느냐 하는 관점에서 보게 된다. 만약 절약하는 사람이라면 싼 것은 좋은 것이고 비싼 것은 나쁜 것이 된다. 지위에 관심이 있는 사람들이거나 혹은 부(富)로써 다른 사람들에게 인상을 남기고 싶어 안달하는 사람들이라면 비싼 것이 좋은 것이고 싼 것은 나쁜 것일 거다. 그들에게는 장미가 희귀하고 값이 비쌀 때 더 아름답다. 해지는 광경은 카닐만(Caneel Bay)의 베란다에서 볼 때 더욱 찬란하다. 또 교제하는 사람들은 그들이 지닌 부에 비례하여 더욱 영리하고 매력적으로 보인다. 그들은 자신들의 은행구좌를 통해 인생을 바라본다. 유행과 돈은 우리의 인생을 윤택하게 하는 개인적 가치체계의 좋은 예이다.

가치여과기에 대하여 생각할 때 우리 머리에 제일 먼저 떠오르는 것은 종교, 정치, 애국심 그리고 시민의 자유와 같은 보편적인 체계들이다. 다시 태어난다 해도 기독교인들은 모든 것을 성경의 가르침이라는 필터를 통해서 볼 것이다. 하느님이라고 적힌 낱말을 지지하는 모든 것은 좋은 것이다. 시카고 민주당원들은 자신들이 모든 '조직'을 좋은 것으로 볼 것이고 이에 반대되는 모든 것은 나쁜 것으로 볼 것이다. 미국 시민의 자유연합 회원들은 개인적 자유가 향상되었느냐 후퇴하였느냐에 따라 세상을 좋은 것과 나쁜 것으로 분류하여 본다. 그리고 많은 미국 재향군인 회원들은 미국은 좋고 외국은 나쁘다고 보고 있다.

많은 조직체 역시 가치규범을 가지고 있다. 아이비엠(IBM)과 같은 회사는 사원들이 세계를 회사의 시각에서 보도록 격려하고 있다. '나라에서 좋은 것은 제너럴 모터(General Motors) 회사에 좋은 것이고, 그렇지 않은 것은 제너럴 모터 회사에 좋지 않은 것이다.'라는 찰리 윌슨(Charlie Wilson)의 유명한 말은, 회사의 가치가 회사 간부의 생활을 어떻게 지배하는지를 보여주는 고전적인 한 실례이다. 메이슨(Masons)사와 같은 지방 지부(집회소), 자동차 노조와 같은 연합, 법률이나 의학의 전문직, 그리고 헤어 크리쉬나(Hare Krishna)와 같은 종파는 가치체계를 제공해 주는 소수의 조직단체로서, 이곳에 소속된 사람들의 대다수는 모든 것을 그 단체의 가치여과기를 통해서 본다.

감지 카메라에는 일련의 필터가 있어서 각 필터는 서로 다른 가치체계를 대변해 주고 있는지도 모른다. 대부분의 경우 서로 다른 가치여과기는 갈등을 유발하지 않는다. 예를 들면 유행계는 대개 정치분야를 지지해 준다. 요즈음과 같이 대중매체를 의식하면서 사는 세대에 보수적인 진지함을 상징하는 옷을 선택하여 입거나, 유행에 맞는 멋진 헤어스타일을 하지 않은 정치가는 대단히 드물 것이다. 그러나 간혹 여러 필터들이 서로 갈등을 일으키는 수도 있다. 예를 들면 시민의 자유를 강력하게 지지하는 시민운동가들은 때때로 '옳든 그르든 그것은 내 나라다.'라는 슬로건을 적극적으로 받아들이는 데 어려움을 겪을지도 모른다. 그러나 가치체계의 목적은 우리가 상충된 욕구들을 충족하려고 할 때 그 갈등을 감소시키도록 도와주려는 것이기도 하기 때문이다.

가치여과기를 사용하는 대신, 만약 중요한 상황에서 그 행동을 개별적으로 평가하려고 한다면, 우리는 어쩔 수 없이 심각한 갈등에 휩싸이고 말 것이다. 예를 들면 내 친구는 아주 좋은 사람인데 술을 지나치게 마셔서 필시 그는 알코올 중독이 된 것 같다. 여기에서 그의 행동요소를 개별적으로 살펴보면, 알코올 중독은 나쁜 것이고 나의 친구는 좋은 사람인 것이다. 이 가치들은 서로 상충되기 때문에 그를 계속해서 사귀어야 할지 말아야 할지 나는 갈등을 겪게 된다. 그러나 "내 친구들은 모두 그들이 무엇을 하든지 좋은 사람들이다."

라는 가치여과기를 가지고 있다면, 갈등이 일어나지 않을 것이다. 이 체계에 따라 행동하면, 나는 그가 술을 몇 차례에 걸쳐 마시든 그다지 불편해하지 않고 그들과의 우정 지키기에 충실할 것이다. 왜냐하면 그가 술마시는 것에 대한 나의 우려를 우정이라는 필터가 제거해 주기 때문이다. 이와 반대로 "그 사람이 친구든 아니든 간에 알코올 중독자들은 모두가 나쁘다."라는 가치여과기를 지지한다면, 그가 술을 끊을 때까지 절교를 하겠다고 말할 것이다. 이 가치여과기는 내게 도움을 주는 만큼 내 친구들에게 도움을 주지 못한다. 그런데 그 친구는 나의 수용이나 거절이 아닌 나의 도움이 필요하다.

그러므로 가치여과기는 나를 위해서 갈등을 미연에 방지하도록 '작용'할 수 있으나, 내가 사랑하는 사람들에게는 도움이 되기는커녕 오히려 그들과 잘 지내려는 나의 선택능력에 결과적으로 좌절감을 초래할 수도 있다. 내가 다니는 회사의 체계를 신봉할 때, 나는 근무지역을 옮기라는 회사의 명령에 따르면서도 이사하고 싶어 하지 않는 아이들의 정당한 불평에는 귀를 기울이지 않을 것이다. 종교적 또는 정치적 신념 때문에 사람을 고문하고 죽이는 것처럼 역사상 흔히 저질러지는 범죄를 저지른 사람도, 그들이 한 행동을 정당화하려고 더 높은 권력의 가치체계를 지적함으로써 그들이 느끼는 모든 갈등을 여과시켜 없애버린다. 이 사람들은 권력을 위해 의무나 애국심, 종교를 사용하며 그들에게 동조하지 않는 사람들을 그들이 할 수 있는 한 오랫동안 탄압한다.

그러나 가치여과기는 우리가 다른 사람들과 잘 지내도록 도와주는 역할도 한다. 교회 조직의 구성원들은 그들 뒤에 있는 하느님의 권능을 느끼고 같은 신을 믿는 사람들끼리 형제애를 느낀다. 채식주의자들은 건강에 대한 힘도 얻고 육식을 멀리하는 그들 상호간에 동지애도 가진다. 이 가치여과기가 개인적이든 모호하든 상관없이 우리는 이 가치 여과기에서 거의 항상 힘에 대한 욕구충족과 더불어 소속감을 갖게 된다. 그러나 어떤 가치여과기에 많이 집착하면 할수록 같이 믿고 행하는 사람들에게만 제한적으로 소속감을 갖게 된다. 즉 '우리의' 생활방식을 따르지 않으면 자녀들조차 '나쁜' 아이라고 보게 된다. 그러므로 남들을 배척하기 때문에 우리가 신봉하는 어떤 엄격한 체제에서는 소속감을 갖고자 하는 우리의 욕구가 좌절될 수도 있다.

이 좌절감을 감소시키고자 독점 체계를 신봉해 오던 사람들도 전향자가 되곤 한다. 그들은 자기와는 다른 체계를 따르면서 특히 그들의 생활을 잘 통제하고 있는 것처럼 보이는 사람들을 볼 때 통제력의 상실감을 느끼게 된다. 그러나 그들은 이것조차 수용할 수 있는 것처럼 보이는데 이는 적어도 그들이 가치에 대한 인식을 가지고 있기 때문이다. 그들을 가장 괴롭히는 것은 어떤 체계에도 얽매이지 않고 '자유'로우면서 다른 사람들과도 잘 지내는 사람들을 보는 일이다.

그러므로 가치여과기가 지니고 있는 가장 심각하고 치명적일 수 있는 결함은 자유롭고자 하는 우리의 욕구를 언제나 침범해 버린다는 점이다. 어떤 체계가 자유를 허용한다고 해봤자 그것은 그 안에서의 이야기이다. 나에게는 수 년 간이나 어떤 종교단체의 회원이었던 가까운 동료가 몇 명 있다. 그런데 그들은 마침내 그곳에서 탈퇴를 하고 나왔다. 더 이상 그 종교를 믿지 않아서가 아니라, 그 체계에서 요구하는 개인적 자유에 대한 구속을 참고 따를 수가 없었기 때문이었다. 자유롭고자 하는 욕구가 있기 때문에 어떠한 가치체계가 우리의 생활을 더 많이 지배하면 할수록, 그 체계가 일생 동안 작용할 확률은 그만큼 더 적어지게 된다. 상충되는 욕구를 충족시키는 데는 창의성이 요구되는데 이것은 항상 변용적이고 또한 예견할 수 없는 성질의 것이다. 비창조적인 체계만이 한 체계를 영원히 따르는 것이 가능하다.

어떤 특정 가치체계에 지나치게 의존하는 것보다 당신이 부딪치는 각각의 상황을 평가하여 그에 적절한 태도를 보이는 것이 비록 노력은 많이 들지라도 더 많이 당신의 생활을 통제할 수 있게 해 준다. 자녀가 문선명 교회에 나간다고 하면, 우리들 대부분은 그 아이들을 거부하는 쪽의 가치체계에 집착하게 될 것이다. 그러나 아이들의 행동에 내세서 그러한 체계의 관점에서 보려는 욕구를 자제할 수만 있다면 다른 사람과 우리를 갈라놓는, 특히 자녀와 우리를 갈라놓는 행동을 하는 기회가 줄어들게 된다. 자녀들이 자신들의 생활에 더 많은 통제력을 줄 수 있는 어떤 일련의 가치를 찾고자 제한적인 조직에 가입한다는 사실을 우리는 명심해야 한다. 우리가 자녀를 거부하게 되면 그들의 통제력을 더 잃게 만드는 결과가 되므로, 그들은 자신이 가담한 조직에 더욱더 강하게 집착하게 된다.

문선명 교회에 반대되는 가치체계를 따라야 한다고 강압적으로 요구하지 않는다면, 자녀들의 그러한 행동이 당신 마음에 안 드는 것뿐이지 자녀 자체가 마음에 안 드는 것이 아니란 것을 알게 되므로 자녀들과 계속해서 관계를 유지하기가 쉬워질 것이다. 그러나 자녀가 지금 문선명 교회를 그의 카메라에 있는 주요 필터로 채택하고 있으므로 문선명 교회를 비난하지 않도록 조심해야 한다. 그가 당신을 그 종교에 참여시키려고 하면 말을 하도록 놔두고 논쟁을 벌이려고 하지 마라. 그와 논쟁을 벌이려고 하면 당신이 그를 확신시키려 하는 것만큼이나 자기 자신을 더 확신하게 될 것이고, 그렇게 되면 그는 더욱 강하게 자기 주장을 펴 결국 그의 계획대로 성공하고 말 것이다. 우리가 어떤 사람에게 '나쁘다'는 꼬리표를 붙일 때, 그에게 붙이는 꼬리표의 수가 많으면 많을수록 그를 상대하기는 훨씬 더 어려워질 것이다. 행동이 느리거나 부주의한 아이들보다 행동이 나쁜 아이에게 훨씬 더 화를 내는 경향이 있는데, 이것은 우리가 원하는 아이의 사진과 행동이 나쁜 아이의 사진의 차이가 행동이 느리거나 부주의한 아이의 사진의 차이보다 훨씬 더 크기 때문이다. 이 사진의 차이가 크면 클수록 행동에 따르는 압박이 더 크며, 이러한 압박 아래서는 효율적인 행동을 찾기가 어렵다.

카메라에 가치체계를 적게 가지고 있을수록, 우리가 보는 것에 꼬리표를 덜 붙이게 되고 행동하는 데에도 압박감을 덜 느끼게 된다. 압박을 덜 받게 되면 어떤 상황에서든 좀 더 효과적으로 사용될 수 있는 융통성 있고 창의적인 행동들을 생각해 낼 수 있는 시간적 여유를 갖게 된다. 우리는 그 가치체계들이 잘 작용될 것처럼 보일 뿐만 아니라 우리의 욕구를 충족시키는 데 항상 작용할 것 같기 때문에 그것들을 받아들인다는 사실을 인식해야 한다. 그러나 항상 욕구 충족을 시켜주는 가치여과기는 거의 없다. "문제는 우리가 보는 것을 우리의 가치여과기들이 어떠한 방법으로 왜곡시키는 데 있다."는 것을 아는 것이 아주 중요하다. 그러므로 이러한 가치여과기들로 세상을 바라보지 않는다면, 우리는 훨씬 더 쉽게 세상을 통제할 수 있을 것이다.

제10장

창조성과 재조직

 살아있는 모든 유기체는 기계와 달리 고도로 창조적일 뿐만 아니라 항상 새로운 행동을 창조해 낸다. 앞장에서도 언급했듯이 우리는 한 번도 활동하고 생각하고 느끼는 일에 고갈되어 본 적이 없다. 우리가 삶을 통제하든 통제하지 못하든 간에, 우리는 주목할 정도의 창조적인 과정을 통해 끊임없이 우리에게 유용한 새로운 행동들을 만들어 내고 있는데, 필자는 그것을 '재조직'이라고 부르고 싶다.

내가 보는 지방신문에 자기 직업을 포기한 중년 남자의 '성공적인' 이야기가 실렸는데, 그는 3년 동안 근검절약하여 자신의 뒷마당에 서의 완성된 거대한 보트를 만늘어 놓고는 태평양으로 항해할 준비를 하고 있었다. 신문기자에게 그의 훌륭한 창조물을 보여줄 때 그는 더할 나위없이 행복해 보였다. 그의 말에 따르면 그는 수 년 동안 불만스럽고 우울한 나날을 보냈는데, 어느 날 갑자기 항해에 대한 생각에 정신없이 빠져 버렸다는 것이다. 그는 한 번도 바닷가에 가본 적이 없음을 인정했다. 베니스와 캘리포니아 바닷가의 파도 부서지는 광경을 한 번도 구경해 보지 않은 그가 어떻게 이런 창의적인 생각을 하게 되었느냐는 질문을 받자, 그는 미소를 지으면서 자신도 모르겠다고 하였다. 그냥 어느 날 그런 생각이 갑자기 떠올랐고 그 생각을 떨쳐버리려 했으나, 어느 새 항해를 떠날 준비가 거의 다 되었다고 하였다.

'인간에 대한 흥미'라는 이 기사를 읽으면서, 필자는 그 사람이 자랑스럽기도 하고 약간은 부럽기도 했다. 나도 속으로는 다 늙기 전에 이 단조롭게 반복되는 생활을 벗어나 이와 비슷한 일을 하고 싶었지만 '실제적인' 이유 때문에 이 생각을 이내 떨쳐 버렸다. 그러나 이런 생각을 떨쳐 버렸을지라도, 내가 다른 사람들처럼 창조적이었으면 하고 바랐다. 그렇게 되면 나 역시 새로운 방향에서 삶에 커다란 변화를 가져 볼 수도 있을 것이다. 내 관찰에 따르면, 대부분의 사람들은 자신들의 창의성에 대해 과소평가하는 경향이 있다. 창의성이란 소수의 운 좋은 사람들만이 가질 수 있는 아주 특별한 선물이어서 우리는 결코 그것을 가질 수 없다고 생각한다. 그러나 우리는 모두 실제로 깨닫고 있는 것보다 훨씬 더 창조적이기 때문에 이와 같은 생각은 아주 불행한 것이다.

살아 있는 모든 유기체는 기계와 달리 고도로 창조적일 뿐만 아니라 항상 새로운 행동을 창조해 낸다. 앞장에서도 언급했듯이 우리는 한 번도 활동하고, 생각하고 느끼는 일에 고갈되어 본 적이 없다. 우리가 삶을 통제하든 통제하지 못하든 간에, 우리는 주목할 정도의 창조적인 과정을 통해 끊임없이 우리에게 유용한 새로운 행동들을 만들어 내고 있는데 필자는 그것을 '재조직'이라고 부르고 싶다. 어떻게 재조직하는가를 이해하려면 기존의 모든 행동, 곧 우리가 어떻게 활동하고 생각하고 느끼는지에 대한 이해가 우선되어야 하는데, 이것은 행동체계 내에서 조직화된 행동으로써 현재 가장 효율적인 행동이라고 설명할 수 있는 행동들을 이해해야만 하는 것이다. 우리는 삶의 통제를 지속하고자 조직화된 행동을 날마다 사용한다. 우울해하는 것과 같은 비참한 느끼기의 행동조차도 이와 같이 잘 조직된 행동목록 가운데 일부분으로, 이 목록에서 우리는 현재의 사진을 만족시킬 수 있는 가장 최적의 행동을 항상 선택하려고 한다. 이러한 행동 가운데 몇몇 행동은 우리가 창조해 낸 것이나, 그밖에 많은 행동은 우리 주위에 있는 사람들에게서 배운 것으로 그것은 더 이상 어느 것보다도 새로운 행동이 아니다.

행동체계는 두 부분으로 되어 있다. 한 부분은 우리에게 친숙한 조직화된 행동을 포함하고 있고, 창의성의 원천인 다른 한 부분은 끊임없이 행동을 재조직하는 모든 행동의 단위행동으로 구성되어 있다. 사람들은 이 단위행동을 독립된 별개의 행동이나 행각, 또는 느낌이라고 인식하지 않는다. 그러나 이 단위행동들이 재조직됨으로써, 그것들을 인식할 수 있게 되고 또한 유용하게 된다. 재조직이란 눈에 보이지 않는 무형의 과정이어서 설명하기가 어려우나, 나는 그것을 아직 조직화하지 않은 행동자료를 담고 있는 일종의 버무림 그릇으로 보고자 한다. 그 행동자료들이란 끊임없이 재조직하려는 혼란스런 생각과 느낌 그리고 실현가능한 활동들인 것이다.

이 과정이 활발하면 할수록 그것이 진행되고 있다는 것을 우리는 거의 인식하지 못한다. 재조직에 대해 거의 언제나 인식할 수 있는 유일한 경우는 꿈을 꿀 때이다. 꿈은 그 전날 경험한 좌절에 대처하려는 창조적인 시도이며, '미친 짓'으로 보일수도 있지만, 그것은 우리의 마음을 쉬게 함으로써 삶을 통제할 수 있도록 도와준다. 만약 수면제를 복용하게 되면 정상적으로 꿈을 꾸게 하는 능력을 마비시키게 되고, 또한 우리가 건강을 유지하는 데 필요한 편안한 잠도 잘 수가 없게 된다.

이렇게 열광적으로 진행되는 창의적인 재조직화는 대부분 최소화되어 있지만 가끔 잘 조직화된 새로운 행동을 유발시키는데, 만약 (1)우리가 새로운 행동들에 주의를 집중하고, (2)우리가 주의를 집중한 행동들이 삶의 통제력을 얻는 데 도움을 준다고 판단되면, 그것을 시도하는 것이 유용할 것이다. 그 보트를 만든 사람은 이러한 창의적 체계에서 그가 여태까지 살아왔던 잘 조직화한 생존의 방법과는 전혀 다른 새로운 생각을 해낼 수 있었다.

그러나 새로운 행동들이 항상 효과적이라면 어째서 우리는 그렇게 오랫동안 우울해하거나 두통을 앓아야 하는가? 이에 대한 대답은 믿기 어려울 정도로 간단하다. 우리의 재조직 체계가 창조해 내어 제공한 행동들이 지금 현재 가지고 있는 행동들보다 효과적이지 않기 때문에, 우리는 계속해서 우울해하는 행동을 선택하는 것이다. 우리의 창의적 체계가 할 수 있는 모든 것은 창조해 내는 것, 간단히 말하면 새로운 행동을 고안해 내는 것이다. 창의적 체계가 창조해 낸 행동이 다른 사람들에게 효율적 가치가 있을지는 단정할 수 없다. 일주일 동안 매우 심하게 우울해하고 있을 때라도 우리는 여러 가지 새로운 행동을 창조해 낼 수 있다. 그러나 우리의 판단으로는 그중 어느 것도 현재의 불행보다 더 나을 것 같지 않기 때문에 우리는 계속해서 우울해하는 것이다.

우리에게 제공된 새로운 행동들은 수용할 수 없을 정도로 격렬할 수도 있고(우리를 해고한 사람을 교살하는 것) 또는 받아들일 수 없을 정도로 미친(잠자리로 가서 그곳에 영원히 머무는 것) 짓일 수도 있으나, 이 중의 그 어느 것도 현재의 우울해하는 행동보다 효율적이지 않다. 통제력을 상실했을 때 더 신속하게 행동을 창조해 내는 것처럼 보이는 것은 통제력을 잘 발휘하고 있을 때보다 통제력을 상실했을 때 더 많이 새로운 그 무엇인가를 찾아 나서기 때문이다. 그러나 느리든지 빠르든지 간에, 우리의 재조직 체계는 현재 가지고 있는 것보다 더 나은 행동을 결코 고안해 낼 수 없을 것이다.

오직 살아 있는 유기체만이 새로운 행동을 창조해 낼 수 있다. 아주 복잡한 컴퓨터조차도 스스로는 아무것도 창조해 내지 못하고, 단지 기억 속에 저장되어 있는 조직화한 기능의 토대 위에서만 수없이 많은 변용을 할 뿐이다. 이렇게 하는 데에도 많은 시간이 걸릴 것이다. 그러나 컴퓨터가 지닌 모든 용량을 다 써버리고 난 후에는 컴퓨터에 아무것도 남아 있지 않을 것이다. 컴퓨터는 재능 있는 편집인과 같아서 남들이 쓴 것을 가지고 놀라운 일을 수행해 낼 수 있으나, 그 자신 스스로는 아무것도 새로운 것을 쓸 수가 없다. 이에 비해 두뇌는, 더 정확히 말해 두뇌 속에 저장되어 있는 행동체계는 작가와 같아서 항상 새로운 행동들을 창안해 내는 과정 중에 있다. 그러나 그렇게 하여 창안된 많은 행동이 거의 또는 아무런 가치가 없을지도 모른다. 어떤 면에서 행동체계의 창의적 부분은 작가요, 조직적인 부분은 편집자라고 볼 수 있다. 남태평양으로 항해하기로 한 그 사람의 의도가 얼마나 창의적이었든지 그에게 조직적인 목공 기술이 없었더라면, 배를 만들 수 없었을 것이다.

우리는 끊임없이 재조직을 하기 때문에, 좌절된 상황에서 통제력을 갖게 해주는 한두 가지의 창의적 행동을 발견할 수 있는 기회가 크게 증대될 수 있다. 우리가 창조하는 행동은 언제든지 더욱 증대된 통제력을 갖도록 도와주며, 그 행동은 우리의 행동체계 안에 조직화된 행동으로 저장되어 있어서 필요할 때면 어떤 상황에서든지 사용할 수 있게 해준다. 새롭게 창조된 많은 행동 중에 우리가 수용해서 실제 생활에 적용할 수 있는 것은 극소수이며, 이것은 그전의 잘 조직화된 행동에 약간의 새로운 창의적인 변용을 할 수 있게 해 준다. 예를 들면, 당신이 좀 더 효율적인 방법으로 일하려면 얼마간의 창의성이 요구된다. 그러나 때로 특히 생활이 고통스러울 때에는 행동상 훨씬 더 심각한 새로운 방법도 받아들이게 된다.

7장에서 소개한 바 있는 메리는 잘 조직된 공포의 느낌을 선택함으로써 자신을 집 안에 '가두어' 놓을 수도 있다. 왜냐하면 그녀는 아직 자신의 현재 생활을 잘 통제할 수 있는 효과적인 방법을 찾지 못했기 때문이다. 대부분 그렇지는 않겠지만, 외출에 대한 그녀의 두려움이 그녀에게 충분한 만족을 주지 못하면, 그녀는 자신이 끊임없이 창조해 내는 재조직된 다른 방법을 지속적으로 검토해 볼 것이다. 그러자 이런 것들이 그녀에게는 이해할 수 없는 이야기로 그녀가 느끼는 좌절과는 아무런 상관이 없는 일련의 바보 같은 생각이며 느낌일 것이다. 그녀 자신이 계속해서 집 안에만 틀어박혀 있게 되면 자살하려는 생각이 마음속에 일어나게 되고, 그렇게 되면 '한 번 해봐. 이 방법이 네 고통을 없애줄거야.'라는 최소한의 아이디어가 떠오르게 될 것이다.

창의적 체계가 효과적으로 작용되는 방법을 보면, 새로운 아이디어는 대개가 마지막 형태로 나타나지 않는다. 아이디어는 하찮은 생각이나 다른 느낌으로 또는 생각과 느낌이 혼합되어 떠오르기도 한다. 그러한 아이디어는 변칙적이고 예측할 수 없는 방식으로 발전되는 경향이 있는데, 우리가 서서히 그것을 인식하게 되면 행동으로 옮겨 놓는 수도 있다. 메리의 경우에 공포심을 선택함으로써 그녀의 고통이 극에 달하게 되고, 가족과 친구들이 그녀를 피하기 때문에 집에 있는 것이 더욱 외롭게 되면, 그녀의 창조적인 생각을 실행해야겠다는 착상은 점점 더 매력적으로 다가오게 될 것이다.

마지막으로 그녀는 공포심을 선택하는 것이 더 이상 주위 사람들을 통제할 수 없다고 느끼기 때문에, 그들에 대한 통제력을 얻기 위해 자살이라는 창의적 행동을 시도할지도 모른다. 만약 그녀의 자살 시도가 심각한 것이어서 그녀가 얼마 동안 통제력을 얻는데 성공한다면, 그녀는 그 이후에 또 그와 같은 시도를 하게 될 것이다. 재조직을 함으로써 우리가 창조해 내고 시도하는 것이 세상에서 꼭 새로운 것일 필요는 없다는 것을 명심하라. 단지 그것을 행하는 우리 자신에게 새로운 것이면 된다. 너무나 잘 알려진 행동인 자살도 그것을 시도하는 사람들에게는 항상 새로운 것이다. 이동용 바퀴는 이미 오래전에 발명되었지만, 조그만 아이가 무거운 장난감 상자를 대리석 바닥 위에서 맞은편으로 굴릴 때에, 이것은 아이에게 새롭고 놀라운 발견이 되는 것이다.

현재 내재해 있는 욕구에 이끌리는 우리는 자신과 주변 세계에 대처해 나가기 위해서 엄청나게 큰 행동들의 공급을 요구하게 된다. 우리들 대부분은 이것에 대처해 나갈 수 있는 충분한 방법을 배웠기 때문에, 우리의 생활에서 일어나는 커다란 문제들을 스스로 처리할 수 있다고 대개 믿고 있다. 즉 우리 자신이 매우 조직적이라고 생각한다. 그러나 가장 효율적으로 행동한다고 하는 사람조차도 타이어에 펑크가 나거나 비가 오거나 전화하는 것을 잊는 것과 같은 셀 수도 없는 아주 작은 일에서 좌절을 느낀다. 사실 좋은 직업을 잃거나 다리가 부러졌거나 하는 데에서 오는 커다란 패배감보다는 작은 일에서 오는 좌절감을 우리는 더 자주 경험하게 된다. 일상생활에서 오는 이러한 사소하고 계속적인 좌절감이 우리로 하여금 잘 조직된 효율적인 사람이 될 수 있도록 새로운 행동 창출을 자신의 행동체계에 끊임없이 요구하게 만드는 요인이 된다.

이러한 요구는 해답을 얻게 된다. 즉 재조직화가 진행되고 있는 중에도 새로운 아이디어가 마음속에 갑자기 떠오르면, 일상생활에서 계속해서 그것을 실행하게 된다. 새로운 행동들은 대개 단순하고, 각각의 행동은 거의 불연속적이다. 그러나 시간이 지나서 그것들이 서로 합쳐지고 세계에 대처하는 방법을 재형성하게 되면, 각각의 행동은 인성을 형성하게 된다. 이와 같은 계속적인 재조직화는 새롭게 활동하고, 생각하고, 느끼는 방식을 창조하게 하여 각자가 독특한 인간이 되도록 한다. 인성은 어떠한 형태를 띠게 되는데, 이 형태조차도 우리가 행동하는 방식에 작게 또는 크게 창조성이 계속적으로 추가됨에 따라서 변화하게 된다.

그것에 초점을 맞춘다면 당신이 얼마나 창조적인가 하는 것을 쉽게 알아차릴 수 있을 것이다. 빵을 굽는 것을 생각해 보자. 빵을 굽는 것은 당신이 맛있는 케이크와 과자를 만들어 내기 위해 오랫동안 사용해 온 잘 조직된 행동이다. 당신에게는 이것이 익숙하게 잘 조직된 수많은 유사한 행동 중에 하나다. 그러나 당신이 창조적 행동을 추가하여 조직적인 행동을 발전시켜 나가면 그것은 변화한다. 당신이 빵을 만드는 재료를 준비하는 데 설탕이 없다는 것을 알았다고 하자. 이 중요한 문제에 대처하고자 할 때, 당신의 재조직 체계는 당신에게 설탕 대신 대체할만한 다른 것이 있을지도 모른다는 암시를 주게 된다. 주위를 둘러보니 사과주스 농축액 통조림이 있는 것을 보게 된다. 당신은 "통조림을 사용해선 안 될 이유가 없지."라고 말하면서 그것을 사용한다. 이러한 재조직은 사소한 것으로 다빈치의 통찰력에 비하면 아무것도 아니다. 그러나 이것이 당신에게는 새로운 것이며, 케이크가 맛있게 되면 당신은 만족할만한 통제력을 얻게 된다.

오랫동안 사람들은 파도타기나 항해를 해왔다. 이 두 가지 다 물 위에서 노는 재미있고 멋진 방법이다. 그러다가 몇 년 전부터 누군가가 파도타기나 항해를 하는 동안에 이 두 개의 스포츠를 같이 합쳐보려는 생각을 했을 테고, 이러한 새로운 연합은 인기를 끌어서 이제는 여가를 보내기 위해 바다에 나온 사람들이 파도타기 판을 타고 항해를 하는 모습을 세계 전역에서 많이 볼 수 있게 되었다. 이것을 생각해 낸 사람은 이 아이디어를 찾아내기 위하여 일부러 곰곰이 생각하지는 않았을 것이다. 아마 우연히 이 착상이 떠올랐을 것이고 파도타기 판과 돛을 디자인하는 방법과 그 둘이 합쳐져서 어떻게 훌륭한 기능을 할 수 있는지에 대해 생각하는 데에 많은 시간을 할애했을 것이다. 내 생각에는 여기에 많은 창조성이 필요했으리라고 본다. 당신이 현재 정규적으로 하는 일을 생각해 보고, 그 일에 대한 과거를 회상해 보라. 당신은 틀림없이 수년간에 걸쳐 많은 창의적인 개선책을 당신의 일에 첨가한 사실을 발견할 수 있을 것이다. 예를 들어 내가 글을 쓸 때 워드프로세서로 찍는 것은, 일을 처음 시작했을 때 밤낮없이 그저 손으로 하던 것과는 아주 다르다. 그러나 나는 이 워드프로세서 기계를 사용한지 얼마 되지 않아, 나의 글을 조직화 할 수 있는 여러가지 방법을 찾아낼 수 있었다. 그리하여 모든 책을 좀 더 효율적으로 집필할 수 있게 되었다. 모든 일을 똑같은 방법으로 계속한다는 것은 불가능하다. 우리는 항상 다소 창의적인 방법으로 어떠한 일을 재조직하고 개선한다. 일을 하면서도 우리는 본래의 '개선책' 조차도 가치없는 것이라고 생각하여 버릴지도 모른다.

가끔 우리는 신문에서 비행기 충돌사고로 인해 음식도 없는 불모의 외딴 곳에 떨어졌음에도 불구하고 생존한 사람들의 이야기를 읽게 된다. 생존자 중 그 누구도 그 상황에서 원래의 조직화된 식습관을 적용시킨 사람은 없었고, 다만 그들의 식습관을 재조직하여 한번도 그것이 먹을 수 있는 것이라고는 생각해 본 적이 없는 것, 즉 곤충같은 것을 먹으면서 살아남은 것이다. 이런 극단적인 상황에서는 창의적으로 행동할 것이냐 아니면 죽느냐이다. 극단적인 상황에 처했을 때 살아남기 위해서 심지어 사람의 살까지도 먹은 사람들에 관한 이야기를 쓴 책도 있다.

재조직 체계가 아무리 창조적이라 해도 당신이 필요로 하는 성공적인 행동이 생각나지 않을 수도 있다. 재조직 체계가 하는 일은 단지 새로운 행동을 창조해 내는 것이고, 당신이 아무리 필사적일지라도, 그것이 당신이 필요로 하는 것과는 아무런 관련 없을 수도 있다. 그것은 당신에게 배부르게 하기 위한 방법으로 물구나무서기나 명상하기 또는 생계를 유지하기 위하여 카쥬(Kazoo)를 연주하는 것과 같은 아이디어들을 제공해 줄 것이다. 그러나 당신이 몹시 좌절되었다면, 또 그 좌절이 심각해질수록 당신은 그 어느 곳에서도 더 나은 방법을 얻을 수 없다고 생각하기 때문에 점점 더 과격하고 위험하기 짝이 없는 제안에 솔깃해지게 될 것이다. 당신이 알고 있는 모든 방법을 다 써 본 후에도, 어떤 새로운 것을 발견하겠다는 희망에서 그것이 효율적이든 비효율적이든 간에 재조직을 해보는 것이 당신이 할 수 있는 전부가 될 것이다.

대부분의 사람들은 창의적으로 행동할 것이냐 아니면 죽을 것이냐를 결정해야 할만큼 극단적인 상황에 처할 일이 없을지도 모른다. 그리고 자주 겪게 되는 좌절에도 행동체계에서 금방 끄집어 낼 수 있는 기존의 잘 조직된 행동들을 사용해 그 상황에 이성적으로 잘 내처해 나가고 있다. 일정치 않은 재조직 체계는 끊임없이 새로운 행동을 제공하나 그것이 좋건 나쁘건 또는 어중간하던 간에 창의성에 대한 압박감을 의심하는 경우는 흔치 않다. 창의성에 대한 요구가 없을 때 재조직 체계는 그 기능을 중지하고 있으나 결코 그 기능을 영원히 중지하는 것은 아니라고 생각하는 것이 논리적일 것이다. 왜냐하면 고대로부터 내려오는 생존의 관점에서 볼 때, 창의적 능력은 행동체계에서 가장 중요한 기능이기 때문이다. 창의적 체계를 중지한 종(species)이 창의적 체계를 중지하지 않은 종과 대항하여 성공적인 경쟁을 벌일 수는 없다.

그러므로 어떤 좌절이나 그 무엇에 대한 특별한 욕구가 없다면, 즉 새로운 것에 대한 행동의 필요를 느끼지 못하면 창의적 체계는 죽어 가게 되므로, 그것들은 계속적으로 우리의 일에 붙어 늘어지면서 서서히 그 창조적 아이디어들을 인식하게 한다. 이렇게 하여 떠오르는 아이디어의 대부분을 우리는 거의 또는 전혀 고려하지 않거나 무시한다. 그러나 자주 우리가 무엇을 하는지 거의 인식하지 못한 채, 어떤 조직화된 행동에서 다소 창의적인 개선책을 받아들이기도 한다. 그 자체의 존재를 인식하게 된 후부터, 필자는 이제 내가 상당히 창조적이라고 말할 수 없게 되었지만, 그러나 창의적 체계가 내게 제공하는 것을 보다 더 잘 인식할 수 있게 되었고 그것에 대해 알기 전보다 지금은 훨씬 더 창조적 체계의 '제안'에 개방적이 되었다. 창의적 체계가 존재한다는 사실을 알게 되면, 우리는 그것이 제공하는 제안에 '경청'을 하게 되고 또한 그 제안을 신중하게 고려하게 될 것이라고 믿는다.

형제자매, 쌍둥이들조차도 성장하면서 독특한 방법으로 재조직을 하는데, 이 방법은 서로 너무 달라서 같은 가족이라고 믿기지 않을 정도이다. 어떤 사람들은 겸손한 방법으로 시작을 하고 다른 사람들은 전혀 그렇지 않은 것이 아마 성공적인 재조직의 이유라고 하겠다. 경우에 따라서는 성공적인 재조직이 단지 운이 좋았기 때문일 수도 있으나, 대부분의 경우에는 기회를 잘 포착하여 우리 모두의 내부에 있는 창조성을 나타내는 데서 가능한 것이다. 우리가 성에 눈뜨기 시작하면서, 또 만족할만한 성적 행동을 찾기 시작하면서부터, 우리는 상당한 양의 재조직을 하게 된다. 대부분의 사람들은 기본적인 이성애(異性愛)에 그들 나름대로 몇 가지 창조인 면을 첨가한다. 흔치는 않지만 그래도 꽤 많은 사람들은 그것을 재조직하여 동성애와 그 밖에 그들을 만족시킬 수 있는 어떤 성적 행동을 발견하게 된다. 3장에서 논의한 바와 같이, 우리가 일단 성적인 만족을 얻을 수 있는 활동에 대한 뚜렷한 사진을 갖게 되면, 그것이 비록 사회적으로 용납되지 않는다 하더라도 우리는 그 사진을 사진첩에 간직하게 된다. 왜 우리가 이렇게 융통성 없이 완고하게 행동하는지는 아직 명확히 밝혀지지 않고 있다.

우리는 어렸을 때부터 끊임없이 재조직을 한다. 왜냐하면 그것만이 우리의 욕구를 충족시키는 데 필요한 수많은 행동들을 배울 수 있는 유일한 방법이기 때문이다. 비록 어리지만 출생 바로 직후에도 우리에게 현명하다고 여겨지는 창조적인 아이디어를 우리의 전행동에 첨가하기 시작한다. 이것이 바로 인성의 기초가 되며, 비록 태어난 지 하루된 갓난아기일지라도 전문가가 알아볼 수 있을 정도의 인성을 가지고 있다. 그리고 이것은 아기들마다 현저하게 다르다. 갓난아기들은 출생 직후 잠깐 동안만 서로가 비슷할 뿐 곧바로 그들이 어떠한 사람이 될 것이냐 하는, 전 인생에 걸친 변화의 과정을 시작하게 된다.

창조성이란 그것을 만들어 내는 사람의 인생에서는 한 번도 존재하지 않았던 새로운 것을 창조해 내는 것이다. 모든 사람에게 새롭고 유익한 것이 창조되는 경우는 그리 흔치 않다. 최초로 말(언어)을 분석했던 사람은 아마 여자였을 것이다. 그녀는 우연히 그것을 재조직하고 말을 하기 시작했을 것이다. 그녀에게 말하는 행동이 이루어졌고, 그녀는 말을 했으며 나중에는 말하는 것을 배우게 되는 등, 이러한 진화의 이점에 의하여 그녀에게서 그리고 그녀가 한 말에서 우리는 말의 계통을 이어받게 된 것이다. 우리는 모두 그녀의 유전인자를 물려받은 것이다. 초기 단계부터 이야기하자면 최초의 사람이 했듯이, 우리 모두 역시 그렇게 많이 재조직을 하게 된다. 우리 각자에게 있어서 그것은 모방일 뿐만 아니라 창조적 활동으로써 그렇게 할 정신적·신체적 능력만 있다면 우리 모두는 그러한 성취를 대부분 할 수 있게 된다. 어린 아기에게 말을 가르치려고 어리석게 시간을 낭비한다면 당신은 말을 가르치는 데 성공하지 못할 것이고, 아기가 이 복잡한 행동을 배우기 위하여 사용하게 될 정상적인 재조직의 과정에 방해만 하는 결과가 될 것이다.

창조성으로 인해 각 개인은 자신의 인생에 대해 더 많은 통제력을 갖게 될 것이다. 그러나 우리가 그렇게 못한다고 하더라도, 그것은 창의적 과정의 잘못 때문만은 아니다. 잘못이 있다면 우리가 인식하든 못하든 간에, 그것은 우리가 그 과정을 어떻게 활용할 것인가를 결정하는 데에 있다. 재조직 체계는 스스로 옳고 그름, 선과 악, 예술적인 것과 조잡한 것, 그리고 과학적인 것과 어리석은 것을 구별하지 못한다. 심지어 우둔한 것과 영리한 것조차도 구별하지 못한다. 재조직 체계가 구별할 수 있는 것은 창조하는 일과 또 창조를 계속한다는 것뿐이다. 재조직 체계가 창조하는 것을 인생을 좀 더 효율적으로 통제하는 데 사용하게 되면 그것은 운이 좋은 것이나, 그렇다고 그것이 재조직의 목적은 결코 아니다. 재조직의 유일한 목적은 단지 창조하는 것이다. 이외의 다른 목적을 가지게 되면 그것은 제대로 작동할 수가 없다.

재조직 체계가 창조한 행동이 당신을 자살과 같은 자기 파괴적인 행동으로 이끈다고 해도 그 체계 자체를 비난할 여지는 없다. 왜냐하면 창조 목적 이외에는 다른 목적이 없기 때문에, 재조직 체계는 당신의 삶을 유지하는 데 대해서는 전혀 관심을 갖지 않는다. 만약 재조직 체계가 이것저것 다른 목적을 지니도록 고안되었다면, 그것은 우리에게 위험한 행동을 제공할 수 없었을 것이다. 그러나 위험하고 이단적인 행동이 많은 가치 있는 행동보다 항상 흥밋거리로 다가온다. 그러므로 창조성이 어떤 한 면으로 치우쳐 있게 되면 우리는 진정으로 창조적이 될 수 없다. 창조적 체계가 어떠한 편견을 갖게 되면 그것은 즉시 편견의 영역에서 창조성을 잃게 된다. 그러므로 재조직은 항상 제멋대로 이루어지며 예측할 수 없다. 그렇지 않으면 그것은 진정한 의미에서 창의적이라고 할 수 없다. 만약 콜럼버스의 재조직 체계가 지구는 평평하다는 신념의 편견을 가졌다면 그는 항해를 결코 할 수 없었을 것이다. 누가 당신에게 와서 달빛으로 전기를 만드는 과정에 백만 달러를 투자하라고 설득한다면, 어쩌면 그것은 당신이 여태껏 부자한 것 중에서 가장 훌륭한 투자가 될 수도 있을 것이다.

그러나 그러한 일이 일어날 때, 창조성은 우리 중 누가 제일 먼저 그렇게 결정을 했느냐 하는 것에 가치를 두는 것이며, 진보는 우리의 결정이 옳다는 것을 남들에게 어느 정도 확신시킬 수 있느냐 하는 것에 달려 있다. 이것은 느린 속도로 진행되는 경향이 있다. 왜냐하면 사람들은 새로운 행동을 위해 기존의 잘 조직화된 행동을 쉽사리 포기하려고 하지 않기 때문이다. 가톨릭 교회는 400여 년이 지나서야 갈릴레오가 창의적인 사람이며 이단자가 아니라는 결정을 내릴 수 있었다. 그러므로 당신이 발견한 사실이 진행 단계에 있음을 즉각적으로 확인할 수 없다 해도 당신의 창조성에 귀기울이는 것을 멈추거나 인내심을 잃지 말기 바란다.

제 11 장

광증, 창의성 그리고 책임감

광적인 창의성은 '정상적'인 우리들 대부분이 판단하기에 비슷한 상황에서 우리가 했으리라고 생각되는 것과 매우 다른 것을 행한 것이다. 환각과 망상을 포함하여 '정신병(mental illness)'이라고 불리는 모든 것은 창의적 행동이다. 목소리가 어떤 것이라는 것을 안다면 나는 내 마음속에서 정말로 들었다고 생각되는 새로운 목소리를 완벽하게 창조해 낼 수 있을 것이다.

몇 해 전에 어떤 젊은이의 어머니가 내게 대학에 다니고 있는 아들에게 문제가 있다고 하면서, 아들과 내가 만날 수 있도록 예약을 하고 돌아갔다. 그녀는 아들이 기꺼이 나를 만나볼 것이라고 말했는데 그랬다. 나를 찾아와서 악수를 하고 의자에 앉을 때 내 눈에는 그 젊은이의 상태가 좋아 보였다. 나는 젊은이에게 자신에 대해서 좀 얘기해 보라고 하였으나 그는 아무 말도 하지 않았다. 나는 그에게 다시 말하려고 했으나, 그가 그 나름의 창의적인 방법으로 아무 말도 하지 않기로 결정했을 것이라는 생각이 갑자기 들었다. 내가 해왔던 방법대로, 그에게 내게 이야기하고 싶으냐고 물었을 때, 그는 말을 하지 않겠다는 표시로 고개를 저었다. 그는 고개의 끄덕임으로 '예, 아니오'라는 대답만 했다. 그의 행동은 온순했으나 확실히 미친 것 같았다. 그는 자기가 말을 하지 않는다면 자기에게 합당한 방법으로 삶에 대한 통제력을 다시 얻을 수 있으리라는 창의적인 생각을 재조직해서 받아들였다. 그가 이 창의적인 생각을 실행에 옮기고 난 후 그것은 그의 욕구를 충족시켜 주는 조직화된 행동이 되어 버려 그는 모든 사람에게 이 방법을 사용하기로 선택한 것이다.

 말을 하지 않는 행동은 그의 부모님과 주치의(family doctor)를 통제하는 데 강력한 효과가 있었으므로, 그는 이러한 행동으로 나도 좌절시키고 협박할 수 있으리라고 예상했었던 것 같다. 그 당시 필자는 선택이론을 모르고 있었는데 말하기를 거부하는 그의 행동이 미친 짓이라는 것을 인식하고, 만약 그가 그런 행동으로 나를 통제할 수 있다면 그를 도와줄 수 없을 것이라고 깨달았다. 나는 그에게 지금 말하건 나중에 말하건 그것이 내게는 별 차이가 없다고 말했다. 나는 기다리려고 했기 때문이다. 나는 그가 말하기를 거부한다면 내가 그에게 말을 하겠노라고 덧붙였다. 나는 이처럼 내 이야기에 매료되어 들어주는 사람을 한 번도 만난 적이 없었다고 말하면서 그가 미소를 짓도록 격려했다. 그런 후 좀 더 진지하게 한 시간 내내 내 말을 경청하는 것은 아주 지루할 것이지만, '예, 아니오'로 끄덕임을 표시하는 것이 그가 하는 행동의 전부일지라도 이 제한된 언어소통 방법에 최선을 다 할 수밖에 없다고 말했다.

 이 말을 하자 그의 얼굴에 고통스러운 표정이 역력히 드러났다. 그래서 나는 그에게 한 가지 제안을 했는데 그것은 이 사무실 안에서만 나에게 말을 하면, 이곳 이외의 다른 곳에 가서도 말을 해야 한다는 요구는 하지 않겠다고 했다. 선택이론에 의하면, 그는 기껏해야 한 시간 정도 필자에게만 통제력을 잃는 것이고, 그가 침묵을 지켜서 통제력을 얻은 사람들에 대해서는 여전히 통제를 할 수 있는 것이다. 그는 이에 동의했고, 자신에 관한 이야기를 하기 시작했다. 그리고 나서 수개월이 지나자 그는 그의 인생을 통제하기 위해서 침묵으로 일관했을 때보다 훨씬 더 생활을 잘하게 되었다. 그는 현재 가정을 꾸미고 TV프로그램의 프로듀서로 일하고 있으며, 그의 직업에서 정상적으로 요구되는 창의성 이외의 행동은 하지 않게 되었다.

그가 필자를 처음 만나러 왔을 때, 그는 자신이 미친 상태로 있는 한 그가 행한 모든 일에 대해서 자신은 책임이 없다고 생각했던 것이다. 그가 나를 만나기 전에 침묵하는 것으로 다른 사람들을 통제했던 것처럼, 그는 자신의 광증으로 나를 통제하려고 생각했던 것이다. 미친 짓을 재조직하는 많은 사람들처럼 그가 성공을 거두었다면, 자신의 생활을 정상적으로 재조직하는 데 내가 그의 문제를 해결하기 위해서 보냈던 6개월보다 훨씬 더 많은 세월이 걸렸을 것이다. 광증보다 더 효율적인 통제 행동은 거의 없을 것이다. 왜냐하면 몇몇 정신건강 전문의 그리고 법률가들까지 포함하여 거의 아무도, 비록 처음의 생각은 창의적 재조직이라 하더라도, 그 생각을 실행하기로 결정하는 것은 창의적 재조직이 아니라는 것을 이해하지 못하기 때문이다. 실제로 사용되는 모든 재조직은 조직화된 행동이 된다. 만약 그것이 그 사람으로 하여금 통제력을 얻도록 도와주지 못한다면, 그는 그 행동을 포기하게 될 것이다. 그러나 그 행동이 활용되는 한, 다른 사람에게는 그것이 미친 것처럼 보여도 광적 행동을 하는 사람에게는 그것이 조직화된 행동이 되는 것이다.

좌절의 상황에서, 당신의 욕구를 충족시킬만한 조직화된 행동을 다 써 버렸다면 반드시 창조적 체계가 제공하는 것에 더 많은 주의를 기울이게 될 것이다. 통제력을 잃으면 잃을수록 당신은 말을 하지 않는 것과 같은 생각을 시도해 보려 할 것이고, 이것이 제대로 효과를 보이면(이 경우에 말을 하지 않는 행동은 그 젊은이에게 좌절의 상황을 벗어나게 해 주었다.) 계속해서 이 행동을 사용하게 될 것이다. 우리 모두는 잠재적으로 새로운 행동을 창조할 수 있는 능력을 가지고 있는데 우리가 그 행동을 사용하기 시작하면, 그 중의 몇몇 행동들에 대해서는 우리 주변 사람들에 의해서 미친 짓이라는 평가가 내려질 수도 있다. 그러나 내 생활이 나의 통제력을 벗어나 있고 '미친 짓'이 나의 생활을 훨씬 더 많이 통제하게 해 준다면, 나에게 있어서 미친 짓은 하나의 조직화된 행동이 되는 것이다. 그 젊은이는 자기가 미친 행동을 선택했다는 것을 알았지만 그것이 충족 효과를 주었기 때문에 당분간 그 행동을 지속해 나갔던 것이다.

광적인 창의성은 '정상적'인 우리들 대부분이 판단하기에 비슷한 상황에서 우리가 했으리라고 생각되는 것과 매우 다른 행동을 하는 것이다. 환각과 망상을 포함하여 '정신병(mental illness)'이라고 불리는 모든 것은 창의적 행동이다. 목소리가 어떤 것이라는 것을 안다면 나는 내 마음속에서 정말로 들었다고 생각되는 새로운 목소리를 완벽하게 창조해 낼 수 있을 것이다. 우리가 꿈을 꿀 때는 이와 같은 것이 가능하다. 그러나 우리 모두가 꿈속에서는 그렇게 하지만 실제로 꿈을 따라서 행동하는 사람은 거의 없기 때문에 우리는 그때 '미쳤다'고 부르지 않는다. 우리가 창조하는 데는 어떤 제한도 없지만, 우리는 중얼거리는 말보다는 좀 더 분명한 생각이나 말들을 우리 삶을 통하여 이룸으로써 확실한 창조를 하고자 한다. 다른 사람들도 그들 자신들이 볼 수 있는 것들에 관심을 가지게 되며 사람들의 중얼거림에는 관심을 갖지 않는다. 따라서 우리는 목소리를 들었다고 주위 사람들에게 이야기함으로써 좀 더 큰 통제력을 얻을 수 있다. 당신이 정말로 필사적이라면, 당신이 미쳤다고 생각할 수 있는 행위도 자신의 통제욕구를 채워주기만 한다면 받아들일 수 있게 된다.

우리의 생활을 효율적으로 통제하기 위해서는, 비록 우리가 창조하는 것에 대해서는 그것이 미친 짓이든 정상적이든 우리에게 아무런 책임이 없다 하더라도, 그 창조한 것을 실행하기로 선택한 것에 대해서는 책임이 있다는 것을 알아야 한다. 내가 그 젊은이를 정신병을 앓고 있는 사람, 즉 물리적이든 화학적이든 정신착란증이 그에게 일어났고 거기에 관한한 그를 아무런 책임이 없는 정신착란증의 희생자로 다루었더라면, 그는 아직도 치료를 받고 있을 것이고 아직도 침묵으로 나와 다른 사람들을 통제하려고 했을 것이다. 나의 임무는 그가 나를 통제하지 못하도록 하는 것이고, 동시에 그에게 자신의 인생을 통제할 수 있는 더욱 효율적인 방법을 가르쳐 주는 것이었다. 우리가 창조한 것이 비정상적일 수는 있지만 우리의 창의성 그 자체는 정상적으로 진행되는 과정이므로 우리가 창조한 것을 실행에 옮길 때에는 그것은 질병이 아니다. 그러므로 우리가 그것을 '정신병'이라고 부르면서 그 행동을 창조한 사람을 그가 한 일에 대한 모든 책임으로부터 면제해 준다면, 우리는 그뿐만 아니라 이 사회에도 해를 끼치게 되는 것이다.

1981년 존 힌클리(John Hinckley, Jr)가 레이건 대통령과 다른 사람들을 저격한 것에 대해서 정신병이라는 이유로 '무죄' 판명이 나자 여론의 항의가 있었다. 연방재판소에서 설명한 승인된 정신과적 견해에 따르면, 저격 행동은 그가 통제할 수 없는 정신병의 결과라는 것이다. 이 해석이 일반 대중에게는 잘못된 것으로 보였으며 선택이론의 관점에서 보면, 대중은 옳고 재판소가 틀린 것이다.

힌클리는 많은 좌절을 겪은 젊은이였다. 외롭고 무력했던 그는 수년 동안 자신의 욕구를 충족시키기 위해 노력했으나 성공하지 못했다. 우리처럼 그도 끊임없이 재조직을 하였다. 그러나 대부분의 우리들과 다르게, 그는 우리가 하는 것보다 더 많이 그의 타고난 창의성에 따라 행동했다. 왜냐하면 그에게는 효과가 있었던 조직화된 행동이 거의 없었기 때문이었다. 그는 그가 실행하기로 선택한 창의성으로 그의 삶을 통제하였다. 그리고 그의 경우, 그가 행동하기로 선택한 것은 누군가를 통제하기 위한 것이 분명하다. 비록 미친 짓이기는 하나, 다른 방법으로 행동하는 것보다 대통령을 저격하는 것이 자기 삶을 좀 더 통제할 수 있을 것이라고 결정했으므로 그는 그 결정에 대해서 책임이 있다. 그러나 그런 생각을 갖게 된 것에 대해서는 책임이 없다. 왜냐하면 우리는 모두 미친 생각을 갖고 있기 때문이다. 그러나 그 생각을 실행에 옮긴 것에 대해서는 책임이 있다.

누군가에게 영향을 끼치는 광적인 창의적 행동을 보게 되면, 우리는 그 행동을 하는 사람이 상대를 알든 모르든 간에 행위자가 상대를 통제하려는 것이 목적이라는 것을 알아차려야 한다. 어떤 행동이 관찰할 수 있는 대외적인 목적이 전혀 없을 때에만, 즉 순전히 창의적이고 행위자를 제외한 어느 누구에게도 또는 어떤 것에도 눈에 띄는 영향이 없을 때에만 그 행동에 대해서 책임이 없는 것으로 판단 내릴 수 있다. 먹기도 싫어하고 말하기도 싫어하며, 방에 앉아서 벽만 바라보고 있는 사람은 그 상황에서 그의 행동에 대한 책임이 없다. 왜냐하면 그는 아직도 재조직 행동에 몰두해 있기 때문이다. 이 행동은 수동적이다. 만약 활동이 있다면, 그 행동에는 목적이 있게 되고, 더 이상 그것은 순수한 재조직이 아니다. 어떤 사람이 자신의 차 안에서 권총을 꺼내어 낯선 사람들을 마구 죽이면서 미친 듯이 날뛴다면, 이것은 순수한 재조직의 상태에서는 수행될 수 없는 조직화된 행동이다. 이 행동은 범죄 행위로 다루는 것이 현명할 것이다. 실제적으로 행위를 하기 위해서는 의자에 앉아 자기만의 창조적인 생각에 몰두해 있는 사람보다는 대외적인 목적에 대한 좀 더 분명한 의식이 요구되어진다.

 범죄를 저지른 후에 그 범죄자가 재조직을 완전하게 다시 하려면, 법정에 설 수 있을 정도로 자기의 인생에 대한 충분한 통제력을 가져야만 한다. 만약 그가 그러한 통제력을 얻지 못하면, 그런 상황은 결코 일어나지 않겠지만, 그는 살아있는 한 병원에서 치료를 받아야만 한다. 범죄 행동이 아닌 모든 창의적 행위는 그 사람이 치료받기를 원하는 한 심리적 문제로 다루어져야 한다. 그가 치료를 원치 않는다면, 이 경우는 법률이 적용될 수 있는 절차에 따라 해결을 봐야한다. 그러나 다른 사람의 권리를 침해하지 않는 한, 어느 누구에게도 약을 복용하자고 강요하거나, 그의 창의성을 실행에 옮긴 데 대해 치료를 받도록 강요해서는 안 된다는 것이 나의 신념이다. 이것은 치료받을 필요가 있다는 것을 그들에게 확신시키려고 노력해서는 안 된다는 의미가 아니다. 이것은 늘 이런 식으로 행해져 왔고 또 훌륭한 정신건강 프로그램의 필수적인 부분이기도 한 것이다.

우리의 기준으로 봐서 매력적일만큼 충분히 날씬한 한 젊은 여자가 자기의 생각을 재조직하여 현재보다 더 날씬해져서 자신의 욕구를 충족시키겠다는 바보같은 생각을 실행에 옮긴다면 우리는 그녀가 '식욕감퇴증(anorexic)'에 걸렸다고 할 것이다. 우리는 심지어 그녀가 신경성 식욕감퇴증이라는 질병으로 고통을 겪고 있으므로 먹지 않는 행동을 선택한 것에 대해 그녀 자신은 책임이 없다고 한다. 그녀의 창의성은 잘 조직된 행동인 기아로 그녀를 이끌지도 모른다. 만약 기아로 죽는다면, 이것이 비록 미친 짓이기는 하지만, 누구의 책임인가? 그녀의 병에 책임이 있었으므로 우리는 그것을 치료할 수 없었다고 이야기하는 것은 합당치 않다.

그녀가 미치는 과정에 착수했다고 이해하는 것이 합당한 일이며, 그녀에게 이 과정을 선택한 것에 대한 책임이 있다는 점을 명심하자. 그녀는 죽고 싶어서 굶은 것이 아니라, 그녀의 삶을 통제할 수 있는 최선의 방법이 좀 더 날씬해지는 것이라고 결정했기 때문에 굶은 것이다. 그녀가 계속 체중을 줄여나갈 때, 그녀는 먹는 것을 거절하는 행동이 그녀의 어머니, 아버지, 그녀를 치료하는 많은 의사, 그리고 다른 사람들을 통제하는 데 믿을 수 없을 정도의 힘을 준다는 것을 발견하게 되었다. 이 절대적 힘에 매료되어, 그녀는 계속해서 먹는 것을 거부했다. 그녀가 현재 자신이 얼마나 매력적인가에 대해 이야기하고 있다면, 사실은 그녀 주위에 있는 사람들을 통제하는 데 그녀가 얼마나 많은 힘을 가졌나에 대해 이야기하고 있는 것이다.

우리가 해야 할 일은 그녀가 덜 광적인 방법으로 자신의 욕구를 충족시키도록 도와주는 것이고, 굶주림보다 더 나은 행동을 발견할 수 있도록 그녀가 필요로 하는 도움을 주는 것이다. 그러나 그녀에게는 아인슈타인이 우주의 비밀에 대한 통찰력을 우리에게 준 것에 대해 책임이 있는 것만큼이나 굶는 것을 선택한 것에 대해 책임이 있다. 창의성은 단지 창의성일 뿐이다. 그것이 광적이거나 자기 파괴적이라고 하여 덜 창의적인 것은 아니며, 더 나은 행동을 찾지 못하여 우리가 창조한 것에 따라 행동한다고 해서 우리에게 책임이 덜 따르는 것도 아니다.

창의성에 따라 행동한 사람들의 내나수가 범죄자는 아니다. 그들은 이 젊은 여자와 같은 부류의 사람들이다. 그러나 자주 그들의 창의성이 우리가 정상이라고 받아들이는 것과 지나치게 차이가 많이 난다면, 우리는 그들을 정신병원에 가두고 그들의 창의성뿐만 아니라 그들의 모든 행동체계를 마비시키는 강한 약을 주게 된다. 이 약을 먹게 되면 걷는 것이나 말을 하는 것과 같은 조직화된 행동조차 어렵게 되고, 감정은 거의 완전히 제거되며, 사고능력은 커다란 손상을 입게 된다. 그들은 오직 조직화된 행동을 통해서만 통제력을 다시 얻을 수 있으므로, 필자의 생각에는 광적인 창의성을 없애기 위해 전체 체계를 마비시키는 것은 지나친 치료가 아닌가 생각한다.

그들이 필요로 하는 것은 약이 아니라(혹은 기껏해야 짧은 동안 소량의 약이 전부이다) 좀 더 나은 방법으로 그들의 행동이 조직화되도록 그들을 도와줄 수 있는 효율적인 상담이다. 자신에게나 또는 남들에게 그들의 존재가 위험하게 될 때에만 정신병원에 가둘 필요가 있는 것이다.

우리가 통제력을 잃었을 때 진행 중인 재조직에 대해 알아차리게 될지도 모르므로 이 정상적인 과정을 두려워해서는 안 된다는 인식을 배워야만 한다. 한 번은 젊은 여자가 나에게 세금을 받는 자기 직업에서 오는 좌절감이 그녀가 통제할 수 없을 정도로 쌓이게 되면 그녀의 인성이 사라져 버리는 것처럼 느껴진다고 했다. 그녀가 고군분투하고 있는 그녀의 상황과는 완전히 동떨어진 일련의 생각과 감정을 깨닫게 되므로 그녀는 자신이 미쳐가고 있다고 생각했다. 마치 나쁜 꿈을 꾸는 것처럼 여러 가지 생각들이 빠르게 그녀의 머릿속으로 홍수처럼 밀어닥쳤고, 그녀는 머릿속에서 진행되는 아주 이상하고 놀라운 것에 대처하기 위해 공포를 느끼는 행동을 선택하기 시작했다. 그녀는 일을 그만두고 집으로 달려가 침대로 기어올라 가서는 혼란스런 마음이 존재한다는 것을 부정하고 싶은 강한 충동을 느꼈다. 그녀는 자신이 미쳐 가고 있는 것이 아니냐고 나에게 물었다.

그녀가 영구적인 정신병으로 진행하고 있다는 의미에서는 미쳐 가는 것이 아니라고 나는 말해 주었다. 그러나 그녀는 자기가 생각하고 느끼는 것에 대해 통제력을 지니고 있지 못하다는 의미에서 미쳐있었다. 그러한 일은 주로 그녀가 과중한 책임을 지닌 업무상의 긴장된 회합의 중간에 일어났는데, 이 모임에서는 그녀 생각에 불공평한 비난이라고 여겨지는 것이 많이 다루어지고 있었다. 나는 그녀에게 그녀가 묘사한 것이 그녀의 조직화된 행동이 일시적으로 실패하게 되었을 때 일어나는 창의적 체계에 대한 최초의 인식이라는 것을 설명해 주었다. 그녀가 공포를 느끼는 행동을 선택하게 된 것은 자신이 이러한 창의성에 따라 행동하는 것을 고려하기 시작했다는 인식 때문인데, 이 행동들은 그녀의 직업에 불행을 초래할 수도 있다. 필자는 또한 그녀가 그 당시에 유용한 몇 가지 창의적인 아이디어를 가졌을 가능성에 대해서도 지적해 주었다. 그녀는 웃으면서 나의 지적에 동의했고 선택이론에 대한 설명을 귀담아들었다.

그녀는 현재 선택이론에 대한 지식을 자기 삶에 통합해서, 가끔은 재조직화를 할 때에 무엇이 진행되고 있는지를 깨닫게 되었으며, 이러한 일이 일어날 때 곧바로 사용할 수 있는 몇 가지 잘 조직된 간단한 행동들도 갖게 되었다. 즉 그녀는 잠시 양해를 구하고 사무실을 나가 커피 한 잔을 마시거나, 휴게실에 가서 자신이 지금 일시적으로 통제할 수 없는 상황에 처해 있기 때문에 재조직화가 진행 중이라는 것을 인식하고 있노라고 말하는 것이다. 만약 그 창의성이 적절하지 못할 때에는 그것을 거부할 수 있고, 유용할 경우에는 계속적으로 개방적인 마음을 가질 수 있는 능력을 자신이 가지고 있음을 알고 있다고 말하는 것이다. 그녀는 이제 더 이상 미치게 될까 봐 걱정하지 않았다. 왜냐하면 그녀가 경험하는 미친 짓이라고 여겨지는 것들이 그녀의 정상적인 창의성이라는 것을 깨달았기 때문이다. 또한 비록 그러한 일이 그녀 자신에게 일어난다 해도 그녀는 그것에 따라 행동하는 것을 선택할 필요가 없다는 것을 알게 되었다.

우리가 자신의 삶에 대한 통제력을 잃었을 때, 창의성을 거부할 수도 없고 그것에 대한 인식을 피할 수도 없다. 그러나 우리가 통제력을 회복하는 데 도움을 줄 수 있도록 잠시 사용할 조직화된 행동을 찾을 수 있다면, 우리의 창의 체계가 제공한 것을 받아들일 필요가 없다는 것을 배울 수 있게 된다. 그 젊은 직장 여성은 잠깐 동안 그 회합 장소에서 나가기로 결정을 했다. 이처럼 당신은 산책을 할 수도 있고, 친구에게 전화를 걸 수도 있으며, 빵을 굽거나 또는 열까지 셀 수도 있다. 단 몇 분이라도 친숙하고 잘 조직된 행동을 하게 되면, 진행 중인 재조직화의 과정을 조금은 덜 의식하게 된다. 광적인 창의성이 우리의 생각과 감정에 꽉 차있다는 것을 인식하는 드문 경우에도, 선택이론에 대해서 많이 알면 알수록 우리는 공포를 느끼기보다는 미소를 짓게 된다. 이러한 지식을 바탕으로, 우리는 미친 짓이라고 생각했던 그 광증을 되돌아볼 수도 있게 된다. 광적인 생각이 있다는 것을 알고, 그것들이 우리의 의식으로 들어오도록 기다리거나 우리의 마음을 열어 놓는다면, 무슨 일이 일어나고 있는지 아무것도 모를 때보다 창의성이 우리에게 훨씬 더 유용하게 쓰일 수 있게 된다.

제12장

창조적
과정의
정신신체질환

질병을 하나의 창조과정으로 생각하는 사람은 거의 없을 것이다. 그러나 정신이상이 정신적 창조과정의 한 예가 될 수 있듯이, 대부분의 만성적 질병도 생리적 창조과정의 예가 될 수 있다.

질병을 하나의 창조과정으로 생각하는 사람은 거의 없을 것이다. 그러나 정신이상이 정신적 창조과정의 한 예가 될 수 있듯이, 대부분의 만성적 질병도 생리적 창조과정의 예가 될 수 있다.

 어떤 만성질환에 대해 신체적인 원인이나 특별한 의료적 치료방법이 알려지지 않았다면, 그 질환은 우리 몸이 어떤 욕구를 충족시키려는 싸움에 창조적으로, 우연히 개입하고 있다는 것이 필자의 주장이다. 이러한 부류는 심장의 관상동맥, 류머티즘성 관절염, 습진 회장염, 대장염 소화성 궤양 등과 같이 흔히 볼 수 있고 고치기 힘든 불치병 질환들이다. 결핵이나 당뇨병처럼, 병의 신체적인 원인이 밝혀진 것으로 치료가 가능한 질환이나, 소아마비같이 예방이 가능한 질환의 경우와는 달리, 위에서 언급한 질환들은 만성적이고 통제할 수 없는 생활환경에서 비롯된 고질적인 부산물이라고 볼 수 있다.

이러한 질환은 흔히 불행한 결혼, 불만족스러운 직업과 관련되어 있으며, '정신신체질환'이라고 부르는 것이 가장 적절하다.

이러한 질환에는 특별한 의학적 치료방법이 없기 때문에, 이런 질환으로 고생하는 환자들에게 해 줄 수 있는 최선의 조언이란, 집안에 연로하고 성미가 괴팍한 부모처럼 원하지 않는 사람이 있듯이, 자신의 생활 속에서 통제할 수 없는 것에 대해 효과적인 통제력을 회복할 수 있도록 노력해야 한다는 것이다. 그러나 불행하게도 이러한 접근 방식은 현대 의학체계의 지지를 얻지 못하고 있는데, 그 이유는 현대 의학체계가 '과학적'이고 '기계적'인 접근 방법을 사용하며, 모든 질환을 정신적인 측면보다 신체적인 측면에서 훨씬 더 엄밀하게 치료하기 때문이다. 이 점은 당신의 의사도 인정하는 바일 것이다. 이런 비인간적인 접근 방식 때문에 그러한 심각한 질환을 치유하려는 환자들에게 필요한 것이라고 필자가 믿고 있는, 자신의 삶에 대한 통제력을 회복하기가 쉬워지기는커녕 오히려 더 어려워지는 것이다.

본장에서 설명하려는 문제들이 많은 논의의 여지가 있음을 인정하기 때문에, 이러한 질환이 발병되는 경위를 선택이론으로 명확하게 설명함으로써 필자가 주장하는 바를 입증하고자 한다. 일어나기 쉬운 혼동을 없애고자 먼저 무엇이 병이고 무엇이 병이 아닌가를 설명하고자 한다.

질병이 발병하려면, 육안이나 현미경으로 관찰이 가능한 조직의 정상에서 비정상 상태까지의 변화나 또는 심장에 이상한 충격전파와 같은 생을 위협하는 화학적 또는 전기적 기능부전(技能不全)이 나타나기 마련이다. 그러므로 우리가 두통이나 요통 같은 고통을 의학적으로 치료하려고 그 방법을 모색한다 해도 그러한 증세들은 조직이자 기관에 구조적 변화가 없고 또 위험한 화학적 또는 전기적 기능부전이 나타나지 않으므로, 그것을 질병이라고 할 수 없는 것이다.

두통이 생기기 전과 도중에 뇌에 혈액을 공급하는 주혈관의 일부가 현저하게 좁아지는 현상이 생기면서 편두통의 경우 일시적인 조직변화가 생길 수도 있다. 이 고통스러운 증세가 조직변화와 관계가 있는 것으로 생각되지만, 두통이 사라지면 혈관은 다시 정상으로 되돌아온다. 그리고 편두통 환자가 자신의 생활을 좀 더 효과적으로 통제할 수 있게 되면, 두통과 혈관상의 변화는 영원히 나타나지 않게 된다. 흔히 등의 근육에 큰 긴장변화가 있을 때는 등의 통증과 관계가 있기도 하지만, 이러한 변화 역시 등의 통증이 사라지면 다시 정상으로 되돌아오게 된다.

여기에서 두통이 뇌막염같이 전염에 의해서 나타나기도 하며, 요통이 근육 경련이나 디스크 때문에 나타나기도 한다는 사실을 분명히 밝혀두고자 한다. 하지만, 여기에서 내가 말하는 편두통이나 요통은 엄밀한 의학 검사에서 조직의 손상이 전혀 발견되지 않는 경우를 말하는 것이다.

그러므로 정신적인 질환이든 아니든, 모든 질병은 반드시 우리가 관찰할 수 있는 일부 신체 조직의 비정상 상태나, 위험한 기능부전 상태를 포함하고 있다. 심장질환은 심장 근육에 혈액을 공급하는 혈관인 관동맥이 좁아지는 질병이다. 류머티즘성 관절염은 관절이 부어오르거나 염증이 생기는 병이다. 습진은 피부가 붉어지고 짓무르며 피가 나고 피부가 본래의 모습을 잃게 되는 병이고, 대장염은 대장의 전체 또는 일부가 굵어지거나 탄력을 상실하고 궤양화 하거나 운동성을 잃게 되는 병이다. 또한 병에 걸리지 않은 몸의 다른 부분에 일시적인 변화가 나타나는 경우도 있다. 예를 들면 심장질환 때문에 다리에 물이 고여 부어오르게 될 수도 있다. 이때 환자가 적절한 치료를 받으면, 물이 재흡수되어 다리는 정상으로 되돌아간다. 그러나 심장은 결코 병이 나기 이전의 상태로 되돌아가지 못한다.

비창조적인 질환들이 나타나게 되는 원인은 연쇄상구균 같은 외부의 매개체나 당뇨병 같은 내부의 기능부전으로 알려져 있으나, 외부든 내부든 간에 병이란 우리의 신체가 확실한 원인에 대응하려는 노력방식으로 보인다. 류머티즘성 관절염 같은 창조적인 질환은 명백한 병인이 전혀 없이 확실한 신체 원인이 없는 데도 실제로 우리 몸의 기능이 정상 상태에서 비정상 상태로 움직이기 시작하는 데에서 비롯된다. 류머티즘성 관절염 같은 창조적인 질환의 경우, 연쇄상구균 같은 외부의 매개체나 암세포 같은 내부의 병원균이 우리 몸에 심각한 해를 입히기 전에 그러한 병원체들을 공격하여 활동하지 못하게 방어함으로써 우리의 몸을 보호하는 임무를 맡은 우리 몸의 면역 체계가 때로는 아무런 이상이 없는 정상적인 손목관절을 공격하여 파괴할 수도 있다.

오늘날 병원을 가득 채우는 질환들은 이와 같이 창조적이거나 정신신체적인 질환이 많다. 한때 수백만을 죽음으로 몰아넣었던 콜레라, 흑사병, 천연두 등의 가공할 비창조적인 병들은 공중위생, 페스트 관리, 왁찐 주사 등에 의해 퇴치된 지 오래다. 지난 50년간, 의학계는 항생제로 임질 같은 고치기 어려운 세균성 질병을 치료하고 면역으로 소아마비 같은 무서운 바이러스성 질환을 예방하는 큰 업적을 남겼다. 가장 최근에 나타난 가공할 만한 AIDS(후천성 면역 결핍증)도 바이러스 때문에 발병하는 것으로 보이며, 이 병도 때가 되면 면역으로 퇴치할 수 있게 될 것이다.

여러분이 바이러스가 원인인 비창조적인 외적 질환에 걸렸다고 하더라도 당신의 주치의가 그 병을 정확히 진단하고 성공적으로 치료하리라는 확신을 가질 수 있을 만큼 의학은 발전하였다. 만일 병인이 바이러스라면, 성공적인 면역프로그램을 구할 수 있을 것이며, 그렇지 않으면 충분한 사례 연구를 통하여 가까운 장래에 그러한 프로그램을 이용할 수 있게 될 것이다. 현재 중상류 계층에 두려움의 대상이 되고 있는 바이러스성 질병인 음부포진과 같은 성병도 머지 않은 장래에 항바이러스성 약품에 의해 퇴치될 것이다.

그러나 앞으로 의학계가 개발해야만 하는 것은 내가 '창조적' 또는 정신신체질환이라고 부르는 질환들을 효과적으로 치료할 수 있는 체계적인 방법이다. 왜냐하면 대부분의 의학 교육은 위에서 말한 질환들의 원인이 만성적으로 통제할 수 없는 자신의 생활환경을, 효과적으로 통제할 수 있는 능력을 회복하려는 노력에, 우리의 신체가 관련된 데 있다는 사실을 인정하고 있지 않기 때문이다.

알렌은 44세이며 지난 10년 동안 봉급을 많이 받는 직업에 종사해 왔다. 그가 다니는 회사의 사장인 제이비(J.B.)는 알렌을 괴롭히는 데서 환희를 느끼는 것처럼 보이는 사람이다. 사장은 모든 일에 대해서 알렌을 비난하며 회사에 공헌하는 알렌을 인정하지 않는다. 때로는 알렌을 해고했다가 '관대하게도(?)' 다시 그를 복직시켜 월급을 올려주기도 한다. 단 하루라도 사장이 알렌에게 자신의 '관대함'을 상기시키지 않고 지나가는 날이 없을 정도이다. 알렌은 사장이 시키는 대로 하고는 있으나 몹시 힘든 것 또한 사실이다. 그러나 그에게는 가정이 있고 생활 또한 '관대한' 급여를 필요로 하기 때문에 직장을 그만둘 수도 없는 처지다.

알렌의 사진첩에 들어 있는 직업에 대한 사진, 존중과 인정을 받으며 일한다는 개념과 사장이 실제로 그를 대하는 방식에는 엄청난 차이가 있다. 알렌은 그 차이를 줄이고자 무언가를 하고 싶은 충동을 끊임없이 느끼나, 직장을 그만두는 것 외에는 무엇을 해야 할지 생각이 나지 않았다. 그의 행동은 어느 것 하나 체계적으로 실행되지 않았고, 자신을 통제하려는 방법을 모색할 때 몸이 마치 부글부글 끓어오르는 것 같은 환상에 사로잡히기까지 하였다.

자신의 패배를 인정하고 우울해하고 싶은 만큼, 알렌은 자신의 직업을 유지하려면 온종일 종업원들과 고객들을 효율적으로 대하는 일에 그만큼 더 꿋꿋하게 견뎌야만 했다. 즐거운 표정을 계속 짓는다는 것은 어려운 일이지만, 참기 힘든 직업, 불행한 결혼, 참을 수 없는 자녀들 문제로 궁지에 몰린 많은 사람들처럼 알렌도 겉으로는 태연하게 자신의 일을 해내고 있었다. 그러나 밤낮없이 알렌의 머릿속에서 맴돌고 있는 창조적인 생각은 여러 가지 통쾌한 방법으로 사장을 죽이는 것이었다. 그러한 생각들이 그에게 즐거움을 주기 때문에 그것을 멈출 수도 없었으며 멈추기를 바라지도 않았다. 알렌의 머릿속에 반복적으로 떠오르는 통쾌한 환상은 자기가 사장의 목을 서서히 누르고 자신에게 헐떡이며 살려달라고 애원하는 광경이다.

어느 날 오후 늦게 회합이 있은 뒤에 알렌은 또 한 번 사장에게 '해고'를 당했다. 회합을 끝내고 집에 돌아와 차고에 차를 들여놓다가 알렌은 열 살짜리 아들이 그의 스포츠카에 깊은 흠집을 낸 것을 알게 되었다. 차에 광을 내서 알렌을 놀라게 해주려고 했던 것이 그만 그런 흠집을 내고 만 것이었다. 차에 흠집이 난 것을 본 알렌은 크게 화가 났다. 그날 밤 자다가 가슴에 심한 통증을 느끼고 깨어난 알렌은 급히 병원으로 옮겨졌으며, 심한 심장 발작 증세가 있다는 진단을 받았다. 2주 동안 집중 치료를 받은 알렌은 마침내 손상된 심장에 혈액 순환을 회복시키는 수술을 받을 수 있을 정도로 상태가 좋아졌다.

알렌은 자신의 심장 발작이 일의 '스트레스'에서 비롯한 것임을 확신하였다. 그에게 스포츠카의 흠집은 치명적인 일격이었다. 그러나 수입이 필요하였으므로 다시 복직하였고, 복직과 거의 동시에 다시 심장에 통증을 느끼기 시작하였다. 알렌은 선택이론에 대해서 몰랐지만, 자기 생활이 심각할 정도로 통제가 불가능한 상황이라는 것을 알았다. 그러나 그 생활을 통제하려면 어떻게 해야 되는지 속수무책이었다. 뒷장에서 우리는 알렌이 선택이론을 이용하여 어떻게 그의 생활을 통제할 수 있었는지를 이야기할 것이다. 그러나 여기서는 알렌의 만성적인 좌절감이 창조적 질환 중에 가장 흔히 볼 수 있는 심장 관상 동맥을 막게 되기까지의 과정을 살펴보기로 한다.

우리 신체의 생리작용, 곧 우리 신체 기관들은 모두가 일반적으로 '구뇌'라는 뇌조직의 체계화된 명령 아래 그 기능을 계속해 나가며,

몸을 건강하게 유지시킨다는 얘기를 앞서 언급하였다. 당신이 이 책의 페이지를 넘길 때 근육이 움직이도록 힘을 주는 신체 부분은 구뇌이다. 당신의 심장 박동률과 혈압은 구뇌가 조절한다. 무서운 영화나 섹시한 영화를 볼 때 심장 박동이 '빨라지는' 것을 느끼는데, 실제로 이런 현상을 일으키게 하는 것은 구뇌이다. 여러분이 먹은 음식은 구뇌의 명령에 따라 소화되며, 여러분의 성적 능력은 구뇌가 조절하는 호르몬에 의해 주로 결정된 것이다. 만일 당신이 사막에서 길을 잃었다면, 여러분의 구뇌는 신뇌에 메시지를 더 많이 보내어 당신이 심한 갈증을 느끼게 하며, 그 갈증은 물을 찾아야겠다는 생각 이외에는 아무것도 할 수 없을 만큼 고통스럽고 절박한 것이 된다. 그러나 구뇌가 고통스러운 메시지를 보내어 우리에게 작용하는 방법을 지시하는 때는 우리의 생존이 위협받는 경우이거나 오랫동안 성적 방출을 억압당한 경우뿐이다.

구뇌는 우리의 의식적인 행동과는 직접적인 관계가 없다. 즉 구뇌는 권력이나 자유와 같은 욕구를 우리가 충족시키는지 아닌지 하는 문제, 예를 들면 알렌의 신뇌가 매우 오랫동안 절박하게 추구하였던 욕구를 충족시켰는지 여부에는 전혀 '상관하지 않는'다. 이런 욕구를 충족시키려면 구뇌는 뇌의 더 크고, 새로우며 의식적인 부분인 대뇌피질 또는 '신뇌'의 지시를 받게 된다. 신뇌가 구뇌에게 조직화한 방식이나 일상적인 방식을 초월하여 기능을 수행하라는 요구를 하게 되면, 구뇌는 새롭고 '보다 나은' 방법을 재조직하고 시도하기 시작한다. 알렌은 깨닫지 못했지만 오래 전부터 그의 신뇌는 정신뿐만 아니라 신체에도 엄청난 요구를 하였고, 그 요구 때문에 그의 구뇌는 창조적 작용을 하여 결국 심장 동맥 질환이 유발되었던 것이다. 신뇌가 어떻게 이런 기능을 수행하는지 자세히 살펴보기로 하자.

신뇌는 의식의 원천이다. 신뇌는 나의 모든 욕구를 충족시킬 수 있는 사진첩과, 여과기(filter)가 들어 있는 지각용 카메라를 갖고 있으며, 모든 의식적인 행동을 지배한다. 본질적으로 나의 신뇌는 곧 '나'이다(In essence, my new brain is me). 그러나 신뇌 혼자서는 아무 일도 직접 할 수 없다. 신뇌가 할 수 있는 일은 명령하는 것뿐이며, 구뇌가 그 명령을 수행하는 것이다. 구뇌가 없으면 나는 아무 기능도 수행할 수가 없다. 신뇌 혼자서는 마치 군대가 없는 지휘관과도 같아서, 명령을 내릴 수는 있지만 구뇌가 그 명령을 수행하지 않으면 어떤 일도 생기지 않는다.

나에게 숨쉬고 눈을 깜박이고 음식을 소화시키고 혈압이나 심장박동률을 조절하는 방법을 가르쳐 준 사람은 아무도 없다. 비록 내가 근육 움직이는 법을 정확하게 배우려고 할지라도 걷는 법과 눈의 초점 맞추는 법을 배울 때와 마찬가지로 나에게 근육 움직이는 법을 가르쳐 줄 사람은 아무도 없다. 왜냐하면 태어날 때부터 나의 구뇌에는 이러한 지식이 암호로 적혀 있기 때문이다. 신뇌가 하는 일은 욕구를 충족시키려고 노력하면서 활동하고 생각하고 느끼는데 더욱 구체적이며 정확하게 명령 내리는 방법을 배우는 것이다. 그리하여 구뇌는 나이가 들수록 점점 더 명확하게 명령을 수행하게 된다. 구뇌는 신뇌의 명령에 따라 신뇌가 요구하는 것을 수행하고자 신체상의 수단을 준비하는 방법을 배운다. 내가 울기로 결정한다면 구뇌는 눈물과 흐느낌을 준비한다. 생각하기로 결정하면 구뇌는 그 기능을 수행하고자 혈액과 영양분을 신뇌가 충분히 갖고 있는지를 확인한다. 내가 황홀감을 느낀다면 이것은 황홀감을 실제로 일으키는 모르핀과 흡사한 화학물질을 구뇌가 분비하기 때문이다.

대부분의 경우 구뇌는 대단히 빠르고 효율적으로 신뇌의 지시를 따르기 때문에, 우리는 구뇌가 하는 역할에 관심을 갖지 않는다. 그러나 신뇌는 때때로 우리에게 신체조건을 고려하지 않고 마라톤 경주를 하라고 할 때와 같이 구뇌의 능력에 부담을 주는 일을 지시할 때가 있다. 구뇌에게 달리기 자체는 아무런 문제가 없으나 26마일이나 되는 먼 거리를 달려야 하는 문제가 생긴 것이다. 구뇌는 신체를 건강하게 유지하고자 기존의 지시명령을 갖고 있는데, 신뇌는 지금 구뇌에게 이러한 선천적인 지시(innate instructions)에는 신경을 쓰지 말라는 요구를 하고 있기 때문이다. 구뇌가 마라톤을 하라는 명령을 '거절' 하지는 못하지만, 고통과 피로가 느껴지면 신뇌에게 '속도를 줄여라', '달리기를 멈추어 달라' 는 메시지를 전달할 수는 있다. 그러나 신뇌는 이러한 메시지를 무시할 수 있다. 그럴 경우 구뇌는 지나친 부담을 갖게 되어 마침내 정상적인 기능을 수행하지 못하게 된다. 그런데도 계속해서 달리려 할 때는 병이 나거나 의식을 잃거나 심하면 쓰러져 죽을 수도 있다.

마라톤을 하는 사람은 많지 않지만 우리 대부분은 때때로 구뇌가 신뇌의 명령을 완강히 부인할 때 실망하게 된다. 예를 들면 내가 사랑 또는 권력과 같은 신뇌의 욕구를 충족하고자 성행위를 하기로 결정했다고 하자. 이 결정은 엄밀하게 따지면 신뇌가 내린 것이다. 곧 나는 성행위를 자주 충분히 가졌기 때문에 성적 방출을 하라고 구뇌가 요구하지 않는 것이다. 그러나 사랑을 성공적으로 하는 문제는 성기를 준비시키려는 구뇌의 '자발적 의지'에 따라 좌우된다. 만일 내가 신체적으로 지쳐 있을 때 성교를 하려고 한다면, 그때 구뇌는 '건강상의 이유'로 성기를 준비시키지 않으려 할 것이며, 따라서 나는 성교를 할 수 없게 된다. 그렇지만 내 구뇌가 신뇌에게 받은 명령을 수행하지 않는 것은 드문 일이다. 위의 두 가지 예는 일반적인 경우가 아니고 특별한 경우이다.

구뇌가 신뇌의 명령을 따르지 않으려는 '분별력(sense)'을 더 많이 갖는다면, 정신신체질환은 훨씬 더 줄어들 것이다. 구뇌가 신뇌의 명령이라고 '믿는' 것을 노예처럼 거의 맹목적으로 수행하려 들면, 알렌의 심장 발작 같은 정신신체질환을 일으키게 되기 쉽다. 몇 년 전에 한 남자가 호놀룰루 마라톤 경기 도중에 피로로 쓰러져 사망하였다. 당신이 이 죽음을 조사하는 담당 검사관이고 선택이론을 조금 알고 있다면, 그의 뇌의 각 부분이 한 역할을 살펴보는 일부터 시작할 것이다. 그 사람을 이처럼 치명적인 상태로 몰아넣은 것은, 경주를 함으로써 자신의 힘을 과시하도록 필사적인 노력을 기울이게 한 그의 신뇌였던 것이다. 장거리 경주자들이라면 모두가 동감하는 바로 그 역시 달리는 동안에 과중한 부담을 안은 구뇌에서 압도적으로 전기적이고 화학적인 피로의 신호를 받았다. 이 신호는 몸을 이처럼 극단의 상태로 몰아가도록 요구하는 것을 멈추라고 신뇌에게 구뇌가 말하는 것이다.

모든 사람은 피로와 같은 구뇌의 신호를 인식하며, 그 신호의 목적은 우리에게 일의 속도를 늦추고 휴식하도록 설득하는 데 있다. 그러나 마라톤을 할 때처럼, 그 신호가 무겁고 강해지면 신호를 무시할 수가 없게 된다. 그러므로 만일 그의 신뇌가 좀 더 분별력이 있었더라면 달리기를 멈추거나 최소한 속력을 늦추라는 명령을 내렸을 것이다. 그러나 과거에 그는 구뇌의 불평에도 그것에 의지하여 마라톤을 해냈으며 쓰러진 적이 없었기 때문에 그에게는 그만한 분별력이 없다. 과거에 신뇌가 구뇌를 '설득하여' 아무리 많은 마라톤을 성공적으로 해내었다 해도 신뇌는 그의 죽음에 대해 비난받아야 할 것이다.

구뇌 또한 잘못을 저질렀다는 충분한 증거가 있다. 구뇌가 마라톤이라는 임무를 받았을 때, 이전에 달려본 경험에 비추어 마땅히 다시 해낼 수 있는 방법을 계산해 냈어야 했다. 결국 신뇌는 '게으른' 구뇌의 푸념에 주의를 기울이지 않고 과거에 잘 행했던 명령을 다시 내리면서 그 명령도 역시 잘 행하리라고 기대했던 것이다. 쓰러져 사망한 것은 신뇌에게 계급상의 불복종이다. 왜냐하면 구뇌가 명령을 수행하지 못하고 죽으면 신뇌도 함께 죽어야 하기 때문이다. 물론 이것은 신뇌가 그처럼 극단적인 명령을 반드시 염두에 두어야 할 위험사항 가운데 하나이다. 구뇌는 훌륭한 군인이므로 자신의 사망증서에 기꺼이 서명하였을 것이다.

자신의 능력 이상으로 계속 달리라는 강요를 받는 순간 구뇌는 과거에 사용했던 조직적인 달리기 행동을 모두 소모해 버렸던 것이다. 신뇌가 활동하고, 생각하고, 느끼는 일을 할 수 없게 되면 새롭게 재조직된 생리적 행동들을 받아들이기 시작하는 것처럼 구뇌 또한 새롭게 재조직된 생리적 행동들을 받아들이기 시작한다. 그러나 신뇌와 마찬가지로, 구뇌의 경우에도 새로 만들어낸 생리적 행동들이 태어날 때부터 사용했던 조직적인 행동보다 더 나으리라는 보장은 없는 것이다. 또한 신뇌처럼 구뇌도 새로 만들어낸 행동들이 기존의 것보다 나을 바가 없다고 '판단되면', 기존의 행동들이 비록 부적당한 것일지라도 가능한 한 그 행동들을 계속해서 사용할 것이다.

그러나 완전히 지쳐버린 경주자의 경우처럼 기존의 행동들이 전혀 그 기능을 수행하지 못하면, 계속 달리면서도 생명을 유지할 수 있으리라는 희망에서 운명에 맡기고 새로운 생리적 행동을 사용할 수밖에 없을 것이다. 아마 과거에 그 경주자의 구뇌는 새롭고 강력한 경주 행동을 재조직하여 그에게 제공하였을 것이다. 그의 구뇌는 더 빠른 속도로 혈액을 공급하거나 배설물을 덜 유해하게 신진대사시키는 방법을 계산했겠지만, 이번에는 이전에 고안해 낸 효과적인 방법들이 전혀 도움이 되지 않았을 것이다. 구뇌는 재조직하는 작업을 계속하면서 '필사적으로' 새로운 행동을 생각해 내고 '선의의 믿음'을 갖고 시도하였으나 그 결과는 치명적인 것이 되었다.

그의 죽음을 초래한 생리적 행동은 새롭게 생성된 강렬한 신호였을 것이며, 그는 그 신호에 따라 더 많은 피를 공급할 수 있도록 심장을 자극하려고 시도했을 것이다. 이 신호는 매우 '강력하고' 정상적인 신호와 아주 달라서 심실(ventricle)이 가늘게 떨리는 원인이 되었던 것이다. 이것은 새로 생성된 치명적인 부정맥으로, 심장의 박동을 매우 빠르게 하여 심장을 완전히 무력하게 하거나 혈액을 공급하지 못하게 한다. 심실이 가늘게 떨리는 것은 갑작스런 사망의 두 가지 원인 중 하나이며(뇌출혈이 다른 한 원인이다), 그 상태가 멈추지 않으면 반드시 몇 분 내에 치명적인 결과를 초래하게 된다. 그러므로 비록 구뇌가 신뇌를 버리는 경우일지라도, 구뇌는 신뇌의 과중한 요구에 부응하고자 가능한 창조적인 노력을 기울이고 있는 것이다.

그 경주자의 죽음은 정신신체질환 때문인가? 필자는 분명하게 "그렇다."고 대답할 수 있다. 구뇌(신체)가 결정적인 재조직을 하도록 충동한 것은 신뇌(정신)였다. 여기서 우리는 갑작스럽고, 의식적인 동기를 가진 죽음을 본다. 이러한 사망은 대부분의 경우 정신신체질환으로 간주되지 않는데 그 이유는 대개의 정신신체질환들이 만성적이며 신뇌가 구뇌에게 강요한다는 사실을 우리가 인식하지 못하기 때문이다. 이러한 해석은 그런 종류의 질환들에 꼭 들어맞으며, 알렌의 심장 발작도 동일한 과정이 서서히 진행되어 나가면서 발생한 것이다.

알렌은 몇 년 동안 사장을 목졸라 죽이는 환상을 그려왔으나, 신뇌의 이러한 사고행동이 구뇌에게 강력한 영향을 주고 있다는 것은 인식하지 못했다. 물론 구뇌는 목을 졸라 죽이는 것은 알지 못한다. 실제로 구뇌는 우리의 정신이 갈망하는 것을 전혀 알지 못한다. 그러나 우리의 정신이 신체에 명령을 하면, 그 명령이 지속되는 한 신체가 그 명령을 수행해야 한다는 것을 알고 있다. 알렌의 신뇌가 사장을 목졸라 죽이는 일을 곰곰이 생각하고 있을 때, 그의 구뇌는 즉시 생사에 관계되는 싸움을 위해 그의 신체를 준비시키라는 경고를 받는 것이다. 아마도 이러한 경고는 신뇌의 강렬하고 화학적인 호르몬 메시지를 받음으로써 이루어졌을 것이다. 신뇌가 이처럼 강력한 경고를 보낸 것은 완고한 노인인 사장과 격투를 하지 않고서는 그를 교살할 수 없음을 알았기 때문이다.

그러나 알렌은 실제로 그런 공격을 하려는 의도를 갖고 있지 않았고 그것이 다만 환상에 지나지 않다는 것을 알고 있었다. 그럼에도 알렌이 그 환상에 깊이 빠져들수록 그의 구뇌는 큰 싸움을 준비하기 위한 호르몬을 더욱 많이 부어 넣었던 것이다. 구뇌는 환상인지 현실인지 알지 못한다. 구뇌가 알고 있는 것은 신뇌가 보낸 명령에 대한 호르몬에 작용하여, 위급한 싸움이라고 믿는 그 일에 대하여 신체를 준비시키는 일뿐이다. 재빨리 그 임무를 처리하며, 준비하라는 호르몬이 계속 분비되는 한 구뇌는 계속해서 그 임무를 수행한다. 알렌의 경우, 그는 수 년 동안 교살할 준비를 하였던 것이다. 그리고 그의 신체가 모든 준비를 마친 상태에서, 스포츠카에 흠집이 나던 그 결정적인 날에 아들을 아마 그 누구라도 목졸라 죽이라는 초강력 메시지를 보냈던 것이다.

대부분의 생리학자들은 우리의 신체가 해마다 만성적인 생리적 긴장 상태에 있으면서도 건강을 유지할 수 있을 정도까지는 진화하지 못하였다고 믿고 있다. 신체적으로 인간은 아직도 수천 년 전의 상태와 그다지 다를 바가 없다. 그러나 그 시대에 인간들은 다른 사람을 목졸라 죽이겠다는 생각을 갖고 있으면, 달려나가 실제로 사람을 공격했다. 이기기도 하고 지기도 하였으나 그 싸움은 곧 끝이 났으며, 사람들은 일단 싸움이 끝나면 쉴 수가 있었다. 신뇌가 구뇌에게 보내는 환상적인 메시지 때문에 생겨난 만성적인 긴장은 복잡한 문명의 산물이며, 그러한 긴장 상태는 인간을 병들게 할 수 있고, 또 대부분의 경우 그런 결과를 가져오게 된다.

사장을 교살하려는 강박관념에 사로잡히게 한 알렌의 근본적인 감정, 곧 이러한 종류의 분노와 관련된 가장 보편적인 질환은 심장병이다. 알렌이 만성적으로 큰 싸움에 대한 준비가 되어 있었을 때, 구뇌는 그의 신체가 싸움에 필요한 혈액을 충분히 보유하도록 하려고 하여 그의 혈압을 높이고 심장 박동률을 증가시켜 놓았던 것이다. 또한 알렌의 구뇌는 만일 그가 상처를 입는다 해도 출혈로 사망하는 일이 없도록 하려고 그의 혈관 속에 응혈 작용을 하는 화학 물질을 투입시켰다. 이런 상태가 짧은 기간 동안만 계속된다면 아무런 해가 없지만, 몇 년 동안 계속되는데도 실제로 싸움이 일어나지 않으면 심장 혈관 체계가 미리 지쳐버리게 된다. 그것은 마치 차를 유속계의 빨간선 이상으로 올려놓고 운전하면서도 발동기가 고장난 이유를 몰라서 어리둥절해하는 것과 같다.

그러나 위와 같은 일은 많이 일어난다. 필자의 생각에 우리의 구뇌는 신체에 계속해서 싸울 준비를 시켰는데도 싸움이 한 번도 일어나지 않아 답답한 상태가 계속되면 건강에 해롭다는 사실을 어느 정도 자동적으로 지각하는 것 같다. 신체의 건강 상태를 유지하려면 구뇌는 자동으로 (그러나 어떤 의미에서는 '필사적으로') 신체의 건강을 유지하려는 활동을 하며, 끝이 없는 만성적 긴장 상태가 외부의 침입자라도 되는 것처럼 면역 체계를 빈틈없이 경계 상태로 만드는 것이다. 이제 구뇌가 그 '침입자'를 수색하는 동안에 면역체계 또한 재조직하며 창의적이 된다. 대부분의 다른 정신신체질환의 경우와 마찬가지로 알렌의 경우도 이 부가적인 창의성 때문에 파괴적이 되었다. 그것은 일종의 광적인 자기 파괴로 예를 들면, 관상동맥질환은 신체의 정신병과 비슷하다.

심장 혈관이 몇 년 동안 계속 긴장상태에 있으면, 동맥을 통해 흘러가는 혈액이 동맥벽을 침식하여 울퉁불퉁한 반점을 만들어 놓기 시작한다. 이미 순환하고 있는 과도의 응혈 물질은 울퉁불퉁한 반점에 걸려 이곳에 작은 덩어리를 생성하기 시작한다. 정상적인 상태에서는 나타날 수 없는 응혈을 '본' 면역체계는 어떻게 해서든지(그 이유는 아직 아무도 모른다) '광적으로' 창의적이 되어서 그 응혈이 외부의 침입자라도 되는 것처럼 공격한다. 이것이 원인이 되어 곧 응혈이 염증을 일으키게 되며 피부에 난 상처가 항상 최초의 응혈보다 큰 것처럼 염증은 응혈을 더 커지게 만든다. 이 과정이 되풀이됨으로써 시간이 지남에 따라 응혈은 계속 커지게 되며, 결국 이 응혈은 동맥을 통한 혈액 순환을 방해하게 된다. 응혈이 알렌의 심장에 혈액을 공급하는 작지만 고혈류인 동맥 중 한 개 이상을 막아버리게 되자, 알렌은 심상마비를 일으켰던 것이다.

급성 심장마비에는 두 가지 원인이 있는데, 모두 심장의 혈액 순환이 감소되는 것과 관련이 있다. 첫째, 심장이 영양분을 덜 공급받아 피로하게 되면, 혈액의 펌프 작용은 효율성이 떨어지게 된다. 그럴 경우 심장은 혈액 펌프 작용의 손실을 보상하려고 더욱 창의적인 방법으로 박동하게 되는데, 이것을 '부정맥'이라 부른다. 그러나 흔히 그렇듯이 이 창의적인 부정맥이 혈류를 감소시키게 되면, 관상동맥은 심장마비로 알려진 질환을 일으키며 결국에 가서는 심장근육에 치명적인 손상을 가져온다. 환자가 병원에 도착했을 때 아직 생명을 유지하고 있는 경우라면, 혈류를 안정시키는 현대의학의 치료 방법으로 눈앞에 있는 죽음을 막을 수 있다. 대부분의 경우 이러한 환자들은 혈류를 증가시키는 수술을 받게 되는데, 오늘날 이러한 과정은 상당한 성과를 거두고 있다.

심장마비의 두 번째 원인은 갑작스런 응혈이 관상동맥을 완전히 막아버리는 데서 생긴다. 이러한 마비는 대부분의 경우 치명적인 것이지만, 대단히 빨리 일어나기 때문에 심장근육은 손상되지 않는다. 흔히 심장은 재빨리 재조직된 강렬한 행동으로 바뀌어서 가늘게 떨리게 되는데, 마라톤 경주자에게 일어난 마비도 아마 이런 과정에서 비롯된 것으로 생각된다. 가늘게 떨리는 현상이 구급차나 병원에서 일어나면 때로는 치료될 수가 있으나, 그렇지 않은 경우에는 몇 분 이내에 사망하게 된다. 다행히 알렌의 경우는 첫 번째 종류의 원인에서 비롯된 심장마비였으며, 그는 현재 수술을 받은 상태이다. 이 수술은 매우 호평을 받고 있으며 대단한 가치가 있는데, 그 이유는 부분적으로 혈액의 공급이 증가되기 때문이기도 하지만, 환자가 극적인 도움으로 자신의 삶을 더욱 잘 통제할 수 있게 되었다고 생각할 수 있기 때문이기도 하다. 그러나 기회가 주어진다면 대부분의 사람은 심장마비를 일으킨 뒤에 수술을 하여 생명을 유지할 수 있게 되는 것보다는 그 이전에 자신의 삶을 더 잘 통제할 수 있게 되는 것을 택할 것이다. 그리고 이제 더 많은 미국인이 자신의 삶을 더 훌륭하게 통제하고 있다고 말할 수 있다. 왜냐하면 1982년에 미국의사협회(American Medical Association)가 1970년대의 심장마비 횟수가 1960년대보다 25% 감소했다고 발표했기 때문이다. 이러한 극적인 감소의 원인을 정확히 아는 사람은 없으나, 많은 사람들이 이전보다 다이어트와 운동에 더 많이 인식하면서 신체적 건강이 크게 증가한 것과 어느 정도 관련이 있는 것으로 보인다.

필자의 생각에 이러한 감소 현상은, 적절한 다이어트와 에어로빅 운동이 사람들에게 자신의 삶을 통제할 수 있는 능력을 더 많이 부여해 준다는 사실과 직접적이기보다는 간접적인 관련성을 가진 것 같다. 만일 알렌이 계속 그 회사에서 일을 한다면, 이러한 프로그램을 따르는 것이 현명할 것이다. 알렌이 그러한 프로그램을 신뢰할 수 있다면, 사장의 괴팍한 성격을 심각하게 받아들이지 않을 것이기 때문이다. 알렌이 선택이론을 배우고 긴장을 푸는 일이 얼마나 중요한지 그리고 신체적으로 건강한 상태가 자신이 필요로 하는 휴식을 제공해 줄 수 있다는 사실을 이해하면 또 다른 심장마비의 전조가 될 수도 있는 가슴의 통증을 없애게 할 수 있을 것이다.

그 밖에도 다른 많은 정신신체질환들이 있으며 모든 정신신체질환에 해당되지는 않지만, 대부분의 경우 신뇌에게서 받은 수행하기 어려운 유해한 명령을 구뇌가 수행하도록 도우려고 노력을 하는 나머지 면역체계가 재조직되고, 그것이 정상적인 조직을 공격하게 되는 것이다. 그리하여 알렌의 경우처럼 통제력을 상실하게 되어 버린다. 이런 질환들의 경우에는 면역체계의 '도움'이 불필요하기만 한 것이 아니라 해로운 것이다. 우리의 면역체계가 이처럼 정상적인 조직을 공격하는 데서, 이러한 질환에 대하여 의학계에서는 자기 면역(autoimmune) 또는 자기유도(self-induced)라는 명칭을 붙이게 되었다. 이 면역체계가 다른 질병의 경우에는 다른 조직이나 기관을 공격할 수도 있으나, 정신신체질환의 경우는 언제나 비정상적인 방법으로 재조직하여 정상적인 조직을 이질적인 조직으로 잘못 인식하게 되며, 따라서 그 조직을 마치 이질적인 것처럼 공격하여 파괴하는 것이다.

　면역체계의 창의적인 특성이 이러한 형태로 나타나는 이유와 그것이 한 조직만을 공격하고 다른 것은 공격하지 않는 이유가 아직까지 밝혀지지 않은 채 의문으로 남아 있다. 정상적인 관절이 공격을 당할 때, 그 정신신체질환은 류머티스성 관절염이라고 불리며, 척추가 공격을 당할 때에는 척추염, 위장일 경우에는 소화성 궤양, 췌장염, 또는 대장염이라 불린다. 그것이 신경초를 공격할 때에는 다발성 경화증, 신장을 공격할 때에는 사구체신염, 피부를 공격할 때에는 습진이다. 다른 질병도 많이 있고 보다 더 모호한 자기면역질환도 있지만, 이러한 것이 일반적인 질환이다. 그리고 필자가 믿는 바로는 대부분 질환의 공통적인 것은 알렌의 경우처럼 만성적으로 생활을 통제할 수 없다는 것이다.

　구뇌가 재조직될 때에 그 창의성은 우리를 더 강하고 건강하게 할 가능성을 갖고 있다. 만일 그 재조직이 임의적이라면 그 가능성은 더 크다. 분명한 것은 겉으로 보기에 아주 어려운 상황인데도 오래도록 건강한 생활을 하는 사람이 많다는 사실이다. 우리가 오직 질병에 대해서만 면밀한 주의를 돌리는 까닭에, 이들 건강한 사람들은 많은 관심을 받지 못하고 있다. 그러나 필자는 그들이 힘든 상황임에도 자신들의 생활을 잘 통제하고 있다고 생각한다.

　그러나 우리가 병에 걸렸어도, 전혀 가망이 없는 질환의 진행을 역전시킬 수 있는 새롭게 재조직된 행동을 구뇌가 찾아낼 수 있는 가능성은 항상 있다. '가망이 없는' 말기의 암 환자들이 '기적적으로' 치유된 경우의 기록이 수백 건 이상이 된다. 암에 걸린 그 희생자들의 면역체계가 매우 유익한 방법으로 재조직되었기 때문에, 그들이 자신들의 정상적인 능력을 넘어서는 행동을 함으로써 암을 제거할 수 있었던 것이다. 재조직 과정은 놀랄 만한 것일 수 있으나, 그것 자체가 기적은 아니다. 그것은 모든 살아 있는 생물이 할 수 있는 정상적인 과정인 것이다.

대부분의 의사들은, 사람들이 그들의 삶을 얼마나 잘 사는가 또는 잘못 살아가는가를 논의하는 데 시간을 보내기 때문에 환자들의 삶에서 통제할 수 없는 것이 무엇인가를 발견해 내기란 쉬운 일이 아니다. 알렌은 심장마비를 일으키기 전이나 후에도, 바쁜 주치의에게 많은 봉급을 받는 자신의 직업에 대해 불평하는 것을 옳게 여기지 않았으므로 아무런 말도 하지 않았다. 그가 스스로 사장을 목졸라 죽이는 환상을 폭로하게 하여 이러한 생각의 위험성을 깨닫게 하고, 더 좋은 방법으로 자신의 생활을 통제할 수 있도록 그를 유도하려면 숙련된 상담가가 필요했을 것이다.

정신신체질환으로 고통을 겪는 환자들의 특징은, 분노나 다른 통제 감정으로 인하여 속이 부글부글 끓어오르면서도 입을 굳게 다물고 있다는 점이다. 만일 알렌이 불평장이거나 수다쟁이였다면, 그는 자신의 심정을 보호하기 위하여 이러한 감정행동을 통해 자신을 충분히 통제할 수 있었을 것이다. 그러나 그가 불평을 하고 싶었다 해도, 많은 돈을 벌고 있었기 때문에 다른 사람들이 그의 말을 심각하게 받아들이거나 동정을 하기가 어려운 일이라는 것을 알고 있었을 것이다.
　필자가 겪은 어떤 심한 관절염 환자들은 피상적인 대화 속에서 그 질환으로 인한 문제를 제외하고는 자신의 생활 속에 잘못된 점이 전혀 없다고 주장하는 것이었다. 그들은 자신들의 관절이 파괴되어 가고 있는 상황을, 마치 그들이 할 수 있는 일은 아무것도 없으며 모든 것이 의사에게 달려 있다는 일종의 무언의 체념으로써 받아들이고 있는 것 같았다. 노만 커즌스(Norman Cousins)의 책은 의사가 할 수 있는 일은 아주 적고 오히려 관절염 환자 자신이 많은 일을 할 수 있다는 것을 증명해 주었다.
　그러나 만약 여러분이 선택이론을 이해하게 된다면, 그것이 바로 여러분이 기대하는 것이다. 알렌과 같은 사람들은 분노나 의기소침이나 불평과 같은 신뇌의 일반적인 심리적 감정으로는 그들의 좌절을 해결하지 못한다. 자신만 알고 있거나 또는 그들도 깨닫지 못하는 이유 때문에, 그들은 대부분의 사람들이 하는 방식으로 그들의 생활을 회복하거나 통제하려는 노력을 선택하지 않는 것이다. 대신에 그들은 불치의 병에 걸려서도 세상을 대할 때 태연하고 쾌활하게 대하기 때문에, 그들의 생활 속에서 무언가가 매우 잘못되어 가고 있다는 것을 남들이 짐작하기가 어렵다. 자신의 좌절감을 무시하는 척하는 동안에, 그들의 신뇌는 구뇌에게 강력한 '도움' 신호를 보내어 병을 일으키게 한다. 그런데 자신의 구뇌에서 일어나고 있는 혼란을 인식하지 못한 채 그들은 괴로움을 겪으면서도 겉으로는 명랑한 척하는 것이다.
　때때로 그들은 아픈 후에 자신의 질병을 이용하여 다른 사람들을 통제하는 방법을 배운다. 나는 이것이 발병되기 전에 그들의 마음속에 있었다고 믿지 않지만, 이것으로 그들이 명랑한 것을 설명할 수는 있을 것이다. 곧 그들은 고통과 무능에서 어떤 대가를 얻고 있는 것이다. 이러한 행동은 의사들을 우롱하는 것일 뿐만 아니라, 선택이론에 대해 알지 못하는 사람들을 당혹스럽게 한다. 특히 의사들은 정신적으로 '건강해' 보이는 이 명랑한 환자들이 심리적으로 무엇인가 잘못되어 있다는 사실을 믿기가 어렵다. 그리고 대부분의 경우 환자들은 의사들의 이러한 태도를 옹호한다. 그들은 자신들을 심각한 신체적인 질병의 불행한 피해자로 대하는 의사들에게 성급히 동조해 버리고 만다.

이러한 환자들은 그들 자신만이 아는 이유로 인해서 자신의 생활을 통제할 수 없다는 사실을 인식하지 않으려 하기 때문에, 자신의 좌절을 해결하고자 느끼기 행동을 선택하지 않으려는 데에 몰두해 있다는 사실을 명심해야 한다. 어떤 의미에서 의사와 환자는 그 병의 원인을 부인하는 데 협력하며, 그렇게 함으로써 가장 중요한 것은 아니지만 중요한 치료 요인(환자들의 생활을 좀 더 효과적으로 통제하는 것)을 치료 사진에서 제외시키고 있다. 나는 훌륭한 의학적 치료가 불필요하다고 주장하는 것은 아니지만, 욕구를 충족시켜 줄 수 있는 보다 나은 행동을 고려하지 않는 의학적 치료는 그 증상의 통증을 감소시키는 것 이상의 효과를 나타내지는 못할 것이라고 생각한다.

암(cancer)

우리들 대부분에게 암이 두려운 질병인 만큼 암의 원인에 대해서도 이미 많은 것이 알려져 있다. 암 연구자들은 암이 임상적으로 관찰할 수 있을 정도가 되면 이미 두 단계가 지난 뒤라고 믿는다. 암세포는 빠른 속도로 증가하기 때문에 하나의 세포는 곧 한 집단의 세포들로 재조직되고 그들 자신의 유기적인 프로그램을 따르기 시작한다. 이런 일이 왜 일어나게 되는지에 대해서는 많은 고찰이 있었다. 다이옥신(dioxin), 방사선, 바이러스 같은 외적인 작용들은 모두 암을 발생시키는 원인임이 입증되었으며, 암을 발생시키는 유전자 같은 내적인 원인도 첫 단계에서 중요한 역할을 한다는 새로운 증거도 나타나 있다. 그러나 이러한 초기의 변화가 어떤 식으로든지 심리적으로 연유하여 발생한다는 증거는 없다.

정상적인 세포들이 일정한 배수만 증가한 다음 멈추는 것과는 대조적으로 암세포들은 신속하게 무한히 증가하도록 프로그램 되어 있는 것처럼 보인다. 암세포들은 급속하게 마구 나타나서 정상적인 신체조직을 침략한다. 만약 제지당하지 않는다면, 그 세포들은 지속하려는 압도적인 욕구에 의하여 신체를 파괴시킬 것이다. 그러나 우리는 이러한 초기 단계를 거의 인식하지 못한다. 왜냐하면 대개의 경우, 이러한 증가는 우리의 면역 체계에 따라 신속하고도 완벽하게 제지당하며, 이 면역체계가 정상적으로 기능을 할 경우, 우리가 그 존재를 알아차리기 전에 '이질적인' 세포들을 찾아내어 파괴시켜 버리기 때문이다.

우리가 발견할 수 있는 질병이 되기까지 암세포들이 증가하려면, 그 다음 단계가 연속적으로 일어나야만 한다. 지금까지 그 이유는 알려져 있지 않으나, 암에 대해서 면역체계는 정상적인 기능을 수행하지 못한다. 면역체계는 암세포들을 발견하지 못하거나 또는 발견한다고 해도 그 세포들을 파괴하지 못한다. 현대의 암 치료는 주로 면역체계가 정상적으로 기능하거나 또는 더 잘 기능할 수 있도록 촉진하는 데 주력하고 있다. 정상적인 기능으로는 완강하게 급속히 증가하는 암을 퇴치할 수 없을지도 모른다.

어떤 사람들은 자신이 암에 걸렸다는 사실을 알게 되면 살아야겠다는 의지를 잃어버리기 때문에, 그보다 더 심한 상태에 있는 다른 사람들보다 훨씬 빨리 죽게 된다는 것은 이미 널리 알려진 사실이다. 그것은 마치 새로운 신뇌의 지식이 면역체계가 정상적인 기능을 수행하도록 하려는 구뇌의 명령에 어떤 혼란을 일으켜서 암을 발생시키는 이질적인 침입자에 대항하여 싸우지 못하게 하는 것 같다. 만일 우리가 자신이 암에 걸렸다는 사실을 모른다면, 구뇌는 비록 싸움에 지더라도 싸움을 할 것이다. 환자들은 자신이 암에 걸렸다는 말을 들으면, "내가 대처하기에는 너무나 벅찬 병이다."라고 말하면서 그냥 포기해 버리고 만다.

알렌이 '싸움 체계를 활성화시키는' 호르몬을 자신의 구뇌에게 보낸 것처럼 살아야겠다는 의지는 '면역체계를 활성화시키는' 호르몬을 구뇌에 보내는 신뇌의 행동인 것이다. 암과 싸우기를 포기한 암 환자들이 하는 행동은 알렌이 한 행동과는 정반대이다. 살겠다는 의지를 포기함으로써 면역체계를 활성화시키는 호르몬을 구뇌에 보내는 일이 중지되기 때문에, 구뇌와 면역체계는 문제를 해결하려는 창조적인 신체적 해결방법을 찾지 못하는 것이다. "더 이상 싸워본들 무슨 소용이 있겠는가? 나는 이미 녹초가 되어버렸다."는 식의 포기하는 태도는 우리가 암에 걸렸다는 말을 들었을 때 흔히 취하는 태도이다.

인생은 정적인 과정이 아니다. 정상적인 삶의 협력관계에서 구뇌는 우리가 좀 더 건강하고 병에 잘 대처할 수 있도록 하고자 창의적인 새로운 방법들을 끊임없이 모색한다. 암은 가능한 모든 생리적인 창의성과, 면역체계의 최선을 필요로 하는 질병이다. 그러나 면역체계는 이미 해야 할 기능을 제대로 수행하고 있지 않으며, 우리가 '포기한다'는 호르몬을 보냄으로써 그것이 창의적으로 기능할 수 있는 능력을 감소시키거나 말살시켜 버리면, 암을 이겨낼 가능성은 매우 희박해진다. 우리가 구뇌에 전달해서 구뇌가 우리의 면역체계를 가능한 한 활성화시키고 창의적으로 만들 수 있는 것들을 포기하게 하는 데에는 신뇌의 완전한 저항이 필요하다.

자신이 어떤 심각한 질병을 앓고 있다는 사실을 알게 되면, 우리는 자신의 생활을 통제하는 데 많은 압박을 받게 된다. 이 시점에서 우리는 주변 사람들한테 우리의 사라져가는 통제력을 지탱할 수 있도록 최대한의 도움을 받아야 한다. 그러나 가장 중요한 것은 우리 자신이 대처하기 어려운 어떤 상황에도 놓일 필요가 없다는 것이다. 가중되는 어려움은 모두가 또 다른 장애물이며, 흔히 그러하듯이 지치고 실망하게 되며, 우리가 필요로 하는 마지막 일들은 더 많은 장애인 것이다. 예를 들어 내가 암과 같이 심각한 질병을 앓고 있다면,

나는 좋은 의학적 치료를 받아야 한다는 말을 더 이상 듣고 싶어 하지 않을 것이다. 나는 회복될 가능성이 있다는 말을 듣고 싶다. 왜냐하면 그럴 수 있기 때문이다. 나는 의사가 실망하는 것을 보고 싶지 않으며, 담당의사가 나를 위해서 최선을 다하는 것을 보고자 한다. 그리고 나는 가능한 한 나의 삶을 스스로 통제하기를 원하기 때문에 더 이상 아무것도 알고 싶지 않다. 내 힘으로 내가 할 수 있는 모든 것은 나의 구뇌와 면역체계가 전부이며, 나 자신의 삶을 잘 통제하면 할수록 신뇌와 구뇌 사이의 관계가 더 좋아진다는 것을 나는 알고 있다. 그리고 이 관계가 좋을수록 그만큼 나의 구뇌는 내 생명을 위해 더 창의적으로 '싸울' 것이다. 이 싸움은 의사가 나를 위해 할 수 있는 일만큼이나 나의 생존에 중요한 것이 될 수 있거나, 최소한 남아 있는 나의 삶의 질에서 중요한 것이 될 것이다.

아직도 자기 신체기능 통제를 수행할 수 있는 암 환자들을, 크고 무시무시하며 비인간적인 병원 침대에 누워 있게 하는 현대의 의학적 치료방법은 아마도 현명한 치료방법이 아닐 것이다. 그것은 의사와 병원측에는 편리하겠지만 암과 투쟁하는 힘은 환자 자신의 내면에서 생겨나는 것이므로, 우리의 구뇌가 최대한 활동할 수 있도록 하는 것이 합당한 처사라고 본다. 환자들에게 자신의 삶에 대한 통제력을 발휘할 수 있도록 도와주는 일이 아마도 효과적인(구뇌를 지지하는) 치료 계획의 가장 중요한 부분일 것이다. 대부분의 의사들은 이 사실을 인정하면서도 과학적인 의약품의 놀라운 치유능력과 거대한 의료기구의 공격에 압도되고 위협당하고 있는 것이다. 그것은 마치 의사와 환자들보다 의학적인 치료방법이 더 중요해진 것과 같다. 곧 환자의 욕구가 치료의 '욕구'에 종속되어 버린 것이다.

환자들을 위한 현대 의료 기술이 완비된 병원에서 행하는 일들은 모두가 환자에게 통제력을 빼앗아 외부의 손에 맡겨버리는 것이다. 어느 시점에서 많은 환자들은 삶을 포기해 버리고 마는데, 그것은 그들이 할 수 있는 일이 거의 없으며 그들이 원하는 통제력을 거의 가져다 주지 못하므로 계속 싸우는 것이 그만큼 가치가 없는 일이기 때문이다. 알렌과 달리 그들은 신뇌에서 구뇌로 투쟁(fighting)의 전달을 위한 호르몬을 보낼 필요가 있으며, 그들이 삶을 포기할 때 생명을 구해 달라는 메시지를 보내는 일도 중단하는 것 같다. 어떠한 병이든 훌륭한 의학적 치료의 근본은 환자에게 자신의 무능력한 상태 내에서 자신의 삶을 스스로 통제할 수 있는 능력을 유지하게 하고, 더 나아가서 회복할 수 있도록 최대한 도와주는 일이어야 할 것이다.

제13장

약물 중독 1 :
삶을 통제하는 '화학적 작용'

주된 마약들은 다음에 소개할 것이지만, 모두 우리에게 다양한 기쁨을 제공함으로써 우리의 삶을 통제하고 있다는 느낌을 주며, 우리는 아주 기분이 좋기 때문에 시간에 거의 주의를 기울이지 않게 된다. 이러한 효과를 나타내기 위하여 그 약물들은 다음 5가지 방법으로 통제체계에 입각하여 작용한다.

최근에 당신이 정말로 멋있다고 느꼈던 순간을 잠시 회상해 보라. 지금 바로 그때와 똑같은 감정을 체험할 수 있다면 굉장히 멋지지 않겠는가? 그러나 불행히도 당신은 그 체험을 다시 할 수가 없다. 그런 느낌을 재창조하려면 당신은 당신에게 강력한 통제력을 실감케 해주는 어떤 일을 해야만 할 것이다. 곧 사랑에 빠진다든지 파격적인 승진을 한다든지 만만치 않은 강적을 이긴다든지 철의 장막에서 탈출한다든지 하는 일들이 그러한 것들이다. 사랑, 힘, 즐거움, 자유 등의 갑작스러운 증가는 항상 순수한 기쁨의 폭발을 가져오며 그것은 보통 일정기간 유쾌한 활동을 마친 뒤에 따른다.

우리의 감정은 두 가지 방법으로 발생한다고 설명하였다. 우리가 원하는 것과 가지고 있는 것 사이의 차이가 급격히 증가하거나 감소하는 것을 인식할 때마다 순수하고 극히 강렬한 감정이 일어난다. 예를 들면 좋은 직장을 잃을 거라는 말을 들을 때 우리는 순수한 아픔을 겪게 되며, 그 소문이 거짓이었다는 것을 알게 될 때 순수한 기쁨이 폭발하는 즐거움을 느낀다. 그러나 우리 감정의 주된 근원은, 좋은 감정이든 나쁜 감정이든 장기간 지속되는 행동들의 느끼기 요소이다. 예를 들면 우리는 좋은 직업을 잃게 되는 문제에 대처하는 최선의 방법으로 몇 달 동안 의기소침하게 풀이 죽어 있는 것을 선택하거나 흥미진진하고 만족스러운 일에 수반되는 지속적인 기쁨을 선택한다.

우리가 지금까지 전개해 온 순수하고 장기적인 좋은 감정들은 브리지 게임을 잘하거나 맛있는 음식을 먹는 것과 같이, 언제나 효율적이고 욕구를 충족시켜 주는 행동의 일부분이다. 따라서 기분이 좋을 때는 우리가 삶을 통제하고 있는 것으로 생각할 수 있으며, 한 가지 중요한 예외적인 상황을 제외하면 실제로 그렇다고 말할 수 있다.

그 예외란 우리가 마약을 복용하거나 코로 들이켜든지 주사하는 일을 택하는 경우이다. 헤로인이나 알코올, 코카인, 때에 따라서는 마리화나 같은 약물들이 우리의 뇌에 도달하면 우리는 짧은 시간 동안 황홀함(ecstasy)을 느낄 수 있다. 우리가 경험하는 급속하고 강렬한 쾌락은 우리가 우리의 삶을 갑자기 통제하게 되었을 때 느끼는 순수하고도 강렬한 기쁨과 같이 매우 많이 느끼는 것이다. 우리가 약물복용으로 유쾌한 기분에 젖어 있을 때, 우리는 우리의 삶이 심각하리만큼 통제할 수 없는 상태에 이르고 있다는 사실을 거의 깨닫지 못한다. 만일 우리가 어떤 종류의 마약이든 계속해서 사용한다면, 아무리 우리가 좋은 기분을 느낄지라도 우리는 우리 자신의 삶을 의식적으로 통제할 수 있는 힘을 점점 더 잃게 될 것이다.

좋은 느낌들이 효율적인 통제와 연관되어 있을 때, 나는 통제가 먼저라고 믿는다. 여러분은 식물과 같은 단순한 유기체들이 황폐한 땅과 불리한 기후에도 살아 남기 위해, 또는 자신의 생명을 통제하고자 투쟁하는 것을 관찰할 수 있었을 것이다. 그러나 나는 그것들이 어떤 감정을 가지고 있다고는 생각하지 않는다. 하여튼 고등동물들이 자신의 욕구를 충족시키려고 투쟁할 때 감정들은 발생한다. 투쟁에 성공하면 좋은 감정이 보상으로 주어지고, 욕구가 충족되지 않으면 나쁜 감정들이 경고로 주어진다. 물론 좋은 감정은 나쁜 감정으로 대체될 수 있다는 사실을 알게 될 때, 그것은 통제력을 회복하는 방법을 찾는 강력한 동기가 될 수 있다. 우리가 옳은 방향으로 계속해서 움직여 나가려면, 우리 감정의 '무지개' 끝에는 '황금 항아리'가 있다는 약속이 필요하다. 우리의 눈앞에 그 항아리가 보이거나 만질 수 있게 될 때, 우리는 우리 자신의 삶을 효과적으로 통제하고 있음을 믿을 만한 충분한 이유를 갖고 있는 것이다.

　인간과 다른 모든 생물 간의 또 다른 차이는 인간은 시간의 흐름을 감지할 수 있으며, 이러한 인식은 우리가 자신의 삶을 얼마나 잘 통제하고 있는지와 관련되어 있다. 우리가 만족스러울 때 시간은 빨리 지나가나 그렇지 못할 때 시간은 질질 끌며 느리게 지나간다. 당신이 지루할 때, 예를 들면 비행기가 연착되어서 6시간 동안 공항 주변을 왔다갔다 하면서 시간을 보내야 할 때, 당신은 자신의 삶을 통제하지 못하고 있으며 공항의 시계바늘이 얼어붙어 버린 것처럼 보일 것이다. 멋진 휴가를 즐기고 있을 때와 같이 당신이 당신 자신의 삶을 통제하고 있을 때, 세월은 빠르게 지나간다. 당신은 그러한 경험을 연장시키고자 모든 노력을 다 기울일 것이며, 아마도 새로 사귄 친구들과 밤을 지새울지도 모른다. 그러나 시계는 마치 당신에게서 가능한 한 많은 휴가를 박탈하려는 개인적인 복수심이라도 갖고 있는 듯이 빠르게 움직이기만 한다.

우리가 지적으로 깊이 몰두해 있을 때에도 시간은 흐른다. 내가 이 책과 같은 연구 과제를 수행하고 있을 때, 오후 일찍 앉아 시작했는데도 알지 못하는 사이에 밖은 이미 어두워져 가고 있었다. 대부분 내 행동은 사고하는 것이므로 나는 어떤 특별한 감정을 느끼지 못한다. 그러나 내가 일을 진행해 나갈 때 시간은 쏜살같이 지나간다. 내가 아는 한 이러한 경험을 제공해 주는 약물은 없다.

주된 마약들은 다음에 소개할 것이지만, 모두 우리에게 다양한 기쁨을 제공함으로써 우리의 삶을 통제하고 있다는 느낌을 주며, 우리는 아주 기분이 좋기 때문에 시간에 거의 주의를 기울이지 않게 된다. 이러한 효과를 나타내기 위하여 그 약물들은 다음 다섯 가지 방법으로 통제체계에 입각하여 작용한다.

■ **활동 1: 아편제가 그 좋은 예이다. 다른 일반적인 예로 코데인, 페르코단, 모르핀, 그리고 헤로인 등이 있다.**

모든 아편제는 통제체계에 입각하여 작용함으로써 직접적으로 우리를 기분좋게 만들어 준다. 그것들은 최근에 발견된 구뇌에서 분비하는 자연적인 아편제와 유사한 화학 물질을 모방한 것인데, 이 화학 물질은 우리가 현재 세계에서 갑자기 자신의 삶을 통제할 때 느끼는 기쁨을 온전하게는 아니더라도 대부분 제공해 준다. 골프를 치는 사람이 승리의 공을 쳤을 때 기쁨에 겨워 펄쩍 뛰는 것은, 사람들이 갑작스럽게 자연적인 아편제가 분비되는 것을 체험할 때 어떤 행동을 하는지를 보여주는 하나의 예이다.

아마 그보다 더 훨씬 강렬할지도 모르나, 비슷한 감정은 헤로인을 많은 분량 주사함으로써 생겨난다. 정기적으로 이 약을 사용하는 사람은 누구나 다 중독이 되며, '기분이 좋은' 동안에는 시간에 신경을 쓰지 않는다. 그러나 마약 중독자에게 약이 떨어지면 시간은 정지해 버리며, 약물에 의지하지 않고서는 자신의 삶을 도저히 통제할 수 없게 된다.

■ **활동 2: 일반적인 예로 마리화나와 LSD가 있다.**

마리화나는 우리가 세상을 살기에 쉽고, 안락한 것으로 느끼도록 우리의 지각용 카메라에 작용을 한다. 그것은 지각용 카메라 뒤에 있는 부드러운 쾌감 여과기(pleasure filter)처럼 작용하여 우리가 인지하는 것이 더 좋아 보이고 더 좋게 들리며 더 맛있게 느껴지고 더 기분 좋게 느껴지게 하는 약물로 중독이 된다. LSD 또한 우리의 지각용 카메라에 작용하는 것으로 마리화나보다는 강력하고 예측하기 어려운 방법으로 작용하지만 항상 쾌감을 느끼게 하지는 않기 때문에, 자신의 삶을 통제하려는 사람들은 정규적으로 LSD를 사용하지 않는다. LSD와 같은 약물은 새로운 감각적인 경험을 추구하는 사람, 예를 들면 새로운 세계를 여행하는 것 같은 체험을 원하는 사람들이 사용한다. 체험의 궁극적인 한계점을 찾아 헤매는 동안에 LSD 사용자가 세상을 왜곡되게 변화된 것으로 지각하여 환각에 빠지는 것은 흔히 있는 일이다. 이런 환각 상태가 일어날 때, LSD 사용자는 공포에 사로잡히게 되고 자신이 완전히 통제능력을 잃었다고 정확하게 결론을 내리게 된다. 이런 이유로 LSD에 중독되는 사람은 아주 드물다. LSD의 작용은 예측을 불허하는 것이다.

■ 활동 3: 알코올

다른 어떤 약물보다도 알코올은 알코올 사용자에게 빠르고 강력한 통제감을 준다. 알코올을 사용할 때 수반되는 좋은 기분은 사용자가 약물에 따라 유도되는 통제감의 '증가'를 어떻게 체험하는가에 있다. 헤로인과 마리화나가 사용자들을 수동적으로 만드는 경향이 있는 것과는 달리, 알코올은 흔히 사용자에게 그 약이 이미 제공해 준 통제감을 증가시키려고 적극적인 행동을 하도록 유도한다. 알코올의 영향으로 실제 통제력을 상실한 알코올 중독자들은, 자신들이 하는 모든 행동이 그들이 가지고 있다고 잘못 믿고 있는 통제 능력을 증가시킬 것이라고 믿는 것처럼 행동한다. 이러한 행동은 독특한 것이나 사실상 다른 약물들이 상실해 버린 통제감을 증가시키도록 작용하지 않는다.

■ 활동 4: 일반적인 예로 카페인, 니코틴, 코카인 등이 있다.

코카인과 코카인보다 효력은 약하지만 비슷한 약물인 카페인, 니코틴, 덱세드린, 메데드린 같은 것들 역시 통제감을 제공하지만 그 방식은 다르다. 이들의 주된 활동은 행동체계를 활성화시킴으로써, 예를 들면 코카인 사용자들이 어느 것도 자신의 능력을 벗어나는 일이 없는 것처럼 한동안 행동할 수 있게 만드는 것이다. 알코올과는 달리 이러한 약물들은 짧은 시간 동안 실제로 그 사용자에게 삶의 통제력을 증가시켜 준다. 니코틴과 카페인은 분명 코카인이나 메데드린보다는 훨씬 효력이 약하지만, 이것들 역시 가벼운 정력제로 작용하여 효과를 나타내는 것으로 보인다. 이 사실을 증명하기 위하여, 두 가지를 다 사용하는 사람들에게 담배를 끊거나 카페인이 들어 있지 않은 커피 한 잔으로 하루를 시작하도록 요구해 보라.

■ **활동 5: 일반적인 예로 바르비투르산염, 발리움, 콰루드가 있다.**

앞에 언급한 다른 많은 약물들과는 달리, 이 약물들은 긴장한 환자들이 긴장을 풀도록 도와주고 잠자는 데 어려움을 겪는 환자들을 돕고자 의사들이 처방한 약물들이다. 이러한 약물들은 행동체계를 진정시키는 작용을 하며, 충분한 양을 복용하면 정상적인 잠자리처럼 편안하지는 않지만 잠자는 것과 같은 상태를 가져오게 된다. 어쨌든 이 약물들은 근심, 걱정과 같은 감정을 감소시키는 방식으로 긴장감을 감소시킴으로써 편안한 느낌을 가져다준다. 그러나 이 약물들을 자주 사용하게 되면 중독이 된다.

마약을 정기적으로 사용하는 사람들은 심리적으로 신체적으로 모두 중독되어 있다고 말할 수 있다. 그들은 그 약이 제공하는 쾌감을 잘 알고 있기 때문에 그 쾌감을 가능한 한 자주 그리고 오래 체험하기를 원하므로 심리적으로 중독되어 있는 것이다. 또한 그들은 신체적으로도 중독되어 있다고 보는데 그것은 구뇌가 이 약물을 받아들여 정상적인 신체 화학 과정에 통합시키기 때문이다. 우리는 구뇌의 작용과정을 직접 인식하지 못하므로 이 사실을 알지 못하지만, 구뇌는 이 약물들이 자신의 기능에 도움이 된다는 사실을 '배우게 된다.' 우리는 이 약물들의 복용을 중지하려고 애쓸 때에야 비로소 이러한 상황이 일어난 것을 알게 된다. 그러면 구뇌는 신뇌에게 고통스러운 메시지를 보내게 되는데, 우리는 그 메시지를 약물을 간절히 원하는 것으로 해석한다. 이것은 물을 마시고 싶어 하는 갈증이나 음식을 먹고 싶어 하는 허기와 매우 비슷한 것이다.

약물에 이처럼 중독되는 것은 이런 이중의 '이득'(정신적, 신체적) 때문이다. 그러나 사용자가 쾌감을 증가시키려고 약물의 분량을 늘리면, 구뇌는 많은 약물을 '사용'할 수가 없기 때문에 더 이상 만족스럽게 기능을 수행할 수 없게 되며, 그 결과로 약물은 고통스러운 독약이 되어 버린다. 불행하게도 그 약에 중독됨에 따라 사용자는 더 좋은 기분을 가지려고 필사적으로 점점 더 많은 양의 약을 복용하는 경향이 있는데, 그렇게 되면 이 약물들은 극히 해롭고 때로는 치명적인 결과를 초래한다.

만일 우리가 모르핀, 코카인, 발리움과 같은 약물의 복용을 중단한다면, 구뇌가 복용 이전의 정상적인 기능으로 되돌아가서 그 약물을

'잊기'까지에는 매우 긴 시간이 걸리며, 심지어는 몇 년의 기간이 걸릴 수도 있다. 이 기간 동안 우리는 그 약물이 없이는 좋은 기분을 거의 느낄 수 없게 되는데, 그 이유는 우리가 효과적으로 통제할 때에 구뇌가 정상적으로 분비하던 자연적인 쾌감 물질을 분비하지 못하기 때문이다. 이것은 어떠한 자연적인 약물이나 화학 물질이 외부에서 충분하게 정기적으로 제공될 때면 항상 일어나게 되는 정상적인 생리현상이다. 점차적으로 두뇌는 정상적인 기능을 회복하지만, 이전에 약물을 복용하던 사람은 오랫동안 자연적인 쾌감을 느낄 수 있는 능력을 갖지 못하기 때문에, 우리에게 좋은 기분을 느끼게 하기 위해 필요한 자연적인 쾌감 물질을 구뇌가 분비하기를 기다리는 동안 즐거움이 없는 비참한 기간을 투쟁하고 싸워야만 한다.

이런 이유 때문에 중독자들은 약물을 복용하지 못하는 것에 대해 많은 불평을 한다. 그들에게는 비사용자들이 당연하게 여기는 정상적인 삶의 기쁨을 체험할 수 있는 능력이 아직 없는 것이다. 물론 알코올은 자연적인 쾌감 약물이 아니므로 예외이다. 알코올은 사용자에게 효과적인 욕구 충족과 구별할 수 없는 통제감을 화학적으로 제공해 준다. 알코올 중독자가 체험하는 강렬한 쾌감은 우리가 갑자기 우리의 삶을 통제하고 있다는 느낌을 가질 때에 항상 분비되는 엔돌핀과 같은 자연적인 쾌감 약물과 같은 것이 생겨난다. 그러므로 알코올 중독자가 금주를 해서 술을 마시지 않고도 자신의 욕구를 충족할 수 있게 되면, 그는 좋은 기분을 느끼는 데 별 어려움이 없게 된다. 그는 이 자연적인 과정을 방해하지 않게 되는 것이다.

그러나 신뇌는 중독성이 있는 약물을 대단히 잘 기억한다. 아마도 니코틴은 영원히 우리의 심리적 사진첩에 남아 있을지도 모른다. 비록 신체적으로 그 약이 더 이상 필요치 않은 때가 온다 하더라도, 그 약물이 제공해 주던 효과가 새로운 효율적인 행동으로 대체되지 않는 한 그 약물을 갈망하는 마음을 없애버릴 수는 없을 것이다. 만일 그 약물을 다시 복용하게 되면, 그 약물의 화학적인 성분은 구뇌의 '기억'을 빠르게 재활성화하고, 신체적·정신적 갈망에 쫓겨 금방 재중독되어 또다시 자연적인 쾌감 약물을 분비할 수 있는 능력을 상실하게 된다.

알코올, 코카인, 발륨과 같이 아주 강한 약물들은 쉽게 구뇌의 기능에 통합되며, 적은 양으로도 구뇌에 매우 '유익한' 것으로 인지된다. 사람들은 자주 엄청난 양의 약을 사용하는데, 그럴 경우 이 약물들은 구뇌를 중독시켜 우리 몸을 병들게 한다. 그러나 약물 사용을 중단하면 구뇌는 몇 년이 될 수도 있는 오랜 기간 동안 계속해서 신뇌에게 그 약을 '갈망'하는 메시지를 보낼 것이다. 구뇌는 약물을 다량으로 섭취하면 몸에 해롭다는 것을 '학습할 수 있는' 방법이 없는 것으로 보인다. 구뇌는 오직 적은 양의 약물이 나타내는 유일한 효과만을 '기억'하여, 그것이 아무리 해로운 것이라 하더라도, 완전히 그것을 '잊을' 때까지 신뇌에게 '내게 약물을 달라'는 메시지 보내기를 중단하지 않는다. 그러므로 만일 당신이 어떤 중독성 약물을 끊기 원한다면, 자신이 하는 일에서 성공한다든지 또는 예전의 가족 유대를 재조정하는 일과 같은 효과적인 욕구충족 행동을 할 수 있도록 신뇌에 의지해야만 한다. 구뇌는 그 약물이 반복적으로 해독을 끼쳤다 하더라도 계속해서 그것을 '갈망'할 것이다. 그리고 약물이 강하면 강할수록 이러한 갈망도 오래 지속될 것이다.

　마리화나는 적은 양을 사용할 경우에도 쉽사리 구뇌의 기능에 통합되는 약인 것 같다. 그러나 우리가 사용을 중단할 경우, 구뇌가 아주 쉽게 그것을 포기한다는 점에서 대부분의 다른 중독성 약물들과 다르다. 우리는 마리화나에 대해서 다른 약물에 갖고 있는 것과 같은 강한 구뇌의 '갈망'을 갖고 있지 않은 것 같다. 그러므로 적은 양을 복용할 때 신체적으로 중독되는 것보다 심리적으로 더 중독되는 것이다. 그러나 약물을 많이 사용할 경우, 구뇌가 다른 모든 약물에 의존하는 것처럼 그것에 점점 더 의존하게 될 수도 있다. 이 또한 결국에는 신체적으로 중독되는 것이다. 그리고 매우 많은 약물을 사용할 경우, 역시 구뇌를 망가뜨려서 LSD에 의해서 생겨나는 지각의 혼란과 비슷한 혼란스러운 작용으로 이끌 수도 있다. 다량의 마리화나를 사용하는 많은 사람들은 알코올이나 다른 강한 약으로 바꾸는데, 마리화나는 엄청난 양일지라도 그들이 추구하는 통제감을 주지 못하기 때문이다.

　선택이론을 이해하는 사람들에게는 중독성 약물들이 구뇌와 신뇌에 불리한 영향을 끼치기 때문에, 사회에서 허용하는 범위 내에서 소량으로 잘 통제하여 사용하지 않으면, 그것이 우리의 삶을 효과적으로 통제하는 데에 심각한 장애가 된다는 사실이 분명해졌을 것이다. 굶주린 어린이들에게 굶주림의 고통을 막으려고 아편을 주는 것은 디킨슨 시대에 영국에서 흔히 행해지던 관습이었는데, 그것은 아주 불건전한 일이다. 그에 뒤따라 나타난 최초의 미미한 악영향은 이들 빈곤의 희생자인 어린이들에게 치명적인 것이었다. 지금은 굶주림이 거의 없지만, 풍요와 더불어 쾌락이 가능하다는 것을 더 많이 인식하게 된 사람들이 더 많은 약을 사용하고 있다. 중독자들은 끊임없이 쾌락을 추구하며, 다른 방법으로 쉽게 쾌락을 얻지 못할 때에는 약물 사용을 서슴지 않는다. 당신이 약물을 과다하게 사용하지 않는다고 하더라도, 그 약물들이 널리 사용되고 있기 때문에 그것들이 당신 주위에 있는 사람들에게 어떤 영향을 끼치는지를 알아두는 것이 바람직하다. 다음의 사항들은 약물중독자 재활의학에 관한 것이 아니다. 그러나 만일 당신이 약물 복용자들을 알고 있다면, 그리고 그들이 약의 사용을 중지하고자 당신에게 도움을 요청한다면 이 사실들은 아주 유용하게 사용될 것이다.

》》 알 코 올

모든 일반적인 약물 가운데 가장 위험하고 우리의 몸을 약화시키는 것이 알코올이다. 알코올이 우리에게 작용하는 방식이 부분적인 이유가 되기도 하지만, 알코올의 과도한 섭취가 사회적으로 용인되기 때문에, 알코올의 다량 섭취가 그 사용자에게 치명적인 악영향을 끼친다는 잘 알려진 사실을 사람들이 무시하는 데 그 주된 원인이 있다.

알코올은 극히 간단한 성분으로 되어 있지만, 그것이 우리 몸에서 어떻게 작용하며, 사용하는 사람들에게 실제로는 그렇지 않은데도 자신의 삶을 통제하고 있다는 강한 믿음을 갖게 하는지에 대해서는 아직 아무도 발견하지 못하고 있다. 이러한 효과는 누적된다. 그들은 더 많은 양의 알코올을 마실수록 더 강한 통제감을 경험한다. 나에게는 현재 한 단주 모임(AA : Alcoholics Anonymous)에 가입한 많은 친구와 동료가 있는데, 그들은 이것이 알코올의 주요한 효과라는 것을 입증하고 있다. 그들이 '성공적으로' 추구하고 있는 사진은 완전한 통제를 느낄 때까지, 다시 말하자면 취할 때까지 마시는 것이었다. 그러나 실제적으로 그들은 알코올을 많이 마시면 마실수록 통제감을 더 많이 잃게 되며, 따라서 술에 취한 사람들의 공통적인 특징은 그들이 실제로 가지고 있는 통제의 양(거의 없음)과, 그들이 가지고 있다고 생각하는 통제의 양(전부임) 사이에는 엄청난 차이가 있다는 것이다.

여러 가지 욕구 중에서 어떤 것이 충족되는지는 문제가 되지 않는 것 같다. 알코올은 사용자에게 욕구가 충족되고 있다는 잘못된 느낌을 주는 것이다. 알코올은 외로운 사람을 사교적으로 만들며, 힘없는 사람을 힘 있게, 우울한 사람을 명랑·쾌활하게, 갇혀 있는 사람을 덜 답답하게 만들어 준다. 그리고 우리 사회는 자신이 선택한 삶의 방식에 만족하지 못하는 사람들로 가득 차 있기 때문에, 많은 사람이 대량으로 알코올을 섭취하는 것이다. 앞서 언급한 바와 같이, 알코올은 헤로인이나 코카인처럼 직접 쾌감을 주지는 않지만 통제감을 제공함으로써 쾌감을 준다. 이것은 아마도 그들 자신의 자연적인 내분비 화학물질, 즉 내부의 아편제가 동시에 방출되기 때문일 것이다.

사용자에게 그 쾌감이 직접적이냐 간접적이냐 하는 것은 기술적인 문제에 지나지 않는다. 그들에게 느껴지는 쾌감은 즉각적이며 강렬한 것이다. 그러나 알코올 중독자는 자신의 자연적인 쾌감 약물을 분비하는 능력을 결코 상실하지 않으므로, 기술적인 문제는 재활의학 과정에서 중요한 과제이다. 일단 그가 술을 끊고 통제력을 회복하면 그와 동시에 좋은 기분을 느낄 수가 있기 때문에, 술을 마시지 않고도 통제력을 보유할 수 있다면 그는 술을 끊을 수 있는 커다란 동기를 가지게 된다. 그는 자신의 자연적인 쾌감 약물이 재활성화되는 길고도 즐거움이 없는 고통의 기간, 곧 헤로인이나 발륨과 같은 직접적인 쾌감 약품이 저지당할 때 항상 뒤따르는 시간적 간격을 기다릴 필요가 없다.

세월이 지남에 따라, 아무리 둔감한 음주자라 하더라도 그가 취했을 때에 느끼는 '통제감'은 사실상 지속성이 없다는 것을 인식하게 된다. 그는 삶의 일부가 되어버린 질병과 무능에서 빠져나올 수가 없다. 그는 자기 주위에 있는 모든 사람에게 외면당하고 혼자만 쓸쓸하게 남아 있는 상황에서 자신의 욕구가 충족되고 있다고 믿을 만큼 바보는 아니다. 그럼에도 그는 술을 끊지 않고 어쩌면 더 많이 마실 수도 있다. 왜냐하면 그는 자신의 심리적 사진첩에서 알코올을 제외한 모든 사진을 꺼내 버렸기 때문이다. 그래서 그는 전적으로 그 약물에만 의존하게 되고, 알코올이 자신을 유능하게 만든다고 믿음으로써 미흡하게나마 해 오던 일들마저 포기해 버린 채 혼자서 술만 마시게 된다. 도시 빈민굴에 사는 사람들에게서 흔히 보는 모습이지만, 계속해서 술을 마시는 그들의 행동은 쾌감을 얻으려 한다기보다는 의식을 잃기 위한 것이다. 의식을 잃음으로써 고통스러운 느낌에서 도피할 수가 있으며, 만취해 있더라도 그는 여전히 통제력을 상실한 상태에 계속 머물고 있는 것이다.

  알코올의 가장 해로운 작용은 약물이 차차 없어지기 시작할 때까지 음주자가 자신이 통제력을 상실했다는 사실을 인식하지 못한다는 점이다. 약물이 남아 있지 않을 때, 그는 즉각적인 통제력의 상실감에 수반되는 고통이 엄습하는 것을 느끼게 된다. 그러므로 그는 가능한 한 빨리 술을 다시 마시게 되며, 그때마다 자신이 마침내 통제력을 다시 얻었다고 믿게 된다. 또한 그는 약물의 영향을 받는 동안 그가 하는 모든 일이 자신의 통제력을 증가시켜 준다고 믿는다. 그가 하는 일이 자기 자신과, 그의 주변에 있는 사람들에게 이롭다는 광적인 생각은(그가 자신이 통제하고 있다고 생각하며 자신이 취했다는 것을 깨닫지 못한다는 사실을 기억하라) 알코올의 가장 파괴적인 측면, 곧 폭력으로까지 치닫게 한다. 거의 모든 폭력 범죄들, 특히 아내와 자녀를 때리는 행동과 우리 문화의 일부분이기도 한 근친상간은 음주의 직접적인 결과들이다. 술에 취한 채 운전을 하거나 보트를 몰거나 비행기를 조정하는 등의 수많은 돌발적인 사고들은 조정자가 맨 정신일 때 일어나는 사고율을 훨씬 더 능가한다. 음주는 의도적이든, 비의도적이든 간에 우리 사회에서 폭력의 주된 원인이며 대개의 경우 남자들이 여자들과 아이들을 성적으로 폭행하게 하는 '자극제'가 된다.

  술을 지나치게 마시는 남자에게는 어떤 공통적인 시나리오가 있다. 그 한 사람을 우리는 맥이라고 부르기로 하자. 그의 결혼 생활이 급격히 악화되고 있다. 날마다 알코올이 효력을 나타낼 때 그는 자신이 통제하고 있고 자신이 원하는 것은 무엇이든 할 수 있다고 믿으며, 그의 아내(그녀를 케이라고 부르기로 하자)는 함께 술을 마시지는 않지만 자신처럼 술을 좋아하고 자기를 좋아할 것이라고 생각한다. 아마도 그는 그녀에게 나가서 더 많은 맥주를 사 오라는 단순한 요구를 하거나, 아니면 그가 취했을 때 아내가 거부함에도 그녀가 원하지 않는 방식으로 섹스를 할 것이다. 그녀는 맥주를 사다 주는 것이나, 섹스를 거부할 수도 있다. 그의 잘못된 통제는 그녀에게 남편이 취한 것만큼이나 혐오스러운 것이다. 그녀는 다른 많은 아내처럼 남편에게 술을 적게 마시라는 요구를 하면서 저녁을 지을지도 모르며, 이것은 그가 지독히 싫어하는 일이다. 그는 하루 온종일 저녁에 마실 맥주와 맥주를 마심으로써 '얻을' 수 있는 통제감을 고대했을 것이다.

맥에게 술에 취하지 않은 멀쩡한 정신은 통제력을 벗어난 삶이요 불행이며 고통일 것이다. 케이의 '바가지'는 그가 통제할 수 없는 모든 것을 상징하며, 알코올은 그가 갈망하는 모든 것을 상징한다. 알코올은 맥이 합리화할 수 있는 모든 사물 가운데서 가장 위대한 것이므로, 술에 취해 있을 때, 그는 자신이 하는 모든 일이 정당하다고 생각한다. 그는 자신이 행하는 일을 정확하게 판단할 수 있는 능력을 모두 상실하였기 때문에, 자신이 통제하고 있는 것으로 '알고 있다.' 그리고 아무도 그의 정당성에 대하여 반박할 권리가 없으며 만일 누군가가 그에게 반박한다면, 그는 자신이 하는 행동이 대단히 폭력적인 것이 될 수도 있다는 사실을 생각지 않고 '필요하다고 생각되는' 행동을 할 것이다. 케이가 그에게 맥주를 더 갖다 주는 것을 거부하면 그녀를 때릴 것이다. 왜냐하면 그녀에게는 통제할 능력이 있는 남자에게 도전할 권리가 없기 때문이다. 취해 있을 때 그는 어떠한 반항도 묵살해 버릴 수 있는 권리를 가진 가정이라는 배의 선장인 것이다.

케이는 선택이론을 모르기 때문에 현재 진행 중인 상황을 이해하지 못한다. 그녀는 남편이 자신을 통제하는 것으로 믿고 있다는 사실을 파악하지 못할 것이다. 왜냐하면 그녀에게는 남편이 통제하고 있지 못 하는 것이 분명하게 보이기 때문이다. 그녀는 남편에게 맥주를 더 이상 갖다 주지 않는 것이 그에게 유익하다고 생각한다. 그리고 그에게 이 사실을 깨달을 수 있는 능력이 조금이라도 있기를 기대하지만, 그에게는 그것을 깨달을 능력이 없다. 술은 그가 행하는 모든 일이 효과적이라는 '자신감'을 그에게 주었으며, 그는 아내를 올바르게 하는 것이 남편의 의무라고 믿기 때문에, 그녀를 심하게 때릴지도 모른다.

이 모든 일은 서서히 일어난다. 처음에 맥이 얼큰히 취했을 때 그가 자신감을 갖고 있기 때문에 케이는 그와 함께 있는 것이 즐거웠다. 그리고 알코올이 그에게 좀 더 풍부한 유머 감각과 느긋한 감정을 갖게 해주었으므로, 그는 케이에게 더 잘해 주었다. 만일 그가 사교적인 음주가들처럼 적정 수준에 맞게 술을 마셨다면, 알코올이 그에게 가져다 준 통제 능력은 그를 보다 매력적이고 교제하기 쉬운 사람으로 만들었을 것이다. 우리가 자신감을 가지고 있을 때, 통제력을 갖는 것이 더 쉬워진다. 이것이 바로 술을 마시게 되는 근본적인 이유인 것이다.

모든 음주가들이 부딪치는 문제는 적당한 양과 지나치게 많은 양

사이의 미묘한 균형을 유지하는 일이다. 맥은 한 잔의 술을 더 마시고 싶은 유혹을 받는데, 특히 힘든 날이나 아내나 아이들과 충돌하면서 통제력을 다소 잃었을 때에는 이런 유혹을 더 받게 된다. 처음에 맥은 정도를 약간 지나쳤고 그 뒤에는 정도를 좀 더 넘게 되고, 결국에는 문제를 해결하려고 노력하는 대신에 그것을 '화학적으로' 해결하려고 술을 마시게 된다. 이 고질적인 음주 순환 체계는 고착되어 버렸다. 그는 술에 취해 있을 때에만 자신을 통제하고 있다고 느끼는데, 그 이유는 그가 제정신일 때에는 케이가 기회를 놓치지 않고 그가 함께 살기에 얼마나 끔찍한 존재가 되어 가는지를 온갖 방법으로 얘기하기 때문이다. 그들의 결혼 생활은 알코올 중독자들의 전형적인 표본이다. 맥이 맨 정신일 때 그녀는 통제 상태에 있다. 그리고 그가 취했을 때는 그가 통제 상태에 있다. 어떤 도움 없이는 두 사람 사이의 차이점을 메울 수가 없을 것이다.

 케이는 평범한 이유, 곧 사랑, 성실, 안전, 자녀 때문에 그와 살고 있지만 알코올 중독자의 아내들이 가지고 있는 공통적인 이유 한 가지는 시간이 흘러감에 따라 남편이 제정신일 때는 아내가 남편에 대해서 더 많은 통제력을 갖는 것이다. 이러한 사실은 그가 취했을 때 그녀를 난폭하게 통제하는 것을 어느 정도 보상해 준다. 만일 그녀가 자기 남편에게 무슨 일이 일어나고 있는지 알 수 없다면, 그녀가 기대할 수 있는 것은 남편의 매질 횟수가 늘어나고 맨정신일 때가 드물다는 것이다. 음주가 그에게 통제감을 주고 있다는 사실을 그녀가 깨닫지 못하는 한 남편을 효율적으로 다룰 방도는 없다. 남편이 제정신일 때는 그녀가 계속해서 그를 괴롭힐 것이고, 그는 통제감을 회복하려고 점점 더 술을 마시게 될 것이다. 만약 그녀가 그렇게까지 하면서 살 수만 있다면, 결국은 그녀가 '이기게' 된다. 알코올 중독은 결국 그를 병들게 할 것이고, 그렇게 되면 그는 그녀의 보살핌에 자신을 내맡길 수밖에 없을 것이다. 많은 양의 술을 계속 마시게 되면 그는 육체적인 원기를 잃게 되고, 그렇게 되면 그녀에게는 폐인이 되어 버린 병든 술주정뱅이, 껍질뿐인 남편이 남게 될 것이다.

만일 케이가 자신의 인생과 결혼생활을 효과적으로 통제하길 원한다면, 여기에서 설명한 내용을 실행에 옮길 수 있는 방법이 있다. 첫째, 그녀는 맥이 자신의 잃어버린 통제력을 얻고자 술을 마신다는 사실을 알아야만 한다. 취했을 때 그는 상실한 통제력을 회복하려고 폭력을 포함하여 그가 행하는 모든 행동을 '정당한' 것으로 느낀다. 남편이 술을 마시기 시작할 때에는 집을 떠날 계획을 세워야만 한다. 자녀가 있으면 데리고 나가서, 그가 제정신이 들 때까지 돌아오지 말아야 한다. 만일 집을 떠날 수 없는 경우에는, 자기 자신과 자녀들을 보호하려고 그에게 대들지 말아야 한다. 울어대는 어린아기조차 술에 취한 그에게는 자신의 통제력에 대한 위협으로 보일 수 있으므로 갓난아기를 때리는 것을 '정당한' 행동으로 여길 수도 있다.

그녀는 자신의 힘으로는 알코올 중독자를 회복시킬 수 있는 방법이 없다는 사실을 또한 깨달아야만 한다. 그가 제정신일 때는 자신이 취했을 때 일으키는 공포와 혼란에 대해서 얘기하는 아내의 말을 들을지 모르지만, 이것은 그에게 통제력을 더 잃게 만들고 알코올을 더 갈망하게 하는 원인이 될 뿐이다. 그녀의 좋은 의도는 불행하게도 문제를 복잡하게 만든다. 맥이 자신의 삶에 대한 통제력을 상실하였으나, 케이는 이 상실에 아주 깊이 개입되어 있기 때문에 그를 도울 수 없는 것이다. 그것은 불가능한 일이다. 그가 술을 끊어야만 한다. 내가 알코올 중독자들과 일해 오면서 배운 것은, 알코올 없이 자신의 삶에 대한 통제력을 회복할 수 있도록 도움을 주는 단주모임(AA)에 참여하지 않으면 음주를 중단할 수 없을 것이라는 사실이다. 그녀는 맥의 삶을 통제할 수 없다. 만일 그녀가 계속해서 맥의 삶을 통제하려고 한다면 살해될지도 모른다.

만일 케이가 자신의 삶을 통제하길 원한다면, 남편을 잘못 통제하여 술 취한 남편의 매질을 받아들이고 술을 끊겠다는 약속을 듣는 생활을 계속할 것인지 아닌지 결정해야만 한다. 만일 이것이 원하는 게 아니라는 생각이 들면, 남편이 제정신일 때 이런 상태로 계속 그와 함께 살 수 없으며 그렇게 살지 않겠다고 말을 해야만 한다. 내가 지금까지 설명한 것을 케이가 이해한다면, 맥과 그녀의 생활이 나아지기는커녕 오히려 더 나빠지리라는 것을 깨닫게 될 것이다. 그녀와 함께 사는 조건으로 맥은 AA모임에 가야만 한다. 케이 자신의 문제를 해결하려면, 그녀 역시 문제를 갖고 있음을 인정하고 남편에게도 인식시켜야 한다. 또한 알코올 중독자의 가족들에게 도움을 주는 프로그램인 AA의 알라논(Alanon)에 참석해야 할 것이다. 사실상 그녀는 남편이 AA모임에 가든 안 가든 간에 자신은 알라논 프로그램에 참석하겠다고 남편에게 말해야 한다.

케이가 AA같이 선택이론을 따르는 프로그램인 알라논에서 배우게 되는 것은, 두 사람이 그들의 삶과 결혼생활을 남편과 더불어 통제하고 있는 것처럼 느끼는 방식으로 살아가는 방법이다. 그녀가 이 방법을 배울 수 없다면, 유일한 방법은 이혼하는 것이다. 그녀가 강하다면, 그녀는 남편이 술을 마시는 한 그의 술버릇을 탓하지 않고는 함께 살 수 없다고 말할 것이다. 만일 그들의 결혼생활에 무언가 남아 있다면, 그는 AA모임에 갈 것이다. 거기서 그는 자기가 삶의 통제력을 상실했으나 술이 없이도 통제력을 회복할 수 있다고 배울 것이다. 그는 술에서 AA모임으로 그의 사진첩의 사진을 바꿀 것이다. 그녀는 그를 통제하는 것에서 그를 보살펴 주는 것으로 자신의 사진첩에 있는 중요한 사진을 바꿀 것이고, 두 사람은 새로운 기회를 갖게 될 것이다. 다른 방법은 없다. 왜냐하면 알코올의 힘은 너무나 막강하기 때문이다. AA는 내가 아는 바로는 알코올 중독자들을 지속적으로 대가 없이 도와줄 수 있는 유일한 프로그램이다. 그러나 AA도 완전한 해결책은 아니다. 그것은 제정신으로 되돌아 갈 수 있는 길의 시작이며 기회인 것이다. 취하지 않고 맑은 정신일 때, 알코올 중독자는 자신의 욕구를 채우려고 자신의 삶을 충분히 통제할 수 있는 능력을 회복해야 한다. AA 자체로는 그의 욕구를 채워줄 수 없으나, 그것은 이미 시작된 과정에 도달할 수 있는 길로 아마도 우리가 찾을 수 있는 최선의 방법일 것이다.

알코올은 우리 문화의 일부분이므로 때로는 술을 마시지 않는 사람들이 사회적으로 수용되기가 어렵다. 술을 마시지 않는 사람은 그를 비음주가로 받아들여 줄 친구들을 찾을 수 있을 정도로 강해야 한다. 이것은 성공적인 사회생활을 하는 성인들에게는 어려운 일이 아니나 십대들에게는 어려운 일이다. 왜냐하면 성인으로 전환하는 시기에는 사회적으로 수용되고자 하는 강한 욕구를 갖고 있으므로 술을 마시지 않는다는 것은 소외될 위험을 무릅써야 하기 때문이다. 더욱이 대부분의 청소년들은 가정에서 술 마시는 것을 보거나 경험하였으며, 때때로 가족들은 약간 취하는 것을 심각한 문제로 발전할 가능성이 있는 일로 받아들이기보다는 애교로 받아들인다.

알코올은 우리 문화에서 필요한 요소이고 사회적으로 용납되며, 심지어는 찬양을 받기도 하는데 — 반면에 다른 약물들은 그렇지가 않지만 — 그것은 알코올이 우리의 삶을 통제한다는 문화적인 이상을 뒷받침해 주고 있기 때문이다. 알코올이 사람들에게 통제력을 상실하게 하므로 우리 문화에서 가장 파괴적인 유일한 힘이라는 사실은 알코올이 작용하는 방식 때문에 사람들에게 인식되지 않고 있으며, 앞으로도 인식되지 않을 것 같다. 우리 문화 또는 대중매체가 게시하는 최소한의 우리 문화는 알코올을 긍정적인 힘으로 보는데 세심하게 절제하여 사용한다면 그럴 수도 있다. 대중매체의 영향으로 우리 문화는 '참된' 남녀들은 통제력을 증가시키는 것과 통제력을 상실하는 것 사이의 경계선을 넘지 않을 거라는 잘못된 가정을 하고 있다. 알코올은 세상사를 원활히 돌아가게 통제하는 약물이며, 알코올을 잘 사용하는 것은 정신적인 힘과 성숙의 상징이다. 알코올은 통제감을 증가시켜 주기 때문에 우리는 알코올을 두려워해야 함에도 오히려 알코올을 환영한다.

맥주의 광고 이미지는 힘들고 흥미진진한 일과 운동경기의 성취를 알코올과 연결시키고 있다. TV에서 실제로 자기 자신의 삶을 통제하고 있는 사람들은 많은 양의 맥주를 마시면서도 전혀 통제력을 잃지 않고 있다. 만일 그 광고를 믿는다면 일은 언제나 순조롭게 되어가고 있다는 것이다. 작업 중이나 경기 도중에는 절대로 맥주를 마시는 일이 없으며 파티는 항상 흥겹고, 집으로 차를 몰고 가다가 사고를 내는 사람도 없다. 알코올은 행복하고 성공한 사람들이 복용하는 약물로 선전되고 있으며 그들은 알코올을 사용할 때 절대로 통제력을 잃지 않는다. 그래서 젊은 사람이 술을 마시기 시작할 때, 그는 절제와 만취상태의 경계가 얼마나 미세한지를 거의 고려하지 않는다. 그러나 술 마시는 것이 지나칠 때 일생 회복될 수 없을 만큼 손상을 입거나, 아주 생명을 잃어버릴 수도 있다. 물론 그 젊은이는 통제력을 잃었다고 생각지 않을 것이다. 술을 많이 마시면 마실수록 자신이 통제를 더 잘하고 있다고 생각하기 때문이다. 알코올 중독자가 된 뒤에도 그는 계속해서 자신이 광고에 나오는 사람들과 똑같다고 믿는다.

자녀가 이 잠행성적이고 위험스러운 약물을 잘 다룰 수 있도록 부모가 도움을 줄 수 있는 방법은 사녀와 좋은 관계를 유지하는 것이다. 부모가 술을 마시는 경우, 알코올을 어떻게 다루어야 하는지를 보여주는 모델로서 절제 있게 술을 마셔야 한다. 아들이나 딸에게 알코올의 효과와 적당한 양과 지나친 양이 어떤 것인지를 설명해 주는 것은 아주 현명하다. 아들이나 딸이 AA모임에 가도록 설득하는 것은, 자녀에게 음주 문제가 있음을 아는 부모라면 누구에게나 필수적인 것이라고 생각한다. 자녀의 나이가 알코올 중독자가 되기에는 너무 이르다고 생각하는 것은 어리석은 일이다. 10살밖에 안 된 어린 아이들도 AA모임에 정기적으로 참석하고 있다. 알코올 중독자의 부모는 알라논(Alanon)에 참석해야 하며, 알코올 중독자의 형제자매들은 알라틴(Alateen)에 참석해야 하는데, 알라틴은 AA에 참석하는 알코올 중독자 가족 중에서 특히 십대를 위한 프로그램이다. 그러나 우리가 할 수 있는 가장 효과적인 방법은 자녀들이 자신의 삶을 충분히 통제하여 화학물질에 의존하는 통제감이 덜 필요하도록 키우는 것이다. 다음 장에서 나는 보다 효과적으로 자녀들을 양육하려면 어떻게 하면 선택이론을 가장 잘 사용할 수 있는지를 요약하겠다.

다른 가족뿐만 아니라 자포자기에 빠진 부모들도 알코올 중독과 다른 약물의 남용, 특히 코카인의 남용을 '치료하는' 것이 현재 큰 사업이라는 것을 깨달아야만 한다. 일간신문들은 현실성이 희박한 희망을 제시하는 선전물들로 가득 차 있다. 이들 (때로는 비효과적인) 프로그램은 엄청나게 비싸며, 대부분을 의료보험으로 충당하기 때문에 그것들이 광범위하게 사용될 경우, 이 비싼 보험료의 부담이 우리 모두에게 가중되는 결과를 낳는다. 효과 있는 약물 프로그램에 가입하려는 생각을 가진 사람들은 그 돈에 대한 대가로 무엇이 제공되고 있는지를 주의깊게 검토해 보아야 한다. 대부분이 일시적인 보호 이상 되지 못하며, 담당 직원들은 훈련이 안 되어 있고, 의사는 적극적인 참여자라기보다는 장식용에 불과하며, 그들이 취급하는 것으로 짐작되는 중독성 약물들은 돈만 주면 살 수 있는 것들이다. 주로 그들은 집에서 중독자를 나오게 함으로써 가족들에게 일시적인 안도감을 준다. 그러므로 여러분이 이것을 채택한다면, 문제를 해결하는 것이 아니라 더 복잡하게 만드는 결과가 될 것이다.

알코올 중독자 협회(Alcoholism Council)에는 비용이 적게 들면서도 합법적인 프로그램이 많이 있다. 그러나 비용에 상관없이 여러분은 어떤 프로그램에 등록하기 전에, 특히 그것이 합숙 프로그램일 경우 프로그램을 끝내고 일 년 동안 약물을 사용하지 않는 사람의 이름을 적어도 셋 이상 알아내야 한다. 당신은 이 사람들과 이야기를 해봐야 한다. 그들은 기꺼이 여러분과 이야기하려고 할 뿐만 아니라, 당신에게 이야기하기를 원할 것이다. 이것이 당신이 어떤 프로그램에 대해 알아야 할 내용을 알아낼 수 있는 유일한 방법이다. 만일 프로그램을 제공하는 사람이 이 이름을 당신에게 제공하지 않으려 하거나 알려줄 수 없다고 할 때에는 그 프로그램에 참석하지 말아야 한다.

제14장

약물 중독 2 :
합법적이거나 비합법적인 중독성 약물들

생활에 대한 통제를 유지하고자 에너지를 주는 휴식을 취하는 데 필요한 정상적인 수면을 제공해 줄 수 있는 약물은 없다. 사실 합법적이든 비합법적이든 또 그 약물이 어떻게 작용하든 상관없이, 어떠한 중독성 약물도 '장기적으로' 우리에게 유익한 것은 없다. 그러나 합법적인 약물이든 비합법적인 약물이든 둘 다 굉장한 효력을 발휘하므로, 그것들은 고통, 슬픔, 피로, 체중 초과 등을 치료하는 만병통치약으로 우리에게 압력을 가할 것이다. 어떠한 중독성 약물이라도 짧은 기간 이상 사용하는 것을 거부함으로써 자신을 보호하는 것은 우리 각자에게 달려 있다.

1. 마리화나

내가 마리화나에 대해서 어떤 말을 하는지 간에, 많은 사람들은 내 말에 동의하지 않을 것이다. 내가 마리화나를 '위험한 약물'이라고 한다면, 복용자들은 마리화나가 자신들에게 해를 끼치지 않았다고 지적할 것이다. 그들이 어떻게 그 사실을 알 수 있는가? 당신은 그 약을 동시에 사용하면서 사용하지 않을 수는 없으므로, 그 약물이 없으면 자신이 얼마나 더 좋아질 것인지 아니면 더 나빠질 것인지 알 길이 없다. 그러나 만일 내가 마리화나를 '가벼운' 쾌감을 주는 약물이라고 한다면, 비사용자들과 반마리화나 운동가들은 나를 비난할 것이며, 마리화나가 정신이상에서 분만장애에 이르기까지 일으킬 수 있는 모든 해독을 증명하는 '조사보고서'를 내게 보여줄 것이다. 다행히도 내 목적은 이러한 논란에 대해 해명하려는 것이 아니라, 이 약물의 작용에 대한 몇 가지 사실을 입증하려는 것이다. 이 특별한 약물이 어떻게 해서 사람들에게 그 약물로 인해 자신의 삶을 더 잘 통제하고 있는 것처럼 믿도록 '도와주는지'를 설명하려는 것이다.

쾌감을 불러일으키거나 시간을 '낭비'하게 하는 약물은 어떤 것이든 위험한 것이며, 마리화나도 그 범주에 들어간다. 그것은 또한 잠재적으로 중독성을 유발하는 약물이지만, 알코올이나 그 밖의 다른 쾌감을 주는 약물들보다 중독성이 아주 적다는 '약점'을 갖고 있다. 마리화나는 통제감을 많이 주지 않는다. 마리화나는 순수한 쾌감을 크게 활성화하거나 유도하거나 직접 만들어내지 않는다. 마리화나는 알코올을 제외한 다른 어떤 약물들보다도 더 널리 사용되고 있지만, 카페인이나 니코틴처럼 많은 양을 먹어도 효과가 특별하게 증가되지 않기 때문에 남용되는 경우가 적다.

마리화나의 주된 효과는 우리가 다루는 모든 것이 보다 즐겁게 보이도록 함으로써 세상을 좀 더 통제하기 쉬운 것으로 느끼게 하는 것이다. 음주가와는 달리 마리화나 사용자는 세상에 대해 더욱 '관대하다.' 마리화나 사용자는 행동으로 세상을 통제하고자 하는 충동을 갖고 있지 않으며, 자기 주변에서 일어나는 인간들의 다툼을 수동적인 자세로 관찰한다. '일어나 가라(get up and go)'는 우리 문화는 행동을 찬양하고 수동적인 관찰이나 수동적인 쾌감에 대해서는 눈살을 찌푸려 왔으며, 경쟁이 중시되는 우리 사회에서 힘을 갖고 있는 사람들은 마리화나 사용자들이 경쟁하기보다는 중도에 그만두는 경우가 많기 때문에 알코올보다 마리화나를 더 위험스럽게 여기고 있다. 알코올 중독자들도 술을 많이 마셔서 병이 들고 폐인이 될 수 있지만, 오랜 기간 그들은 경쟁적으로 활동하기 때문에 사회는 어느 정도 그들의 노력을 지지해 준다. 마리화나는 사용자들을 수동적이며 현상을 있는 그대로 받아들이도록 만들기 때문에 반문화적인 약물이다. 만성적인 사용자들은 우리 문화의 노동윤리를 추구하려는 동기를 조금도 갖지 않는다.

지루한 일을 해야 하는 사람들은 마리화나가 일을 덜 지루하게 하거나 지겨운 일을 견디기 쉽게 만들어 준다고 주장한다. 그러나 자주 사용하면 마리화나는 노동자의 능력과 훌륭한 일을 하고자 하는 욕구를 감소시킬 것이다. 자신의 삶이 심각할 정도로 통제력을 벗어나 있는 사람들은 마리화나에서 거의 만족을 찾지 못한다. 마리화나는 사랑하지 않는 배우자를 사랑하게 만들거나 불만족스러운 직업을 만속스럽게 만들지 못한다. 마리화나를 이용하는 사람들이 이 사실을 발견하게 되면, 그들은 흔히 보다 더 '통제력이 강한' 약물, 특히 알코올을 찾게 되는데, 알코올은 합법적이며 사회적으로 용납되고 있기 때문이다. 자신의 삶을 비교적 잘 통제하는 사람들은 마리화나를 계속 이용하거나 알코올보다 마리화나를 더 좋아할 수도 있다. 그리고 그들에게는 사교적인 음주가들과 마찬가지로 과음하지 않는 경향도 있다.

마리화나는 소량으로도 열심히 투쟁하고자 하는 동기와 자극을 감소시키는 경향이 있으며, 그것을 사용하는 사람들은 자신의 잠재력을 다 발휘하지 못하고 종종 주저앉아 버린다. 이러한 영향력을 인식하면서도 그들은 그것에 대해 어떠한 조치를 취하려고 하지 않는다. 마리화나를 피우는 자녀를 둔 부모가 자녀의 행동을 완전하게 통제할 수는 없으나, 자녀들에게 집 안에서는 마리화나를 피우지 말라고 요구하는 것은 타당하다. 대부분의 자녀들은 그들이 사랑하고 존경하는 부모의 소망을 존중할 것이며 그 규칙을 준수하게 될 것이다. 그리고 마리화나는 자녀들이 집에서 즐겨 사용하는 약물이기 때문에 그들은 그것을 덜 사용하게 될 것이다.

　부모들은 자녀들과 좋은 관계를 이용하여 그들에게 '위험한' 마리화나 대신 '안전한' 알코올을 사용하라고 설득해서는 안 된다. 부모들이 노력해야 할 것은 훨씬 더 위험한 약물이 될 수도 있는 다른 것으로 바꾸게 하는 것이 아니라, 그들이 약물에서 벗어나 자유로운 생활을 하도록 도와주는 것이다. 여기서 내가 할 수 있는 더 이상의 지혜로운 말은 없다. 자신의 삶을 통제하고 있다고 느끼는 자녀들은 어떠한 약물도 과하게 복용하지 않을 것이다. 만일 당신이 자녀와 좋은 관계를 유지하고 있다면, 자녀가 마리화나나 알코올을 적당히 사용한다고 해도 염려할 필요가 없다. 약물을 얼마나 잘 절제하는가 하는 문제는 자녀가 자신의 삶을 얼마나 잘 통제하느냐로 측정된다. 만일 자녀가 자신의 삶을 통제하고 있지 못하면 그 자녀는 불행해하고 친구도 거의 없으며, 여러가지 일에 적극적인 흥미를 갖지 못하고 학교 성적도 좋지 않을 것이다. 따라서 불행한 아이는 쾌감을 주는 약물을 사용하기 쉬운데 대개 알코올이나 마리화나를 사용하게 될 것이다. 이러한 경향이 1980년대에는 대중적이었는데, 참으로 불행한 일이다.

2. 헤로인

수 세기 동안 모르핀이나 헤로인같이 강력한 아편의 파생 약물을 사용해 온 사람들은 이와 같이 강렬하게 쾌감을 주는 약물에 어떤 특별한 성분이 있을 것으로 추측해 왔다. 그런데 과학자들은 1975년에야 비로소 이 특별한 성분을 발견해 냈다. 이 약물들은 우리가 쾌감을 느낄 때마다 우리 몸 안에서 분비되는 자연적인 헤로인 같은 화학물질과 유사하다는 것이다. 우리 몸 안에서 헤로인이 분비된다는 사실을 발견한 많은 사람이 당혹스러워하고 그 사실을 받아들이기 어려워하지만, 그것은 명백한 사실이다.

그러므로 그 사실을 좋아하든 좋아하지 않든 간에, 우리가 어떠한 상황을 통제할 때 우리 몸 안에서 '자연적인' 헤로인이 분비되어 순수한 화학적 쾌감을 경미하게 불러일으키기 때문에 우리는 좋은 기분을 느끼게 되는 것이다. 중독자들은 자연적인 쾌감의 경험을 그대로 체험하고 싶은 것 뿐만 아니라 그 쾌감의 정도를 더 높이려고 많은 양의 헤로인을 사용하는데, 아마도 그 양은 최상의 조건에서 정상으로 분비되는 양을 훨씬 증가할 것이다.

헤로인 중독자들은 자신의 삶을 통제하고자 헤로인 주사를 맞는 것 이외에는 그 어느 것에도 관심이 없다. 헤로인을 사용함으로써 '완전한' 통제력을 얻음과 동시에 순수한 쾌감을 경험하기 때문이다. 헤로인 중독자는 아내가 맥주를 사오지 않거나 자기와 성관계를 하지 않거나 또는 그를 영원히 떠나간다고 해도 개의치 않는다. 그가 관심을 갖는 것은 헤로인이 주는 느낌뿐이며, 기분이 절정에 달해 있을 때 그는 위축되거나 적대적이지 않다.

어떤 사람은 사교적인 음주가가 알코올을 마시는 것과 같은 방법으로 쾌감을 느끼고 싶어 이따금씩 헤로인을 사용하기도 한다. 이런 식으로 헤로인을 사용했던 아주 큰 집단은 베트남에서 싸우던 미군들이었다. 그 끔찍한 상황에서 그들은 헤로인을 사용했다. 그리고 아주 극소수의 사람들은 귀국해서도 그것을 계속 사용했다. 그러나 그들이 삶을 잘 통제할 수 있었더라면 헤로인을 계속 사용하지 않았을 것이다. 다시 헤로인을 사용하게 되는 많은 사람들의 경우, 자신의 삶을 잘 통제할 수 없기 때문에 그들은 아주 빨리 중독되고 만다. 필자뿐만 아니라 그 누구도 헤로인 중독자들에 대해 어떤 명쾌한 해결책을 갖고 있지 못하다. 그들은 모든 사람이 추구한다고 믿는 것을 찾았으므로 만족해한다. 그들은 헤로인이 없으면 지극히 위축되어 극단적인 비통제상태에 빠지게 된다. 그들 대부분은 이 때문에 위축감이나 공포에 쫓기게 되고, 어떻게 하면 헤로인을 구할 것인지 방법을 모색한다. 중독자의 욕구는 대단히 강하기 때문에 감옥에서조차 돈을 갖고 있는 중독자들은 헤로인을 손에 넣을 수가 있다. 많은 사람들이 불순한 약물 때문에 생명을 잃거나, 장기간 복용함으로써 신체적으로 피폐해져 병으로 죽어간다.

헤로인 사용자 중에는 뉴욕시 근처에 있는 데이톱 빌리지(Daytop Village)와 같은 강력한 집단 프로그램을 이용하여 헤로인을 끊기도 하지만, 대부분이 오랫동안 헤로인을 계속 사용한다. 많은 사람이 결국에 가서는 스스로 헤로인을 끊는다는 것을 믿을 수 있는 근거가 있는데, 중독자들과 함께 일하는 사람들이 자신들은 45세 이상의 중독자들을 거의 상대하지 않는다고 보고하고 있기 때문이다. 그들 모두가 죽을 수는 없는 일이므로, 그들이 어디로 가는가 또는 무엇을 하는지에 대한 해답은, 그들이 자신의 습관을 유지하려고 돈을 대야 하는 매일의 투쟁에 지쳐서 약물사용을 중단했음이 틀림없다는 것이다. 대부분의 연구자들은 그들 중 거의 모두가 항상 손에 넣을 수 있는 알코올로 헤로인을 대치한다고 믿는다. 그러나 그것은 분명하지가 않다. 헤로인은 생명을 파괴하는 약물이다. 헤로인에 중독된 사람 중에서 자기 스스로든 다른 사람의 힘이든, 이 약물 없이 정상적인 삶을 되찾게 되는 사람은 거의 없다.

3. 각성제(uppers): 카페인, 니코틴, 벤제드린, 메데드린, 코카인

독일 군대들이 1940년에 프랑스와 로랜드에서 '번개전투' 또는 '기습작전'을 수행할 때, 연합군들은 독일 군대의 정력과 잔인성에 도저히 따라갈 수가 없었다. 독일군들은 마치 신들린 사람들처럼 싸웠으며 실제로 그들은 무엇엔가 사로잡혀 있었다. 독일의 제약회사들은 값이 싸면서도 강력한 정력제인 메데드린을 합성하여 병사들이 몇 주일 동안 전혀 잠을 자지 않고 거의 먹지 않아도 격렬한 전투를 할 수 있게 하였던 것이다. 안데스 산맥의 고지대에 사는 인디언들이 코카인과 여러가지 정력제의 재료가 되는 코카인 잎을 씹으면서 경이적인 힘과 인내심을 보일 수 있었던 것과 마찬가지로 독일군들은 값싸고 손쉽게 구할 수 있는 메데드린의 효과로 마치 악마들처럼 전투에 임했던 것이다. 경주를 위해 몰래 흥분제를 먹인 말들처럼 그들은 정당하게 싸우지 않았다. 낭만적인 분위기가 남아 있는 1940년대의 연합군 사이에는 '정당한 싸움'이라는 개념이 남아 있을지도 모르나, 정당함이란 현대의 전쟁과는 전혀 관계가 없는 개념이다. 연합군도 이러한 각성제를 갖고 있기는 했지만 그 각성제들을 사용했는지는 의문이다. 그러나 사용자들이 중독되기 전에 단 얼마 동안이라도 그것을 사용하면 이 약들은 엄청난 양의 에너지를 제공해 준다.

순한 효과를 나타내는 것(카페인과 니코틴)에서 강한 효과를 나타내는 것(코카인)에 이르기까지 그 범위가 넓은 '각성제'들은 여러가지 약물 중에서도 가장 중독성이 강한 것에 속한다. 이 약물들은 행동체계를 활성화시키므로 행동체계는 평소보다 더 잘 기능을 수행하게 되는데, 카페인과 니코틴을 쓸 경우 그 기능이 조금 더 좋아지며, 벤제드린이나 메데드린, 코카인을 쓸 경우 그 기능이 훨씬 더 좋아진다. 그러나 니코틴처럼 순한 활성제도 급속히 우리 신체의 정규적인 화학성분의 일부가 되어 버리기 때문에, 일단 그 약물을 우리 몸속에 받아들이면 우리 몸은 기능을 수행하려고 그 약물을 '필요로 하게' 된다. 오랜 기간 동안 담배를 피우다가 담배를 끊어야겠다고 생각한 사람들 대부분이 우리 몸속에서 니코틴이 제거될 때 몸이 얼마나 고통스러운지 경험하여 잘 알고 있을 것이다. 니코틴은 순한 약물이긴 하지만 어느 약물에 못지않게 중독성이 강한 것으로 알려져 있다. 대단히 오랜 기간 동안 니코틴을 사용하면 우리의 구뇌마

저 그 약물을 '잊지' 못하는 것으로 보인다. 카페인도 니코틴과 비슷하지만 그 효과는 순하며, 우리의 구뇌도 니코틴보다 훨씬 더 쉽게 그리고 더 빠르게 '잊을 것이다'.

카페인은 우리 몸에 거의 해를 주지 않는 것으로 보이지만 니코틴은 직간접으로 우리 몸에 해를 끼친다. 직접적으로 니코틴은 우리가 쉽게 심장병에 걸리게 하는 요인이 되며, 간접적으로는 담배를 피울 때에 들이 마시는 타르는 폐암에 걸리는 요인이 된다. 발암성 물질은 니코틴이 아니라 타르이다. 또한 담배를 피우지 않는 사람은 자신의 삶을 잘 통제하고 있기 때문에 정신신체질환에 걸릴 가능성이 적다는 점에서 니코틴과 심장병 사이에는 심리적 관계가 있을 수도 있다.

강력한 활성제는 코카인과 그와 비슷한 약물인 메데드린, 벤제드린, 덱세드린이다. 많은 양의 약을 복용할 경우 믿을 수 없을 정도로 에니지가 폭빌하듯 넘치기 때문에, 많은 양을 사용하는 사람늘은 원하기만 하면 온 세상을 차지할 수 있는 것처럼 느끼게 된다. 그들은 이런 느낌에 사로잡히기 때문에 싸움을 하거나 성관계를 갖는 등의 단순한 육체 활동을 일시적으로 즐긴다. 그 활동이 복잡하고 에너지뿐만 아니라 그 이상의 다른 것을 필요로 할 경우 그들은 그 일을 잘 수행할 수 없을 것이다. 그러나 행위의 수행에 관계없이, 모든 경우에 그들이 하는 일은 그들의 정상적인 능력을 훨씬 초월하여 그들의 행동체계를 쉬지 않고 일하도록 몰고 가는 것이다.

모든 생물체계는 휴식을 취하고 소모된 화학물질을 새롭게 만들고, 노폐물을 배설하는 시간을 필요로 한다. 그러나 코카인 사용자들에게는 휴식이 없다. 그들은 코카인 사용을 절대로 중단하지 않으며, 그 약물에 중독된 행동체계는 보다 더 높은 차원에서 그 일을 계속 수행하기 위해 필사적인 노력을 기울이는 동안 창의적으로 되어간다. 결국 코카인 사용자들은 거의 전적으로 재조직 체계에 의지하게 되고, 광적인 생각과 광적인 일들을 하기 시작한다. 재조직 체계조차도 이 약물의 영향을 받아서 더욱더 혼란스럽게 되며, 벌레들이 피부 위를 기어다니는 것과 같은 무시무시하고 괴상한 환각에 빠지게 된다.

이 약물들은 사람들을 광기에 사로잡히게 만들며, 그렇게 되면 약물을 중단할 수밖에 없기 때문에 최근까지도 이 약물들은 중독성이 없는 것으로 여겨졌다. 결국에는 미쳐버리기 때문에 사용자는 자신이 약물을 복용하고 있는 것조차 알지 못한다. 그러나 이런 이유 때문에 이 약물들이 중독성이 없다고 생각하는 것은 잘못이다. 코카인은 가장 중독성이 강한 약물이 될 수 있다. 왜냐하면 자신의 삶을 정상적으로 잘 통제하고 있는 사람들, 예를 들면 성공한 운동가, 배우, 야심 있는 사업가들이 이 약물을 사용하기 쉬운 까닭이다. 그들은 모두 자신의 행동체계가 좀 더 활발하게 작용하기를 바라기 때문에 코카인을 찾게 되는 것이다. 강렬한 쾌감을 경험하는 이들은 소극적으로 추구하는 사람들인 헤로인 사용자들이나, 물 흐르는 대로 가자는 식의 마리화나 사용자들, 또는 행동하지 않으면서 자신이 행동하고 있는 것처럼 생각하는 알코올 중독자들과는 다른 사람들이다.

이 약물들을 절제 있게 사용하여 도움을 받은 사람도 있겠지만, 이 약물들은 중독성이 강하기 때문에 그렇게 되기란 매우 어려운 일이다. 이 약물들은 아주 빠르게 그들의 삶을 지배하기 때문에, 사용자들은 모든 통제력을 상실하게 된다. 물론 거기에는 이 약물을 절제 있게 사용하는 데 필요한 통제력도 포함된다. 그들은 끊임없이 계속되는 활동 때문에 기운이 쇠진되고 전혀 잠을 자지 못해 지쳐버린 나머지, '화학적인' 휴식이나마 취해 보려는 필사적인 노력의 일환으로 헤로인이나 알코올을 사용하게 된다. 그러나 이 약물들 역시 휴식을 가져다 주진 못하며, 휴식을 찾는 노력이 실패하면 사용자들은 이 약물들에 중독되어 결과적으로 자신의 문제를 엉망진창으로 만들게 된다.

나는 이런 엄청난 비용의 대가로 치료가 된다는 프로그램에 대해 주의하라는 말 이외에는 달리 조언할 말이 없다. 이행되지도 않을 약속에 당신의 집을 저당 잡히는 일을 하기 전에 그 프로그램을 성공적으로 마친 수료자들과 대화를 나누어 보라. 물론 이 약물들은 우리의 **몸** 밖으로 빠져나가야만 한다. 중독된 환자가 돈을 주고도 이 약을 구할 수 없는 프로그램에 참가하는 것은 쉬운 일이다. 어려운 일은 이 약물들이 오랫동안 그들의 구뇌와 신뇌의 기억 속에 뒤섞여 있었기 때문에 어떻게 하면 그 기억에서 이 약물들을 씻어 내는가이다. 사용자들에게 이 약물들을 잊어버리게 하고 약이 없이도 자신의 생활을 다시 시작할 수 있게 하려면, 그 프로그램은 장기적이어야 하며 몇 달이나 길게는 일 년이 걸릴지라도 이 약물들이 없는 환경 속에서 시작해야 한다. 그 후에는 집중적인 외래 상담 프로그램이 있어야 하고, 거기서 환자의 혈액과 소변을 정기적으로 검진하고, 그 기간은 적어도 입원 프로그램의 두 배 또는 그 이상이 되어야 한다. 쉽고 빠른 회복을 약속하는 겉만 번지르르한 광고를 경계하는 것이 현명하다. 그처럼 쉽고 빠른 회복은 있을 수 없기 때문이다.

중독성 약물들은 법적으로 그 의료적인 사용 명시가 되어 있으며 효과적으로 생활을 통제하는 데 도움이 될 수도 있으나, 이 약물을 사용하는 경우 세심한 주의가 필요하다. 우리를 괴롭히는 것들은 모두 외부에서 연유되고 있다는 세상에 살고 있으므로, '회복' 또한 우리의 외부에 있는 것으로 믿기가 쉽다. 만일 우리가 병이 나면 약으로 치료할 수 있다. 그러나 여러분은 지금까지 대부분의 고통과 질병은 삶에 대한 효율적인 통제력을 상실한 것과 관련이 있는 것으로 배워 왔고, 의사들이 우리를 치료해 주는 동안 우리의 잃어버린 통제력을 다시 얻으려면 그 도움을 증대시키는 것이 우리의 책임이라는 것도 배워 왔다. 이와 같은 사실을 안다면, 의사들의 가장 중요한 책임은 통제력을 회복하거나 적어도 유지하는 일을 어렵게 만드는 어떠한 치료법도 피하게 하는 일일 것이다. 우리가 자신을 추스르고 통제력을 회복하고 있는 동안에 우리에게 쾌감을 주는 약물을 주면서 이 약은 단지 제한된 기간만 사용하라는 것을 확실하게 말해 주지 않는 의사는, 우리에게 아무런 도움이 되지 못하며 잠정적으로 많은 해를 끼치는 결과밖에 되지 않는다.

4. 의사들이 처방하는 중독성 약물들

가장 널리 남용되는 합법적인 쾌감 약물인 발륨을 의사가 환자와 상담도 하지 않고 환자에게 주는 것은 의사의 잘못이 아니다. 만약 의사가 환자에게 발륨이 그의 문제를 해결해 주지 않을 것이라는 말을 해준다면 말이다. 비록 선택이론은 모를지라도, 의사는 환자가 자신의 생활을 통제하고 있지 못하다는 사실을 통찰할 수 있어야만 한다. 의사는 어느 환자에게든 최소한의 양인 한 달치 이상의 약을 주어서는 안 된다. 현재 존재하는 발륨은 가장 중독성이 강한 약 가운데 하나로 여기고 있기 때문이다. 발륨의 작용은 독특하다. 발륨은 진정제와 비슷하지만 헤로인과 유사한 성분인 순수한 쾌감 성분을 역시 포함하고 있다. 널리 처방되고 있는 모든 약물 중에서 가장 위험성이 많은 이 약이 무분별하게 처방됨으로써 수많은 사람들의 생명을 빼앗아 가고 있는 것이다.

자신의 생활이 통제력에서 벗어나 있기 때문에 고통을 당하는 환자들에게 의사가 화학적인 편안함을 주는 것은 일리가 있는 일로 어쩌면 자비로운 행동일지도 모른다. 그러나 이것은 의사가 환자의 통제력을 회복하는 데 필요한 상담을 하고자 그 약물이 제공하는 일시적인 편안함을 사용하는 경우에 한해서이다. 환자에게 상담에 응해 도움받을 것을 제안하지 않고 그 환자가 의사의 조언에 따라 행동하고 있는지를 관찰하지 않으면서, 중독성 약물을 환자에게 주는 것은 극약을 주는 것과 같다. 의사들은 사람들이 삶의 통제력을 상실하도록 도와줄 필요는 없다. 그들 스스로가 충분히 잘하고 있기 때문이다.

불안이나 긴장에 발륨을, 체중 감량에 덱세드린을, 불면증에 발비투르산염을 처방하는 많은 의사들이 주장하는 것은 상담이 약물보다 더 효과적이라는 사실을 믿을 수 없다는 것이다. 몇몇 사람들은 이 약물들이 외적인 질환으로 고생하는 환자들에게는 치료제가 될 수 있다고 보기도 한다. 자극-반응 이론(stimulus-response theory)이 아직도 대부분의 의과대학 교육내용을 지배하고 있기 때문이다. 올바르게 사용되기만 한다면 중독성 약물들도 의료 목적에 기여할 수 있다. 만약 그 목적이 제대로 인식되기만 한다면, 정신이 산란하여 잠을 이루지 못하는 사람에게 얼마 동안 휴식을 취하도록 몇 알의 수면제를 주거나, 의기소침한 사람에게 덱세드린을 주어 기운을 내게 하거나, 체중이 너무 많이 나가는 사람에게 체중을 스스로 조절할 수 있는 상태에 이를 때까지 덱세드린을 조금 주는 것은 좋은 처방이다.

어떤 사람이 고통스럽고 끔찍한 심장마비로 고생을 하고 있을 때, 모르핀이나 모르핀의 파생 약물을 사용하는 것이 종종 생명을 구하기도 한다. 약물을 사용하지 않는다면 환자의 두려움은 그의 구뇌를 창의적인 행동으로 몰고 가 그 행동이 치명적인 심장 부정맥에 이르게 할 수도 있다. 그러나 이런 경우라도 약물사용을 심장마비로 제한하여야 하며, 심장 발작이 끝난 후에까지 계속 사용할 필요는 없다. 장기적으로 사용하게 되면 모든 약물이 해로운 것이다. 대개 바르비투르산염이 사용되는 수면제는 가장 남용되기 쉬운 약물 중 하나이다. 수면제는 잠을 자지 못하면 편안하지는 않지만 건강에 위험하지는 않다는 사실을 받아들일 만큼 충분히 자신의 삶을 통제하지 못하고 있는 사람들에게 준다. 모든 사람은 결국 욕구를 충족시킬 수 있을 만큼 잠을 자지만, 수면제를 복용하면 정상적으로 잠을 자지 못한다. 건강하려면 정상적으로 잠을 이루는 것이 필요하다. 비정상적인 수면은 정상적인 수면이 많이 부족한 것보다도 더 우리 몸에 해로울 수 있다.

조사연구는 정상적인 잠에는 필요한 만큼의 꿈이 수반된다는 사실을 반복해서 보여주고 있다. 잠을 자게 하는 약물은 우리를 무의식 상태에 있게 하지만, 정상적이고 필요한 재조직 작용에 대한 접근인 꿈꾸는 것을 방해한다. 적지만 끊이지 않는 전날의 좌절감을 해결하고 통제하고자 우리는 꿈을 필요로 한다. 우리가 창의적인 꿈을 꾸지 못하게 되면 아침에 일어날 때 무엇엔가 짓눌린 느낌을 받게 된다. 꿈을 꾸었더라면 해결되었을 문제들과 여전히 씨름하고 있기 때문이다. 그리고 우리가 휴식하지 못했기 때문에 문제를 수습하기가 더욱 어려워짐을 알게 된다. 이제 정상적으로 꿈을 꿀 수 있는 잠이 더욱 필요하지만 잠을 잘 수 있도록 긴장을 풀기가 더욱 어려워진다. 그럴 때 많은 사람들이 하듯이 수면제를 더 많이 복용하면 할수록 우리는 약에 중독되어 계속되는 피로상태에 점점 더 깊이 빠져들게 된다. 그렇게 되면 깨어 있을 때 더 기능을 잘 발휘할 수 있기 위해서 또는 깨어 있기 위해서 많은 카페인이나 니코틴 또는 더 강한 약물들을 합법적이든 비합법적이든 사용하게 되며, 잠을 자는 일과 깨어 있을 때에 행동하는 일 모두가 점점 더 어려워진다.

생활에 대한 통제를 유지하고자 에너지를 주는 휴식을 취하는 데 필요한 정상적인 수면을 제공해 줄 수 있는 약물은 없다. 사실 합법적이든 비합법적이든 또 그 약물이 어떻게 작용하든 상관없이, 어떠한 중독성 약물도 '장기적으로' 우리에게 유익한 것은 없다. 그러나 합법적인 약물이든 비합법적인 약물이든 둘 다 굉장한 효력을 발휘하므로, 그것들은 고통, 슬픔, 피로, 체중 초과 등을 치료하는 만병통치약으로서 우리에게 압력을 가할 것이다. 어떠한 중독성 약물이라도 짧은 기간 이상 사용하는 것을 거부하여 자신을 보호하는 것은 우리 각자에게 달려 있다. 자신을 위해 자제력을 발휘하는 것을 어느 누구에게도 의존할 수 없는 것이다. 현재 우리 사회에서는 합법적으로 처방된 수많은 항정신병 약물들과 항우울증 약물들이 널리 사용되고 있다. 췌장이 충분한 인슐린을 분비하지 못해서 당뇨병이 발생하는 것과 마찬가지로, 정신병과 우울증이 화학물질의 불균형이나 뇌의 분열로 일해서 일어난다는 것은 널리 알려진 의학이론이다. 모든 정신병 환자들과 우울증 환자들을 주의 깊게 살펴보면 그 병을 앓고 있는 수백만 명 중에서 비정상적인 화학물질이 원인이 되는 정신병이나 우울증 환자는 소수에 지나지 않는다는 것을 알게 될 것이다. 이런 드문 경우에서 그 환자들의 생활은 통제 상태에 있는데, 미쳐버린 것은 그들 구뇌의 화학작용에 따른 것이다. 몇몇 조울증 환자들, 곧 조증(mania)과 우울증(depressing) 사이를 오가는 많은 사람 중 몇 사람은 '탄산리튬(lithium carbonate)'이라는 약으로 극적 효과를 본다는 사실이 앞에서 말한 바를 뒷받침해 주고 있다. 그들의 생활은 그들의 기분의 변동이 정상적인 단계에 있을 때에만 통제되는 것 같다. 그러나 이런 사람들은 리튬이라는 화학물질이 그들을 치료할 것이라는 헛된 희망으로 리튬을 복용하는 사람들보다 숫자 상으로 훨씬 적다.

    나를 포함하여 그 누구도 정확히 그 숫자를 알지는 못하지만, 나의 오랜 경험에 비추어 보면 기본적인 화학작용 불균형으로 인해 '우울해하는' 모든 사람 중에서 자신의 생활이 통제력에서 벗어났기 때문에 리튬을 사용하는 사람들은 대략 1~2만 정도라고 본다. 정신병자나 미친 사람들 그리고 조울증을 제외한 다른 정신이상의 범주에 들어가는 사람들의 숫자도 이와 동일하다. 그러나 조울증 환자들은 정신적으로 비정상적인 사람 중에서 극히 적은 부분을 차지하며, 일부 중에서도 일부인 절반도 되지 않는 부분만이 리튬의 효과를 보는 것이다. 그럼에도 실재하지도 않는 질병을 치유하고자 하는 헛된 망상에서 막대한 양의 항조울증 약물들과 항정신병 약물들이 처방되고 있다. 다시 말하거니와 환자들이 생활에 대한 통제를 회복할 수 있도록 상담을 받을 수 있을 때까지만 일시적인 위안으로 적은 양을 사용한다면 이 약물들은 도움이 된다. 그러나 치료하려고 사용한다면 이 약물들은 성취할 수 없는 희망을 약속하는 것이며, 환자와 그 가족들에게 잔혹한 망상만을 안겨줄 뿐이다.

 이 약물들은 중독성이 없다. 항정신병 약물들의 작용은 모든 행동 체계를 마비시키기 때문에 창의적이 될 수 없거나, 이런 경우에 미칠 수도 없겠지만 불행하게도 행동 체계가 전혀 활동하지 못할 수도 있다. 이 강력한 약물들의 영향을 받는 환자들은 마치 반쯤 죽은 시체(zombie)와도 같다. 그들 안에서 자발적으로 일어나는 능력은 모두 사라져 버리게 되고, 약을 과다하게 복용하면 거의 걷거나 말을 할 수도 없다. 이 약물들의 해로운 영향 중 가장 심각한 징후는 생활의 모든 즐거움이 사라져 버린다는 것이다. 그들은 웃을 수조차 없게 된다. 이런 환자들은 더 이상 미치지는 않지만 정상적인 상태로 되돌아가기 위해 필요한 통제력을 얻을 수 있을 만큼 실제로 살아 있다고 할 수가 없다.

　항우울증 약물들을 오래 사용한다고 해서 훨씬 나아지지는 않는다. 이 약물들은 우리 내부에서 자연적으로 발생되는 에너지를 활성화시키는 작용을 하지만, 그렇게 함으로써 이 강력한 약물들은 우리 몸의 기본적인 신체 화학작용을 지나치게 혼란시키기 때문에 사용자들을 무력하게 만든다. 예를 들면 이 약물들은 시력, 소화, 정상적인 수면을 방해한다. 그리고 얼마 동안 상담을 받지 못한 환자들과 아직도 우울해하는 것을 최상의 선택으로 여기는 환자들은 또다시 심한 우울증에 빠지게 되며, 따라서 다량의 약물을 서슴지 않고 사용할 것이다. 이 시점에서 이 약물들은 극히 비효과적이거나 사용자를 극도로 무력화시키기 때문에 환자들은 더 이상 이 약물들을 견뎌낼 수가 없게 된다.

　어떤 약물도 우리의 욕구를 충족시켜 줄 수 없다. 욕구를 충족시키려면, 우리는 자신의 생활에 대한 통제력을 회복해야만 한다. 좋은 상담을 원한다면 상담을 받을 수는 있지만, 우리가 선택이론을 이해하고 그 이론을 우리 삶 속에 활용한다면, 상담을 하지 않고서도 통제력을 회복 할 수 있는 일들은 많이 있다. 우리가 원하는 통제력을 얻으려고 타의에 의존해서는 안 되며, 우리의 문제에 유일한 대답이 될 수 있는 것인 우리의 욕구를 충족시켜 준 통제력을 회복하는 데 방해만 될 뿐인 약물을 장기간 복용해서는 절대로 안 된다.

제 15 장

갈등

갈등은 삶의 필연적인 부분이며 언제나 모두 쉽게 해결하기 어려운 문제이다. 만일 우리가 고통이나 무능력하여 우리 자신을 마비시키는 길을 선택한다면, 갈등에 빠져 있는 우리 자신은 물론 어느 누구도 우리가 도울 수 없다는 사실을 명심해야 한다. 이 장에서 제시된 모든 행동방향의 원리가 어려울지 모르지만, 그것이 불행보다는 더 효과가 있는 것이다.

월요일에 출근을 했는데 새로 부임한 사장이 일자리를 계속 갖기 원하는 사람은 토요일에도 일을 해야 한다고 지시한 사실을 알게 되었다고 상상해 보자. 그날은 바로 당신 아들 팀이 결승전을 벌이는 날로 아들은 그 팀에서 투수를 맡고 있다. 당신은 오랫동안 이 날을 기다려왔다. 아들은 아빠가 경기장에 올 것으로 믿고 날마다 그 얘기뿐이다. 흥분해서 재잘거리는 아들의 얘기를 들을 때마다, 그 경기를 관람하지 못할 거라는 얘기를 차마 할 수가 없어 당신은 꽤 괴로웠을 것이다. 당신이 경험하고 있는 것은 당신의 통제체계에 미치는 갈등의 파괴적인 영향으로 통제력을 완전히 상실한 것이다. 당신은 무엇인가를 하고 싶은 강한 충동을 느낀다. 그러나 무엇을 할 것인가? 당신이 동시에 두 장소에 가 있을 수는 없다. 그러므로 아들이 하는 경기에 참석하지 않기로 결정했다면 당신은 그 불행한 사태를 완화시키고자 일주일 내내 우울하게 지낼 것이다.

　그것은 마치 당신의 집은 계속해서 25도를 유지하도록 설계되었는데, 그러려면 한 개가 아닌 두 개의 자동 조절 장치가 있는 것과 같다. 첫 번째 자동 조절 장치는 20도에서 강력한 냉방기에 연결되어 있고, 두 번째 것은 30도에서 강력한 난방기에 연결되어 있다. 둘 다 하루 종일 켜놓게 되면 25도를 유지하게 될 것이다. 그러나 결국에는 하나 또는 둘 다 과다하게 작동을 했기 때문에 파손되어 버릴 것이다. 제정신을 가진 기술자라면 그런 기계를 설계했을 리가 없다. 그런 기계란 있을 수 없기 때문이다. 그러나 당신이 갈등 상태에 있을 때, 당신은 잘못 설계된 저 기계처럼 삶의 균형을 이루려고 무진 애를 쓸 것이다. 인간의 경우, 전적으로 상반되는 두 개의 사진을 동시에 완전하게 만족시키는 것이 불가능하다는 사실을 잘 알면서도 그렇게 되기를 원하는 바람을 가지고 있다.

　다른 예로 제프는 보스턴에 새로 개설되는 지점으로 전근하는 조건으로 상당한 승진을 약속받았다. 그러나 외동딸인 그의 아내 켈리는 서부 해안에 사는 그녀의 연로한 부모를 떠나지 않을 거라고 그에게 말한다. 그가 사장에게 이런 얘기를 하자 사장은 3개월의 여유를 줄 테니 마음을 정하라고 한다. 만일 이번 기회를 놓치면 이처럼 좋은 기회가 다시는 없을 거라고 여긴 그는 그곳으로 옮겨 가는 것을 무척이나 갈망하고 있다.

　이러한 갈등을 선택이론의 용어로 표현하자면, 제프의 머릿속에는 보스턴으로 옮겨 가서 자신이 사장이 되는 모습의 사진과 이사를 가려 하지 않는 사랑하는 아내의 사진이 동시에 들어 있다고 할 수 있다. 그녀는 남편에게 부모님이 살아 계시는 동안은 샌프란시스코를 떠나지 않을 거라고 결혼할 당시 말했었다. 그녀는 지금 남편의 수입에 아주 만족해하고 있으며, 남편이 지금의 자리에 머물러 있을지라도 어떻게 해서든지 모든 일은 여전히 잘될 것이라고 믿고 있다.

제프는 성취와 자유에 대한 욕구와 사랑에 대한 욕구 사이에서 갈등을 겪고 있다. 그러나 그는 아내에게 찢어지는 것 같은 자기의 감정을 얘기할 수가 없다. 왜냐하면 그가 그의 갈등을 그녀와 나누지 않았기 때문에 그녀는 공감이 안 된다. 그는 상관에게 그 문제에 대해 계속 얘기하지만 그의 상관은 자신과 아내가 수없이 많은 이사를 다닌 끝에 지금의 위치에 오르게 되었다고 말한다. 오히려 그가 빨리 결정을 내려야 다른 사람을 찾아볼 수 있을 거라고 재촉한다.

또 다른 갈등의 예로 헬렌의 경우를 보자. 제프와는 달리 그녀의 갈등은 상반되는 욕구 사이에 있는 것이 아니라 같은 욕구의 두 가지 측면 사이에 있다. 그녀는 몇 개월간 함께 살아오는 남자인 빌에 대한 사랑과 그녀의 두 자녀에 대한 사랑 사이에서 고민하고 있다. 빌은 더 이상은 그녀의 자녀를 함께 양육할 수 없다고 그녀에게 최후통첩을 보냈다. 아이들을 그들의 생부(그는 자식들을 원하고 있다)에게 보내지 않으면 집을 나가겠다는 것이다. 그녀가 양쪽을 다 원한다면(두 조건 모두를 갖고 있는 친구들도 있으므로 그녀는 둘 다를 원하는 자신이 불합리하다고 느끼지 않는다.) 그녀는 어떻게 해야 할 것인가?

대부분의 심각한 갈등은 우리의 통제를 받아들이지 않는 다른 사람을 통제하려는 데서 비롯되는데, 왜냐하면 우리가 원하는 것이 그들을 만족시키지 않기 때문이다. 만일 켈리가 보스턴에 간다고 한다면 제프는 그녀가 부모와 함께 시간을 보낼 수 있도록 심지어는 그녀의 부모를 보스턴으로 모셔오는 것까지도 서슴지 않을 것이다. 그는 기꺼이 그녀의 생활이 가능한 한 손상되지 않도록 충분히 배려해 줄 마음의 준비가 되어 있다. 그러나 그녀는 이사 가는 문제를 거론조차 하지 않으려 한다. 그녀는 자신이 재산보험 증권의 수령자라는 것을 지적하며, 80세인 그녀의 아버지가 돌아가시면 그들은 재정적으로 독립하게 될 것이라고 말하고 있다. 그녀는 남편이 원하는 것이 장인의 돈이 아니라 새로운 직업에서 얻게 될 성취와 자존감이라는 사실을 직시하려고 하지 않는다.

빌이 헬렌과 산 짧은 기간 동안 헬렌은 아이들에게서 빌을 떼어놓고자 그녀가 취할 수 있는 모든 방법을 다 썼으나 그는 여전히 막무가내였다. 그는 헬렌을 원하지만 두 사람 사이에서 태어난 아이가 아닌 전 남편 사이에서 태어난 아이들은 원하지 않는다. 그는 아이들이 착하다는 것을 인정하며 1년에 3~4 주일 그들과 같이 지낼 수는 있지만, 계속 함께 살려 하지는 않는다. 그는 자신이 이기적인 사람이 아니라 단지 자기 자신이 한계를 아는 것뿐이라고 주장한다. 헬렌은 좀 더 긴 시간 동안 아이들과 함께 지내 보자고 그에게 애원하나 그는 거부한다. 그는 합리적이려고 애쓰면서 그가 할 수 없다고 느낄 때 그녀의 아이들을 받아들이는 척 가장하는 것은 누구에게나 정당하지 못한 것이라고 그녀에게 말한다.

서로 상반되는 자동 온도 조절 장치와 마찬가지로, 제프와 헬렌은 자신이 원하는 것과 취할 수 있는 것 사이에서 실제적인 차이를 계속 경험하고 있다. 두 사람 모두가 그들의 사진을 채울 수 있는 단 한 가지 행동을 찾아내지 못하고 있으므로 진짜 갈등을 겪고 있다고 말할 수 있다. 그러므로 난로나 에어컨과 같이 그들의 행동체계는 하루 24시간 계속해서 전력을 다해 움직이고 있는 것이다. 그러나 그들이 어떤 행동을 하든지 간에 그들이 소유하고 있는 것과 그들이 원하는 하나 또는 그 이상의 사진 사이에는 항상 차이가 있기 마련이다.

그러나 우리가 행동체계들을 움직이는 한 그것들은 행동을 생산해 내는 것을 결코 멈추지 않을 것이며, 우리가 갈등 상태에 놓여 있을 때 어떠한 행동을 한다고 해도 우리가 원하는 것과 가지고 있는 것 사이에는 항상 차이가 있다는 것을 기억해야 한다. 행동체계는 이러한 차이를 줄이려고 계속해서 만족스러운 행동을 취하려고 노력한다. 그리고 우리의 행동체계는 그 임무를 수행하기가 불가능하다는 사실을 인정할 수 있는 능력을 전혀 가지고 있지 않다. 이런 이유 때문에 우리가 갈등을 겪고 있을 때, 우리는 자기 자신이 할 수 있는 일이 아무것도 없다는 사실을 인식하는 것과는 상관없이 계속해서 행동하려는 충동을 느끼는 것이다. 우리의 행동체계는 필사적으로 만족스러운 행동을 찾으면서, 점점 더 창의적으로 되어간다. 제프는 '가슴의 통증'이라는 일반적인 행동(그에게는 새로운 것이겠지만)을 통하여 신체적으로 재조직하기 시작하였다. 그는 의사를 찾아갔으나 아무도 그의 심장에 이상이 있음을 발견하지 못했다. 헬렌은 더 열성적으로 집 안을 청소하는 것으로 재조직을 시작하고, 빌에게 아이들이 문제될 것이 없다는 사실을 증명하려는 헛된 노력으로 아이들을 더 강박적으로 훈련시키게 되었다. 그녀는 하루 종일 일을 한 후에, 밤에도 거의 잠을 자지 않고 집안 청소를 한다. 그녀는 하루 일과를 제대로 보려고 하루에 스무 잔의 커피를 마시고 잠을 조금이라도 자려고 이른 새벽에 수면제를 복용한다. 헬렌과 제프 두 사람 모두 상반된 욕구에 사로 잡혀 자신의 삶의 통제력을 잃게 된 것이다.

갈등은 장기간 심한 고통을 겪게 하는 가장 일반적인 원인 중 하나이다. 우리가 진정한 갈등을 겪고 있을 때보다 더 많이 통제력을 상실하는 경우는 없기 때문이다. 제프의 가슴 통증은 진짜 심장질환으로 옮겨갈 수도 있으며, 헬렌은 카페인이나 수면제보다 더 강한 약물들을 복용하게 될지도 모른다. 만약 켈리나 빌이 변하기로 결심하지 않는다면 갈등은 그대로 남아 있게 될 것이다. 이와 같은 진정한 갈등들은 그리 흔하지 않다. 우리는 훨씬 더 자주 진정한 갈등으로 보이는 상황 속으로 우리 자신을 몰아가는 경향이 있으나, 이것은 진정한 갈등이 아니다.

이보다 더 일반적인 상황들, 곧 '거짓 갈등(false conflicts)'이라고 하는 것에는 그 '갈등'을 해결할 수 있는 한 가지 행동이 항상 존재하지만 이 행동은 '갈등'을 토로하는 사람이 기꺼이 사용하려 하지 않는 행동이다. 예를 들면 거트는 체중을 줄여서 사이즈가 10이 되는 옷을 입고 싶지만, 배가 출출한 상태에서 저녁 밥상을 거르고 싶지 않다. 그녀는 아침을 거르고 아주 간단한 점심을 먹는다. 힘든 하루 일과를 마친 후 저녁에는 성찬의 식사를 하고 싶다. 그녀는 자기가 원하는 체중보다 삼십 파운드가 더 나가며 옷을 사러나갈 때마다 그리고 날마다 저녁 식탁에 앉을 때마다 자신의 '갈등'을 토로한다.

그녀는 자신이 상반된 욕구에 사로 잡혀 있다고 생각하지만 사실상 조금만 노력하면 그녀는 두 가지를 다 가질 수 있다.

이것은 거짓 갈등인데 왜냐하면 거트가 하루에 4~5마일을 달린다면 10사이즈가 될 수 있고 또한 맛있게 저녁식사를 할 수 있기 때문이다. 달리기는 열량을 소모하는 것 이외에도 배고픔을 덜 느끼게 하기 때문에 음식이 더 중요하게 여기게 한다. 이 '완벽한' 해결책의 문제점은 하루에 4마일을 달려야 한다는 것으로 이것은 힘든 일이며 많은 시간을 필요로 한다. 많은 사람은 원하는 음식을 거의 전부 먹을 수 있는 방법인 힘든 일을 하기보다는 체중 초과가 '갈등' 이 된다고 비난하고 싶어 한다.

거짓 갈등은 얼마든지 있다. 대학에 가고 싶지만 일을 해야 하기 때문에 갈 수 없다고 고민하는 사람, 또는 직장을 다니고 싶지만 아이들 때문에 다닐 수 없다고 고민하는 사람을 우리는 알고 있다. 또한 이혼을 하면 생계를 이어살 방노가 없기 때문에 사랑 없는 결혼생활에 얽매인 사람들의 불평도 흔히 듣게 된다. 이들이 모두 어려운 상황이긴 하지만 그 어느 것도 진정한 갈등은 아니다. 모든 경우에 '갈등을 겪는' 불평자들이 좀 더 강한 행동방향을 설정하고 실행에 옮긴다면, 그들이 원하는 것을 다 얻지는 못한다 하더라도 대부분을 얻을 수 있을 것이기 때문이다.

모든 거짓 갈등에는 '갈등을 겪고 있는' 사람이 직면하기를 원치 않는 힘든 일에 대한 선택이 따르게 된다. 온종일 일을 하면서 대학에 다닌다는 것은 쉬운 일이 아니지만 수많은 사람들이 그렇게 하고 있다. 그리고 많은 사람이 집안일과 가족을 돌보면서 직장에 다니고 있다. 힘든 일을 선택해야 할 상황에 직면했을 때 어떤 사람들은 신체적인 원기가 부족하다고 말한다. 그러나 시도해 보지 않고서는 결코 알 수가 없다. 원하는 일에 몰입할 수만 있다면 우리는 자신이 생각하는 것보다 훨씬 더 많은 힘을 발휘하게 된다.

안전 때문에 또는 자녀들이 엄마나 아빠를 필요로 하기 때문에 또는 이와 유사한 이유 때문에, 사랑이 없는 결혼생활을 지속한다는 것은 또 다른 일반적인 거짓 갈등이다. 만일 당신이 변화하는 데 요구되는 힘든 일을 기꺼이 하려 한다면 언제나 방법은 있게 마련이다. 결혼생활에서 사랑을 찾고자 당신이 할 수 있는 모든 노력을 다 기울여 왔다고 가정해 볼 때, 현재 상태를 그대로 고수하는 것은 거의 대부분의 경우 스스로 불행한 삶을 선택하는 것이다. 당신과 결혼하지 않으려는 남자나 여자와 동거하면서 그 사람이 분명 헌신적일 거라고 스스로에게 확신시키는 것은, 결혼할 만큼 당신을 원하는 사람을 찾으려고 노력하지 않는 것에 지나지 않는다. 현재 상황을 조금이라도 이해한다면, 오늘날에는 결혼생활조차도 단단하고 지속적인 관계가 아니라는 것을 알게 될 것이다. 같이 산다고 해서 지속적이고 튼튼한 관계가 되는 것은 아니다.

우리는 사람들이 종종 우리를 통제하고자 갈등에 대한 불평을 늘어놓는다는 사실을 알아야 한다. 예를 들면 잭은 그의 아내와 가족에 대한 충성과 또 다른 여성인 그웬에 대한 정열적인 욕망 사이에 그가 사로 잡혀 있다고 불평한다(그웬에게 그리고 때로는 그의 아내에게). 그러나 잭은 전혀 갈등에 처해 있지 않다. 그는 그웬과 어쩌면 그의 아내까지도 통제하려고 갈등의 스크린을 이용하는 것이다. 그럼으로써 그는 양쪽을 계속해서 모두 다 소유할 수 있다. 만일 그웬 (또는 그의 아내)이 기본적인 선택이론을 배운다면, 그녀는 잭의 갈등에 속아 넘어가는 것을 중지할 것이고 그렇게 되면 잭은 아마도 진정한 갈등에 부딪치게 될지도 모른다. 다른 사람들이 그의 '고뇌'에 대한 이야기를 받아주는 한, 그는 그들을 잘 통제하게 된다.

대부분의 사람은 진짜 갈등과 거짓 갈등이 얼마나 다른지를 이해하지 못하기 때문에, 이 두 가지 상황을 다 잘못 처리하는 경향이 있다. 우리는 효과적인 방법과는 전혀 다른 방법을 사용하고 있다. 우리는 진짜 갈등은 열심히 노력하면 해결될 수 있는 일처럼 취급하며 거짓 갈등은 마치 우리가 할 수 있는 것이 아무것도 없는 것처럼 취급한다. 예를 들면 진짜 갈등에 처한 제프는 켈리를 열심히 설득하면 함께 보스턴으로 갈 수 있을 거라고 믿고 있다. 그러나 그녀가 가지 않겠다고 우기면 그는 도리가 없다. 그는 그녀의 머릿속에 있는 사진, 곧 샌프란시스코에 머물겠다는 그녀의 사진을 강제로 바꿀 수가 없는 것이다.

진짜 갈등을 더욱 어렵게 만드는 것은 해결책이 없다는 사실뿐만 아니라 해결책을 찾으려는 노력을 게을리 하지 않는다는 사실이다. 제프와 헬렌은 그들의 행동체계가 강력한 신호에 따라 끊임없이 몰리고 있기 때문에 불가능한 것을 계속 시도하려 한다. 제프는 켈리를 원하고 있고 그녀와 함께 이사 가는 것을 원하고 있다. 헬렌의 경우 빌과 아이들을 원하고 있다. 그들이 원하는 사진과 그들이 갖고 있는 것 사이에는 항상 커다란 차이가 있다. 이미 선택하고 있는 불행과 자기 파멸에서 그들 자신을 구할 수 있는 유일한 길은, 현재 상황을 가능한 충분히 인식하고 의식적으로 수동적이 되기를 선택하는 것, 곧 그 갈등을 해결하려는 어떠한 노력도 하지 않는 것이 진짜 갈등의 경우에는 최선의 행동임을 배우는 것이다.

아무 일도 하지 말라는 것은 조언하기는 쉽지만 실행하기는 대단히 어려운 일이다. 아무것도 하지 않는다는 것은 분명히 정당한 행동이긴 하나 가장 소극적인 행동이므로, 행동하고자 하는 충동이 강할 때에는 가장 선택하기가 힘들다. 갈등에 처한 사람이 아무 행동도 하지 않을 수 있는 유일한 길은 필자가 지금까지 설명해 온 선택이론의 기초를 이해하는 것이다. 이 이론을 이해하면 아무것도 하지 않는 것은 하나의 논리적인 행동으로, 실제로 우리가 진짜 갈등에 처했을 때 이것이 뜻을 이루는 유일한 행동이라는 것을 알게 된다. 제프는 동시에 샌프란시스코와 보스턴에 있을 수 없고 헬렌은 빌과 아이들 양쪽을 다 소유할 수 없다. 그런데 무엇 때문에 애를 쓰는가? 우리는 돌담에 머리를 부딪쳐 피를 흘릴 필요는 없는 것이다.

아무것도 하지 않는 것이 어째서 최선의 선택인지를 좀 더 이해하기 위해서, 왼쪽 벽에 문이 있고 오른쪽 벽에 또 다른 문이 있는 커다란 방 가운데에 있는 당신 모습을 상상해 보라. 한쪽 문 뒤에는 커다란 금항아리가 있고, 다른 쪽 문 뒤에는 꿈에 그리던 연인이 있다. 둘 다 한참 동안 당신을 기다릴 것이다(대부분의 갈등의 경우 당신이 생각하는 것보다는 해결할 시간 여유가 있다. 긴급한 상황이라는 것은 실제 상황 자체보다도 당신의 머릿속 판단에 의한 것이다). 당신이 억지로 결정을 내리려고 한다면, 이쪽 또는 저쪽 문을 향하여 움직일 때 다른 쪽 문 뒤에 있는 것을 잃지 않으려는 보이지 않는 욕망의 끈에 이끌려 방 한가운데로 끌려가는 자신의 모습을 발견하게 될 것이다. 처음에는 이쪽으로 다음에는 저쪽으로 끌려 다니지만, 엄청난 에너지만 낭비할 뿐 어느 쪽에도 이르지 못하게 된다. 즉시 선택해야 할 필요가 없다면 방 한가운데에 편안하게 앉아서 기다리는 것이 더 좋지 않겠는가?

당신이 끈기 있게 기다리는 동안 어떤 상황이 시간이 지나면 변하듯이 당신이 처한 상황이 변한다면 당신은 좀 더 선택하기가 수월해질 것이다. 당신이 기다리는 동안에 저절로 선택의 길이 나타난다면, 힘을 훨씬 적게 소모하고도 당신이 택한 것을 더 잘 다룰 수 있을 것이다. 나중에 켈리나 빌의 마음이 풀어지게 되면 끈기 있게 기다려 온 제프와 헬렌은 비참하고 병이 들고 피곤하고 알코올 중독이 되거나 미칠 것 같은 상태에서 힘을 다 소모시킨 경우보다는 문제를 잘 처리해 나갈 수 있을 것이다. 기다리는 것이 가능하다면 결정을 내리기 전에 너 오래 기다리면 기다릴수록 당신이 거의 통제할 수 없는 시간과 상황이 와서 당신의 마음을 결정하는 데 도움을 줄 것이다. 세상은 절대로 정지하지 않는다. 그 어느 누구도 예측할 수 없는 방식으로 사건들은 일어나고 갈등은 우리 마음의 균형을 깨뜨린다. 만약 제프가 기다리는 동안 계속해서 열심히 일하거나 그와 관련된 모든 사람에게 친절을 베푼다면, 켈리의 연로하신 부모님이 켈리에게 제프와 함께 가라고 이야기하거나 또는 회사에서 그들의 부모님 집에서 가까운 곳에 일자리를 제공할지도 모른다. 상관이 교체되거나 병이 나서 제프에게 그 자리를 맡으라고 제안할 수도 있다. 샌프란시스코에 있는 다른 회사에서 그가 유능한 사원인 것을 알고는 더 좋은 조건으로 제의해 올 수도 있다. 제프가 거의 통제할 수 없는 사건 중 하나 또는 이 모든 사건이 그 갈등을 해결해 줄 것이다. 그가 통제할 수 있는 것은 바로 기다리는 것과 기다리면서 일을 잘 수행하는 것이다.

자녀들과 빌에 대한 온화하면서도 굳건한 헬렌의 사랑은 빌의 마음을 누그러지게 할 수도 있다. 그렇지 않으면 전남편의 마음이 달라져서 아이들을 맡지 않겠다고 할지도 모른다. 그녀의 지금 상황이 그렇게 오랫동안 똑같은 상태로 머물러 있을 것 같지는 않다. 빌이 경고만 하고 최후통첩을 내리지 않는 한, 그녀는 빌이 지금까지 표현해 온 것 이상으로 아이들 다 함께라도 그녀를 필요로 하고 있다고 추측해도 좋을 것이다. 만일 헬렌이 아이들을 보내려는 움직임을 전혀 보이지 않고 계속해서 빌을 사랑한다면, 일이 그녀가 원하는 쪽으로 호전될 가능성도 있다. 그녀는 자신의 삶을 잘 통제하고 있기 때문에 기다릴 수 있다. 우리가 진짜 갈등에 처해 있을 때 우리가 할 수 있는 한 효과적으로 아무 행동도 하지 않는 것에 대한 가치를 과소평가해서는 절대 안 된다.

기다리는 데 있어서 문제점은 우리에게 무엇인가를 '하라'는 외부의 압력이 항상 있다는 사실이다. 만일 우리가 처한 딜레마에 대해 다른 사람들과 의논한다면 그들은 보통 우리에게 어떤 조치를 취할 것을 재촉한다. 우리의 상반된 사진들은 단지 우리에게만 적용되는 상황이기 때문에, 우리에게 어떤 행동을 취하라고 조언하는 친구들의 압력은 갈등이 적은 그들의 처지에 근거한 것이지 결코 우리 자신의 처지에 근거한 것이 아님을 명심해야 한다. 물론 우리는 이러한 압력을 물리치지만 여기에는 상당한 에너지가 소모된다. 우리는 그들의 조언이 없어도 잘 해낼 수가 있으므로 이러한 조언을 피하는 길은 그들에게 어떻게 해야 할 것인지를 묻지않는 것이다. 만일 우리가 원하는 모든 것이 동정과 격려라면 우리의 난처한 처지에 대해 말한 것이 오히려 도움이 될 것이다. 다른 사람들에게 해결책을 기대하는 것은 어리석은 일로 그들은 아무런 해결책도 갖고 있지 않다.

　기다리는 것은 대단히 힘들며 어떤 행동을 취하려는 충동이 너무 강하기 때문에 이 기다림을 좀 더 쉽게 만들 수 있는 방법은, 갈등이 없는 분야에서 당신 자신을 충분히 만족시켜 줄 수 있는 일에 최대한 많은 에너지를 쏟는 것이다. 어떤 사람도 한 번에 한 가지 이상의 일을 할 수는 없으므로 헬렌의 경우라면 자기 일을 열심히 하거나 자녀들과 좀 더 재미있는 시간을 많이 가질 수 있을 것이다. 아니면 운동을 해서 날씬한 몸매를 유지하거나 언제나 하고 싶던 맛있는 요리를 만들면서 '무엇인기를 하고자 하는' 그녀의 충동을 충족시킬 수 있을 것이다. 갈등과 무관한 일로 여러분이 만족할 만한 일을 하게 되면, 여러분은 자신의 삶을 더 잘 통제할 수 있게 될 것이다. 통제를 잘하면 할수록 비록 그 갈등을 해결하는 데 많은 시간이 걸릴지라도 마음이 부서지는 것 같은 느낌을 덜 받게 될 것이다(주: 네 가지 심리적 욕구를 충족하게 되기 때문이다).

　적극적으로 무엇인가를 해보고 싶은 충동이 너무 강할 경우 아무것도 하지 않는 것은 불가능하다. 그러므로 지금처럼 불리한 일은 하지 말고 당신에게 유리한 일을 하도록 하라. 자신에게 정해진 기간 동안 이쪽이든 또는 저쪽 방향이든 시도를 해보겠다고 말한 다음, 일이 어떻게 되어 가는지를 관망해 보라. 이것은 아무 일도 하지 않으면서 기다리는 동안에 당신이 가질 수 없는 통제 요소 중 한 가지를 제공해 준다. 예를 들면 제프는 그가 6개월 동안 혼자서 보스턴으로 가리라고 결정하여 무슨 일이 일어날지 볼 수도 있다. 제프는 6개월이라는 시간 요소를 그녀에게 얘기할 수도 있고 하지 않을 수도 있다. 이것은 만약 그녀가 사실을 안다면 무엇을 하고 또는 무엇을 하지 않을지에 대한 그의 판단에 따른 것이다. 6개월은 시험 기간이지만 그 기간 동안에 갈등을 해결할 수 있는 많은 일이 일어날 수도 있다.

헬렌은 빌에게 자기의 아이들을 포기하지 않기로 결심했다고 말할 수도 있다. 그녀는 계속해서 따뜻함과 온화함 그리고 불평없이 그를 대할 것이다. 그러나 그의 조건은 수용하지 않을 것이다. 그리고 그의 최후통첩을 기다리는 대신에 그녀가 그에게 최후통첩을 내리는 것이다. 그녀는 그에게 6개월 동안의 결정할 시간적 여유를 주기로 했으나, 그에게 시간적인 제한에 대해 얘기할 것인지 아닌지는 그녀의 결정에 달려 있다. 이렇게 하는 것이 그를 떠나게 할 수도 있지만, 헬렌은 이런 방법을 통해서 그녀가 처한 상황에 대한 통제력을 조금 더 얻게 된다.

만일 당신이 일정한 기간 동안 독단적인 행동을 취하기로 결정했다면 어떤 방법을 취할 것인지도 택해야 한다. 종이 한 장을 꺼내어 반으로 나눈 후 각 종이에다 한 가지 선택 방법을 적는다. 제프의 경우에 한쪽에는 '보스턴'이라고 쓰고 다른 종이에는 '샌프란시스코'라고 적는다. 보스턴이라고 쓴 종이에 한 가지 이유를 적고 다음에는 샌프란시스코라고 적은 종이에 한 가지 이유를 적는다. 이런 방법으로 이유가 더 이상 생각나지 않을 때까지 양쪽 종이를 오가면서 이유들을 적어 본다. 이유를 더 많이 쓴 쪽으로 당신이 택한 기간을 투자하라. 정확하게 말하면 똑같은 비중을 지닌 갈등은 거의 없으므로 이런 식으로 어떤 사진이 시도해 볼 만한 최선의 사진인지를 찾아낼 수 있을 것이다. 그러나 이런 결정을 내린 것이 또 다른 갈등을 초래한다면 이 해결책은 당신에게 적합하지 않다. 그럴 때는 아무것도 하지 않고 기다리는 편이 나을 것이다.

진짜 갈등을 겪고 있을 때에는 아무것도 하지 않고 그냥 있는 것이 어려운 일이지만 거짓 갈등에 처해 있을 때에는 그 반대이다. 이때에는 불평만 하고 일은 거의 하지 않는다. 하루에 4마일을 달리기보다는 아이스크림을 핥으면서 우리의 의지력이 얼마나 약한지를 한탄하는 편이 오히려 더 쉽다. 아이들이 당신을 필요로 하기 때문에 대학에 복학할 수 없다고 말하면서 동정을 구하는 것은 당신이 원하는 것을 얻고자 일을 하기보다는 원하는 것에 대해 얘기하는 것을 더 좋아한다는 것을 뜻한다. 대부분의 진짜 갈등들은 때가 되면 해결되거나 해결되는 쪽으로 나아가지만, 거짓 갈등은 점점 더 악화되어 간다. 몸무게가 30파운드를 초과했을 때보다 10파운드를 초과했을 때 달리기를 시작하는 것이 훨씬 더 쉬운 일이다. 그리고 만일 당신이 더 많은 사랑을 하길 원한다면 당신이 45세일 때보다 30세일 때 사랑을 찾을 수 있는 기회가 더 많을 것이다.

만일 당신이 갈등을 겪고 있다고 생각되면, 당신이 겪고 있는 갈등이 진짜 갈등인지 거짓 갈등인지를 구별해 내는 방법을 배우는 것이 중요하다. 이것을 구별해 내려면, 당신이 원하는 상반된 사진들을 살펴보고 두 가지를 다 만족시킬 수 있는 한 가지 행동(어려운 행동도 고려하라.)이 있다면 최선을 다해 그것을 찾아내라. 만일 오랫동안 잘 살펴보고도 아무것도 찾아낼 수 없었다면 당신은 진짜 갈등을 겪고 있는 것이니, 이때에는 당신 자신을 파멸시키는 길을 택하기보다는 이 장에서 제시한 수동적인 기다림의 전략을 시도해 보는 편이 나을 것이다. 그러나 만일 당신이 거짓 갈등에 놓였다면 당신이 원하는 것은 오직 힘든 일을 통해서만이 획득될 수 있다는 사실을 직시한 다음에 일을 시작하도록 하라. 바라는 것과 불평하는 것은 가장 효과가 없는 행동에 속한다.

모든 창조물 가운데서 인간만이 의미심장한 갈등을 겪는 유일한 존재이며 따라서 이러한 갈등을 해결하려는 시도의 일부분으로써 도덕체계를 발달시킨 유일한 존재이기도 하다. 조개류나 뱀과 같은 단순한 동물들에게는 갈등이 없다. 곧 그들이 원하는 것은 살아 남아서 번식하는 것이 전부이다. 원숭이같이 조금 더 복잡한 동물들조차도 거의 갈등을 겪지 않는데, 그들에게는 인간이 가지고 있는 힘에 대한 강렬한 욕구나 책임감 있는 사랑에 대한 지속적인 욕구가 없기 때문이다. 행동 과학자가 원숭이를 실제 생활 속에서는 부딪치지 않는 인위적인 갈등 상황 속으로 집어넣을 때에만 그들은 고통으로 자포자기가 되어 생명을 위태롭게 할 만큼 심한 우울증과 같은(그들에게 있어서) 창의적인 행동들로 전환하게 된다. 자연적인 상태에서 동물들은 우리 인간이 흔히 빠져들게 되는 갈등 상황 속으로 빠져들지 않는다. 그들의 기준에 따르면 그들이 하는 모든 일에는 책임이 따르지 않는다. 오직 인간만이 누가 아기의 어머니인가를 밝혀내려고 논쟁하는 솔로몬 왕이 되는 것이다.

그러나 우리는 갈등을 겪으며 늘 그 갈등에서 빠져나갈 길을 찾고 있기 때문에, 도덕과 책임 또는 다른 사람들에게서 그들의 욕구를 충족시킬 수 있는 기회를 뺏지 않으면서 우리의 욕구를 충족시킬 수 있는 방법에 대해 항상 큰 관심을 가져왔다. 우리가 실제 상황에서 끊임없이 직면하는 문제는 진짜 갈등에 처해 있을 때 책임 있는 행동을 하거나 도덕적인 선택을 하는 것이 얼마나 어려운 일인가이다. 제프는 자기 자신이 도덕적이고 책임감 있는 사람이라고 여기지만, 그러나 어느 누가 샌프란시스코에 머무는 것과 보스턴으로 가는 것 중에서 어느 것이 더 책임감 있는 행동이라고 말할 수 있겠는가? 헬렌이 자녀들을 전남편에게 보내고 혼자만 빌과 더불어 정착한다면 그녀는 책임감이 없는 사람인가?

갈등에 처해 있지 않은 사람이 조언을 구하는 당신에게 도덕과 책임감에 대해 설교하는 것은 쉬운 일이지만, 그들에게는 명확할지도 모르는 일이 당신에게는 조금도 명확하지 않다. 켈리는 그녀의 남편보다 아버지와 어머니에 대해 더 많은 책임을 지고 있는가? 제프가 자신이 그처럼 원하고 있는 승진을 포기한다면 그는 그 자신에게 책임 있는 사람인가? 우리가 우리의 삶에 대해 효과적으로 통제하기를 원한다면, 진짜 갈등에 처했을 때 우리를 이끌고자 우리가 의존할 수 있는 규범적인 도덕은 결코 존재하지 않는다는 사실에 직면해야 한다. 사실상 진짜 갈등에 대한 실험은 우리가 양쪽에 다 도덕적으로 합당한 논란을 펼 수 있다는 점이다. 그러므로 우리가 진짜 갈등에 처해 있을 때는 다른 사람에게 의뢰하고 싶은 심정이 강렬하지만, 판사나 성직자와 같은 도덕 문제의 권위자들조차도 동전을 손가락 끝으로 튕겨 올리는 것 이상의 조언은 해줄 수가 없다.

 어떤 사람들은 갈등이 힘과 사랑 사이에서 생길 때 사랑을 택하는 것이 더 도덕적이라고 주장할지도 모른다. 그러나 자기 자녀에 대한 사랑과 애인에 대한 사랑 사이에서 갈등을 겪는 헬렌의 경우처럼, 갈등이 사랑에 대한 욕구 자체에서 빚어지는 것이라면 위에서 말한 논란은 어떻게 되는 것인가? 자녀들을 원하는 전남편에게 아이들을 주고 빌과 결혼할 것인가(이것이 빌의 결혼조건인 점을 기억하라.), 아니면 자녀들을 계속 데리고 있고 빌을 포기할 것인가? 이러한 상황에서 그녀가 거의 언제나 듣게 되는 충고는 빌을 포기하라는 것이다. 그녀에게 가장 중요한 책임은 아이들이라는 말이다. 이것은 도덕적으로 진정한 충고처럼 들릴지 모르지만 만일 헬렌이 이 충고를 받아들여서 빌을 잃게 된다면, 그녀는 분노를 느끼게 되어 이 분노를 자기 아이들에게 쏟거나 술을 마시며 아이들을 방치해 둘지도 모른다. 그러므로 어떤 경우든 아이들은 아버지와 함께 사는 편이 훨씬 더 나을 것이다. 그러나 규범적인 도덕적 태도에는 훌륭한 논리적 근거가 있는데 그것은 충성이다. 다른 모든 조건이 거의 동등할 때에는 오래된 것이 새것보다 우선권을 갖는다.

 제프조차도 많은 사람들에게서 켈리의 부모와 켈리에 대한 그의 오랜 충성이 가장 최근의 승진보다 더 우선되어야 한다는 충고를 받기 쉽다. 이 논쟁에 대한 반론은 제프가 켈리를 만나기 오래 전부터 야망을 갖고 있었을지도 모르며 그의 야망에 대한 애착심이 무시되어서는 안 된다는 것이다. 그러나 가능한 오래된 것을 고수하는 것은 도덕적일 뿐만 아니라 거의 언제나 더 많은 시간을 가져다 준다는 점에서 또한 효율적이다. 필자가 설명한 바와 같이 대부분의 갈등은 때가 되면 해결될 수 있으므로 여기서 충성스런 선택은 당신 주변에 있는 사람들의 지지를 받는다는 점에서 약간 더 쉬울 뿐만 아니라 또한 실제적이기도 하다.

주드는 폴에게 20년 전 첫 번째 일자리를 주었는데, 이제 폴은 주드를 물리치고 그 회사의 사장 자리에까지 올라섰다. 심한 음주 문제를 가지고 있는 주드는 여전히 중역 자리에 있다. 폴이 부사장이었던 지난 5년 동안 그는 자신에게 처음 출발의 기회를 주었던 사람에 대한 옛 의리 때문에 주드를 보호해 주었다. 이제 주드는 완전히 무능해졌으며 폴의 보호가 없으면 해고되고 말 것이다. 그의 음주벽은 회장의 주의를 끌기에 이르렀으며, 신임 사장인 폴은 이 회사에 오랜 기긴 동안 짐이 되어 온 사람을 일마나 너 오래 보호해야 하는가 하는 난처한 문제에 빠지게 되었다. 오랜 충성심이 시험을 받게 된 것이 분명하며, 폴이 주드를 불러 술을 끊으라고 얘기할 때면 그는 폴의 자비에 매달리지만 결코 술을 끊지 않고 있다.

무능한 술주정뱅이에 대해서는 충성할 필요가 없다고 말할지도 모른다. 그러나 결백한 사람이나 현재 유능한 사람에게만 충성해야 한다는 것이 충성의 윤리가 될 수 있는가? 그것은 우리의 친구들을 판단하는 데 가혹한 기준이 될 것이다.

갈등이 없는 한 심각한 도덕적 문제는 거의 없다. 충성심은 대부분의 도덕적인 결정에 가장 기본으로 작용하게 될 것이다. 그러나 갈등이 사진으로 구체화될 때, 그것이 욕구 내부에 있는 것이든 아니면 욕구와 욕구 사이에 있는 것이든 간에, 갈등을 겪는 사람을 위해 작용하는 규범적이고 도덕적인 입장은 존재하지 않는다. 당신이 진짜 갈등으로 고통을 받고 있을 때 깨달아야 할 것은 그 순간에는 당신의 도덕이 작용하지 않는다는 점이다. 이러한 사실을 인식함으로써 당신은 자신의 삶을 어느 정도 통제할 수 있는 능력을 계속 보유하게 되고 당신이 부도덕하기 때문에 통제력을 잃은 것처럼 느끼지 않게 된다. 자책과 억압을 통하여 자기 자신을 어떤 한 방향으로 나아가게 강요함으로써 통제력을 회복하려는 시도는 도움이 되지 않는다. 만일 간결한 도덕적 해결책이 있었다면 당신은 갈등에 처하지 않았으리라는 것을 명심하라. 자신이 도덕적이며 충성스러운 사람이라고 생각하는 사람들은, "나는 5년 동안 당신을 위해 내가 할 수 있는 일을 다 했으니 이제 물속에 그대로 가라앉느냐 헤엄을 치느냐는 당신에게 달려 있소."라고 쥬드에게 말하라고 폴에게 조언할 것이다. 이런 사람들은 폴과는 달리 자신의 충성심에 한계성을 갖고 있다. 그는 아직도 폴과 더불어 그의 충성심에 도달하고 있든지 아니면 도달하지 못하고 있든지 둘 중의 하나이다.

 당신이 충성심을 실행했을 때 그것이 효과를 나타냈다면 당신에겐 다행스러운 일이지만, 당신에게 효과가 있었다고 해서 다른 사람들에게 그것을 설교하는 일은 경계해야만 한다. 대부분의 경우 그것이 효과가 있었던 것은 당신에게 시간이 있었기 때문이거나 진짜 갈등에 처해 있지 않았기 때문이다. 당신은 단지 자신이 진짜 갈등에 처했다고 생각했던 것뿐이다. 실제로는 전혀 갈등을 겪어 보지도 않았고 어려운 문제를 해결해 본 적도 없으면서 당신의 갈등과 똑같은 진짜 갈등을 겪었고 도덕적인 의지력으로 그 갈등을 해결하였노라고 주장하는 사람의 설교를 듣는다는 것은 특히 불쾌한 일이다.

　우리가 상반되는 욕구를 갖고 있는 한, 또는 우리의 개인적인 욕구가 상반된 방법으로 충족되어지는 한 우리는 언제나 진짜 갈등을 겪게 된다는 사실을 직시해야 한다. 도덕은 적절한 때에는 우리에게 도움을 줄 수 있지만 갈등에 처해 있는 그 순간에는 우리에게 거의 위안을 주지 못한다. 우리 자신을 제외한 그 어느 누구도 우리의 신을 신고 걸어갈 수 없으며, 우리만이 최선의 방법이 무엇인지를 결정할 수 있다는 사실을 받아들여야만 한다. 가장 어려운 상황에서 도움이 될 수 있는 선택이론이 우리에게 가르쳐 준 바는 가능한 기다리고 결정을 지연시키라는 것이다. 지연시키면서 기다리는 동안 시간을 벌 수도 있고, 자연스럽게 상황이 전개되어 나가는 동안에 무엇을 해야 할 것인가 하는 올바른 또는 도덕적인 선택이 분명해질 수 있다. 그러나 상황이 변화되어야만 그 선택이 분명해질 수 있다. 만약 상황이 변하지 않으면 쉽든 어렵든 간에 해결책이 나타나지 않게 된다. 토요일이 되어도 당신의 고용주가 자신의 태도를 누그러뜨리지 않고 당신에게 경기에 갈 시간을 주지 않는다면, 당신이 어떤 방법을 선택하든 그것은 고통스러운 선택이 될 것이다. 그 고통을 피할 수 있는 길은 없다. 그것이 바로 인간의 조건으로 우리 인간을 진화의 사다리 맨 꼭대기에 올려 놓은 복잡한 유전적 지시사항에 대해 우리가 지불해야 하는 대가이다.

"우리의 사진첩에 들어 있는 사진들은 결코 갈등을 일으키지 않는다."라고 말하는 법칙이 없음을 우리는 인식해야만 한다. 그 사진들은 갈등을 일으키는 경우가 더 많다. 그러나 동시에 갈등을 일으키는 사진들을 충족시키고자 우리가 노력해야 한다고 말하는 법칙 또한 없다. 우리는 그것이 우리의 사진첩이며 우리의 사진이라는 사실을 명심해야만 한다. 우리가 그 사진을 사진첩 속에 끼워 넣었으며, 언제든지 우리는 우리가 원하는 사진을 선택할 수 있는 것이다. 헬렌은 빌을 사랑하지 않아도 된다. 그녀는 빌이 자기 아이들을 거부하고 있다는 것을 알면서도 그를 사랑하고 있다. 제프가 보스턴에 있는 일자리를 맡아야 할 필요는 없다. 그러나 그는 이번에 이런 식으로 힘에 대한 자신의 욕구를 충족시키고 싶은 것이다. 우리는 자신의 사진첩에서 우리가 원하는 사진들에 대해 어느 정도의 통제 능력을 갖고 있으며, 만일 우리가 선택이론에서 무엇인가를 배우게 된다면, 우리가 원하는 것과 직접 갈등을 일으키는 것에 대해 신중하게 생각해야 할 것이다.

갈등은 삶의 필연적인 부분이며 언제나 모두 쉽게 해결하기 어려운 문제이다. 만일 우리가 고통이나 무능력 때문에 우리 자신을 마비시키는 길을 선택한다면, 갈등에 빠져 있는 우리 자신은 물론 어느 누구도 우리가 도울 수 없다는 사실을 명심해야 한다. 이 장에서 제시된 모든 행동 방향의 원리가 어려울지 모르지만, 그것이 불행보다는 더 효과가 있는 것이다.

제 16 장

비난

비난은 우리가 말하는 그 이상의 것으로 혐오와 경멸, 심지어는 증오심을 가지고 서로를 보게 한다. 비난은 우리가 행하거나 말하는 것만큼 우리가 행하지 않을 수 있고, 행하지 않는다고 주장할 수도 있다. 우리가 타인에게서 등을 돌리거나 말을 하지 않거나 그들의 말을 귀담아듣지 않을 때 우리는 그들이 가치 없는 존재라고 말하고 있는 것이다.

좋은 관계를 유지하는 남편과 아내, 교사와 학생, 고용자와 피고용인들을 잘 살펴보자. 이들의 관계를 지속시켜 주는 것은 관심과 존경, 그리고 공동목표라는 것을 일 수 있다. 이러한 관계가 성공적으로 이루어지려면 위에서 열거한 사항들도 중요하지만 더욱 중요한 것으로 여러분이 깨닫고 있지 못한 것이 있다. 그것은 '비난'이다. 남편 — 아내와 같이 수평관계이든 교사 — 학생과 같이 수직관계이든 간에 지속적인 관계가 유지되는 것은 그들이 서로의 공동 관심사를 나누고 있기 때문이라기보다는 그들이 서로를 '비난'하지 않기 때문이다.

이제 여러분은 우리가 삶을 잘 통제하려면 가까운 사람들과 잘 지내야 할 필요가 있음을 알게 되었을 것이다. 우리가 가까운 사람들과 사이좋게 지내게 될 때, 우리의 삶이 기쁨으로 채워질 것이다. 그러나 대부분의 우리는 가장 가까운 사람인 가족 구성원들과 화목하게 지내는 것이 가장 힘들다는 것을 체험을 통해 잘 알고 있다. 그 이유는 우리가 그들을 가장 많이 비난하기 때문이며, 그들 또한 우리를 가장 많이 비난하기 때문이다. 대부분의 가족은 비난이 그들의 원만한 가정생활에 얼마 만큼 파괴적인 영향을 끼치는지를 거의 인식하지 못한 채, 비난 속에 깊이 파묻혀 살고 있다. 관계가 친밀해질수록 — 결혼은 가장 밀접한 관계에서 출발한다 — 더욱더 파괴적인 비난을 가하게 됨으로써 결국은 파탄으로 가게 된다.

언어로 행하는 비난은 빈정거림, 비웃음, 과장된 말 등의 형태로 나타난다. 수 세기 동안 우리는 서로를 깎아 내리는 다양한 '즐길거리'들을 개발시켜 왔다. 우리에게 그 일이 일어나지 않은 데 대해 안도하게 만들기 때문에 비난은 유머의 원천이 되기도 한다. 서로를 동정하거나 배려하지 않고 매사에 꼬치꼬치 캐묻고 따지고 비난을 퍼붓는 한쌍의 부부에 대한 이야기인 '빅커슨 가족'이라는 프로가 1930년대에 한동안 큰 인기를 끌었다. 그 당시 인기희극 배우였던 돈 리클스(Don Rickles)는 자기 자신을 방어할 수 없는 유명한 사람들을 비난하여 많은 돈을 벌었는데, 그는 그들이 성공했기 때문에 농담조로 그들을 비웃어도 된다고 했고, 그리고 우리가 웃는 웃음이 바로 동의한다는 뜻이라고 했다.

그러나 비난은 우리가 말하는 그 이상의 것으로 혐오와 경멸, 심지어는 증오심을 가지고 서로를 보게 한다. 비난은 우리가 행하거나 말하는 것만큼 우리가 행하지 않을 수 있고 행하지 않는다고 주장할 수도 있다. 우리가 타인에게서 등을 돌리거나 말을 하지 않거나 그들의 말을 귀담아듣지 않을 때 우리는 그들이 가치 없는 존재라고 말하고 있는 것이다. 예를 들면 어떤 사람이 말을 하고 있을 때 그 사람의 말을 듣지 않는 체하거나, 마치 그 사람이 그 자리에 없는 것처럼 그 사람 앞에서 행동하는 것이다. 언어적 또는 비언어적으로 행하는 비난은 가혹하고 고통스러운 것이다. 우리 대부분은 이런 행동을 건설적인 행동이라고 하면서, 미덕이라고 칭송한다. 그러나 나에게 건설적인 비난이 상대방에게는 멸시로 받아들여진다. 만일 당신이 내가 당신보다 더 똑똑하다고 인정한다면, 당신은 힘을 상실하게 되어 내가 제안하는 것을 진지하게 듣기보다는 나와 내 도움을 불쾌하게 여길 것이다. 나의 월등한 지혜에 고개를 숙임으로써 당신의 욕구가 충족되어질 수 있다고 믿는 상황에서만, 그리고 당신이 나를 한 인간으로서 존경하고 사랑할 때만 당신은 당신을 비판하는 내 말을 듣게 될 것이다. 어린아이들, 학생들, 그리고 새로 고용된 노동자들은 선설적인 비판을 있는 그대로 받아늘일지 모르나 더 많은 평등을 요구함으로써 힘에 대한 그들의 욕구를 주장하게 될 때는, 그들조차도 그들이 간청하지 않은 지나친 도움에 대해서 분개할 것이다. 그렇기 때문에 현대의 경영자들은 새로운 기술을 종업원들에게 가르치려고 세미나와 워크샵 같은 것을 연다. 사람들은 자기가 알고있는 사람에게서 가르침을 받는 것보다 이따금 외부의 전문가를 초빙해서 강의할 때 더 잘 받아들이고 배우게 된다. "예언자는 그의 고향에서는 존경을 받지 못한다."는 성경 말씀도 있듯이 사람들은 그를 스승이라기보다 경쟁자로 보기 때문이다.

그러므로 힘을 갖고자 하는 우리의 강렬한 욕구 때문에 평등한 사람들이나 평등을 위해 싸우는 사람들 간에는 사려 깊고 온건한 비판일지라도 그 효력이 제대로 발휘되지 못한다. 건설적이든 아니든 우리가 필요로 하는 사람들을 '개선' 시키려고 시도할 때, 우리와 그들 양측 다 삶에 대한 통제를 더 얻기는커녕 오히려 잃게 된다. 이것이 파괴적이라는 것을 잘 알면서도 우리는 여전히 남을 비판한다. 선택 이론을 여러분 삶의 불가피한 부분으로 만들지 않는 한, 여러분은 우울증이나 두통을 스스로 택했다는 사실을 받아들이기가 힘들지도 모른다. 그러나 여러분과 함께 살거나 일하는 사람들을 여러분이 비판하기로 선택한 것이 아니라는 것을 여러분 자신을 포함해서 어느 누구에게든 확신시킬 수 있는 사람은 아무도 없다. 우리 중 거의 모두는 관계가 나빠지는 뼈아픈 대가를 지불하는데, 그 이유는 우리가 끊임없이 우리 주위에 있는 사람들에게 그들 자신을 위해 무엇이 좋은지를 알게 하려고 우리 사진첩 속에 있는 그들의 모습을 그대로 그들에게 주입시키려고 하기 때문이다.

여러분은 내 아내에게 자기 남편인 데이브에 대한 이야기를 했던 수잔을 기억할 것이다. 수잔은 자기 곁을 떠난 남편이 그녀에게 '했던' 행동에 대해 신랄하게 비난했다. 수잔이 데이브를 비난한 것은 이번이 처음은 아니었을 것이다. 필자가 지금까지 보아온 실패한 결혼들을 토대로 생각해 볼 때, 데이브와 마찬가지로 수잔 역시 그가 떠나기 오래 전부터 두 사람의 결혼생활에 대해서 몹시 불만족스러웠을 것이라고 추측된다. 두 사람 다 결혼이 파탄으로 치닫기 오래전부터 서로를 인격적으로 가혹하게 비난하였을 것이다. 데이브가 수잔을 버리고 새로 택해 떠난 여자가 누구든 간에, 새 연인인 그녀는 수잔이 몹시 헐뜯었을 그를 있는 그대로 받아들였을 것이다. 그들이 결혼한 지금에도 그녀가 데이브에게 무비판적인지는 의문이다. 게다가 만일 데이브가 수잔에게 돌아오겠다는 제의를 한다면, 수잔과 그의 결혼생활에서 체험했던 것을 훨씬 초과하는 더욱 심한 비난이 두 사람 사이에 오갈 것이라고 추측된다.

필자는 수잔이 남편을 비난한 것이 잘못되었다는 뜻으로 말하는 것은 아니다. 그녀는 선택이론을 알지 못하는 사람들이 범하는 행동을 했을 뿐이다. 그녀는 '자신의' 결혼생활에서 잘못됐다고 생각했던 것을 바로잡으려고 그녀가 알고 있던 방법을 최선의 것으로 보고 시도했을 뿐이다. 데이브는 우리 모두가 다 그렇듯이 완전한 사람이 아니었다. 그러나 수잔이 그의 결점을 비난하지 않고 좀 더 효과적인 행동을 취했더라면 아마도 그는 훨씬 더 좋은 남편이 되었을 것이다. 그녀가 어떤 행동을 했더라면 더 효과적이었을까에 대해 말하기 전에, 인간관계에서 비난이 왜 그처럼 피괴적인지를 설명하고자 한다.

선택이론은 인간관계가 — 예를 들어 수잔과 데이브의 결혼생활과 같은 것이— 실제로는 두 가지 관계 사진이 있다는 것을 말하고 있다. 데이브의 결혼생활은 그의 머릿속에 있는 사진이며, 수잔의 결혼생활은 그녀의 머릿속에 있는 사진이다. 그들의 성공적인 결혼생활은 현실에서 결혼생활이 그들 머릿속에 있는 사진들과 비슷하게 유지시켜 나가는 데에 달려 있다. 데이브나 수잔이 그들이 원했던 결혼생활과 실제 그들이 체험했던 결혼생활 사이에 상당한 차이가 있음을 알게 되었을 때, 그 차이를 줄이려는 노력을 하는 것 외에 다른 도리가 없었다. 그 차이를 줄이고자 두 사람은 대부분의 기혼자들이 알고 있는 단 한 가지 행동, 곧 머릿속에 있는 사진, 나의 결혼생활이라는 사진에 맞지 않게 행동하는 상대방을 비난하는 행동을 택했던 것이다. 힘에 대한 욕구에 이끌려, 우리는 상대편에게 서로의 관계에 대한 자신의 관점을 억지로 받아들이게 하기 위해서 상대를 비난하는 것을 선택한다.

만일 데이브가 수잔의 비난을 '원래의 의도대로' 받아들였거나 '마땅히 해야 할 바대로' 자신의 태도를 바꾸었더라면, 아무런 문제도 없었을 것이다. 그러나 그는 그렇게 하지 않았다. 왜냐하면 그녀가 원하는 것은 그가 원하는 것이 아니었기 때문이다. 어느 남편과 아내이든지 그들의 사진첩에는 결혼에 대한 똑같은 사진을 갖고 있지 않다. 그녀의 비난이 남편을 변화시키는 데 실패했을 때, 그녀는 화를 내고 의기소침해지고 위축되었고 두 사람의 결혼생활은 악화되었다. 이러한 고통스러운 감정의 행동들이 데이브를 통제하는 데 실패하자 그녀는 그가 점점 자신의 곁에서 멀어져 가고 있는 것처럼 느꼈고, 가중된 그녀의 비난은 이미 금이 가기 시작한 그들의 결혼생활에 치명타가 되었다. 비난이 이토록 파괴적인 영향을 주는 이유는 비난을 받은 양쪽이 다 그들 사이에 엄청난 차이가 있음을 너무나 갑작스럽게 또 고통스럽게 깨닫게 되기 때문이지 다른 이유는 아무것도 없다. 이러한 차이에 직면하게 될 때 결혼생활이 지속되는 경우는 드물다. 그러나 모두가 다 이혼으로 끝나는 것은 아니다. 많은 부부가 계속해서 함께 살기는 하지만, 사실상 효과적인 결혼생활은 끝난 것이나 다름없다.

어째서 비난이 이처럼 갑작스러우면서도 엄청난 차이로 치닫게 하고 대부분의 경우 파괴적인 감정 행동에 이르게 하는가 하는 이유를 설명하는 데 가장 좋은 방법을 더 전개시켜 보고, 다소 극단적인 방법을 써보는 것이다. 두 사람이 외관상으로는 결혼생활을 여전히 지속해 나가고 있는 동안, 데이브가 내키지 않아 하는 수잔에게 겨울 스키 주말여행을 떠나자는 제의를 했다고 가정해 보자. 그는 스키를 좋아한다. 그러나 그녀는 조건이 완벽할 때만 스키 타러 가는 것을 좋아하는데, 그런 경우는 드물다. 그는 모든 것을 세밀하게 검토하겠다고 약속하였다. 계절은 스키 타기에 최적의 기후였으며 숙박은 일등급으로 예약하였다. 그들이 도착했을 때는 날씨가 대단히 좋았으나 곧 눈보라가 치기 시작하여 두 사람은 일주일 동안 눈 속에 갇히게 되었다. 숙박시설이 스키를 타기에는 그런대로 좋았으나, 눈에 갇혀 지내기에는 부적절하다고 하자. 그들은 갑갑해지기 시작하고, 그녀는 다음과 같이 말할지도 모른다. "늘 이 모양이죠. 당신의 바보 같은 계획은 늘 엉망이 되고 마니까요. 당신에게 무슨 일을 계획하게 한 내가 바보지. 당신이 제대로 계획하는 것은 내 장례식밖에 없을 거예요!"

이와 같은 얘기를 쓰는 것만으로도 필자는 고통스러운데, 직업상 내가 흔히 들어왔던 얘기들에 비하면 아주 가벼운 것이다. 여러분이 비난받은 경험이나 비난한 경험에 대해 생각할 때, 여러분 모두 이 예에서와 같은 불쾌감을 능가하거나 맞먹는 불쾌한 느낌을 가질 것이 분명하다.

데이브 역시 주말 내내 갇혀 지내는 동안 즐길 수가 없었으며, 수잔이 그의 능력을 모든 면에서 공박하자 충돌을 피하기가 어려웠다. 그들은 일주일 동안 서로 얘기를 하지 않았고 후에 데이브가 '다른 여자'에게 수잔이 '했던' 말을 하자, 새 애인은 눈에 갇혀 지냈다면 자신은 그들이 일주일 내내 사랑을 나누고 멋진 시간을 보냈을 거라고 말했다.

  실패한 결혼을 위기로 몰아가는 이러한 사건들의 예를 많이 들 필요는 없을 것이다. 어떤 사람들이 우리에게 중요한 존재일 때, 우리는 그들을 우리의 사진첩 속에 간직한 사진들과 끊임없이 비교한다. 평소에 사이좋게 지낼 때는, 우리가 원하는 사진들은 우리가 가지고 있는 사진들과 그리 차이가 없다. 때때로 그들이 우리를 좌절시킨다고 해도, 그들을 비난하지 않으면 많은 심적 고통을 피할 수 있다. 예를 들면 만일 수잔이 데이브에게 집에 오는 길에 상점에 들러서 올 것을 부탁한 것을 그가 흔히 그러듯이 잊어 버렸다면, 그녀는 그에게 저녁식사의 특별 요리를 위해서 토마토 소스가 필요한데 지금 사다 줄 수 있느냐고 부탁할 수도 있을 것이다.

  그는 피곤해서 상점에 가기 싫고 자기가 잘 잊어버린다는 소리를 듣기가 싫다. 그러나 그녀의 타당한 부탁에 비난의 어조가 들어 있지 않기 때문에 투덜거리면서도 정말 그것이 필요한지를 묻는다. 그녀가 꼭 필요하다고 말하자 그는 토마토 소스를 사러 간다. 만일 두 사람 중 어느 하나가 비난조로 말했더라면 그들은 싸움을 벌였을 것이다.

  그러므로 비난은 세상이 우리가 원하는 것과는 다르다는 것을 발견하는 것보다 훨씬 더 가혹한 것이다. 그것은 세상이 우리에게서 등을 돌리는 것으로, 우리가 원하는 것은 현명치 않고 어리석으며, 가치 없는 일이라고 말하고 있다. 예를 들면 내가 여러분에게 도움을 청했는데 만일 여러분이 거절한다면 나는 기분이 좋지 않겠지만, 만일 여러분이 나에게 그런 부탁을 하는 건 바보 같다고 하거나 내가 원하는 것 자체가 어리석다고 말한다면, 나는 모든 통제력을 잃게 될 것이다.

대부분의 경우 우리가 통제력을 다시 얻으려고 필사적으로 노력할 때 대체로 취하게 되는 행동이 분노이다. 왜냐하면 분노는 세상이 갑자기(보통으로) 또 예기치 않게 통제할 수 없는 상태로 되어 간다고 느낄 때 우리 모두가 선택하게 되는 익숙한 행동이기 때문이다. 우리가 부딪치게 되는 견디기 힘든 일 중에서 비난을 당하는 것보다 더 크게 그리고 더 빨리 통제력을 상실하게 하는 것은 아무것도 없다. 따라서 우리가 어떤 어려운 상황에 처했을 때보다도 비난을 낭했을 때 봉제하기가 가장 힘들다. 필자의 견해로는 비난이야말로 우리가 자신의 삶을 통제하려고 사용하는 행동 중에서 단연코 유일하면서도 가장 파괴적인 행동이다.

데이브는 피곤하였지만 다시 상점에 다녀오라는 수잔의 부탁에 아무런 문제가 없다고 느꼈다. 왜냐하면 이 타당한 부탁에는 그를 얕보는 의도가 전혀 없었기 때문이다. 그것은 눈보라가 쳤던 것을 포함한 모든 것에 대해 비난을 받아야 했던 스키장의 일과는 상황이 너무나 다르다. 선택이론을 공부한 사람들은, 뇌 속에 있는 셀 수 없이 많은 신경세포들이 그 사진들을 비교하는 과정에 연루되어 있다고 생각한다. 우리가 남에게서 비난을 받을 때, 이 모든 신경세포에서 일어나는 사진들 간의 갑작스러우면서도 엄청난 차이는 뇌세포에게 뇌 전체가 순수한 고통 때문에 터져나가 버릴 것처럼 느끼게 한다. 동시에 굉장한 신호가 오게 되는데, 우리는 그 신호대로 행동하고자 하는 즉각적이고 압도적인 충동을 느끼게 된다. 이 충동은 너무나 강렬해서 종종 평소의 분노조차 불충분한 것으로 여기게 되며, 우리는 재빨리 새로운 행동을 위해 창의적인 체계로 전환하게 되는데, 새로운 행동들은 이전에 우리가 선택했던 것보다 더 격렬하고 더 고통스러운 것들이다. 만일 비난을 받고 있는 사람이 술을 마셨다면(12장을 참조), 폭력에 대한 잠재력이 크게 증가될 것이다.

눈보라치는 날의 예와 비슷한 인격적인 모독은 다른 사람이나 우리 자신을 겨냥한 것으로 가장 폭력적인 행동에 포함된다고 필자는 생각한다. 이와 같은 행동들은 가족들과 친구들 사이에서 일어나게 된다. 사회가 얼마나 위험스러운지와 상관없이 모든 살인 중 80% 이상이 서로가 잘 알고 있는 사람들 사이에서 저질러지고 있다는 것은 익히 알려진 사실이다. 혹독한 비난을 당하면 많은 사람들의 뇌에 고통스러운 폭발이 일어나게 되고, 어떤 대가를 치르더라도 다시 통제력을 얻으려는 욕구 때문에 무분별하게 분노를 표출하게 된다. 시저는 그의 사랑하는 친구인 브루투스가 일격을 가할 때까지 영웅적으로 싸웠다. 그리고는 칼날과 날카로운 비난에 몰려 시저는 항복하였다. 만일 비난이 심한 통제력의 상실과 어느 정도 연관되어 있다는 것을 알 수 있게 되면, 우리는 대인관계에서 좌절을 보다 효과적으로 다루는 방법을 배우려고 노력할 것이다. 비난은 우리 중 어느 누구도 감당해 낼 수 없는 사치라고 필자는 생각한다.

결혼하기 전에는 서로가 사이 좋게 지냈고, 심지어 몇 년 동안 다정하게 함께 살았던 사람들조차 결혼 후에는 기이하게도 그 관계가 악화되는 경우를 누구나 한 번쯤은 보았을 것이다. 이 수수께끼에 대한 해답은 많은 남편들, 또는 아내들이 결혼 허가증을 마치 서로를 비난할 수 있는 허가증으로 여긴다는 것이다. 이 허가증은 오래 지속돼 온 가까운 관계에서 불행한 부분을 차지하게 된다. 마치 오래 함께 지내면 비난적인 교정을 이겨낼 만큼 강해지기라도 하는 것처럼 말이다. 이것은 우리가 마땅히 해야 할 행동과는 정반대가 되는 것이다. 비난이 효과적이려면, 비난을 받는 사람이 비난하는 사람과 동등하지 않다고 느끼고 건설적인 수정을 수용할 수 있는 초기의 관계에서만 가능하다. 어떠한 관계든 그 관계가 성숙되어 가면서 그 관계를 지속하는 당사자들이 동등한 느낌을 가지려고 하기 때문에 비난은 점점 더 분노를 사게 되는 것이다. "친숙함은 경멸을 초래한다."라는 속담이 우리 문화권에서 생겨나게 된 것은 가까운 사람들끼리 서로 비난을 퍼붓는 오랜 관습에서 비롯된 것이라고 생각된다. 불행하게도 점점 더 친숙해질수록 우리는, 가까운 사람들에게 건설적인 취지에서 그들이 하는 행동이 얼마나 나쁜 것이며 만일 그들이 '우리의' 방식대로 행동한다면 훨씬 더 나아질 수 있다는 사실을 말해 주는 것이 권리일 뿐만 아니라 또한 의무라 여기고 있다. 아마도 가장 위험한 형태의 비난은 자기 비난일 것이다. 여러분이 나를 비난하면 나는 보통 여러분 곁을 떠날 것이다. 그러나 내가 나 자신을 비난하면 나는 어디로 갈 것인가? 나는 내 사진첩 속에서 내가 무슨 일을 하든 항상 능력 있는 사람으로 상상을 한다. 여러분이 내 행동을 무능력하다고 생각할지라도 내게는 상관없다. 선인장 위를 뒹굴어 보겠다는 결심과 마찬가지로, 그것은 현재 나의 욕구를 충족시키기 위한 최선의 노력인 것이다. 내가 이 사진들을 충족시키기 위해 세상에 어떻게 대처해 나가는가를 볼 때, 나는 가끔 자신이 원하는 것을 얻을 수 없다는 것을 알게 된다. 남편이 그녀를 떠나 다른 여자와 결혼한 지금, 수잔은 결혼생활을 지속하려고 좀 더 노력하지 않은 자신을 나무라며 시간을 보내고 있으리라는 것이 필자의 짐작이다. 그녀가 지금 하고 있는 행동은 자신이 잘못했을지도 모르는 일에 대해 자신에게 벌을 가하는 행동으로, 그렇게 하면 할수록 자신이 필요로 하는 새로운 관계를 찾을 수 있는 능력을 점점 더 잃게 되는 것이다. 설혹 자신의 결혼 생활에서 많은 잘못을 했을지도 모르지만(데이브는 수잔이 잘못한 것보다 더 많은 잘못을 했다) 그녀의 자기 비난이 무슨 효과가 있겠는가? 만일 그녀의 자기 비난이 다음 관계에서는 더 유능해지도록 가르쳐 준다면 한 가지 목적 달성에는 도움이 되겠지만, 분노와 의기소침은 기력을 소모시키는 것 외에는 아무 쓸모도 없다.

　가혹한 자기 비난으로 우리 자신을 채찍질하면 할수록, 우리가 보는 것과 자신이 원하는 것 사이의 차이점은 더욱 벌어지게 된다. 이러한 차이점에 대해 우리는 보통 우울증을 택하거나, 알코올을 사용하거나, 또는 창의적인 다른 행동을 택하는 방향으로 나아감에 따라 자살까지도 생각하게 된다.

　우리의 삶을 통제하고자 원한다면 다른 사람을 비난하는 것을 피하는 방법을 배워야 할 뿐만 아니라 우리 자신을 비난하는 일 또한 피해야 한다. 사소하지만 내게 도움이 되는 좌우명이 하나 있는데, "나는 나 자신을 비난하지 않을 것이다. 왜냐하면 내게 비난을 해주고 싶어 하는 사람들은 차고 넘치기 때문이다."라는 것이다.

그러나 내 아내나 아이가 잘못된 일을 하고 있는 것을 보아도 나는 가만히 곁에 서서 아무 말도 하지 말아야 되는가? 만일 아무도 그들이 행하고 있는 잘못된 행동을 지적하고 수정하는 방법을 가르쳐 주려고 하지 않는다면, 그들 특히 어린아이들은 어떻게 배울 수 있겠는가? 물론 부모는 무슨 말을 해야 하지만 내가 12~13세 된 아이들에게 하는 말과 좀 더 나이가 많은 아이들이나 어른들을 대하는 방법에는 차이가 있다는 것이다. 어린아이들은 부모의 가르침을 기대한다. 그들은 부모들의 지도가 필요하다는 것을 알고 있으며, 처음부터 힘겨루기에 관여하지 않는다. 부모가 전적으로 해야할 일은 그들에게 더 나은 방법을 말해 주거나 보여주는 것이고, 그리고 그들의 잘못된 행동에는 서의 주의를 기울이시 않는 것이다. 성인들노 나를 선생님으로 보거나 나와 경쟁관계에 있지 않다면, 이러한 건설적인 접근 방법을 그들에게도 사용할 수 있을 것이다.

어떤 면으로든 나와 힘겨루기를 하고 있는 그 누군가에게 (나와 가까운 관계로 십대들과 성인들 대부분이 그러하듯이) 이와 똑같은 '건설적인' 접근 방법을 사용한다면, 그 사람은 부드럽게 하는 수정의 말조차도 비난으로 받아들일 것이다. 예를 들면 내가 좋은 의도로 다 큰 아들에게 샌프란시스코에 차를 타고 가는 것보다는 비행기를 타고 가는 것이 더 좋을 거라고 말할 때, 그는 내 말을 인격적으로 낮추어 보는 것으로 듣게 된다. 그는 내가 그의 부적절함이나 또는 그릇된 판단을 '비난하는' 것으로 듣고 금방 좌절하여 내 의견에 대한 건설적인 이유를 들으려고 하지 않을 것이다. 성인으로서 우리는 경쟁적이며 자신의 힘을 유지하기에 너무 바쁘기 때문에, 가끔 듣게되는 건전한 충고에도 거의 귀를 기울이지 않는다. 따라서 비난의 근본적인 결점은 그것이 좋은 의도가 아니라는 것이 아니라, 대부분의 경우 그 의도를 전혀 깨닫게 하지 못한다는 데 있다. 비난은 사람들이 좀 더 효과적으로 함께 일할 수 있도록 돕기는커녕, 대부분의 경우 그들 간의 관계에 쐐기를 박는다.

필자가 제시하고자 하는 것은, 사람들 특히 우리와 가까운 사람들을 우리에게서 멀어지게 하지 않으면서 그들의 행동을 수정하는 방법이다. 실제로 우리가 그 방법을 적절하게 사용하기만 한다면, 그 사람들을 우리와 더 가깝게 만들 수도 있다. 예를 들면 수잔이 눈에 갇혀 지내게 되었을 때 그녀는 통제력을 유지하고자 잘못을 전가할 어떤 대상을 찾았다. 가능한 사람은 단 두 사람, 그녀 자신과 남편이었다. 그녀는 데이브를 비난하는 것을 택하였고 그것도 아주 잔혹하리만치 비판적인 방법으로 했으며, 결국 그런 행동은 그들의 결혼생활을 악화시켜 마침내 불행한 결과를 초래했다. 선택이론은 수잔이 남편 데이브에게, "우리가 눈 속에 계속 갇혀 있게 된다면 상당히 힘든 한 주가 될 거예요. 당신도 좋아하지 않을 거고 나도 마찬가지예요. 그러니 우리가 어떻게 하면 이 시간을 최대한 효과적으로 보낼 수 있을까요?"라고 말하도록 제안할 것이다.

이런 방법으로 그녀는 남편을 탓하지 않게 되고 또 그가 통제력을 상실하도록 만들지도 않는다. 그러나 그녀가 여전히 불만족스럽다면 이렇게 말할 수도 있을 것이다. "이게 당신의 잘못이 아니라고 해도 나는 아직도 당신에게 화가 나 있어요. 내가 하고 싶은 일들과 당신이 하고 싶은 일들에 대해, 그리고 그 일들이 항상 일치하지 않는다는 사실에 대해 얘기를 해야 될 것 같아요. 당신이 나보다 더 눈이 많이 내린 곳에 가고 싶어 하니, 당신이 스키를 타러 가고 싶을 때엔 나에게 그 이야기를 해주고 당신이 스키를 타러 갔을 때 내가 무슨 일을 할 수 있는지 생각해 봅시다. 당신은 정말 혼자서도 재미있게 지낼 수 있어요."

또 두 사람이 오두막에 갇혀 있는 동안에 수잔은 그들의 결혼을 파괴하는 일 대신에 장래를 위한 계획을 세우는 데 시간을 활용할 수도 있었을 것이다.

필자가 제안하는 일반적인 법칙은 누군가의 행동을 수정하고자 할 때 다음과 같이 말하는 것이다. "자, 나와 당신 그리고 우리 두 사람을 위해서, 무엇이 도움이 되고 무엇이 도움이 안 되는지를 보도록 합시다. 이 말은 내 사진첩, 당신 사진첩, 그리고 상황을 잘 검토해 보자는 뜻입니다." 실제 상황에서 당신은 그대로 동의할 수 없을지도 모르지만, 당신은 그것이 당신에게 도움이 되는지 안 되는지를 알 수 있을 것이며, 마찬가지로 상대방도 알 수 있게 된다. 그런 다음 두 사람 모두를 위해서 지금보다 더 나아질 수 있는 계획을 세우려고 노력해 보는 것이다.

예를 들면 당신의 고용인이 제대로 자기 업무를 수행하지 않아서 당신은 그가 일을 좀 더 열심히 하기를 원한다고 하자. 위의 방식을 따르자면 당신은 그를 불러서 비난하지 말고 이렇게 말한다. "나는 이

상황에서 어떤 점이 잘 되고 있고 어떤 점이 잘못되고 있는지 알아보기 위해서 우리 두 사람이 무엇을 하고 있는지 살펴보고 싶습니다."

물론 그는 긴장하겠지만, 당신은 그 상황을 고수하고 근래에(어제가 가장 적절하다) 두 사람이 했던 일들을 하나하나 상세하게 검토해 보는 것이다. 당신이 했다고 생각하는 일을 지적하고 그에게 그가 했다고 생각하는 일을 지적해 보라고 한다. 만약 당신이 동의할 수 없으면 다르게 보는 관점을 얘기하되, 당신이 동의하지 않는 것에 대해 좋다 또는 나쁘다 하는 것을 거론하지 않는다. 가장 중요한 것은 두 사람 모두가 더 나아지도록 할 수 있는 일에 당신이 동의할 때까지 계속 이끌어 나가는 것이다. 그런 다음 그 일을 시도해 볼 계획을 세우고 점검해 볼 스케줄을 잡고 필요하다면 계획을 수정한다. 그리고 그의 말에 귀를 기울인다. 당신은 가치 있는 새로운 방법을 배울지도 모른다. 그는 자기가 하는 일 모두가 잘 되고 있다고 말하지는 않을 것이다. 오히려 개선할 필요가 있는 점을 지적할 것이다. 만약 그가 개선할 점을 발견하지 못한다면, 당신은 그에게 개선할 점을 설명해 주고 이 점에서 두 사람이 다 할 수 있는 일을 지적한다.

마지막 제안은 건설적인 비판에 가까운 것으로, 당신은 그 사람에게 자신의 약한 점을 스스로 찾아낼 기회를 주고 비난을 가하지 않는 것이다. 그리고 당신이 그의 많은 취약점을 발견해 냈는데도 그 스스로 그의 부족한 점을 찾아내지 못한다면, 당신은 위와 같은 방법으로 접근해 볼 수 있을 만큼 충분히 강해야 한다. 당신이 그를 비난하는 것보다 더 좋은 방법을 찾아내는 데 더 많은 관심이 있다는 것을 그가 알게 되면 그는 또 다른 자신의 결함을 찾아내려고 할 것인데, 왜냐하면 당신이 그를 몰아세우려는 것이 아니고 더 좋게 하려고 그런다는 생각을 갖게 될 것이기 때문이다. 정말 중요한 것은 그 상황을 공동으로 평가하고 협조적으로 수정하여 쌍방 모두 나은 방향으로 개선할 수 있도록 협력하는 것이다. 당신이 가정과 직장에서 모두 이런 식으로 일을 처리한다면, 당신의 삶은 훨씬 더 좋아질 것이다. 이런 방법을 사용하면 아무도 통제력을 상실하지 않을 뿐만 아니라, 두 사람 다 더 나아질 수 있는 기회를 갖게 될 것이다. 이 방법을 채택하면 상대를 비난할 필요가 없다.

우리 문화에서 통용되고 있는 외형적인 동기 유발의 방법인 보상과 벌은 비난과 밀접한 관계가 있으므로 여기서 논의해 보자. 비난과 마찬가지로 보상과 벌도 모두가 자극-반응(stimulus-response) 심리학의 산물로 선택이론을 채택하고 있는 세계에서는 효용이 거의 없다. 신댁이론의 세계에서는 우리의 유일한 동기 유발 요인이 우리의 사진첩에서 우리가 추구하는 사진들로 우리의 외부에서 일어나는 일들이 우리를 행동하게 하는 원인이 아니라는 사실을 잘 알고 있다. 보상과 벌은 사람들이 하고 싶지 않은 일을 외부의 강요나 설득에 따라 할 수 있게 된다는 잘못된 생각에 기초를 두고 있다. 돼지새끼조차도 자신의 어떤 주요한 내면적 목적을 충족시켜 주지 않는 행동을 하기보다는 미끄럼대를 기어 올라가는 행동을 멈추거나 먹이를 먹지 않고 죽는 쪽을 선택했던 것을 기억하자. 우리 사회 대부분의 기관은 보상과 벌로 동기를 유발시키려 하며 이것이 많은 기관들, 특히 학교, 중공업체, 가정들을 파멸시키는 중요한 이유인 것이다.

　반면에 칭찬은 자발적이며 일 수행에 따라 다양하고, 항상 소속에 대한 우리의 욕구를 충족시켜 주기 때문에 좋은 동기 유발 요인이 되고 있다. 그러나 만일 칭찬이 자발적이 아니고 일 수행에 따라 다양해지지 않으면 그것은 보상의 범주에 들어가므로 그다지 가치 있는 것이 아니다. 보상과 벌의 문제점은 개인의 통제체계에 기본적으로 작용하는 전제를 방해한다는 것이다. 곧 "그것들은 개인의 통제력을 위협한다." 만일 내가 원하는 일을 당신이 하도록 하기 위해 당신에게 벌을 준다면, 나는 당신의 통제자가 되고 당신은 어느 정도의 통제력을 상실하기 때문에 저항할 것이다. 그러나 내가 당신에게 보상을 준다 할지라도 내가 상을 준 이유가 바로 내가 원하는 일을 당신이 했기 때문임을 안다면, 당신은 여전히 나의 통제에 대해 화를 낼 것이다. 분명 우리는 벌받기보다 보상받기를 좋아하지만, 내가 주는 상이 당신을 위해서라기보다 나를 위해서라는 생각이 들 때 당신은 그 상에 대해 화를 낼 것이다. 내가 주는 보상을 가졌다 할지라도 어느 정도의 통제력을 나에게 넘겨준 것이므로 당신은 그 보상을 좋아하지 않는다. 이것은 노사간의 타협, 특히 광산업계의 타협에서 잘 입증되고 있다. 기본적인 급료문제가 그렇게 많은 차이를 보이지 않는 경우에도 파업은 거의 장기적으로 지속된다. 광부들은 힘들고 위험한 작업을 하며 그들은 돈을 위해서만이 아니라 힘과 인정을 받으려고 파업을 한다.

　우리는 기본적인 욕구에 따라 동기가 유발되며 그 욕구가 충족되었을 때 기분이 흐뭇하다. 당신이 나와 더불어 기뻐하는 것은 아주 멋진 일로 내가 상상할 수 있는 최고의 칭찬이다. 그러나 당신이 원하는 것을 내가 하려면 그 일이 얼마 만큼 나를 만족시켜 주는가를 내게 보여주어야만 한다. 우리 대부분은 돈 때문에 열심히 일하는데, 그것은 우리가 돈으로 살 수 있는 통제력을 원하기 때문이다. 우리가 일하러 갈 때 우리의 머릿속에는 이미 돈에 대한 사진이 들어 있다. 그러나 만일 당신이 나에게 열심히 일하면 다른 보상을 줄 수 있다고 설득한다면 나는 돈을 위해서 일하는 것만큼 그 보상을 위해 일할 수도 있다. 그러나 먼저 나는 이 보상들을 내 사진첩 속에 집어넣어야만 한다. 당신이 나를 위해 그 보상들을 내 사진첩에 넣을 수는 없다. 훌륭하게 해낸 일에 대해 진심으로 칭찬을 해주는 고용주는, 급료는 잘 주지만 전혀 칭찬을 하지 않는 고용주보다 고용인에게 더 성실한 업무를 하도록 할 수 있다.

자극-반응심리학(stimulus-response psychology)은 보상을 주는 사람이나 벌 주는 사람이 그 반응자가 무엇을 원하고 있는지 얼마만큼 원하고 있는지 또 얼마나 자주 원하는지를 안다는 전제 하에서 시작되어야 한다. 하지만 일관성 있는 토대 위에서 위의 사항들을 정확히 짐작할 수 있을 만큼 다른 사람의 머릿속에 들어 있는 사진들을 충분히 알고 있는 사람은 아무도 없다. 이런 이유 때문에 대부분의 '자극자들(stimulators)'이 결국에는 벌에 의존하게 되는 것이다. 그들은 어느 누구도(피학대성 환자(masochists)들을 제외한) 욕구를 충족시키는 사진으로 상처를 받는 사진을 가지고 있지 않다는 것을 알고 있다. 그러므로 사람들에게 단순한 기계적인 업무를 하게 하는데는 고통이 강력한 동기 유발이 된다. 만일 업무가 복잡하다면 벌로 위협받은 사람은 일을 망쳐 버리거나 비난을 모면할 수 있는 방법을 궁리해 낼 것이다. 노예들은 도랑을 파지만 컴퓨터 프로그램을 짜진 못한다. 그러나 때가 되면 고통이 아무리 크다 하더라도 대부분의 사람들은 의식적으로나(당신이 나를 죽일 수도 있다) 무의식적으로(병이나 미치는 방법으로) 자신을 만족시키지 않는 일을 거부하게 될 것이다. 그러므로 복잡한 업무나 창의적인 일을 잘하게 하는 좋은 방법으로 노동자들을 한 쇠사슬에 묶는 방법을 어느 누구도 제정신으로는 주창하지 않을 것이다.

생산에서 일본인들은 우리의 자극 반응 경영 접근법을 훨씬 더 능가하는 방법을 사용하여 왔다. 그들은 노동자들과 많은 대화를 나누고 가능한 한 욕구를 충족시킬 수 있도록 노동의 질을 계속적으로 높이는 방식을 토대로 선택이론의 경영을 사용하고 있다. 그들은 현대기술 요구하는 복잡한 일들을 사람들이 하도록 동기를 유발시키고자 엄격한 보상제도나 강제 해고의 위협에 의존하지 않는다. 절대적으로 외적인 동기 유발에만 의존하는 체계는 결국 무너지고 만다. 공립 교육체계에서 우리는 이러한 파멸을 보다 분명하게 볼 수 있다. 학교는 성적에 대해 비난, 낙제, 엄격한 보상과 벌 제도로 가득 차 있다.

지금까지 학교를 위해 제시된 모든 구제책은 거의 대부분이 자극-반응심리학에 근거한 것이었다. 수업 일수의 연장, 더 딱딱한 교과 내용, 더 엄격한 성적 기준, 낙제 증가 등이 그것이다. 우리는 교육의 이념을 학생들에게 넣어 주려고, 그들에게 학습은 자신의 욕구를 충족시키는 것으로 학습할 필요가 있는 힘든 공부를 그들의 사진첩에 집어 넣어야 한다는 사실을 설득해야 할 필요성에 대해서는 거의 들을 수가 없었다.

그러나 선택이론식 교육에서는 가능하다. 이러한 교육은 몇몇 학교와 산업체에서 성공적으로 행해지고 있지만, 그것이 우리 문화의 일부가 되지 않는 한 결코 널리 보급되지 않을 것이다. 일본인들이 산업 경영 분야에서는 선택이론을 많이 실행하고 있으면서도, 학교들은 우리보다 훨씬 더 많이 자극-반응심리학의 지배를 받고 있다는 사실은 역설적이다. 일본의 학교에서는 성공하고자 하는 치열한 경쟁심과 성공하지 못했을 때에 따르는 지독한 치욕감이 너무 심각하여, 그들의 머릿속에 있는 사진의 높은 수준을 성취하는 데 실패한 학생 중에서 자살이 빈번히 발생하여 나라 전체가 신경을 곤두세우고 있다.

제 17 장

당신의 삶을 통제하기

"자신의 생활 통제력을 회복하기를 원하는 사람이라면 누구나 자문해 보아야 하는" 이 근본적인 질문에 대한 답변은 언제나 "아니오"이다. 장기적인 고통이나 비난을 택하게 되면 현재 또는 먼 훗날 우리가 원하는 것을 얻지 못할 것이다. 선택이론은 우리가 우리의 행동을 선택하고, 잘못된 선택을 할지도 모른다는 것을 알 수 있는 능력을 줄 뿐만 아니라, 다른 사람이 변화하기를 원한다 할지라도 우리가 할 수 있는 모든 것은 우리 자신의 삶을 좀 더 잘 통제하려는 시도뿐임을 분명하게 말해 주고 있다.

필자는 결혼생활에 시련을 겪은 수잔의 경우를 예로 들어 우리 자신이 통제력을 상실한 상황에 놓여 있음을 알게 되었을 때, 선택이론을 어떻게 생활에 적용할 수 있는지를 설명하고자 한다. 만일 수잔이 선택이론을 알았다면, 자신의 결혼생활에 불만을 느끼자마자 욕구 불만에 대처하고자 자신이 선택한 행동들을 솔직하게 검토해 보았을 것이다. 그녀는 자신이 남편과 자신 둘 다에게 많은 비난을 퍼부었다는 사실을 발견했을 것이다. 또한 그녀는 남편에게서 사랑과 관심을 더 얻으려는 필사적인 노력이랍시고 한바탕 화를 낼 때 이외에는 거의 언제나 침울해했다는 것을 깨달았을 것이다. 그녀는 자신이 고통을 선택하고 있다는 것을 의식하자마자, "지금 선택하고 있는 비난하는 것과 비참해하는 것이 내가 원하는 것을 얻는 데 도움을 줄 것인가?"라는 선택이론의 중요한 질문을 자신에게 물어 보앉을 것이다.

'자신의 생활에 대해 통제력을 회복하기를 원하는 사람이라면 누구나 자문해 보아야 하는' 이 근본적인 질문에 대한 답변은 언제나 "아니오."이다. 장기적인 고통이나 비난을 택하게 되면 현재 또는 먼 훗날 우리가 원하는 것을 얻지 못할 것이다. 선택이론은 우리가 우리의 행동을 선택하고 잘못된 선택을 할지도 모른다는 것을 알 수 있는 능력을 줄 뿐만 아니라, 다른 사람이 변화하기를 원한다 할지라도 우리가 할 수 있는 모든 것은 우리 자신의 삶을 좀 더 잘 통제하려는 시도뿐임을 분명하게 말해 준다. 우리는 다른 사람에게 어떤 일을 믿도록 하거나 생각하게 하거나 느끼게 할 수 있는 힘이 조금도 없는 것이다.

따라서 수잔은 데이브를 변화시키기 원하는 만큼 자신의 삶을 영위하는 방법을 바꾸는 것이 그녀가 할 수 있는 유일한 방법이라는 것을 알았을 것이다. 가령 그녀가 그 당시 하려고 선택했던 것이 전에 했던 것보다 데이브를 더 만족시켰더라면, 그는 좀 더 아내를 사랑해 주는 남편이 되었을 것이다. 그녀가 자신이 한 행동에 스스로는 만족을 했지만 데이브가 여전히 아무런 반응을 보이지 않는다면, 수잔은 남편이 더 이상 필요치 않아 이혼할 결심을 했을지도 모른다. 그러나 어떤 결정을 내렸든 간에, 수잔은 결국 그녀의 노력이 자신을 통제하는 데에 초점을 맞추었지, 데이브 또는 그 어느 누구를 통제하는 데 초점을 맞추지 않았음을 알게 되었을 것이다.

그녀는 고통을 선택한 것이 잘못이라는 것을 알게 되자 마자, 좀 더 나은 선택을 언제나 할 수 있다는 것을 또한 깨닫게 되었을 것이다. 이러한 깨달음은 언제나 격려가 되는 것이지만, 조금 더 나은 행동을 모색하려고 애쓰기 전에, 먼저 그녀의 머릿속에 있는 결혼생활에 대한 사진을 살펴보는 것이 좋았을 것이다. 대체로 그녀는 데이브가 최근에 행동했던 것보다 더 나은 행동, 곧 조금 더 친절하게 그녀를 대하고 둘이 좋아하는 것을 함께 즐기는 데 더 많은 시간을 보내는 사진들을 찾으려고 했을 것이다. 그것은 그녀가 원하는 사진들이었다. 그러나 그녀는 데이브가 이런 이상적인 사진과 유사한 남편이 되도록 자신의 모든 에너지를 침울하게 지내고 비난하는 데에 쏟아 왔지만 그러한 노력은 전혀 소용이 없었다. 그는 그녀 머릿속에 있는 남편과는 아주 다른 사람이었다.

통제력을 다시 회복하려면 그녀는 자신이 성취할 수 없는 이 사진들에 초점을 맞추는 것을 중단하고, 지금 존재하는 그대로 그와 무엇인가를 하고 있는 서너 가지의 만족스러운 사진들을 찾아보려고 노력했어야 했다. 아무리 불행한 결혼생활인 경우에도 부부가 '그 당시에' 함께할 수 있는 서너 가지 만족스러운 활동들은 언제나 있게 마련이다. 수잔이 했어야 했던 것은 아직까지 만족을 주는 결혼생활을 담은 사진들을 뒤져보는 것이었으며, 그러한 사진들은 아마도 머릿속에 남아 있을 것이다. 예를 들어 어려웠던 과거 몇 년 동안에 걸쳐 수잔이 친한 친구 몇 명을 집에 초대해서 가벼운 저녁 모임을 가졌을 때, 그 계획은 대체로 성공적이었다. 그들의 긴장된 관계 속에서도 모임을 열기 전 2~3일 동안은 비난과 불평하는 것을 중단하면서 피로나 긴장을 풀면서 즐겁게 시간을 보냈었다.

지난 6개월 동안 그녀는 그 사진에 대해 거의 관심을 기울이지 않았다. 파티가 재미있을 것이라는 생각이 그녀의 마음에 떠올랐다 해도 그녀는 늘 다음과 같은 핑계를 대려고 했을 것이다. 나는 너무나 기분이 우울하다, 데이브가 전혀 도와주질 않는다, 모든 부담을 내가 다 짊어져야 한다, 초대받은 사람들은 언제나 즐거운 시간을 가졌지만 답례하지 않는다는 것들이다. 수잔은 그녀의 머릿속에 아직도 남아 있는 결혼생활에 대한 사진 중에서 그녀의 욕구를 충족시키고 성취시킬 수 있는 한 장의 사진에 대해 그녀가 관심을 기울이지 않아도 되는 여러가지 '타당한' 이유를 찾아내는 데 별 어려움이 없었을 것이다. 과거에 수잔과 데이브 사이에 몇 주 동안 긴장감이 감돌고 있었을 때에도, 화기애애한 친목회가 끝나고 나면 데이브는 수잔에게 많은 사랑과 관심을 보여 주었다. 그녀는 이 사실을 알고 있었지만 선택이론을 알지 못해 결혼생활에 많은 어려움을 겪는 대부분의 사람들처럼 이와 같은 친목 모임을 계획하기보다 오히려 비난하기와 우울한 생활을 택했다.

여기에서 배워야 할 중요한 교훈은 여러분 자신에게 중요한 사람과 의좋게 지내는 데 어려움을 겪을 때는, 자신이 성취할 수 있다고 자신 있게 확신할 수 있는 사진들에 에너지를 집중시켜야 한다는 것이다. 수잔은 특히 유쾌한 시간을 보내는 데 쓰였던 옛날 사진들을 찾아봤어야 했다. 예를 들면, "그에게 아주 재미있게 쓴 인사카드를 보내라."는 사진이다. 그는 그런 카드들을 받아보는 것을 즐겨 하곤 했다. 이 사진들이 너무 엉뚱해 보여서 그녀는 몹시 괴로워하는 편을 선택했지만, 아직도 그 사진들이 거기에 있기 때문에 찾아봤어야만 했다. 심지어 수잔은 이렇게 사이가 좋지 않은 때일지라도 욕구를 충족시켜 줄 수 있는 몇 가지 새로운 사진을 찾아보려고 노력을 기울였어야만 했다. 필자는 심한 우울증에 빠져 있는 사람이 이렇게 한다는 것이 아주 힘들다는 것을 잘 알고 있지만, 이것은 수잔이 통제력을 가지는 현명하게 생각하는 행동이기 때문에, 그렇게 해 보려고 노력하기로 선택할 수도 있었을 것이다. 그녀가 자신이 우울한 행동을 선택하고 있다는 것을 알면 알수록, 이것이 더 좋은 선택이었다는 것이 더욱 더 분명해졌을 것이다.

우리는 각자 자신의 사진첩을 갖고 있다는 것을 명심해야 한다. 만약 우리가 사진첩의 벌어진 틈과 구석까지 샅샅이 뒤져 본다면, 수년 전에 붙인 사진들이 오랫동안 잊혀진 채 그냥 끼워져 있다는 것을 알게 될 것이다. 그러나 그 사진들이 사진첩에 있다는 것은 아직도 욕구를 충족시킬 수 있다는 것이다. 만약 그 사진들이 욕구를 충족시킬 수 있는 것이 아니라면 거기에 있을 리가 없다.

그러나 수잔이 데이브와 잘 지냈던 몇몇 사진들에만 만족해할 필요는 없었다. 좀 더 하려고만 했더라면 몇 장 더 만들어 낼 수도 있었던 것이다. 성취할 수 없는 사진들에 집착하여 계속 우울해하기보다 오히려 창의성을 발휘해서 그녀와 데이브가 크게 만족할 수 있는 새로운 상황을 모색해 낼 수도 있었을 것이다. 수잔은 모래 위에서 자동차 바퀴를 헛돌리고 있는 운전사에 비유될 수 있다. 그녀는 헛바퀴를 돌리지 말고 차에서 나와 갈 수 있는 다른 방법을 찾아야만 한다.

머릿속의 사진을 우리가 원하는 것에 멈추게 할 수는 없지만, 그들 중에서 만족시킬 수 있는 가능성이 큰 사진들을 선정할 수는 있다. 수잔은 "만일 내가 이 특별한 사진을 가질 수 없다면, 나는 어느 것도 바라지 않는다."라고 말하게 되는 이 보편적인 함정을 피해야만 했다. 결혼생활을 유지하려면 덜 만족스런 사진이 성취할 수 없는 사진보다 더 나을 것이다. 그녀는 만족스런 결혼생활의 사진들을 자신의 사진첩에 많이 가질 수 있는 능력이 자신에게 있다고 스스로에게 말했어야 했다. 그 사진 중 일부는 가까운 장래에 성취할 수 없을지도 모르며 결코 성취하지 못할지도 모른다. 그러나 아무리 그녀의 결혼생활이 불행하다 할지라도, 아직 성취할 수 있는 힘이 있다는 것을 보여 주는 몇 장의 사진이 남아 있을 것이다. 그녀는 자신에게 "내가 이렇게 하면 내 기분이 좋아질 것이고 데이브도 기분이 좋아질 테니 우리의 결혼생활은 분명 더 나아질 것이다."라고 말했어야 했다.

　만일 수잔이 선택이론을 알았더라면, 만족할 수 없었던 사진들에 반 년 동안이나 고집스럽게 집착하지는 않았을 것이다. 그녀는 불만족스럽게 느끼자마자 유쾌한 친목 모임을 계획해서 그 계획을 실행에 옮겨야 했다. 이 모임이 효과를 보지 못했다면 시간과 에너지를 좀 잃었을 뿐이겠지만, 만약에 효과를 보았다면 수잔은 결혼생활에 대한 통제력을 회복하는 방향으로 작은 첫발을 내디뎠을 것이다. 저녁에 친목회가 끝났을 때 그녀는 데이브가 친절하고 기분이 좋은 상태에 있음을 알게 되었을 것이다. 수잔은 이 친목 모임을 다시 갖게 된 것이 얼마나 즐거웠는지 모른다고 말했을 것이며, 그가 즐길 수 있는 것으로 함께할 수 있는 다른 일을 또 생각해 보라고 데이브에게 부탁할 수도 있었을 것이다. 그가 무엇인가를 말했다면, '그것 참 멋진 생각인데요.' 또는 비판적으로 들릴지도 모르지만 '어째서 우리가 한동안 그것을 해보지 않았지요.'라고 애매하지 않은 태도로 수잔은 말했을 것이다. 만일 데이브가 제안한 것이 받아들일 만한 것이었다면(그때 그 순간에는 그것이 가능할 것이다), 그녀는 "좋아요. 해봅시다."라고 말했을 것이며, 바로 그때에 그것을 성취하기 위해 도울 수 있는 시간과 장소, 방법 등을 토의할 수 있었을 것이다.

화목한 결혼생활에는 끊임없이 일어나는 계획하지 않은 사랑과 애정 외에도, 일상적으로 계획되어야 하는 경험들과 서로의 관계를 악화시킬 수 있는 경험들이 있다. 아주 행복한 결혼생활에서조차 이러한 사건들은 저절로 일어나지 않기 때문에 이러한 것들은 계획되어야 한다. 이런 중요한 사진들을 언제 어떻게 만족시킬 수 있는지를 계획하는 시기는 분노나 긴장이 일어날 때가 아니라 사랑과 친밀감이 있을 때다. 이 예에서 보듯이 좋은 시기는 더 불만이 많은 배우자가 오랫동안 둘 사이에 결핍되었던 사랑과 친밀감을 되찾으려고 무엇인가를 했을 때이다. 결혼생활에서 지난 반 년 동안은 잘 계획되고 실질적으로 만족을 주는 사건이 없었으며, 이 기간은 데이브가 무엇인가를 잃은 것을 얼마간이나마 위로를 받으려고 다른 여자를 찾은 시기였던 것이다. 수잔에게서 더 이상 흥미를 느낄 수 없었다고 한 것은 사실 그가 죄의식을 느끼지 않으려고 자신에게 한 변명이다.

재미있는 파티를 한두 번 연다고 해서 실패한 결혼생활을 구제할 수 있다고는 믿지 않는다는 것을 독자가 이해하는 것이 중요하다. 파티보다 더 많은 일들이 이루어져야만 한다. 여기서 파티는, 부부 중 한쪽이나 양쪽이 싫증을 느끼는 서로의 관계를 새롭게 하기 위해 만족을 주는 많은 활동 중에서 하나를 예로 든 것뿐이다. 만일 그들이 모래밭에 빠져 오랫동안 꿈쩍하지 않는 낡은 차바퀴를 회전시키려고 그들의 시간과 에너지를 계속해서 소비한다면 아무것도 성취시킬 수 없을 것이라는 것이다.

　이 시점에서 선택이론의 충고를 읽는 어떤 여성들은 필자가 제안한 것들이 모두 여자의 책임을 암시하고 있다고 말하리라고 필자는 확신한다. 그러면 이런 상황을 바로잡기 위해 남자가 해야 할 일은 없단 말인가? 어째서 모든 부담을 여자가 져야 하는가? 이런 공정한 생각이 지니는 문제점은 이것이 부담의 일부를 데이브에게 넘겨주려는 시도라는 점이다. 그러나 결혼생활을 구제할 수도 있었던 초기에 수잔이 불만족스러웠던 것처럼 그도 불만족스러웠는지 또는 그렇지 않았는지 우리는 잘 모른다. 그가 불만족스러워했다면 물론 이런 노력을 하는 것은 그의 책임이다. 그는 결혼생활이 나아지도록 할 수 있는 모든 수단을 취했어야 했는데, 그는 오직 자기 자신에게 만족을 주는 것만을 하려고 했다. 수잔이 비난하고 우울해 하는 동안 그가 불만을 느끼지 않아서 아무것도 하지 않고 단지 자신의 세계 속으로 움츠려들기를 선택했다면 그것은 그의 선택이다.

　선택이론은 수잔이나 어느 누구도 '강제로' 그에게 다른 선택을 하게 할 수 있는 방법이 없다는 것을 분명히 하고 있다. 그는 더 나은 선택을 할 수도 있지만 결국 그것은 그가 선택을 하려고 할 때이지 그녀가 선택한 고통을 그에게 요구하거나 강요할 때는 아닐 것이다. "그것은 공정하지 못하다." 또는 "그가 하지 않는 한 나도 하지 않겠다."라는 주장이 논리적일지 모르지만, 그것은 수잔이 조정할 수 없는 발에다 신발을 신기는 격이다. 공정하거나 않거나 간에, 수잔(또는 우리 누구나)이 자신을 만족시킬 수 있는 모든 방법은 자신의 삶을 통제하는 데 있는 것이다. 만약 그녀가 데이브도 즐거워하는 방식으로 행동을 한다면, 그는 그녀를 만족시키는 일들을 하는 데 더 주도적이 되어야겠다고 결심할지도 모른다.

수잔을 위한 다른 타당한 선택으로 그녀가 주도권을 쥐어야만 한다면 그녀는 결혼생활을 원하지 않는다라는 결정을 내릴 수도 있을 것이다. 그녀는 데이브에게 자기가 무엇을 하고 싶고 무엇을 하고 싶지 않은지를 말한 다음, 그가 수잔이 원하는 것을 하지 않는다면 결혼생활을 끝내겠다는 것을 남편에게 분명하게 말할 수 있었을 것이다. 이런 직접적인 접근 방법의 문제는 데이브가 "결혼생활을 끝냅시다."라고 말할지도 모른다는 것이다. 그가 여전히 결혼생활을 원하고 있다 할지라도 직접적인 접근 방법이 자신을 너무 심하게 통제하고 있는 것으로 해석할 수도 있다. 만일 수잔이 결혼생활을 끝내기를 원했다면 이런 직접적인 접근법을 취하는 것이 결혼생활을 해결하는 데 쓰일 수 있는 거의 확실한 방법일 것이다. 그러나 이 접근 방법을 취하는 대부분의 남·녀는 서로를 속이고 있다. 만일 이 방법이 효과를 보지 못한다 해도 그들은 결혼생활을 끝마칠 준비가 되어 있지 않다. 두 사람의 머릿속에 남아 있는 서로를 만족시키는 몇 가지 사진들을 실행에 옮기기 위해 주도적이 되기보다는 오히려 우울해 하거나 두통을 앓거나 다른 병을 얻을 준비가 되어 있는 것이다.

수잔이 필자의 아내를 만났을 때, 그녀는 자신의 고통으로 데이브

(그리고 그녀 자신)를 통제하려고 여전히 애쓰고 있었다는 것을 기억하자. 물론 그녀는 그 고통이 선택한 행동이고 그것이 그 당시에 자신을 만족시켰다고는 전혀 생각하지 않았다. 그러나 그녀가 선택이론을 알고 있어서 자신이 고통스러운 행동을 택하고 있다는 것을 기꺼이 받아들였다 하더라도, 그녀가 자기 부정이나 또는 이타적인 행위를 택했을 때 그 선택이 그 누구보다도 자신을 더 위하는 것이라는 사실을 받아들이기는 여전히 어렵다는 것을 알았을 것이다. 아무리 데이브를 걱정했다 해도 그녀의 행동은 언제나 자신의 이익을 위한 것이다. 우리가 타인을 위하여 무언가를 할 때마다 다른 사람만 엄청나게 큰 이익을 얻는다거나, 우리만 일을 다 하고 다른 사람들은 전혀 아무것도 하지 않게 될 수도 있다. 또 어떤 사람은 감사한 마음을 갖지 않거나 보답하지 않을 수도 있다. 수잔은 데이브가 감사할 줄 알고 도움을 주는 사람이 되길 바라거나 그러한 기대를 가질 수 있는 모든 권리를 가지고 있지만, '그가 자기 행동을 선택하는 것을 통제할 수는 없다.'

예를 들어 만일 데이브가 수잔이 유쾌한 친목 모임을 계획했을 때 술에 취했거나 욕설을 퍼부었다면 그런 행동은 그의 선택이다. 아주 좋은 의도로 시작한 모임이라도 끔찍하게 끝났을 것이다. 만일 이런 일이 한 번 이상 일어났다면, 수잔은 자신의 사진첩에서 이런 모임의 사진을 제거해 버렸을 것이다. 그러나 파티가 시작될 때까지 수잔은 알 도리가 없었다. 그녀가 단지 자신의 생활만을 통제할 수 있다는 것을 기억하자. 그녀의 행복은 타인이 무엇을 해주는가에 달려 있는 것이 아니라, 그녀 자신이 무엇을 하느냐에 달려 있으며, 그녀가 이것을 빨리 배우면 배울수록 더욱 행복해질 것이다.

만일 필자의 아내가 불행한 상태의 수잔을 만났을 때, "당신은 무엇을 원하십니까?"라고 물었더라도 (또는 수잔이 그녀 자신에게 물었을지라도), 대답은 "난 모르겠어요."였을 것이다. 물론 이것은 불가능한 일이다. 우리 중 누군가 이것을 부정하려 할지 모르나, 우리는 우리 사진첩에 무엇이 있는지를 언제나 알고 있다. 하지만 만일 우리가 원하는 것을 얻을 수 없어서 실망하게 될 때, 우리가 원하는 것을 모르는 척하게 되면 통제력을 덜 잃게 된다. 수잔은 자신의 결혼생활이 실패하기 시작했을 때, 자신이 좀 더 나은 결혼생활을 원하고 있었다는 것을 너무나 잘 알고 있었다. 아마도 데이브와 긴 휴가를 보냈다면 결혼생활을 필요한만큼 성장시켰겠지만, 그 당시에는 기대하기 어려운 것으로 보이는 그런 제안에 직면하기보다는 오히려 "난 모릅니다."라고 말하는 것이 더 쉬웠을 것이다. 우리의 인생을 통제하려면 우리는 원하는 것을 움켜쥘 수 있는 힘을 모아야 한다. 그 이유는 노력하면 잠시 동안은 좌절감을 의식하지 않을 수 있지만, 우리가 우리를 좌절케 하는 것이 무엇인지를 충분히 모르는 것처럼 행동하게 되기 때문이다.

진정으로 원하는 것을 부정하려고 애쓰는 동안, 수잔과 같은 사람들은 "내가 무엇을 원하든 무슨 차이가 있단 말인가? 나는 결코 그것을 얻을 수가 없을텐데."라고 한숨 지으며 말하는 경우가 종종 있다. 그러나 탄식하고 의기소침해 한다는 것은 비록 자신은 부인하지만 원하는 것을 얻고자 '고통'을 선택하고 있기 때문이다. 그들이 원하는 것이 무엇이며 원하지 않는 것이 무엇인지 알고 있었다 해도 차이는 없었을 것이다. 우리는 원하는 것을 갖지 못하면 화를 내거나 괴로워한다. 일단 선택이론을 알게 되면, 원하는 것을 얻기 어렵기 때문에 그것에 직면하기를 거부하느라 여러분의 시간과 에너지를 낭비하지는 않을 것이다. 그 이유는 여러분이 결국 괴로워하는 것을 택할 것이라는 사실을 알고 있기 때문이다.

우리가 원하는 것에 직면하는 용기를 얻는 데 도움이 되는 것은, 우리의 머릿속에 어떠한 욕구를 충족시켜 주는 사진을 한 장 이상 항상 지닐 것을 명심하는 것이다. 단, 숨 쉬는 것을 제외하고 말이다. 만일 욕구를 충족시킬 만한 사진을 충분히 갖고 있지 않다면 더 첨가할 수도 있다. 데이브가 여행에 수잔을 데리고 가지 않기 때문에 의기소침해 하기보다, 오히려 자신이 원하는 것 중에서 성취할 가능성이 있는 것에 근접한 사진을 찾아보아야 한다. 예를 들면 데이브 없이 여행할 수 없다는 것은 말도 안 되는 이야기이다. 수잔은 이 아이디어를 갖게 되자마자 데이브가 여행의 완벽한 동반자가 아니라는 사실을 이해할 수 있게 될 것이다. 그녀는 친구와 같이 여행을 가서 재미있는 시간을 보낼 수 있을 것이다. 데이브한테서 벗어남으로써 두 사람은 서로에게 필요한 휴식을 취할 수 있었을 것이다.

수잔은 선택이론을 배우면서도 여전히 우울해하거나 다른 고통을 선택하겠지만 과거처럼 오랫동안 근심에 젖어 있지는 않을 것이다. 선택이론을 안다고 해서 즉각적으로 자신을 통제할 수 있게 되지는 않지만, 나 스스로가 고통을 택하고 있다는 것을 알기 때문에 많은 사람처럼 몇 년 또는 몇 달간 그렇게 지내기는 거의 불가능하다. 필자는 가끔 한 시간 또는 두 시간쯤 고통스러워하지만 그런 경우에

"더 좋은 선택이 있음에 틀림없어"라고 스스로에게 말한다. 하지만 '더 좋은 선택이란 언제나 실천하는 행동'이라는 것을 명심해야 한다. 6장에서 설명한 대로 우리가 행하는 것만 직접적으로 그리고 독단적으로 통제할 수가 있다. 예를 들면 수잔은 친목 모임에서 여주인의 역할을 할 수는 있지만 자신이 주최했기 때문에 꼭 기분이 좋을 수는 없다. 그러나 그 친목 모임이 성공적이었고 그녀가 주최한 대부분의 모임이 성공을 거두어 왔다면, 수잔은 스스로 즐길 것이다. 우리에게 계속해서 고통을 선택하도록 유발시키기에 성공적인 사건이란 없다.

 수잔이 데이브와 결혼생활을 지속하길 바랐다면 자신의 사진첩에서 그전에 중요하게 여겼던 사진 몇 장을 꺼내서 버려야 한다는 것 또한 알았어야 했다. 결혼생활을 오래한 대부분의 사람들이 그들의 사진첩에서 없애야 할 중요한 사진은 부부가 함께 모든 것을 하고 있는 사진이다. 결혼은 부부의 사진첩 속의 사진들을 갑자기 일치시키는 것이 아니다. 우리와 배우자가 많은 사진을 함께 나눌 수 있을 때 결혼하는 것이 현명하지만, 결혼생활이 성숙해지면서 함께 나누지 못하는 중요한 사진들이 반드시 있기 마련이며, 그럴 경우 서로가 개별적으로 만족해야 한다. 그렇지 않으면 결혼생활은 고통을 겪게 될 것이다.

 우리가 이미 알고 있는 것처럼 데이브는 수잔보다 스키를 더 좋아한다. 수잔이 할 수 있었던 것은 자신의 성향대로 결혼생활을 해서 생기게 된 손해보다 그들의 결혼생활에 유익한 이 지식을 활용해 보는 것이다. 예를 들어 수잔은 눈이 온다는 기상예보를 듣고는 곧 선수를 쳐서 "첫눈을 놓치지 마세요. 스키 타러 가세요."하고 데이브에게 말한다. 그녀는 하고 싶은 다른 일이 있기 때문에 혼자 집에 있어도 괜찮다고 하며 데이브에게, "지금 당장 계획해 보지 그래요."라고 말할 수 있었을 것이다. 만일 데이브가 수잔을 생각하는 감정이 조금이라도 있었다면, 같이 집에 있을 때 그녀와 함께 더 많은 일을 하려고 노력했을 것이다. 왜냐하면 그가 혼자서 즐기는 즐거움을 그녀가 그에게서 빼앗지 않으려고 했다는 것을 알 수 있었을 것이기 때문이다.

필자는 아내와 내가 함께 나누는 사진 몇 장과 함께 나누지 못하는 몇 장의 사진을 생각해 낼 수 있다. 만일 우리가 정규적으로 함께 지내도록 하면서 또한 우리가 함께 나누지 못하는 것을 상대방이 즐기도록 격려해 준다면, 우리는 결혼생활을 위한 아주 견고한 기반을 다지게 된다. 비록 우리가 함께 나누지 못하는 것을 상대방이 할 수 있도록 용기를 줄 수는 없을지라도, 최소한 할 수 있는 것은 서로 다른 배경을 가진 다른 사람들이라는 사실에 관대해지는 것이다. 만일 우리가 이 현명한 접근 방법을 취해 변함 없이 함께 해야 한다는 생각으로 서로를 통제하려고 애쓰지 않는다면, 우리 중 한 사람에게 더 중요한 활동들을 기꺼이 나누려고 할 것이다.

필자는 아내가 나보다 더 즐기기 때문에 어떤 일을 하는 경우가 있다. 그리고 아내에게는 별로 가치가 없겠지만 나를 즐겁게 하기 위해서 아내가 나를 위해 하는 일들도 그만큼 있으리라고 확신한다. 결혼생활에 성공한 대부분의 사람들은 "단지 그들이 사랑하는 사람이 원하기 때문에 적당량의 일을 함께 한다."라고 할 것이다. 만일 그들이 함께 나누지 못하는 것에 대해 격려하지 않거나 적어도 관대하게 보아 주지 않는다면 그들은 화를 내고 덜 관대하게 될 것이다.

만일 우리가 결혼생활이나 또는 다른 어떤 관계에서 차이점을 가지고 있다면, 그 차이점을 극복할 수 있는 유일한 방법은 만족스런 타협점을 찾아내서 협상하는 것이다. 타협할 때 한쪽이 상대방 쪽보다 유리한 것이 보통이지만, 만일 우리가 충분히 타협을 한다면 이익은 균등하게 돌아가는 경향이 있다. 우리는 타협하기 전에 서로가 공평한 몫을 나누는 것을 확실하게 하려고 협상하는 것이다. 나는 서로의 차이로 고민하는 지식인들이 "의논해봤자 소용없다."라고 말하는 것을 들으면 슬퍼진다. 말하는 것, 더 정확히 말하면 타협하는 것은 서로 간의 차이를 극복하고자 할 수 있는 유일한 방법이다. 사람들은 그들 사이에 있는 차이점을 타협을 통해 해결하려고 하기보다는 오히려 어느 누군가(또는 그들 자신)를 통제하려는 노력의 일환으로, 고민, 불평, 비난, 싸움, 병에 걸리기, 미치기, 마약을 복용하기 등을 너무 자주 택한다.

만일 여러분이 개인적인 어려움에 처해 있다면, 그것은 거의 언제나 여러분의 욕구를 충족시켜 줄 사람, 곧 여러분에게 중요한 사람과의 차이를 협상하는 방법을 찾지 못했기 때문인 것이다. 타협이야말로 우리가 가진 유일한 방법이다. 우리가 이 방법을 이용할 수 없으면 아무런 대안이 없다. 상담이 비효과적이라고 비웃을 때 그들은 '타협을 원하지 않고 통제를 원한다.'라고 말하는 것이다.

2장에서 설명했듯이, 여러분이 힘을 사용하려고 할 때 거의 언제나 소속감을 잃게 되므로 우리 모두는 다른 사람의 욕구를 충족시키려고 힘 행사하는 것을 기꺼이 어느 정도는 포기해야만 한다. 우리가 이것을 어떠한 방법으로 하며 얼마 만큼 할 것인가 하는 것을 알아내는 것이 바로 타협이다. 수잔이 데이브와 아직도 함께 나눌 수 있는 몇 장의 사진을 찾으려고 자신의 사진첩을 자세히 살펴보고 친목 모임을 사진첩에서 찾아낸 이유는, 이와 같은 나눔이 협상을 가능케 하여 결혼생활을 구제할 수 있는 어떤 타협점에 이르게 할 수도 있기 때문이다. 우리는 차이점을 갖고도 살 수 있다. 차이점이 없는 결혼생활이란 존재하지 않는다. 그러나 이러한 차이들이 극도에 달하였는데도 협상하기를 거부한다면 결혼생활을 구할 수 있는 기회를 모두 잃어버리게 된다.

　수잔과 데이브 같은 사람들이 그들의 결혼생활이나 기타 다른 생활에서 통제력을 상실하였을 때 전문적인 상담이 필요하다고 보는가? 대답은 명백하다. 그들이 자신의 힘으로 해결해 보려고 시도했지만 해결할 수 없으면 유능한 상담자를 만나야 한다. 그러나 유능한 상담자는 고통이 우연히 그들에게 닥쳤다는 것을 받아들이는 사람이 아니며, 또한 과거나 현재의 고통에 대해 반복해서 이야기하면 그것이 그들이 더 좋은 선택을 하는 데 도움이 될 것이라는 것을 받아들이는 사람도 아니다. 좋은 상담이란 그들이 지금 현재 무엇을 하기로 선택했는가에 초점을 맞추는 것이다. 그들이 선택한 행동이 원하는 것을 얻도록 해주는가? 그렇지 못하기 때문에(원하는 것을 얻었다면 거기에 오지도 않았을 것이다) 유능한 상담자는 그들 중 한 사람 또는 두 사람과 함께 그들이 자신에게 좀 더 유익한 것이 무엇인가에 대한 계획을 협상하는 데 도움을 주는 사람이다. 이 계획은 그들의 결혼생활 안에서 그들의 머릿속에 있는 중요한 사진들을 충족시키는 방법이다. 이 계획은 만약 그들이 품고 있는 사진이 불충분하게 보이면 서로를 만족시켜 주는 새로운 사진들을 또한 발견할 수 있게 할 것이다.

현실요법을 활용한 효과적인 상담은 그들의 과거를 꼬치꼬치 캐묻지 않으며 과거를 이야기할 때 그것을 언제나 현재와 관련시킨다. 만약 그들이 괴롭고 잊히지 않는 과거의 경험을 가지고 있다면 그들의 삶에서 통제력을 잃었을 때에 대한 아이디어를 상담자가 이해할 수 있도록 그것을 상담자와 나눌 수 있어야만 한다. 그러나 찾아오는 사람이 수잔이든 데이브든 또는 두 사람이든 그 당시에 어떤 나쁜 일들이 일어났었는가 하는 것은 현재 무엇이 진행되고 있는가 하는 것에 거의 전혀 도움을 주지 못한다는 것을 그들이 이해하도록 도와주는 것이 상담자의 일이다.

과거를 이야기하는 최대의 가치는 과거의 고통을 이야기하는 데 있는 것이 아니라, 그 이야기가 지금 이용할 수 있는 힘을 제공할지도 모른다는 데 있다. 어떤 의미에서 수잔은, 한때 그들 두 사람이 잘 지냈던 결혼생활의 사진을 사진첩에서 찾았을 때 자신의 과거를 들여다보고 있었다. 지난날 만족을 주었던 그 무엇인가를 다시 이용할 수만 있다면 새로운 것을 찾으려는 것은 무의미한 일이다. 그러나 많은 사람이 그들에게 일어났던 그 무서운 일들이 아직도 그들을 장악하고 있다고 믿으며, 이런 과거의 사건들이 만족스러운 해결을 보지 못하는 한 앞으로도 "자신들이 잘 살아갈 수 없을 것이다."라고 믿음으로써 어려운 현재를 피하려고 애쓰고 있다.

수잔은 데이브와의 문제가 아버지와 그녀 사이에서 겪었던 문제와 같다고 주장할지도 모른다. 그녀가 아버지와 심각한 문제를 경험했을지도 모르지만, 결혼생활의 시련이 과거 아버지와 그녀의 관계 때문이라고 책임을 돌리는 것은 당치도 않다. 그녀는 아버지와 결혼한 것이 아니며, 만일 아버지의 경우와 같이 남편을 대할 때 우울해져 있다면, 그녀는 그때나 지금이나 비효과적인 행동을 선택하고 있는 것이다. 일단 그녀가 선택이론(이것을 사용하는 상담자는 자신의 내담자에게도 가르칠 수 있다)을 알게 되면, 그때 자기가 잘못된 선택을 하였기 때문이라는 것을 재빨리 알게 될 것이고, 그러면 그녀는 지금도 계속해서 그렇게 할 필요는 없다는 것을 알게 된다. 좋은 선택을 하기 시작하게 될 때, 그녀는 아버지와 자신 사이에 있었던 문제를 곧 잊어버릴 것이다. 우리는 현재에 살고 있으며 현재에서 만족해야 한다. 우리는 실제로나 말로나 과거로 돌아갈 수 없으며 더 이상 존재하지도 않는 조건을 만족시킬 수도 없다.

　선택이론을 알지 못하기 때문에 내담자에게 과거 집착을 중단하고 현재에 대처하는 지식이 필요하다는 것을 그들에게 가르치기보다, 과거 속에 묻혀 살 것을 격려하는 전문적인 상담자가 우리 주변에 많다는 것은 불행한 일이다. 내담자가 과거에 얼마나 많은 고통을 겪었는지를 그들에게 상기시킴으로써 현재의 삶에서 중요한 사람을 통제하려는 그들의 노력을 지원하는 상담자들을 주의해야 한다. 만약 수잔이 상담에서 '배운' 것에 따라 지지를 받아서 데이브가 얼마 만큼 자신의 아버지와 같으며 이것이 얼마나 견디기 어려웠는지를 가지고 그와 계속 대면한다면 그는 쉽게 수잔을 떠났을 것이다. 만일 그녀의 아버지가 죽었다면 데이브는 전혀 통제력을 발휘하지 못하는 패배자의 입장에 서게 되기 때문에, 그들의 차이점을 극복하려 들기보다는 위축되어서 물러나려고만 했을 것이다.

고통스러운 일들은 우리 모두에게 언제라도 일어난다. 그러나 역사 속의 많은 사람들이 집단수용소의 고문을 체험하고도 삶을 영위하였다. 그들은 자신이 체험한 고통스런 방식으로 타인을 통제하려고 시도하지 않으면서 자신들의 욕구를 충족시켜야 한다는 것을 잘 알게 되었다. 우리가 다른 사람과 협력하고 그들에게서 얻을 수 있는 유일한 만족은 그들이 무엇을 우리에게 주려고 무엇을 선택하는 것이다. 과거나 현재의 고통으로 그들을 통제하려고 시도함으로써 우리가 원하는 것을 얻기 위해 그들에게 강요할 때마다 얻기는커녕 오히려 실패할 것이다. 우리가 실패할 때마다 자주 그러하듯이 고통을 더 보태는 선택을 한다면 우리의 노력은 아무 쓸모가 없게 된다. 우리는 우리 머릿속의 사진들을 충족시키려고 믿기 어려울 정도의 고통을 선택하게 된다는 것을 명심해야 한다. 그러나 우리의 고통은 선택이라는 것, 그리고 더 좋은 선택은 거의 언제나 가능하다는 것을 알고 있으면 보다 효과적인 행동을 선택하기 위해, 우리 스스로 또는 타인의 도움으로 그것들을 택하려고 우리는 적극적으로 노력할 것이다.

우리가 선택이론을 배우게 되면, 고통을 겪기는 하나 노력할 것이다. 우리는 주위의 작은 부분조차 사실상 통제할 수 있는 방법이 우리에게 없다는 사실을 받아들일 수 있을 만큼 겸손해질 것이다. 아무리 우리가 무엇을 하고 싶고 생각하고 싶고 느끼고 싶더라도 우리가 하고 싶은 대로 만족할 수 없는 때가 너무나 많다. 그러나 우리가 완전한 통제 또는 엄청난 양의 통제력을 가질 수 없다는 사실이, 우리에게 전혀 통제력이 없다는 것을 뜻하는 것은 아니다. 우리는 항상 우리가 하고 싶고, 생각하고 싶은 것에 어느 정도의 통제를 가하는 힘을 갖고 있다. 아주 작은 것이라도 우리를 충족시키는 것이 있다는 것을 이해하게 되면, 지금 당장 가능한 것보다 더 통제하려는 노력의 일환으로 고통을 택하는 것에 우리의 힘과 에너지를 소모하는 것보다는 더욱 행복해질 것이다.

통제력을 조금이라도 다시 얻게 되었을 때, 우리는 더 많은 통제력을 얻을 수 있다는 자신감을 얻는다. 수잔이 데이브와 즐기는 것이 자신이 할 수 있는 일이라는 것을 알아낸 뒤에 그렇게 하려고 노력한다면, 이전에 통제력을 상실하였던 상황에 대해서도 어느 정도의 통제력을 얻을 수 있을 것이다. 데이브 또한 그렇게 하는 것을 즐기고 그녀에게 가까이 접근한다면, 그녀는 그들이 함께 나누지 못한 사진 중에서 일부를 협상해 보는 과정을 시작해 볼 수 있다. 만일 그들이 함께 몇 가지 타협점을 찾고 실천에 옮길 수 있으면, 그녀는 고통을 선택하는 것을 중단할 것이고, 그는 뒤로 물러서는 것을 멈추게 될 것이다. 그것은 수잔이 할 수 있는 것 중에서 유일하게 분별력 있는 일들이기 때문에 공정성의 여부를 생각하지 말고 이 일들을 한다면 그리고 데이브가 아직도 그녀를 좋아한다면, 그들은 손상당한 결혼생활을 되찾게 될 것이다. 만일 그녀가 모든 노력을 다 기울였는데도 그가 여전히 결혼생활을 원하지 않으면, 그녀가 할 수 있는 일은 다했기 때문에 다른 곳에서 사랑을 찾아야만 한다.

제18장

선택 이론과 자녀 양육

　우리는 부모로서 그 역할을 포기해서는 안되며, 아이들은 우리가 부모 노릇을 포기하는 것을 원치 않는다. 또한 자녀가 부모를 사랑하면 부모의 통제를 받아들이긴 하지만 하나부터 열까지 모두 통제받는 것은 원치 않는다. 거의 모든 연령의 아이들은 자신의 생활에서 옳다고 생각하는 것은 스스로 할 수 있도록 부모가 허용하기를 원한다. 문제는 통제를 하느냐, 하지 않느냐가 아니다. 오히려 무엇이 합리적이며 부모가 얼마나 통제해야 하는가가 문제이다.

어떤 자녀가 훌륭하게 성장한 자녀인가에 대해 모두의 의견 일치를 볼 수는 없지만, 자녀가 어떻게 성장해야 되는가에 대해서 우리 대부분은 머릿속에 일반적으로 공감이 가는 사진을 지니고 있다. 우리는 자녀들이 따뜻하고 애정이 깊으며 근면하고 씀씀이에 신중하며 건강을 돌보며(특히 우리는 자녀들이 마약을 복용하는 것을 원치 않는다) 도덕적이며 법을 잘 지키고 친구나 가족 친척에게 관심과 존경하는 마음을 가진 젊은이가 되기를 원한다. 만일 내 자녀가 이런 젊은이로 성장했다면, 그들이 이와 같이 성장하도록 도와주려고 행한 모든 것이 효과적인 부모 역할이었다고 생각한다.

대체로 아내와 나는 성인이 된 세 자녀에게 만족한다. 그러나 만약 우리에게 그들을 다시 양육할 기회가 생기고 현재 우리 일상생활의 일부가 된 선택이론의 지식을 적용할 수 있다면, 조금 다르게 기르고 싶은 부분도 있다. 필자는 우리가 바꾸고 싶은 부분들에 대해 자세하게 설명하지 않을 것이다. 그러나 아직 자녀를 키우는 부모들이 실수를 피하는 데 도움이 될 수 있도록 자녀 양육에 관한 몇 가지 선택이론의 기본을 설명하고 싶다. 이 장이 자녀 양육에 관한 완벽한 지침이 되리라고는 생각지 않는다. 그러나 독자가 현재 선택이론에 익숙하다고 가정하면, 18장은 어느 부모에게나 유일할 것이다.

우리가 배워 온 선택이론에서 중요한 하나는 앞에서 묘사한 것처럼 우리가 원하는 자녀의 사진이 보편적이 되도록 노력해야 한다는 것이다. 자녀에게 우리 머릿속에 그려져 있을 특정한 사람이 되기를 강요하면서 부모의 효율성이 줄어들게 된다. 예를 들어 우리 머릿속에 그려져 있는 박사, 법률가, 기술자, 장교, 장관, 기혼자, 부모, 부자, 유명인 또는 다른 구체적인 사람이 되는 것을 원하면 원할수록 부모는 자녀들에게 목표를 이루도록 더욱 강요하게 된다. 그리고 불행히도 자녀가 스스로 원하지 않는 유형의 사람이 될 것을 강요하는 것만큼 부모에게서 자녀를 멀어지게 하는 것은 없을 것이다.

자녀는 자신의 욕구를 충족시키고자 그들 자신의 목표를 추구한다. 만일 그렇지 않았으면 우리는 부모가 원하는 그대로 행동하면서 아직도 동굴에 머물러 있을 것이다. 자녀들에게는 그들의 부모와 상관없이 자신의 욕구를 충족시키려고 싸울 용의가 있기 때문에 발전은 이루어졌다. 너무나 많은 부모가 자녀를 자신의 사진에 끼워 맞추려 하고, 자녀와 힘을 겨루어 패배한다. 부모 ― 자녀 간의 상호관계가 서로 화를 내고 비난하는 방향으로 퇴보해 가면서 사랑과 관심은 한옆으로 밀려나게 된다.

많은 부모 특히 그들의 자녀가 어떤 성인이 되어야 하는가에 관한 뚜렷한 사진을 가지고 있는 부모들은, 자녀들이 그들이 원하는 대로 살고자 하는 특별한 방법을 찾도록 내버려 두라고 하는 제안을 받아들이는 것을 망설일지도 모른다. "만일 내가 이렇게 지도해 주지 않으면 그는 하찮은 사람이 될 것이다. 어떻게 곁에서 방관하면서 내 자녀의 삶을 운명에 맡길 수 있겠는가?"라고 그들은 주장할지도 모른다. 훌륭한 부모가 할 수 있는 일은 많이 있다. 필자는 첫째 단락에서 언급했던 보편적인 방법으로 자녀가 성공하도록 도와주고자 간략하게 이것에 대해 이야기할 것이다. 성공한 자녀에 관한 이 일반적인 기술이 불충분하다고 생각하며, 자녀의 성공이 부모가 원하는 대로 되는 데 달려 있다고 주장하는 부모들은 자녀에게 도움이 되기보다는 오히려 방해가 될 것이다.

"나는 내가 살고 싶은 대로 살아가는가? 그렇지 않으면 부모가 나를 위해서 택한 생활인가?"라고 스스로 자문해 보라. 나는 그것이 부모를 위한 것이기보다 당신을 위한 생활이라고 생각하며, 또한 당신이 지금 하고 있는 것에 만족하고 있다고 생각한다. 그러나 만일 그렇지 않다 하더라도 부모의 지도를 따르지 않은 것을 후회하면서 많은 시간을 보내고 있다고는 생각지 않는다. 가령 당신이 선택한 생활방식이 순조롭게 진행된다 하여도 부모는 당신의 방식을 방해하고, 당신의 선택이 옳았다는 것이 모든 사람에게 명백해질 때야 비로소 당신의 선택이 현명했다고 받아들일 것이다.

아내와 필자가 성장한 자녀에 대해 굳게 고수하고 있는 유일한 구체적인 사진은 자녀들이 휴일에 가끔 우리 집에 있는 동안 서로 잘 지내는 것이다. 우리는 또한 자녀들이 우리와 형제들과 서로 사이좋게 지내는 사진을 가지고 있다. 그 밖에는 그들의 삶을 이끌어 나가는 데 그들 자신의 생각이 가장 좋고 성공적이라고 하는 일반적인 사진을 우리의 머릿속에 유지하려고 노력한다. 선택이론의 도움으로 우리는 마침내 자녀들이, 우리의 사진이 아닌 그들 자신의 사진에 따라 생활하고자 하는 것을 이해하게 되었다. 그러나 그들의 머릿속에 우리와 더불어 서로가 계속 다정한 사이로 지내는 사진을 유지하도록 그들을 설득시킬 수 있는 것이라면 무엇이든 하려고 한다.

 자녀가 어떤 사람이 되는가 하는 데에 우리는 얼마나 책임이 있는가? 예를 들어 3장에서 담배를 피우고 학교에 가지 않는 팀과 같이 자녀가 탈선 행동을 선택했다면 이것은 대개 우리의 잘못인가? 우리는 자녀가 16살에 팀과 같이 될 수 있는 가능성을 줄이려는 노력을 해야 할 책임이 있다. 대부분의 자녀는 부모가 원하는 것을 고려하지만, 부모가 동의하지 않으면 팀과 같이 자기가 최선이라고 생각하는 것을 행한다. 우리가 할 수 있는 일은 무책임하고 불행한 성인으로 성장하려는 가능성을 줄이는 방향으로 자녀를 양육하는 것이다. 팀의 자기 파괴적인 행동의 대부분이, 공부를 잘하여 법률가가 되기 위한 준비를 하라는 부모의 압력에 저항하는 방법이라는 것을 부모는 깨닫지 못하고 있다. 팀의 저항 방법은 자신에게 해가 되었지만 효과를 본 것도 확실하다. 부모는 이제 팀이 법률가가 될 것을 더 이상 요구하지 않는다. 단지 팀이 학교를 마치고 담배를 끊고 주중에는 알맞은 시간에 전축을 끄기만 한다면 그의 부모는 만족할 것이다.

3장에서 필자는 팀의 아버지에게 급속하게 악화되는 팀과 관계를 재형성하기 위해 노력하라고 제의했다. 그러지 않으면 팀이 마음을 바꾸는 것을 돕기 위해 그가 할 수 있는 일이 거의 없기 때문이다. 좋은 상호관계가 형성되지 않으면 서로에게 영향을 미치지 못하거나 파괴적이 된다. 당신이 자녀를 양육할 때만큼 중요한 시기는 없으므로 자녀의 머릿속에 당신이 애정이 깊은 사람으로 언제나 남도록 노력하는 것이 모든 자녀 양육의 기초이다. 특히 자녀가 무례하게 행동할 때 부모가 해야 할 일은 더욱 관심을 보이고 응석을 받아주지 않는 것이며, 만일 당신이 자녀에게 예절 바른 행동을 '하게 한다'는 잘못된 '상식'을 따르게 되면 자녀의 머릿속에 언제나 애정이 깊은 사람으로 남는 것은 결코 쉽지 않다. 자녀에게 예절 바른 행동을 하게 할수록 자녀는 심하게 저항하여 부모와 자녀 관계는 이내 거의 말을 하지 않게 될 정도로 악화된다.

우리는 모두 무관심하지도 않고 응석을 받아 주지도 않지만, 그들의 자녀가 팀처럼 행동하거나 더 나쁘게 행동하는 부모들을 알고 있다. 부모들은 벌과 위협으로도 그들을 '변화시킬 수' 없다. 이런 부모들이 배워야 하는 것은 인내하는 것이다. 팀과 팀의 부모처럼 반항하는 자녀와 부모 사이에 언제나 있기 마련인 미약한 상호관계를 원래대로 회복하는 것은 천천히 이루어지는 어려운 일이지만, 이런 상호관계가 개선되지 않는 한 우리가 하는 어떠한 것도 효과적이지 못할 것이다.

팀이 부모에게서 받는 계속되는 압력에 저항하는 방법 가운데 하나는 욕구를 충족시켜 주는 사람으로서 부모를 머릿속에서 지워 버리는 것이다. 그렇게 함으로써 그는 부모가 원하는 것과 심지어는 부모가 무엇을 하는지에 대해서도 무관심하게 될 것이다. 이런 상황에서 대부분의 부모는 더 심하게 몰아붙이는 실수를 하는 경향이 있기 때문에, 팀과 같은 아이는 머릿속에서 부모를 더욱 지워버리게 되는 불행한 결과를 초래한다. 이런 악화된 관계의 끝에 가서는 팀과 같은 많을 아이들처럼 팀도 머릿속에서 부모가 원하는 것에 더 이상 아무런 주의도 기울이지 않게 될 것이다. 결국 그들이 팀을 다루는 더 나은 방법을 배웠을 때는 너무 늦었을지도 모른다. 왜냐하면 그는 부모에게 관심을 갖는 대신 마약과 록 음악 속에서 자신의 욕구를 충족시키려고 하기 때문이다. 이것이 내가 팀의 아버지에게 팀을 데리고 낚시하러 갈 것을 3장에서 제의한 이유이다. 같이 낚시하는 사진은 아직 그들의 사진첩에 남아 있는 사진으로 팀과 아버지가 공유하는 사진이다. 만일 이 낚시가 성공적이어서 팀이 욕구를 충족시켜 주는 사람으로 아버지를 자신의 사진첩에 되돌려 놓기 시작하면 앞으로 관계 진전에 필요한 기반이 마련된 셈이다.

만약 두세 번 함께 낚시하러 갔다 온 후 아버지와 관계가 더 돈독해지고 팀이 학교에서 전보다 공부를 더 잘하면, 집에 있는 자가용을 쓸 수 있게 하기로 부모는 결정할지도 모른다. 이 계획이나 다른 계획은 팀이 그것을 따르지 못하더라도 심하게 좌절시키지 않는 방법으로 행해져야 할 것이다. 좌절은 이를 효과적으로 다룰 수만 있다면 팀이든 다른 누구에게든 간에 귀중한 학습의 체험이 될 수 있지만, 팀이 많은 좌절을 다룰 수 있기까지는 오랜 세월이 지나야 할 것이다. 몇 주가 지난 후 팀이 곧 싫증을 내어 그 계획을 실천하지 않으려 하고 공부도 하기 싫어하면 아버지는 자가용을 다시 되돌려 받아야 한다. 그러나 그런 경우에도 팀이 자가용을 되찾으려면 어떻게 해야 하는지를 확실히 알 수 있도록 해야 한다. 팀은 참을성이 많지 못해서 만일 자가용을 너무 오래 못 쓰게 하면, 그는 '영원히' 차를 찾을 수 없다고 포기해 버리고 다시 과거의 습관으로 돌아가 아버지의 말을 듣지 않게 되며 아버지와 아들 사이는 점점 멀어질 것이다. 이런 이유 때문에 2주 정도의 적당한 시간 내에 팀이 자가용을 다시 돌려받을 수 있도록 계획을 세워야 한다. 이렇게 하기가 어렵다고 느낄 수도 있겠지만 해낼 가능성은 있다. 또한 팀은 아버지를 필요로 하며 앞으로도 계속 함께 계획을 세우는 공평한 사람으로서 아버지를 머릿속에 새길 것이다.

대체로 자녀 양육에 관해 나머지 부분에서 필자가 말하려고 하는 것은 부모가 자녀와 좋은 관계를 유지하고자 계속 노력해야 한다는 것을 전제로 한다. 이것은 16살의 팀을 비롯한 모든 연령층의 아이들에게 적용되지만 어린아이들에게 더욱 필요하다. 만일 팀의 부모가 이 장에서 제의한 선택이론을 사용했었다면, 지금 팀 때문에 고민하고 있는 문제를 사전에 예방할 수 있었을 것이다.

12~13살 이전의 아이들과 함께 지내기란 상당히 쉽다. 만일 잘 지내기가 쉽지 않다 하더라도 적어도 부모는 아직은 그들이 어리기 때문일 것이라고 생각한다. 그래서 반항이 자녀의 생활을 망칠 것이라고 걱정하지는 않는다. 자녀들이 우리가 바라는 만큼 말을 잘 듣지 않을지도 모른다. 또한 자매나 형제간에 심술궂기도 하겠지만 어디엔가 소속하려는 강한 욕구를 지니고 있기 때문에, 위험한 일을

피하고 그들의 건강을 돌보며, 학교에 가는 것 같은 중요한 일에는 아직도 부모의 말에 귀를 기울인다. 그리고 이러한 욕구를 충족시키기 위해 가장 믿을 수 있는 사람은 바로 우리들 부모인 것이다. 아이들, 매우 반항적인 아이들조차도 부모에게 의존하는 것이 당연하다고 생각한다. 그들은 우리가 얼마나 그들을 사랑하는지 알고 있으며, 우리가 그들의 버릇없는 행동도 참으며, 도움을 필요로 하면 언제나 우리들이 도와줄 것이라고 믿고 있다. 필자는 왜 우리가 자녀들을 아무런 대가 없이 무조건 사랑하는지를 말로 다 표현할 수는 없다. 그렇지만 우리가 자녀들을 그렇게 무조건 사랑하는 것을 그들도 알고 있으며 우리가 그들을 내버려두면 그들은 우리를 통제하려고 부모의 무조건적 사랑을 이용할 것이다. 그러나 그들이 우리를 통제하면 우리가 유능한 부모가 될 수 없듯이 우리가 그들을 너무 통제하면 그들도 유능한 자녀가 될 수 없다. 우리는 13년의 유예기간 동안 자녀를 효과적으로 대하는 방법을 배워야 하며 선택이론의 원리를 빨리 적용하면 할수록 자녀의 양육 과정도 더 쉬워진다. 만일 자녀가 우리를 더 이상 사랑하지 않게 되어 결국 부모가 아무리 노력해도 자녀를 통제하지 못하게 된다면, 자녀가 자기 파괴적이 될지라도 그들을 설득하기는 더욱더 어려워질 것이다. 팀의 경우 팀과 아버지의 불화가 매우 심했어도 서로가 사랑하는 마음은 다소 남아 있었기 때문에 상황은 희망적이었다.

    자녀 양육에서 부모가 직면하게 되는 주된 문제는 자녀와 어떻게 원만하게 지내면서 여전히 각자의 사진을 충족시킬 수 있느냐 하는 것이다. 항상 있는 일이지만 의견의 차이가 생길 때, 예를 들면 부모는 자녀가 숙제하기를 원하고 자녀는 텔레비전 보는 것을 원할 때 부모는 자녀보다 항상 더 불만족스러워한다. 그래서 이런 견해 차이를 해결하는 방법을 찾아내야 할 임무는 자녀들보다 부모들에게 더 많다.

그러나 우리는 힘을 얻으려는 욕구에 몰두하고 있어서 자녀와 견해 차이를 해소하는 것은 거의 생각하지 않는다. 즉 자녀를 통제하고 싶어 하는 것이다. 결국 '자녀의 유익을 위해서' 우리가 그들을 통제하는 것은 '자연스러운' 일이 아니겠는가? 자녀의 생활을 조정하지 않고 자녀가 하고 싶은 대로 혼자 하게 내버려 두라는 내용은 본장의 어느 부분에도 없다. 우리는 부모로서 역할을 포기하지 말아야 하며 아이들은 우리가 부모의 역할을 포기하는 것을 원치 않는다. 자녀가 부모를 사랑하면 부모의 통제를 받아들이긴 하지만, 하나부터 열까지 모두 통제받는 것은 원치 않는다. 거의 모든 연령의 아이들은 자신의 생활에서 옳다고 생각하는 것은 스스로 할 수 있도록 부모가 허용하기를 원한다. 문제는 통제를 하느냐 하지 않느냐가 아니다. 오히려 무엇이 합리적이며 부모가 얼마나 통제해야 하는가가 문제이다. 이 문제의 해답은 자녀가 무엇을 하고 싶어 하는가에 크게 좌우된다. 자녀가 원하는 것이 무책임하다고 생각되면 자녀의 사진을 많이 수용하기보다는 통제하는 것이 필요하다. 자전거나 버스를 타지 않고 남의 차를 그때그때 얻어 타면서 이곳저곳을 여행하길 원하는 자녀는 통제가 필요한 아이다. 그래서 자녀와 좋은 관계를 유지하는 것이 매우 중요하다는 것이다. 그래야 자녀는 자신이 원하는 것을 말할 것이고 자신이 원하는 것이 만약 부모의 판단으로 볼 때 무책임한 것이라면 부모의 통제를 어느 정도 받아들이게 될 것이다.

어떤 나이의 아이라도 자신이 하고 싶은 것을 부모가 받아들이지 않을 때 서로 좋은 관계가 유지되고 있으면, 의논하여 의견의 차이를 극복해서 서로가 받아들일 수 있도록 타협할 수 있다. 팀의 경우, 그와 아버지가 함께 낚시 가기 전까지는 타협과 절충을 할 수 없을 정도로 상황이 악화 일로를 걸었다. 젊은이에서 노인에 이르기까지 우리 모두는 힘에 대한 강한 욕구를 지니고 있다. 그래서 타협과 절충을 부모와 자녀가 이 욕구를 충족시키며 서로가 같이 잘 지낼 수 있는 유일한 방법이 된다. 우리가 자녀를 양육할 때 겪게 되는 온갖 어려움은 우리가 원하는 대로 자녀가 행동하지 않을 경우 (또는 자녀가 원하는 대로 우리가 행동하지 않을 경우), 타협과 절충이 우리가 하는 행동 중에서 유일하게 효과적인 방법이라는 것을 이해하지 못할 때 생긴다. 자녀가 원하는 것에 개의치 않고 타협하지 않으며 부모가 원하는 사진대로 행하도록 강요하는 부모는 언제나 통제를 하려고 화내거나 너무 잘해 주는 자신을 발견하게 된다. 부모를 사랑하는 아이는 둘 사이의 차이점을 토로할 시간을 가지면 언제나 타협을 통하여 합리적인 통제를 받아들인다. 곧 부모가 무엇을 원하는지, 왜 원하는지를 자녀에게 설명해 주는 것이다. 그리고 자녀가 왜 그것을 원하는지 그 이유를 관심을 갖고 듣는다. 그러나 그들은 타협이나 절충을 하지 않는 권위적인 사람에 대해서는 몹시 저항할 것이다.

우리 모두처럼 아이들도 자신의 사진을 충족시키려고 할 것이다. 또한 타협과 절충을 하지 않으려는 부모와 싸워야 한다면 그들 역시 타협하지 않으려고 할 것이다. 앞에 설명한 대로 이런 싸움은 직접적으로 화 내는 형태로 나타날지도 모른다. 그러나 자녀는 부모에 비해 실질적인 힘이 거의 없기 때문에 싸움에서 후퇴, 우울, 반항, 정신신체질환 그리고 마약 복용 등과 같은 훨씬 더 간접적인 형태를 취하는 것이 보통이다. 팀이 스스로를 충족시키려고 선택한 것은, 자녀가 원하는 것을 알려고 하지 않고 둘 사이의 차이점에 대해서 타협하는 데 시간을 들이지 않는 부모를 갖게 되는 아이들의 전형이다.

성공적인 부모 노릇은 복잡하지만, 우리가 자녀를 다루는 방법을 다음과 같은 기본적인 원칙으로 단순화함으로써 그 복잡함에서 어느 정도 벗어날 수 있다.

"자녀가 자신의 생활을 효과적으로 통제할 수 있도록 가능한 한 열심히 가르치고, 보여주고, 도와주려고 노력하시오."

이것은 자녀가 통제력을 상실하게 될 원인이 되는 어떠한 일도 결코 하지 말아야 한다는 것을 의미한다. 성장하면서 자녀가 선택하는 모든 무책임한 행동은 그들의 생활에 대한 통제력을 회복하려는 노력이다. 이런 통제력의 상실에 대해 그들이 부모를 원망하면, 옳든지 그르든지 이것은 자녀가 자주 취하는 태도이지만, 자녀와 부모의 관계는 상처를 입게 되며 나아가 더 많은 통제력을 상실하는 원인이 된다. 팀은 학교 성적이 나빠지자 통제력을 잃었다. 그러나 부모가 성적이 나빠진 것에 대해 야단을 치자 자신의 책임을 회피하려고 부모에게 책임을 돌리고 자신의 부적절함을 받아들이려 하지 않았다.

그가 약물을 복용하고 음악을 들으려고 방에 파묻히는 등의 행동은 통제력을 되찾으려는 자기 파괴적인 방법이었다. 자녀가 태어날 때부터 부모가 해주어야 할 일은 자녀가 자신의 생활을 효과적으로 통제하도록 도와주어야 하는 것임을 기억한다면, 이런 일은 일어나지 않을 것이다. 16살인 팀이 자기 생활을 효과적으로 통제하지 못한 것은 부모가 팀을 양육한 방법 때문이었다.

우리가 자녀를 양육할 때 알아두어야만 하는 것은, 그들이 자신의 생활을 잘 통제할 수 있도록 도와주기 위해 네 가지 명백하고 이해하기 쉬운 절차를 우리 모두 다 적용하고 있다는 사실이다. 단순하든 복잡하든 간에 우리가 자녀와 함께하는 모든 일이 다음의 간단하고 뚜렷한 절차와 관련이 있다고 볼 수 있다. 당신이 쉽게 할 수 있는 이 과정을 일단 배우고 나면 대체로 효과적인 방법을 사용하게 될 것이고, 현재 사용하고 있는 비효과적인 방법은 최소한으로 줄일 것이다. 이 네 가지 절차는 다음과 같다.

아이를 위해서 행하기(Doing things for them): 어릴 때는 먹이고 입히며 양육하나 점점 커지면서 자녀 양육 문제에서 의견을 제시할 수 있도록 허용하기(주: business-부모 역할이라는 뜻)

아이에게 행하기(Doing things to them): 예를 들어 자녀들이 부모가 원하는 대로 하지 않으면, 어려서는 벌을 주지만 자라서는 자녀들의 문제에 직접 관여하지 않는다.

아이와 함께 행하기(Doing things with them): 예를 들어 어려서는 같이 놀아 주지만, 자라서는 스포츠나 음악과 같은 상호 관심사에 대해 이야기한다.

아이를 혼자 내버려 두기(Leaving them alone): 예를 들어 2살 경에는 자녀들이 짜증내며 울어도 그대로 내버려 두지만, 18살이 되어 독립하겠다고 말하면 자녀에게 잘되기를 바란다고만 말하고 친밀한 관계를 유지하려는 계획을 세운다.

필자는 많은 부모들이 자녀가 성장해서 그들의 생활을 스스로 통제하기를 바라면서도 자녀를 지나치게 돌봐 주려 한다고 생각한다. 이러한 사실은 특히 자녀들이 어릴 때 나타난다. 즉 혼자 걷거나 옷을 입을 수 있을 때에도 안아 주며 옷을 입혀 준다. 이렇듯 안아 주고 옷을 입혀 주는 것은 아이를 사랑하기 때문이며, 또한 아이 스스로 하기를 기다리는 것보다 해주는 것이 더 쉽고 빠르기 때문이다. 그러나 그들을 위해 많은 것을 돌봐 주고 해주는 또 다른 이유는 자녀를 통제하기 위해서이다. 부모는 자녀들이 부모가 해주는 것에 감사하며, 성장함에 따라 부모가 원하는 것에 관심을 가질 것을 기대한다. 또한 부모가 원하는 대로 자녀가 하지 않았을 때는 고함을 치거나 심하게 벌을 주면서 그들을 너무 엄하게 대한다.

우리가 자녀를 '위해서', 또는 그들에게 무엇인가를 '해주기 위해서' 어떤 일을 하는 것이 아니라, 순수하게 '함께 있어 주기' 위해서만 하는 일을 우리는 충분하게 하지 않는다. 예를 들어 서로가 함께 나가고 싶어서 산책을 하지만 자녀가 피곤하다고 불평하면 집까지 안아다 준다. 그러고 나서 부모는 자녀를 안아 줘서 피곤해졌기에 자녀가 너무 지쳐서 걸을 수 없다고 불평했을 때 안아주기로 결정한 것 때문에 자녀에게 소리를 지를 지도 모른다. 처음에는 선의로 자녀와 함께하는 일을 시작했으나 자녀를 위해서 하는 일과 자녀에게 행하는 일로 인해 관계가 나빠지게 되었다. 가령 우리가 더 참아서 휴식을 취하고 자녀가 천천히 걷더라도 스스로 걷게 했더라면 우리는 자녀에게 고함을 치지 않았을 것이다. 또한 자녀가 너무 피곤해서 통제력을 잃어버릴 때까지 멀리 걷지 않도록 현명했어야 했다.

아이들은 부모를 필요로 한다. 또한 우리와의 교제, 가르침, 사랑, 그리고 지원을 필요로 한다. 아이들은 우리의 현재 상태와 우리의 도움과 안내에 의지할 수 있다는 것을 알 필요가 있다. 그러나 그들은 우리를 항상 필요로 하지는 않는다. 우리는 언제나 자녀들이 몇 살이 되든지 간에 그대로 그들을 내버려 두지 않으려 한다.

예를 들어 비가 오는 날 자녀들이 스스로 즐겁게 노는 방법을 충분히 알고 있음에도 그들이 불평을 하자마자 부모는 자녀를 위해서 자녀에게 활동을 시작한다. 우리는 너무 자주 자녀들과 같이 놀다가 곧 싫증을 내고 그만두며 우리를 내버려 두라고 자녀에게 요청한다. 처음부터 자녀 스스로 무엇을 할 것인지 깨닫게 혼자 내버려 두면 부모와 자녀 사이가 좋은 관계를 유지하게 된다. 많은 경우 우리는 자녀에게 게임을 스스로 하게 하지 않고 개입해 왔다. 어른들의 욕구가 아이들의 욕구만큼이나, 또는 그 이상으로 충족되고 있는 리틀 리그와 같은 활동은 아이들에게 그들 자신이 아닌 다른 이들에게 의존하도록 가르치며, 그들은 놀이에서조차 거의 힘을 갖지 못한다. 그래서 게임은 좌절감만 맛보게 하므로 배워야만 할 좋은 학습 경험이 되지 못한다. 아이들이 배운 것은 자신이 직접 통제력을 얻는 것이 아니라, 통제력을 잃어버렸기 때문에 어른들이 모든 주요 결정을 내려주게 된다는 것이다. 그러므로 아이들이 나이가 들어 결정을 해야 할 때에는 어떻게 결정해야 할지를 모른다.

팀도 어렸을 때에는 '착한' 소년이었다. 지금의 '말썽'도 열네 살이 되어서야 시작되었다. 팀이 어렸을 때 부모가 그를 위해서 그에게 너무 많이 해주었던 것이 아마도 지금 팀이 하는 행동의 원인이 되었을 것이다. 부모는 자신의 생각을 너무 많이 팀에게 강요하였고, 그는 그것이 쉽고 대체로 만족스러웠기 때문에 하라는 대로 하고 규칙을 따랐다. 비록 언제나 만족하지는 않았더라도 부모가 팀을 위해 많이 해주었기 때문에 그렇게 하였다. 초등학교에서 하는 쉬운 공부에 뒤떨어지면 부모는 심하게 꾸지람을 하면서 도와주었다. 비싼 자전거를 사달라고 하면 이 '착한' 소년을 위해 사주었다. '착한' 소년이었지만 부모가 너무 해주었기 때문에 그는 자신을 통제하지 못하고 그 대신 부모가 그의 생활을 통제하였다.

어려서부터 지나치게 그를 위해 주었기 때문에 고등학교에 진학해서도 자신을 위해 스스로 해야 하는 많은 신중한 임무에 준비가 되어 있지 못했다. 자신이 없고 준비가 잘되어 있지 않아서 그는 공부를 거의 하지 않았고 걱정이 된 부모는 그에게 더욱 열심히 공부하라고 강요하였다. 이제 부모는 그를 위해 하던 일을 멈추고 그에게 더 많은 일을 하도록 하기 시작했다. 팀이 어렸을 때 그를 위해 일을 해줌으로써 쉽게 통제했던 것처럼 통제하려고, 큰소리치고 위협하고 제지하였다. 부모는 팀의 내부에서 일어나고 있는 강한 사회적, 성적 욕구를 충족하도록 그를 도와주기에는 힘이 없었다. 이와 같이 행동함으로써 부모가 얻은 모든 것은, 팀이 위촉 행동을 택해 자신의 머릿속에서 부모를 지워버리려고 한 것이다. 우리는 자신에게 어떤 일을 하도록 하는 사람들의 사진을 보관하지 않는다.

고등학교에서 요구하는 학습 능력에 따라갈 수 없어서 낙제한 자신을 알았을 때, 이제 팀은 더 이상 노력하는 척조차 하지 않았다. 그리고 부모가 용돈도 주지 않았기 때문에 돈으로 살 수 있는 작은 통제조차 잃어버리게 되었다. 이제 팀 자신의 생활을 통제하기 위해 열심히 공부하라는 요구도 자신을 위해서라기보다는 부모를 위한 것이라고 팀은 합리화하였다. 그는 대수나 대학 예비영어는 필요하지 않으며, 선생님은 자신을 싫어하며, 약물을 복용하는 '사람'과 음악(테이프와 레코드를 듣는)과 친구(자신과 같은)가 그가 관심을 가진 전부라고 강하게 토로했다. 그가 하려 했던 것은 전에 하였던 무미건조한 행동으로 자신의 생활을 다시 통제해 보려는 것이었다. 부모가 심하게 억압하기 시작했을 때, 그것은 마치 몹시 절룩거리는 말을 때리는 것 같았으며, 3장에서 진술한 어려움은 고등학교에 입학한 지 약 1년 반 후에 시작되었다.

이런 보편적인 문제를 피하려면 부모는 자녀가 어릴 때부터 자기 삶을 통제하는 방법을 가르쳐 주어야 한다. 그리고 그렇게 하려면 팀의 부모가 했던 것같이 해서는 안된다. 그런 행동은 부모가 옳다고 생각한 것을 하게 하려고 잘못된 방법으로 지나치게 자녀를 위하고 강요했기 때문이다. 심지어 유아일지라도 억압하거나 강요하지 않고 할 수 있는 범위 내에서는 그들 스스로 할 수 있도록 주의를 기울여야 한다. 유아가 잠시 동안이라도 스스로 세상에 대해 대처해 나갈 수 있도록 간섭하지 말아야 하며, 그것은 아이가 요람에 누워 있는 때부터 시작하여 그런 시간을 점차 늘려 나가야 한다.

예를 들어 아기에게 젖을 먹여 주고, 안아 주고, 깨끗이 씻어 주고, 같이 놀아 주고, 그러고도 보채면 혼자 내버려 두는 것이 최선이 될지도 모른다. 심지어 몇 개월만 되도 아기는 부모를 통제하려고 자신의 힘을 점검해 볼지도 모른다. 아기가 울거나 칭얼거림으로써 통제력을 갖는다면, 자신이 불쾌할 때 울 수 있고 고통을 택함으로써 부모를 통제할 수 있으며, 부모에게서 자신을 위해 행동을 하도록 할 수 있다는 것을 금세 배울 것이다. 그러나 아기 스스로 하는 것을 배우지는 못한다. 많은 보호를 받아 온 아기가 매우 피곤한 기색이 뚜렷한데(당신이 아기를 위해 대신 잠잘 수 없듯이) 더 이상 아무런 도움도 줄 수 없을 때 그냥 내버려 둔다는 것은 당신이 잔인하다기보다는 오히려 아기를 사랑하는 것이 된다. 아기가 자기 스스로 해야 한다고 깨달았을 때, 잠시 동안은 크게 울겠지만 곧 진정하고 사소한 생각이나 장난감을 가지고 혼자서 졸며 당신에게 전혀 고통을 주지 않고 잠자리에 드는 것을 매우 빨리 배우게 된다. 유아기일지라도 우리가 태어나면서 가지는 분노를 대신 할 수 있는 다른 선택을 쉽게 배울 수 있다.

가히 세계적 수준의 게으름뱅이인 매력적이고 사랑스러운 여덟 살의 소년을 보기로 하자. 그는 아침에 잠이 덜 깨어 주변을 돌아다니고, 온 가족이 그가 학교에 갈 준비를 대신 해준다. 매일 아침 가족들은 그에게 다짐도 해보고 호소도 해보지만 결국 그에게 화를 냄으로써 그는 완전한 통제 상태에 있게 된다. 부모는 다른 면에서는 그와 매우 사이가 좋기에 이런 악화된 상태를 다루고자 그가 지금 누리고 있는 방과 후의 특혜를 대가로 해서 아침에 스스로 학교에 갈 준비를 하도록 협의해야 한다. 이런 이야기는 온 가족이 편안하게 지내는 저녁식사 후에 하고, 그가 아침에 스스로 준비하지 않으면 지금 누리고 있는 특혜의 많은 부분을 잃는다는 것을 납득할 때까지 포기하지 말고 협의해야 한다. 계획을 글로 써서 그의 방에 걸어 두는 것도 좋을 것이다.

그러고 나서도 그가 학교 갈 준비를 하지 않은 날에는 과외활동이나 축구, 친구와 노는 등의 방과 후에 누리는 특혜를 줄여야 한다. 그가 노력만 하면 처음 몇 번은 아침에 그를 조금 도와주어 가혹하게 하지는 않는다. 그가 불평을 하면, 그가 잘 실행만 하면 방과 후 누리는 그의 모든 특혜를 누릴 수 있다고 자세히 설명해 주어야 한다. 아침에 그가 할 일은 학교 갈 준비를 하는 것이 전부이고, 그렇게 하는 것이 스스로 자신을 통제하게 되는 것이다. 그가 이렇게 하기만 하면 충분한 사랑과 칭찬을 받으며 곧 이 문제는 해결될 것이다.

팀이 어렸을 때는 부모가 팀이 해주기를 원하는 것, 말하자면 잠자는 것, 아침에 일어나는 것, 부모 마음에 드는 친구들과 놀 것을 팀에게 촉구하였다. 그럼에도 팀은 이런 압도적인 부모의 통제 때문에 괴로워하지 않았다. 사실 그의 부모는 팀에게 따뜻했고 사랑을 주었기에 잘 지낼 수가 있었다. 그 결과 부모가 선택해 준 활동은 대부분 참석하였다. 부모들은 조금도 가혹하지 않았고, 그들이 팀에게 원하는 대부분의 일들이 타당하고 재미있다고 생각했기 때문에 협조하는 것이 쉬웠다. 그러나 대여섯 살 때에 팀은 협조하는 것뿐만 아니라 스스로 행동하는 것(곧 부모가 아닌 자신이 원하는 것을 얻으려고 그 스스로 결정해야 하는 것)도 배웠어야만 했다. 그리고 그의 나이에 알맞게 어떤 결정을 내리고 실천하도록 그를 내버려 두었어야만 했다.

예를 들어 팀이 6살 때 여름에 생긴 일인데 밖에서 놀다가 점심 먹으러 집에 들어가기가 싫었다. 그는 3시가 다 되어서야 허기가 져서 나타났고 엄마는 그에게 점심을 많이 먹게 했다. 그런 후 너무 배가 불러 저녁 먹기가 곤란했다. 어떤 부모도 자녀에게 먹을 것을 강요해서는 안된다. 그래서 팀이 어머니와 누나가 식사할 때 오지 않으면, 어머니는 팀이 스스로 점심을 차려 먹도록 해야 했었다. 어머니는 팀에게 음식이 어디에 있는지 가르쳐 주고 혼자서 먹고 나면 설거지도 해야 한다는 것을 가르쳐 주었어야 했다. 어떻게 하든지 선택은 팀에게 있었으니, 팀이 무엇을 택하였다 해도 그것은 그의 결정이었고 스스로 그것을 결정하도록 해야 했다. 만일 그가 며칠 간 점심을 먹지 않았다 해도, 그의 부모는 걱정하지 않았어야 했다. 팀과 같은 남자 아이들은 때때로 끼니를 걸러도 영양실조에 걸릴 위험은 없다.

팀이 10살 때 값비싼 전축을 사 달라고 했다. 전축을 사주는 대신 집 주변의 몇 가지 일을 도와주는 것도 그와 협의했어야 했다. 또한 전축의 소리를 어느 정도로 크게 할 수 있으며 밤에는 몇 시에 꺼야 하고 아침에는 몇 시부터 켤 수 있는지도 토의했어야 했다. 만일 규칙을 지키지 않으면 책임감 있게 전축을 다룰 수 있는 계획을 세울 때까지 압수했어야 했다.

필자는 자녀를 위해서 무엇을 해주거나 지시하지 않는 것이 얼마나 나은 일인지 사례를 더 제시할 필요가 없다고 생각한다.

만약 우리가 혼자서 해보거나 자신의 뜻을 무리하게 강요하지 않는 누군가와 일을 같이 해보지 않으면 효과적인 행동을 배울 수 없게 된다는 사실을 수용한다면, 당신은 이 문제를 자녀와 함께 해결할 수 있다.

우리는 오직 책임을 지는 경우에만 책임감을 배우게 되며 자녀가 자신이 원하는 것을 얻으려면 세상을 헤쳐나갈 필요가 있다. 만일 자녀가 곤경에 처하면 부모가 개입하기 전에 그들이 합리적인 결과를 겪도록 해야 한다. 만일 그 결과가 자녀들이 생각한 대로가 아니라면 그들이 자신을 도울 수 있도록 도와주고 그 상황에 맞는 한도 내에서 직접적인 도움을 거의 주지 말아야 한다.

12살 된 딸이 몇몇 이웃 사람들에게 하루에 3시간 정도 그들의 아이들을 돌봐 주겠다고 약속하고 또한 이 약속을 지킬 것을 이웃들이 기대한다고 가정해 보라. 이때 딸의 친구네 가족이 2주 동안 캠핑을 같이 가자고 해서 당신에게 자기가 가도 좋으냐고 물었다. 딸에게 아이들을 돌보는 일은 어떻게 하겠냐고 묻자, 그녀는 당신이 이웃에 가서 난처한 사정을 말해 달라고 부탁한다. 딸이 착하기 때문에 당신이 대신 이야기해 주거나 이 일이 갑자기 생겼으므로 딸을 대신해 일할 사람을 찾고 싶어질 것이다. 그러나 당신이 해야 할 일은 딸 스스로 이 상황을 처리하도록 하는 것이다. 만일 딸이 그냥 캠핑을 떠나 버려서 일을 그르치게 한다면 당신은 이웃 사람에게 말해서 딸이 돌아온 후에 그녀가 직접 말하도록 해야 한다. 이웃 사람들에게 당신을 봐서라도 그렇게 해 달라고 부탁하라. 그리고 이웃 사람이 당신에게 딸을 보내지 말았어야 했다고 불평하면 아이를 돌보기로 한 약속은 딸이 했지 당신이 한 것이 아니라고 말해야 한다. 이것은 힘들고 어려운 학습 경험이며, 그녀가 이 상황을 어떻게 다루든지 간에 그녀 스스로 처리하게 되면 매우 많은 것을 배우게 될 것이다.

자녀와 부모의 관계에서 그들을 따뜻하고 정이 있을 뿐 아니라 유능하고 강하게 키우려면 부모가 자녀와 같이하는 과정이 많아야 한다. 즉 자녀와 많은 것을 함께 하는 것이다. 자녀를 안아 주고 키스해 주고 그들과 함께 충분히 이야기할수록 좋다. 그리고 자녀와 같이 놀며 가르쳐 주고 특히 자녀의 의견이 우리와 다를 때라도 그들이 책임감 있게 계획을 실천하도록 도와주어야 한다. 16살 때 내 딸이 일본인과 약 2년간 펜팔을 한 적이 있었는데, 일본인 친구가 자기를 일본에 오라고 초청해서 가고 싶다고 했었다. 이것은 우리의 머릿속에 있는 사진이 분명 아니었다. 그렇지만 우리는 그녀가 모든 세부적인 계획을 세우고 복잡한 외교적 절차를 끝마친다면 여행에 드는 비용을 도와주겠다고 밀했다. 조언은 해주었지만 혼자서 모든 준비를 해야 했다. 딸은 혼자 힘으로 잘 해냈고 복잡한 상황을 잘 통제해 나갔으며 이것은 그녀에게 훌륭한 학습 경험이 되었다.

소속의 강한 욕구를 충족시키고자 자녀들에게 같이 놀 친구(그들 자신의)를 스스로 찾도록 북돋워 주어야 한다. 5살경에 스스로 친구를 찾아 노는 것은(놀 다른 아이들이 있다고 가정하면) 나중에 자녀가 10대가 되었을 때 겪게 되는 복잡한 사회적 상황에 대처하는 데 도움이 되는 구체적 실습이 된다. 자녀가 친구를 사귈 때 부모는 그 친구를 수용하는 데 주의를 기울여야 한다. 만일 사귀는 친구가 바람직하지 않을 때 그것에 대해 말을 하는 것은 좋지만 너무 많이 간섭을 하진 말아야 한다. 그러지 않으면 그들은 아주 미묘하고 중요한 영역에서 통제력을 잃게 될 것이다. 친구를 다루는 방법은 매우 어려운데 부모가 가르치는 것이 가능하긴 하나 어른이 간섭하지 않는다면 보통은 매우 쉽게 배운다.

자녀가 자신이 가족관계에 기여한다는 것을 알 수 있는 간단한 작업을 그들과 함께하는 것 또한 가치 있는 일이다. 이것은 자녀가 효율적으로 되는 것을 도와주는 방식으로 그들의 힘에 대한 욕구를 충족시켜 준다. 어린 형제자매를 도와주는 일은 뜰 안의 일이나 집에 페인트 칠을 하는 등의 비중 있는 계획에 착수하는 것만큼 가치 있다. 자녀와 함께 일할 때에는 인내심을 가져야 하며 재촉하지 말아야 한다. 자녀에게 가르쳐 주고 시범을 보여 주고, 자기가 맡은 것을 하도록 해야 한다. 그러면 자녀는 힘과 자신감을 얻게 된다.

아이를 특히 강하게 키우려면 학교의 창의적이고 경쟁적인 일에 참여하도록 해야 한다. 이런 일은 작업과 규율을 요하지만 일부 고도로 조직화된 아이들의 운동경기처럼 어른이 좌우하지 못한다. 음악, 무용, 미술, 목공, 자동차 수리, 수영, 모형 만들기, 컴퓨터 프로그래밍, 전자공학 등이 그 예이다. 이런 활동의 공통점은 아이 자신의 창의성에 기여할 수 있는, 도전적이며 일상적이 아닌 활동을 할 때 얻을 수 있는 만족을 아이가 경험하도록 도와주는 데 있다. 자녀가 혼자 힘으로 이것을 해낼 수 있거나 또는 부모의 깊은 관심이 섞인 도움을 가끔 받을 때 창의성은 더욱 강해진다.

우리 내면에 항상 잠재되어 있는 선천적인 창의성을 경험하게 하는 활동보다 더 우리의 동기를 유발시키는 것은 없다. 악기를 다루는 것 같은 취미나 비경쟁적인 활동을 강요 때문에 하는 것이 아니라 스스로 원해서 한다면 훌륭한 동기 유발이 되는데, 그 이유는 이런 활동을 하는 조용한 시간에 우리가 창의적인 순간을 경험하기 때문이다. 아이가 자신의 창의성을 경험하면 할수록 더욱 그것에 의지해 악기 다루는 것을 배우게 된다. 이렇게 함으로써 생활을 효과적으로 통제하고자 우리가 갖게 되는 강한 힘 가운데 하나에 친숙해진다(이 문제는 창의적인 통제력과 시간에 대해 논할 20장에서 설명하게 될 것이다). 팀은 여기에 잠시 손을 댔을 뿐 끝까지 따르지는 않았으며, 현재 팀의 최대 관심사는 마리화나를 구입하고 록 음악을 듣는 것이다.

팀의 생활에서 부족했던 것은 일을 성취함으로써 얻게 되는 자신감이었다. 그가 어렸을 때에는 착한 일을 함으로써 부모와 그는 당시에 원했던 많은 것을 얻을 수 있었다. 착한 일을 할 때 생기는 문제는 그것이 너무 하기 쉽다는 것이다. 도전할 만한 것도 없고, 창의적인 것은 전혀 없으므로 간단한 몇 가지 가정 내의 규칙을 따르기만 하면 보살핌을 받게 된다. 그러나 착한 것은, 당신이 착하지 않으면 부모가 당신에게 어떤 일을 하게 하고 당신이 착하다면 당신의 부모가 당신을 위해 어떤 일을 하는 것을 의미하므로, 자녀가 성장함에 따라 그런 착한 일은 효과적이지 못하다. 이것은 당신이 16살일 때 사람들이 당신을 위해 록을 해주는 것만으로 당신이 원하는 것을 얻을 수 없기 때문이다. 단지 착한 일을 하는 것만으로 고등학생으로서 또는 성인으로서 성공할 수는 없다. 당신은 일을 해야만 한다. 열심히 일하는 젊은이들이 당신을 게으르다고 생각하면 당신은 그들과 친구가 될 수 없다. 그래서 당신은 자신과 같이 건설적인 일에 거의 무관심한 친구들과 어울리게 된다. 즐거움을 얻으려고 당신은 단체 운동경기나 취미 같은 적극적이고 능동적인 활동을 거의 하지 않고, 마약이나 록 음악 같은 수동적인 쾌락에 더 의지하게 된다. 이것은 능동적인 젊은이들이 마약을 사용하지 않고 록 음악을 듣지 않는다는 것이 아니라 이런 것에 의지하지 않는다는 것으로 여기에는 커다란 차이가 있다.

어떤 면에서 보면 팀은 부모를 못 견디게 만들었지만 여전히 착했다. 그는 어렸을 적에 하던 대로 아무것도 하지 않으면서 집 안을 서성거렸지만, 지금 이 행동은 좋기는커녕 나쁜 행동이다. 그러나 우리가 어떻게 해야 할지 방법을 알지 못하고 우리 머릿속에 충족시키고자 하는 성취감의 사진을 가지고 있지 않다면 더 이상 아무것도 할 수 없다. 만일 우리가 자신의 힘으로 스스로 일하지 않는다면 머릿속에 어떠한 좋은 사진도 지니지 못하게 될 것이다. 팀이 부모와 더 많은 관계를 갖게 됨에 따라 결국 부모는 그에게 또는 그를 위해 일하지 않고 그와 함께 일하는 것을 배웠다. 그리하여 팀은 6살에 배웠어야 했던 것을 16살에야 비로소 배우기 시작했다. 팀은 그것을 할 수는 있으나 이미 너무 뒤떨어진 것이다. 팀과 같은 경우에 어떤 아이들은 결코 뒤따라가지 못한다. 그들은 결혼하여 지나치게 과음을 하는 반면 그의 아내는 대부분의 알코올 중독자의 아내가 하듯이 아이들에게 그리고 아이들을 위해 지나치게 일을 해주나, 아이들과는 아무것도 함께 하지 않는 부모들의 실수를 반복하게 된다.

부모는 자녀가 자신의 욕구를 충족시키는 방법을 알지 못하고 태어난다는 것을 알 필요가 있다. 자녀는 많이 배워야 하며 그렇지 못하면 자기 생활을 효과적으로 통제하지 못하게 될 것이다. 부모들이 그들을 위해 많은 것을 해주면 거의 아무것도 배우지 못한다. 아이들은 자신들과 함께하고, 그들 스스로 자신을 위해 일하도록 격려해 주는 부모에게 많은 것을 배운다. 선천적인 지시에 따라 동물이 어린 새끼가 충분히 해낼 수 있다고 알게 되면 자진하여 어린 새끼를 내던져 버리는 것은 결코 우연이 아니다. 스스로 살아 나가는 것을 배우지 못한 동물은 생존할 수 없기에 결함이 많은 열등한 새끼는 살아 남지 못할 것이다.

동물과 달리 사람은 많은 것을 그들을 위해서 해주지 않으면 생존할 수 없을 정도로 어려서는 너무 무력하기에 혼자 내버려 둘 수 없다. 그러나 성숙해 가면서 돌보아 주는 것은 줄이고, 돌봐주던 것을 함께하는 것으로 그리고 그 후에는 혼자하게 내버려 두어야 한다. 효율적인 부모는 자녀가 혼자 힘으로 성취한 것을 기뻐한다. 반면에 비효율적인 부모는 성인이 될 자녀가 스스로 하는 것을 배우지 못해서 부모가 해주어야 한다는 것을 깨닫고 우울해하며 자녀에게 화를 내곤 한다.

효율적인 자녀로 성장시키려면, 우리는 우리의 머릿속에 있는 사진에 집착하지 말고 자녀들이 성인으로서 갖추어야 하는 구체적인 사진을 갖도록 최선의 노력을 해야 한다. 우리는 자녀에 대해 학교에서 열심히 공부하고, 집안일을 도와주고, 자기 소지품을 소중히 하고, 자신에게 우호적인 사람들과 다정하고 친절하게 지내고, 만족스럽고 책임 있는 어떤 일을 이해하고 혼자 힘으로 하는 대체로 짧은 단위의 사진을 머릿속에 가져야 한다. 부모·자녀 간에 의견의 차이가 있을 때, 자녀는 부모에게 기꺼이 말할 수 있어야 하고, 양쪽이 다 만족하는 방법으로 타협해야 한다. 만일 우리 자녀가 이런 일반적인 사진을 충족시켜 준다면 자녀가 자신의 생활을 하는 데 무엇을 결정하든지 간에 우리는 수용할 수 있을 것이며, 만일 수용이 되지 않으면 자녀들은 부모와 기꺼이 타협하려고 들 것이다.

그러나 필자가 제의한 모든 것을 우리가 한다 해도 자녀가 성장해 가면서 규칙을 어겨 우리가 그것에 대해 뭔가를 하도록 도전할 때가 많을 것이다.

이때 우리가 통상적으로 하는 것은 '처벌' 또는 '훈육'으로 불리지만 선택이론에서는 이들이 같지 않다고 설명한다. 훈육은 효과적이지만 처벌은 비효과적이므로 둘의 차이는 뚜렷하다. 선택이론의 방식에서 훈육은 언제나 자녀와 타협을 통해서 타당한 규칙을 지키도록 가르치는 것으로 시작한다. 자극 – 반응 방식인 처벌은 규칙을 지키도록 강요하고 심지어 타당하지 않은 규칙이라도 자녀가 따르지 않으면 고통을 주어 규칙을 지키도록 강요하는 것이다.(타당한 규칙은 부모와 관계가 좋은 자녀가 거의 반항하지 않고 따르는 규칙으로 정의되고, 타당하지 않은 규칙은 보통 부모의 말을 잘 따르는 아이조차 강하게 반대하는 규칙으로 정의된다.)

훈육에는 자녀가 기꺼이 타협하려고 할 때까지 자유나 특권을 박탈하는 제재가 포함되어 있다. 그러나 구타하거나 오랫동안 고함치거나 비난 또는 빈정거리며 공격하는 일반적인 처벌을 사용하지 않는다. 훈육이 규칙을 어기고 타협하길 거부한 아이가 몇 가지 가벼운 고통을 겪어야 한다는 의미에서는 처벌과 유사하게 보일 것이다.

그러나 처벌과 달리 훈육은 아이가 그 상황에 대한 약간의 통제력을 가지고 있다. 아이가 자신의 방에 보내지거나 특권을 잃게 될 때, 아이는 남은 시간 내내 텔레비전을 보지 못하는 것 같은 벌을 받지 않는다. 그것은 단지 그가 규칙을 지키려는 방법을 실천하도록 동의하는 데 걸리는 시간 동안만이다.

처벌은 규칙을 어긴 사람이 고통스러웠던 과거 경험을 잊지 않고 기억해서 규칙을 따를 것이라는 희망에서 육체적 · 정신적 고통을 가하는 것이다. 일단 고통을 주면 아이는 피할 도리 없이 처벌을 받게 되는 것이다. 처벌을 받은 아이는 힘과 자기 통제력의 상실을 심하게 느끼며, 고통스럽고 자기 파괴적인 수치심을 선택하여 심한 상실감에 대처하려고 한다. 처벌에는 가르치거나 타협하는 과정이 없는 것이 보통이며, 과정의 일부로서 규칙을 이해시키려고도 하지 않는다. 처벌을 받은 아이가 규칙을 어겨서 얻은 것이 그런 고통을 받을 만한 가치가 있는 것이라고 생각하면 그때 처벌은 비효과적인 것이다. 처벌에서 가장 큰 결함은 규칙을 어기는 사람이 자신의 머릿속에 있는 사진을 충족시키려 한다는 사실을 전혀 고려하지 않는다는 것이다. 훈육과 달리 처벌에는 규칙 안에서도 또 다른 사진이나 더 좋은 행동이 있다는 것을 가르치는 과정이 전혀 없다.

처벌은 아직까지 모든 인간의 통제 과정에 가장 광범위하게 사용되고 있다. 그러나 처벌받은 많은 아이와 어른이 계속 통제력을 잃게 된다는 사실은 이 전통적인 자극-반응 절차가 비효과적이라는 슬픈 증거가 된다. 처벌적이고 초만원인 감옥보다 뚜렷하게 처벌의 실패가 나타나는 곳은 없는데, 사람들은 형무소에 들어갈 때보다 출옥

할 때 생활의 통제력을 더 잃게 된다. 다른 한편으로 만일 보호관찰관이 훈련을 잘 받고 지금과 같이 과중한 업무만 덜게 된다면 보호관찰은 거의 언제나 효과가 있는 훈육 절차이다. 선택이론이 실시되는 사회에서는 극히 위험한 사람만이(불행히도 아직 많은 사람들이) 여기 속한다. 감옥에 가고 나머지는 엄격하지만 창의적인 보호관찰을 받게 되어 그들은 자신의 생활에 대해 통제력을 회복하는 법을 배우게 될 것이다.

결국 어떤 아이라도 처벌해서는 안 된다는 것이 선택이론의 제안이다. 자기가 규칙을 어겼다는 것을 이해할 수 없는 2살 반 이하의 매우 어린 아이를 다룰 때는, 단호하지만 고통을 주지 않는 방식으로 제한하는 것이 현명하다. 예를 들어 가스를 켜거나 동생을 꼬집었을 때는 '안 돼' 하고 단호한 어조로 타이르면 된다. 만약 그 어린 아이가 당신을 좋아한다면 강하게 안 된다고 제한하는 것만으로도 충분하다. 규칙을 어겼다는 것을 알 정도인 3살 된 아이가 관심을 끌고자 자기가 하겠다고 고집 피우다가 우유를 엎지르면, 아이에게 엎지른 것을 말끔히 닦아야 한다고 말해야 한다. 아이가 치우는 데 시간이 걸리는 것이 답답하고 귀찮더라도 대신 닦아 주거나 고함을 치는 것보다는 훨씬 더 낫다. 아이가 치우지 않겠다고 하면 닦아야겠다고 결심할 때까지 자기 방에 가 있도록 해야 한다. 아이는 서투르니까 다시 엎지르지 않게 커다란 잔에 반쯤 우유를 따라 주어야 한다. 그러나 사고로 우유를 엎지르더라도 어머니가 하지 말고 아이가 닦도록 해야 한다.

여덟 살 된 딸이 저녁을 먹으러 집에 오지 않아서 당신이 아이를 찾으러 이웃집을 찾아 헤매야 한다고 하자. 아이는 집에 와야 한다는 것을 잘 알고 있다. 그래서 당신은 다시는 이런 일이 일어나지 않도록 하려고 아이가 해야 할 행동을 가르쳐 주기 위해 말한다. 이 타협 과정에서 아이가 규칙을 지키겠다고 다짐하고 다음에는 자신이 가는 곳을 당신에게 말하면 당신은 할 일을 다한 것이다. 아이가 그 집에서 다른 친구의 집으로 간다면 당신에게 전화해서 알려 줄 것에 역시 동의한다.

당신은 아이가 제 시간에 집에 오지 않으면 전화를 걸어 집으로 오라고 딸에게 말할 것에 동의한다. 이것은 잠시 동안 효과가 있지만 다음에 자녀가 제 시간에 돌아오지 않아 전화를 해보니까 아이는 있겠다고 한 곳에 없을 수 있다. 근본적으로 자녀는 이런 계획이 너무나 제한적이라는 사실을 알고부터는 자신의 힘을 주장하면서 규칙을 따르지 않기로 결심했던 것이다.

이제 당신은 더 이상 말은 않지만 제한을 가한다. 당신은 아이가 친구 집에서 놀다가도 저녁을 먹으러 집으로 오겠다고 계획할 때까지 집에 머물러야 한다고 말한다. 자녀는 밖으로 나가고 싶어서 울지만 당신은 단호하다. 그래서 자녀가 계획을 하지 않는 한, 다음 날부터 방과 후에 집 밖으로 나갈 수 없다. 당신은 딸이 계획하도록 도와주지만 아이 자신이 계획을 세워야만 한다. 당신은 아이에게 소리 지르거나 위협하거나 때리지 말고 아이가 계획을 세울 때까지 집에 있도록 고수해야 한다. 8살 된 딸에게 지금부터 제 시간에 집에 돌아올 것을 진지하게 약속하는 것처럼 단순한 계획을 세울 수도 있다. 만일 오빠가 근처에 있으면 자기에게 상기시켜 주도록 부탁하거나,

또는 집에 전화를 걸어 친구 집에 더 있어도 되는지 물어 보고 허락을 받지 못하면 곧 집으로 돌아오는 계획일 수도 있다.

어린 아이에게는 이런 계획 자체가 중요하지는 않다. 중요한 것은 아이가 계획을 세워 그 계획을 실천할 수 있다는 것이다. 만일 아이가 실천할 수 있다면 아이는 책임 있는 통제력을 갖게 되며, 통제력의 가치를 배우게 된다. 자녀가 고통스러운 경험을 기억해서 그것을 다시 하지 않도록 하려는 희망에서 때리거나 고함치면서 자녀에게 벌을 준다면, 아이는 통제력을 갖지 못하게 된다. 당신은 결코 때리거나 고함치는 것을 취소할 수 없다. 그렇게 하면 아이는 고통스러워하고 전보다 더 통제력을 잃게 된다. 당신이 그런 방법으로 아이를 통제함으로써, 아이는 통제력을 회복하려는 의도에서 분노와 우울을 선택하여 문제를 가중시킬 것이다.

팀은 그가 공부를 하기 시작하면 자가용을 타도 된다는 아버지의 제의를 받아들였다. 팀이 다른 사람의 도움없이 공부를 할 수 없다면 그 계획을 처벌 받기 때문에, 팀의 아버지에게 팀의 공부를 도와주는 가정교사에 대한 비용은 훈육 계획의 일부가 될 수 있을 것이다. 그가 공부를 시작한 지 몇 주 후에 그만둔다면 자가용은 그가 다시 공부를 시작할 때까지 빼앗기게 될 것이다. 팀은 전적으로 이 계획을 수행하기로 받아들였기 때문에 팀이 부모에게 재협의하자고 압력을 가할 때 그렇게 하자고 허용해서는 안된다.

훈육을 받을 만큼 나이 든 아이를 직면하게 되면 다음의 4가지 훈육 단계를 거쳐보라. 그러면 단순히 문제를 해결할 뿐 아니라 아이가 장차 더 효율적인 사람이 되도록 가르치는 좋은 기회가 될 것이다.

● ● 1단계

아이에게 무엇을 원하는가 하는 머릿속의 사진을 검토하고 당신이 원하는 것이 아이에게 무리없이 합리적으로 만족을 줄 수 있는지 확인한다. 아이가 규칙을 위반하면, 그 규칙이 합리적인지를 확인한다. 대부분의 아이가 그 규칙을 따를 수 있는지 그리고 당신이 어렸을 때 기꺼이 따랐던 것이었나를 살펴본다. 둘 다 즐겁고, 그 문제와 직접적으로 관련이 없는 일을 같이 함으로써 자녀와 부모의 관계를 유지하라.(팀에게 접근하는 좋은 방법은 팀이 좋아하는 음악을 당신에게 들려주며 그 음악에 대해 팀이 설명하게 하는 것이다. 그러나 팀과 함께 술을 마시거나 담배를 피움으로써 가까워지려고 해서는 안된다.)

● ● 2단계

당신과 아이 둘 다 진정될 때가지 기다리도록 하라. 그러고 나서 이런 상황에서 당신이 가능한 한 화를 내지 않으면서, 아이가 자신이 하고 있는 것에 만족하고 있는지 또는 그가 규칙을 위반한 것을 이해하고 있는지 물어 보라.

● ● 3단계

만일 자녀가 만족해하지 않거나 규칙을 어긴 것을 인정하지 않는다면, 아이도 만족하고 당신도 만족하는 더 나은 방법을 타협하라. 만일 당신이 이 계획에 개입되어 있으면 당신은 아이와 더불어 할 수 있는 일을 많이 하고, 가능한 한 아이에게 해주거나 자녀를 위해 해주는 일을 적게 하도록 확실히 하라. 만약 아이가 그 계획을 혼자 실행할 수 있다면 더욱 좋다.

●● 4단계

만일 아이가 자신이 하는 것에 만족하고 바꾸길 원하지 않으면 당신이 지닌 힘의 범위 내에서 자녀에게 통제력을 잃게 하지 않는 제한을 가한다. 이런 제한은 문제가 해결될 때까지 일부의 자유(자기 방으로 들어가게 한다)나 특권(스케이트를 타지 못한다)을 다소 빼앗을 것이다. 아이가 행동을 바꿀 수 있는지 확인한다. 만일 자녀가 도움을 원하면 그에게 가르쳐 주거나 외부의 도움을 주되 아이를 위해 그것을 해주어서는 안 된다. 자유나 특권을 너무 오래 박탈하는지 확인해 본다. 5살 난 아이에게는 10분이 최대한이며 10살 난 아이에게는 저녁에 TV를 못 보게 하는 것이 타당하다. 어떤 특권의 박탈이나 제한이 가해진다 해도 그것은 아이의 연령에 적절해야 하며, 아이가 타협하는 것을 이해할 수 있도록 시간이 충분히 길어야 한다. 아이가 포기하고 그 상황을 고려하지 않을 정도로 오래 끌어서는 안 된다.

이런 충고는 모든 연령의 아이들에게 적용될 수 있다. 필자는 대체로 성장한 자녀를 둔 사람들과 사귀고 있는데, 내가 경험한 가장 큰 어려움은 그들이 아직도 자녀에게 그리고 자녀를 위해 너무 지나치게 해주고 있다는 것이다. 성장한 자녀를 사랑하는 부모가 일상생활에서 늘 자녀를 굴복시키는 것은 어렵기 때문에 그들은 이런 일들을 부분적으로 한다. 자녀와 더불어 지내는 것이 점점 어려워지기 때문에, 부모들은 그들을 혼자 내버려 두는 대신에 지나치게 그들을 위해 해주는 실수를 한다. 부모들이 아이를 통제하려는 의도로 그들을 위하는 것을 아이들이 볼 때가 많기 때문에 아이는 감사할 줄 모르는 태도를 보인다. 그들은 뒤로 물러서서 멀리 떨어져 있을지도 모른다. 아이들이 이렇게 하면 부모는 아이들에게 죄의식을 불러일으켜 그들을 통제하려고 우울해하며 영향을 끼치려 할 것이다.

성장한 자녀와 좋은 관계를 유지하려면 계속 따뜻하고 애정 있게 해주어야 하지만, 가능한 한 그들을 위해서 해주거나 지시하는 일을 덜 해야하며 당신과 자녀 모두가 즐기는 것을 함께하고, 만약 그들이 원한다면 기꺼이 혼자 내버려 둘 정도로 그들을 존중해야 한다.

자녀가 40대에서 60대까지의 중년에 이르면 자녀와 부모 간의 역할은 반전된다. 이제 똑같이 불만스러운 결과를 자아내면서 자녀는 부모를 위해 그리고 부모에게 너무 많이 해주기 시작한다. 이것은 필자가 7장에서 소개한 어머니 캐롤에게 통제받았던 딸 필리스의 경우에서 실명하였다. 이 부분은 다음 장에서 보다 자세하게 논의될 것이다.

제 19 장

고통과 불행으로 자신이나 타인을 통제하려 하다

언제 당신이 통제력(고통스러운 통제력까지도)을 포기하더라도 '상실한 것'을 대체하기가 쉽지도 않고 또 빠르게 되지도 않는다. 마약 없는 마약 중독자처럼 자신의 생활에서 더 나은 선택을 하도록 배울 때 괴로움을 선택하는 고통스러운 기간이 있다. 이때 당신이 할 수 있는 최선의 방법은 환자 취급을 하지 않는 사람 곁에 있는 것이다. 이들은 당신의 가장 좋은 친구이며, 고통에서 책임으로 전환하는 기간 내내 당신을 관찰할 것이다. 주도권을 잡으려고 당신이 고통스러워하는 것을 그만두길 원하고 아프지 않으며 환자 취급을 받고 싶지 않다고 친구나 친척, 심지어는 전문적인 조력자에게까지 말한다면 그것 역시 당신의 책임인 것이다.

우리는 대부분 일흔네 살이면서도 몸은 건강한 캐롤과, 중년인 캐롤의 딸, 그리고 필리스와 매우 흡사한 사람들을 가족으로 두고 있으며 이들은 필자가 이미 이 책의 7장에서 언급한 사람들이다. 우울증 전문가인 캐롤은 자기의 불행을 하소연함으로써 필리스를 통제하였다. 필리스는 캐롤이 시키는 대로 해야 했으며 그러지 않으면 어머니인 캐롤은 필리스가 용서를 빌 때까지 괴로운 침묵을 지키곤 했다. 필리스는 주기적으로 편두통을 앓음으로써 캐롤의 통제를 피해 왔는데, 만일 필리스가 우리가 아는 많은 사람처럼 캐롤을 보다 효과적으로 다룰 만큼 선택이론을 학습했다면 많은 도움을 받았을 것이다. 그리고 스스로 선택한 고통스러운 생활로 괴로워하는 캐롤도 선택이론을 배웠다면 필리스만큼 또는 필리스보다도 더 많은 도움을 받았을지도 모른다. 캐롤은 학문으로서 선택이론을 결코 배우지 못할지도 모르지만, 필리스가 이 이론을 잘 배워서 캐롤에게 적용시킨다면 그녀는 자신도 모르는 사이에 이 이론을 배우게 되어 보다 더 만족스런 생활을 영위할 수 있게 될 것이다. 캐롤이 덜 우울하게 되면 필리스를 간섭하기보다는 비타민이나 탕약에 그녀의 건강을 맡기겠지만, 어쨌든 그녀가 더 효과적인 삶을 살기 시작했다는 사실은 그녀가 무엇을 믿는가 하는 것보다 더 중요하다.

캐롤을 다루려면 필리스는 먼저 선택이론의 가장 중요한 원칙 하나를 배워야 한다. 그것은 "그 또는 그녀가 선택한 고통이나 불행이 당신을 통제하도록 결코 허용해서는 안 된다."는 것이다. 이것은 당신이 그들을 거부하거나, 그들과 싸우거나, 그들을 단념하거나, 그들에게 용서를 빌어야 한다는 것을 뜻하는 것이 아니다. 그리고 그것은 당신이 아는 누군가가 개인적인 비극으로 고통을 겪고 있을 때 몇 달 동안 동정하여 도와주어서는 안된다는 뜻도 아니다. 그것이 무엇을 뜻하는지에 대한 대답은 다음과 같다. 즉 그것은 늙는다는 사실에 직면하여 오랫동안 괴로움을 경험한 캐롤과 같은 사람들을 전혀 불행하지 않은 것처럼 당신이 다루어야 한다는 뜻으로, 처음에는 그렇게 하기 어렵다.

예를 들면 캐롤이 규칙적으로 아침에 필리스에게 전화를 걸어 연극조의 과장된 가느다란 우울한 말투로 즉시 자기 집으로 올 수 있는지 물을 때, 필리스는 캐롤에게 평상시처럼 가겠다고 약속을 해서는 안된다. 캐롤에게 "무슨 일이 있어요?"라는 말은 물어 보지 말아야 한다. 왜냐하면 캐롤은 필리스의 "제가 정말 지금 당장 가야 해요?"라는 방어적인 물음을 압도할 수 있는 대답을 준비하고 있기 때문이다. 만일 필리스가 주저한다면 캐롤은 "난 기운이 없어서 전화로는 그 말을 할 수 없어."라고 할 것이다. 그리고 나서 캐롤의 목소리는 사라지고 필리스가 "엄마, 엄마 왜 그래요?"라고 외치면, 캐롤은 한숨 지으며 계속 아무 말도 하지 않는 것으로 지금 당장 필리스의 도움이 필요하다는 것을 드러낼 것이다.

평상시처럼 필리스가 급하게 서둘러 달려가면 그녀는 전에 있었던 긴급한 아침 전화와 다를 것이 없다는 것을 알게 될 것이다. 캐롤은 아무도 그녀에게 관심을 가져 주지 않는다는 평소의 불만과 두려움에 대해 얘기할 것이며, 자신은 너무나 힘이 없기 때문에 빨리 전화를 걸지 않으면 나중에는 전화를 걸 기력조차 없었을 것이라고 덧붙일 것이다. 또한 필리스가 얼마나 바쁜지 알고 있고, 자기 자신도 필리스에게 전화 거는 것을 몹시 싫어한다고 말하면서 그녀는 다소 뉘우칠 것이다. 그러나 캐롤은 자신이 전화를 걸지 않으면 그날부터 다음 날까지 필리스에게 아무 소식도 듣지 못한다는 것을 그녀에게 상기시킬 것이다. 그러나 그것은 사실이 아니다.

사실 캐롤은 10년 이상 우울해 있기 때문에 필리스는 전처럼 먼저 자주 캐묻지 않는다. 항상 캐롤이 하루에도 여러 번 '그럴듯한 이유'로 전화를 걸었기 때문에, 설사 필리스가 그녀에게 전화를 한다 해도 그것은 불필요한 것으로 보였을 것이다. 필리스가 전화를 걸면 캐롤은 대답하는 것을 계획적으로 질질 끌면서, 며칠째 밤을 지새워서 방금 잠깐 졸고 있었는데 필리스의 전화에 깼다고 말한다. 이러한 경험 때문에 필리스는 전화하는 것을 꺼리게 된다.

캐롤은 의심할 여지 없이 전문적으로 우울해하는 사람이다. 그러나 그녀는 이상할 정도는 아니다. 캐롤의 행동을 몇 줄의 글로 요약하면 그녀가 극단적으로 보일 것이다. 그러나 우리 주위에는 젊었든 늙었든 간에 캐롤과 같은 사람이 많다. 그들은 고통스러운 행동으로 누군가를 통제할 수 있다고 믿으며, 누군가를 통제하려는 필사적인 시도로 삶을 고통스럽게 살고 있다. 그들이 누군가를 어느 정도 통제할 수 있는 한, 그들은 계속 우울해할 것이다. 그러나 그들이 비록 특정한 사람을 통제할 수 없다 해도, 그들은 계속 우울해할 것이다. 왜냐하면 그들은 더 좋은 행동을 생각해 낼 수가 없기 때문이다. 캐롤은 필리스가 이사해서 자신과 모든 접촉을 끊는다고 해도 몇 년간 계속 우울해할 것이다. 왜냐하면 캐롤은 자신을 보살펴 주려는 누군가의 도움 없이는 어떤 새로운 것도 배울 것 같지 않기 때문이다.

일단 필리스가 캐롤이 우울해하는 것으로 자신을 통제할 수 없도록 하기 위해 그녀가 해야 할 첫 번째 일은, 캐롤이 불편해하는 고통이나 불행은 모두 그녀 자신이 선택한 것이라는 사실을 인식하는 것이다. 필리스는 캐롤이 우울하게 된 것이 아니라 우울해하고 있는 것을 선택하고 있다는 것을 이해하게 하는 새로운 선택이론을 주저하지 말고 수용해야 하며, 그렇지 않으면 필리스는 캐롤이 더 효과적인 선택을 하게 도와줄 수 없을 것이다. 이것은 쉽지가 않다. 캐롤 같은 우울증의 대가는 그녀가 기대하는 가장 기쁜 일이 몇 년째 그녀를 짓눌러온 '우울'에서 벗어나는 것인 것처럼 행동한다. 필자가 여기서 제의한 대로 캐롤을 다루려면 필리스는 캐롤이 불행을 선택하고 있다는 믿음을 받아들여야 할 것이다. 그러나 필자가 제시한 것이 정확하기 때문에 캐롤이 덜 우울해한다면, 믿음은 이해로 바뀔 것이다. 필리스가 캐롤이 더 효율적인 선택을 하는 것을 보게 되면, 그녀는 선택이론이 캐롤과 같은 장기적인 우울증 환자에게도 우리 모두에게처럼 똑같이 적용된다는 것을 점차 실감하게 될 것이다.

필리스가 캐롤이 더 나은 선택을 하도록 설득하는 힘든 과정을 시작할 때, 어떠한 협조도 기대할 수는 없다. 왜냐하면 캐롤은 필리스가 하려는 일을 자기의 통제력에 대한 도전으로 생각할 것이기 때문에, 필리스의 행동이 생활에 대한 통제력을 상실하게 하는 것이 아니라 얻게 해주는 것이라고 캐롤이 믿지않는 한 그녀는 협조하지 않을 것이다. 만일 캐롤이 필리스에 대한 통제를 조금만 철회한다면 캐롤의 생활은 곧 호전될 것이다. 그녀는 필리스를 통제하는 데 온갖 노력을 전념하는 동안 자신이 소홀히 했던 삶의 다른 면을 통제해야 할 것이다.

이를 시작하려면 필리스는 캐롤과 함께 지내는 시간을 정기적으로 마련하여 캐롤의 통제에서 벗어나야 한다. 캐롤이 어떤 긴급사항을 만들어 불평을 한다 해도 필리스는 그녀의 아파트로 곧바로 달려가선 안되며, 세심하고 결단력 있게 그녀를 꾸준히 정기적으로 방문해야 한다. 일단 계획을 세우면 아무리 캐롤에게서 전화가 와도, 캐롤의 계획에 맞춰서가 아니라 필리스의 계획에 지장이 없을 때 그녀를 만날 약속을 해야 한다.

예를 들면 캐롤이 아침 일찍 긴급한 전화를 할 때, 필리스는 캐롤에게 자기는 점심 먹으러 나갈 수 없을 정도로 너무 바쁘기 때문에 배가 고플 것이며 오후 늦게나 방문해야겠다고 말해야 한다. 4시경에 필리스가 거기에 가게 되면 자기가 먹을 수 있게 간식을 준비해 달라고 캐롤에게 요청해야 한다. 캐롤이 못 들은 척하면, 바쁜 일과 후에 집에 가서 식사 준비를 하기 전에 약 45분 동안 캐롤의 집에서 평화롭고 조용하게 지내길 기대한다고 반복해서 말해야 한다. 이 새로운 과정에 대해 캐롤이 어떤 대답을 하든지 (그리고 필리스는 흥분하는 것에서 침묵에 이르기까지 모든 상황에 대처할 준비를 하고 있어야 한다.) 필리스는 자신이 언제 도착하며, 얼마 동안 머무르며, 캐롤이 간식을 준비하면 좋겠다는 것을 확실하게 되풀이하고 전화를 끊는다. 만약 캐롤이 말하고 있는 중에 전화를 끊어야만 한다면 그렇게 해야 한다. 그런 후에 캐롤이 다시 전화를 하게 되면 필리스는 한 번만 전화를 받아야 하고 그대도 앞서 말한 것을 친절하게 되풀이한다. 그러고 나서는 외출을 하거나 전화를 받지 않는다.

필리스가 캐롤의 집에 도착했을 때는 다정하고 조심스럽게 캐롤을 대해야 하지만, 하루 종일 바빠서 자신이 얼마나 피곤한지를 강조하고 식탁에 주저앉아 커피 한 잔과 간단한 식사를 부탁해야 한다. 만일 캐롤이 자고 있으면 침대에 가서 인사를 한 다음 배고프다고 말하고 부엌에 가서 스스로 간단한 식사를 만들어야 한다. 필리스는 캐롤에게 나와서 자신과 함께 먹자는 말만 하면 된다. 만일 캐롤이 나와서 필리스가 시중들어 주기를 바라면 필리스는 간식을 먹으면서 함께 먹자고 제안하는 것 외에는 관심을 갖지 말아야 한다. 줄곧 필리스는 자신의 흥미 있는 이야기로 주도권을 잡고 피곤한 하루에 대해 이야기해야 한다. 이야기하면서 필리스는 다음에는 하루에 한 번씩 캐롤을 찾아오겠다고 제의한다. 캐롤이 건강하고 무언가를 할 수 있으면 다음에는 밖에서 무언가를 할 수 있도록 준비하려는 노력을 해야 한다.

필리스는 다음에 찾아가기 전에 괴로운 전화를 많이 받게 될 것이다. 캐롤은 자신이 필리스를 통제하지 못한다는 것을 눈치채게 될 것이며, 자신의 괴로움을 강조하려고 호흡 곤란을 내세우며 인근 응급실(local emergency room)로 가게 될지도 모른다. 병원에서 전화가 오면 필리스가 가야 하겠지만, 설사 병원에 간다 하더라도 이와 같은 극적인 행동으로 필리스가 통제받지 않을 것이라는 사실을 캐롤에게 가르쳐 주는 장기적인 과정을 시작하려면 같이 외출하는 그들의 계획을 고수해야 한다.

근본적으로 필리스의 계획은 캐롤을 '돌봐 주는 것'에서 '함께하는 것'으로 진행시키는 것이다. 필리스는 캐롤이 자신을 위해서 스스로 할 수 있는 것은 해야 한다고 주장해야 하며, 필리스가 전에는 그렇게 했더라도 더 이상 캐롤을 위해서 아무것도 해주지 않는다는 주장을 해야 한다. 필리스는 캐롤을 만날 때마다 그녀가 필리스를 위해 할 수 있는 사소한 일이나, 상당히 실질적인 것(예를 들어 필리스가 자원봉사 나가는 병원에 가져갈 특별 애플 치즈 케이크를 만드는 것)을 부탁해야 한다. 우울하면 아무것도 못하는 것처럼 다루지 않는다면 우울해서 무슨 일을 못하지는 않는다는 사실을 필리스는 명심해야 한다. 만약 캐롤이 필리스에게 무언가를 사다달라고 부탁하면, 그것이 조금이라도 가능하면 상점으로 데려가 스스로 그것을 사도록 함으로써 대처해야 한다. 만일 캐롤에게 돈이 있으면 물건 값을 지불하도록 해야 한다. 캐롤이 상점이나 식당에 가서 까다롭게 행동하고 그것을 즉시 멈추지 않는다면 한 달 또는 일정 기간 동안 그녀와 쇼

핑하러 가지 않겠다고 말해야 한다. 그래도 캐롤이 지지 않으면 필리스는 쇼핑을 중단하고 그녀를 집에 데려다 주어야 한다.

캐롤이 자신과 필리스를 위해 무엇인가를 하게 되면 그녀는 덜 우울해질 것이다. 왜냐하면 그녀가 자신의 생활에 통제력을 회복함으로써 딸에 대한 통제가 줄어들기 때문이다. 필리스는 또한 캐롤이 친구들과 같이 시간을 보내며 여러가지 활동에 참여하도록 북돋워 주어야 하고, 말하는 것 이상의 것을 얻는 데 필요한 일정한 계획을 세우도록 도와줌으로써 이러한 제안을 지지해야 한다. 이런 제안들은 필리스가 캐롤과 같이 지내는 시간을 대신해서는 안 된다는 의미에서 여분의 것이 되어야 한다. 그러나 캐롤이 지금 필리스에게서 얻는 것이 그녀가 앞으로 얻을 수 있는 전부라는 것을 실감했을 때, 캐롤은 새 계획에 마음이 끌리게 될 것이다. 캐롤에게 즐거운 일을 하거나 집에 앉아서 우울해하는 것 중에서 선택을 하게 된다. 그녀는 더 효과적인 것을 하기 전에 잠시 우울해하겠지만, 필리스에게 매우 많은 것을 의지하는 것이 더 이상 가능하지 않다는 것을 깨닫게 될 때, 캐롤은 점차 우울해하는 것을 멈추고 조금씩 행동으로 옮겨가게 될 것이다. 이 프로그램은 시간이 걸린다. 그러나 필자의 추측으로는 필리스가 필자의 제의대로 일관성 있게 하면 6개월 이내에 향상된 모습을 보일 것이다.

필리스는 캐롤이 필리스에 대한 통제력을 잃어가고 있다는 것을 알게 될 때 그녀가 창안해 낼 수 있는 새로운 불행에 대처할 준비를 해야 한다. 캐롤은 두통이며 요통 등 사람들이 통증을 느끼는 모든 부위에 통증을 느낄 것이다. 그녀는 아플 것이고, 만약 음주가(주정뱅이는 아님)라면 과음을 할 것이다. 그러나 만약 필리스가 자신이 배운 선택이론을 명심해서 자신의 사진첩에 노예가 아닌 좋은 딸의 사진을 끼워 놓는다면 캐롤은 딸 그리고 자신이 받게 되는 고통을 극복하게 될 것이다.

 무엇보다 우선 필리스는 캐롤이 어떻게 느끼는지를 절대로 캐묻지 말아야 한다. 다른 어떤 질문보다도 "엄마, 기분이 어때요?"라는 질문은 캐롤이 통제력을 잘 발휘하는 방향으로 유도해 준다. 서로 이야기할 때, 필리스는 그녀가 지금 무엇을 하고 있고, 무엇을 하고 싶어 하는지에 대해 물어보아야 한다. 캐롤이 좋은 감정에 대해 말하고 싶어 하지 않는 한 캐롤과 감정 논쟁에 말려들어서는 안 된다. 7장에서 필자가 설명한 대로 우리의 전행동 중에서 느끼기 요소가 가장 두드러져 보일 때는 우리가 느끼는 방식을 바꿀 수 없다. 즉 우울해하는 것이 캐롤에게는 현저하게 분별 있는 행동으로 보이는 것이다.

 캐롤을 도우려면 필리스는 캐롤이 무엇을 하고 있으며 무엇을 생각하고 있는지에 초점을 맞추어야 한다. 왜냐하면 이것들은 캐롤을 변화시킬 수 있는 구성 성분이 되기 때문이다. 선택이론을 사용하면 젊은이는 물론 노인들도 새로운 방법을 배울 수 있으며, 이것을 배우게 되면 그들은 전보다 더 행복해진다. 나는 이것이 쉬운 과정이라고 말하고 싶지는 않다. 그러나 지금까지 필리스가 해왔던 것보다는 쉽다고 생각한다. 캐롤의 요구가 필리스를 압도하였을 때 필리스는 그녀에게 주어지는 무거운 죄의식의 고통을 피하려고 수 년 동안 편두통 앓는 것을 선택해 왔다. 캐롤과 다른 관계를 형성해 갈 때 필리스의 편두통은 사라지고 더 많은 힘을 갖게 될 것이며 그 때문에 그녀는 다른 데 힘을 사용할 수 있게 될 것이다.

필자는 캐롤이 자신의 머릿속에 있는 몇몇 사진을 충족시킬 수 없다는 것에 대해 화내는 것을 어느 정도 통제할 수 있게 되면 그녀의 대부분의 고통은 필리스를 통제하려는 데서 온다고 판단하게 된다. 그러나 많은 사람은 타인을 통제하려는 게 아니라(그것이 항상 하나의 요인임에도) 오히려 자신, 특히 세상에서 그들이 원하는 것을 얻지 못해서 생기는 자신들의 분노(그들을 두렵게 하는)를 통제하려는 불행한 선택을 한다. 이들은 보통 사람들보다 선택이론을 수용하기가 더 어렵고 그들의 생활에 적용시키는 것도 어렵다는 것을 알게 될 것이다. 그러나 필자는 그들이 비참해짐으로써 분노를 억누르려고 했다는 사실을 알려고 노력한다면 이 일을 해낼 수 있으리라고 믿는다. 7장에서 필자는 캐롤 외에도 불행을 선택했던 사람을 몇 명 묘사하였다. 자기 자신을 통제하려고 끝까지 저항한 두 사람은 강박관념으로 손을 씻었던 테리와 학교에 가기를 두려워했던 총명한 학생인 랜디이다.

테리는 많은 사람들이 그렇듯이 만족스럽지 못한 결혼생활을 하고 있다. 그녀의 남편은 안정적이나 둔감한 사람으로 수잔의 남편이 수잔을 떠난 것처럼 아내를 떠날 의향은 없다. 그는 테리와의 결혼생활에 만족해한다. 매우 불만족스러워서 강박적으로 하루에 50번이나 손을 씻어야만 하는 쪽은 테리이다. 그녀는 이 강박적인 행동이 그녀의 남편에 대한 분노와 자신의 정숙하지 못한 생각을 억누르고 있다는 것을 의식하지 못한다. 그녀는 머릿속에 실현되지 못한 사랑과 성생활에 대한 사진을 가지고 있다. 또한 그녀는 자녀들의 생활보장, 독신자들의 이성관계에 대한 두려움, 명예와 같은 모든 평범한 이유 때문에 결혼생활을 계속할 사진을 가지고 있다. 그러나 이런 사진이 그녀가 바라는 사랑과 성욕을 그녀에게 가져다주지는 못한다.

그녀는 부지런히 일하면 해결될 수 있는 거짓 갈등에 사로잡혀 있으나 손을 씻는 선택은 그녀가 거짓 갈등을 의식하지 않게 해주었다. 또한 그녀는 자신의 결혼생활이 성공적이지는 않지만 그녀가 '강박관념'을 극복할 수만 있다면 나아질 것이라고 말한다. 그러나 진실은 정반대이다. 그녀의 결혼생활이 얼마나 불만족스러운지에 대해 그녀가 의식하지 못하게 하는 것은 바로 그녀의 '강박적 충동'이다. 그녀가 통제력을 다시 회복하려면, 그녀는 하루 종일 손을 씻게 강요하는 '내부의 어떤 것'을 기꺼이 받아들이기보다 결혼생활을 더 불만스럽게 만든다는 사실에 직면해야만 한다. 만일 그녀가 머릿속의 사진에 대해 알게 되고 손 씻는 것을 강요받지 않고 선택할 수 있다면, 현재의 결혼생활이 그녀가 원하는 결혼생활과 얼마나 다른지 정직하게 바라볼 수 있을 것이다. 그녀는 그녀의 양쪽 두뇌에서 성욕을 만족시키는 효과적인 방법을 갖지 못했을 때 재빨리 선택할 분노와 결코 대처할 수 없을지도 모른다. 그러나 그녀는 결혼생활을 잘해 나가는 데 손을 씻는 것보다 더 나은 선택이 있다는 것을 배울 수 있다. 바로 지금 자기 생활의 이면에서 솟아오르는 강한 분노를 의식하자마자, 그녀는 광적으로 깨끗이 하려는 통제 하에 손씻는 행동을 계속하게 된다.

수잔처럼 테리도 "손씻는 것을 선택해서 나는 원하는 것을 얻고 있는가?"라고 자문해 보아야 한다. 대답은 앞장에서 필자가 설명한 대로 언제나 "아니다."이다. 그러나 그녀의 경우는 수잔과 달라서 그녀는 성욕과 로맨스의 견지에서 그녀의 결혼생활이 심각하게 금이 가 있다는 불행한 사실에 직면해야 한다. 수잔은 남편이 마음을 써 주었을 때는 불만이 없었지만 그가 뒤로 물러서면 불만스러웠다. 그러나 테리의 남편은 위로 물러서는 사람은 아니었다. 그는 부인에게 열중했지만 이것은 그녀가 원하는 로맨틱한 남자의 사진이 아니다. 만일 그녀가 자신이 원하는 것을 그에게 말하면, 그는 그녀를 훨씬 더 만족시켜 줄 수 있을지도 모른다. 그러나 그녀는 지금까지 그렇게 하지 않았다. 자신의 바람을 전적으로 설명해 주는 것은 낭만적이지 않기 때문이다. 왜냐하면 정말 사랑하는 사람은 그녀가 원하는 것을 알아챌 것이기 때문이다. 그녀가 그에게 자신의 바람을 결코 전할 수 없을지도 모르지만, 설령 그녀가 전할 수 있었다 해도 그가 그녀를 만족시킬 수 없었을지도 모른다. 우리가 시도한다 해도 다른 사람의 머리에 있는 사진, 특히 성적인 사진은 만족시킬 수 없는 경우가 많다.

　테리 부부의 결혼생활은 비극적인 것이지만 일상적으로 볼 수 없는 결혼생활은 아니다. 그러나 손 씻기, 연애 사건(그녀는 남자와 시시덕거렸으며, 이것이 조금 도움이 되었지만 그녀의 사진기에 정숙함을 보여 주는 여과기(filter)가 그녀를 두렵게 하였다), 또는 결혼생활의 파탄 이외에도 그녀의 욕구불만을 다룰 수 있는 더 나은 방법이 있음에 틀림없다. 만일 그녀가 선택이론을 배울 수 있다면 자신의 욕구불만을 다루기 위해 손 씻기보다 더 나은 방법을 찾으려 할 것이다. 예를 들어 성욕이 아니라면 사랑의 욕구를 충족시키고자 그녀는 10대의 청소년과 일하는 자원봉사를 할 수 있을 것이다. 그녀는 그들에게서 다소의 대리 만족을 얻을 수 있을 정도로 개방적이고 애정을 느끼게 하는 것을 발견할지도 모른다. 만일 그녀가 십대의 은신처 또는 보호소를 찾거나, 지역사회 또는 교회에 소속된 십대 집단에 낄 수 있다면, 청소년들과 함께하고 그들을 도와줌으로써 기대 이상의 애정을 갖게 될지도 모른다.

이것으로는 그녀가 열망하는 성욕과 로맨스를 충족시키지 못할 것이라고 반박할지 모르지만 우리는 반 덩어리의 빵이 하나도 없는 것보다 훨씬 낫다는 것을 알아야 한다. 그녀가 원하는 것의 일부를 얻으려고 대리로 이용하거나 승화시킨다면 손 씻는 것을 그만둘지도 모른다. 낭만적인 소설을 읽는 것도 좋으며(그녀와 같은 수백만의 여자들이 낭만 소설을 전문으로 출판하는 할리퀸 출판사를 부유한 기업으로 만들었다.), 또는 텔레비전에서 주부들을 위한 드라마를 볼 수도 있다. 이런 것이 너무 수동적이어서 자체의 힘만으로는 그녀를 위해 효과적으로 작용하지 못할지라도, 십대와 같이 하는 자원봉사자나 임금노동자로서의 능동적인 개입과 같은 행동을 결부시키면 그녀는 자신의 강박관념을 완전히 버릴 수 있을지도 모른다. 자원봉사자로서 근무한 뒤, 더 좋은 직종에 종사하려고 전문적인 학위를 따려고 대학에 다시 들어갈 결심을 할지도 모른다. 만일 그렇게 한다면 갈등이 없는 활동을 해내는 데 온 힘을 쏟기 때문에 그녀의 '갈등'은 사라져 버릴 것이다. 남편이 부인의 성공을 귀담아듣고 더 하라고 격려할 정도로 현명하다면 그들의 관계에 미약하나마 로맨스를 부추겨 줄지도 모른다.

그러나 손 씻는 것을 멈추고 다른 모든 활동에 참여함으로써 특히 남편에게서 얻을 수 없는 로맨스를 줄 사람을 발견하게 된다면 결혼생활을 청산할 수 있다고 결심할지도 모른다. 그녀가 그렇게 하든 안 하든 테리 같은 여자들이 떠나는 경우만큼이나 그대로 남아 있는 경우도 많기에 적어도 선택의 기회를 지닐 수 있다.

선택이론의 도움으로 테리는 그녀 자신에 대해 이해하거나 도움을 얻을 수 있었다. 상담을 받든지 안 받든지 결혼이 자신의 머릿속에 있는 생활과는 거리가 있다 해도 이런 차이를 다루려고 불행을 선택하는 것은 효과적인 방법이 아니라는 사실을 파악해야 한다.

7장에서 이야기한 경영대학원생인 랜디는 상담을 받았다. 그러나 랜디가 선택이론에 관한 책을 접했었다면, 그 이론을 자기 것으로 해서 스스로를 도울 수 있었을 것이다. 랜디는 대학원을 졸업하는 것을 원하지 않았기에 마지막 학년에 수업하러 가는 것을 두려워했다. 만약 그가 졸업하였다면 자신의 머릿속에 그렸던 고위직종을 그에게 '주지' 않을 것이라고 생각하는 세상에 자신과 자신의 새로운 기술을 바쳐야만 했을 것이다. 랜디가 받은 상담은 학교에서 그의 생활을 통제하도록 도와주기 위한 것으로 그가 수업에 들어갔을 때 그를 '사로잡는 압도적인 불안과 강렬한 공포'를 다루도록 도와주는 것이다. 그가 상담을 받으러 왔을 때, 그는 통제력을 너무 상실했기 때문에 유사한 통제력을 회복하는 힘을 다시 얻기 전에는 교실에 5분 이상 앉아 있을 수 없었다.

이것은 상담이나 심리치료 이론에 관한 책은 아니며, 또 성공적인 상담 관계는 매우 복잡해서 여기서 다 언급할 수는 없다. 다만 필자는 이 책에서 설명한 선택이론을 바탕으로 랜디에게 그의 생활에 통제력을 회복하게 해주었던 것의 본질을 설명하고자 한다. 우리가 가까워지자, 필자는 랜디에게 대학원을 졸업하여 경영학 석사학위(MBA)의 취득을 원했는지를 물어 보았다. 우리가 판단할 수 있는 한 이것이 그가 정말 원했던 것이라는 것을 설정하는 데 상당한 시간을 보냈다. 만일 어떤 학생이 그의 머릿속에서 그가 가장 원했던 사진이 아닌 전공 공부를 대학이나 대학원에서 하고 있다면, 다시 말해서 어머니 말에 복종하려 하였거나 유망하지만 따분한 직업을 위해 공부를 한다고 하면 공포증이 하나의 해결 방법이 될 수 있다는 것을 필자는 알고 있었다. 그러나 그는 경영학 분야의 직업을 원했기 때문에 이것은 사실이 아니라고 주장했다. 그래서 우리는 랜디가 학위를 따기 위해 할 수 있는 것을 계획하는 것이 타당하다고 생각했다. 그가 현재의 생활을 통제해야 하고, 만일 졸업하지 못한다면 미래가 불만족스러울 것이라는 점에 동의하는 것 이외에는 미래를 광범위하게 논의하지 못했다.

우리는 함께 활동 계획을 세웠다. 그는 공포증으로 고통 받기 때문에 수업시간에 앉아 있는 것이 두렵다고 강사들에게 말하기로 했다. 우리는 이 문제를 강사들에게 말하고 문제를 해결하고자 상담을 받고 있다고 말하면 그들이 동정할 것이라고 느꼈고, 강사들은 사실상 그렇게 했다. 랜디는 교실 뒤에 있는 열린 문 가까이에 앉을 수 있도록 강사들에게 허락을 구했고, 너무 앉아 있기가 힘들면 조용히 나갈 수 있도록 해달라고 했다. 비어 있는 복도에서는 빨리 정신을 차릴 수 있기에 교실을 나간다 해도 겨우 몇 분 동안이라는 것을 그들에게 말했다. 이전의 통제력의 상실 상태에서 통제력을 회복하고자 하는 이 간단한 계획은, 계획대로 강의실에서 잠시 나갔다 들어옴으로써 효과를 보았다. 그는 거의 강의실을 떠나지 않게 되었고 두 과목 다 'A' 학점으로 통과했다.

그러나 이 계획은 학점을 이수하는 것 이상으로 진행되었다. 랜디가 발견한 것은 자신의 머릿속에 있는 사진들이 그에게 너무나 완벽하고 엄격한 것을 요구하였다는 것이다. 그는 이 실행할 수 없는 사진들을 덜 엄격한 사진들로 바꿀 수 있었는데, 그것은 강사와 같이 자신에게 강력한 영향을 미치는 사람에게 자신이 심각한 결함으로 여기는 공포증에 대해 말했을 때 그들이 그를 거부하지 않았기 때문이다. 그들은 랜디를 훌륭한 학생으로 평가하여 이 합리적인 계획에 협력하였다. 그는 이제 그 분야에서 성공할 수 있는 사람으로 스스로를 보게 되었다. 직장은 완벽한 사람에게만 개방되는 것이 아니라 그와 같이 완벽하지 못한 사람에게도 개방되어 있다는 것이다. 그는 자신의 사진을 덜 완벽한 것으로 바꾸었기 때문에 현실 속의 자신을 힘 있는 사람에게 말할 수 있고 자신을 통제할 수 있는 유능한 사람으로 보았다. 그는 재학 중에 좋은 직장에서 시간제 일을 하게 되었고 공포증도 거의 완전히 나았으며, 몇 년이 지난 지금은 낯선 상황에서도 단지 잠깐 동안 불편을 경험할 뿐이다. 그는 결코 공포증에 걸리게 되는 경우를 잊지 않을 것이다. 우리 중 누구도 이런 강한 행동을 잊을 수 있을 것 같지는 않다. 그러나 그는 그것이 하나의 선택이며 더 나은 선택을 하려면 언제든지 할 수 있다는 것을 알았다. 그는 현재 자신의 직장에서 크게 성공하였으며, 자신의 생활을 잘 통제하고 있다. 랜디에게는 통제력의 상실로 보였던 것을 통제하려는 계획과, 그가 해야만 하는 것을 통제력이 남아 있는 사진으로 바꾸는 것이 비결이었다.

7장에서 언급한 메리도 역시 공포증에 걸려 있었지만 랜디, 테리와는 달리 그녀의 공포증은 자신을 통제하기보다는 타인을 통제하는 것이었다. 이런 의미에서, 그녀의 남편인 조지를 통제하려는 수단으로 외출하는 것이 두렵다는 것을 선택한 점에서는 캐롤의 경우와 같았다. 그녀의 공포증은 그녀가 남편에게 조금이라도 자유를 준다면 그가 결혼생활에서 빗나갈 것이라는 두려움을 가려주었다. 그러나 타인을 통제하기 위해 공포증을 가지는 대부분의 사람들과는 달리, 그녀는 남편의 사랑과 지지를 원하기보다는 무한한 '광장공포증(agoraphobia)'의 힘을 활용하면서 즐겼다. 그녀가 자신이 하고 있는 일을 의식하지 못하는 동안, 그녀는 자신이 남편을 사랑하거나 존중하지 않는다는 것을 알았다. 남편이 그녀의 공포증에 내어 있있기 때문에 그를 나약한 사람으로 여겼다. 남편인 조지는 하루 종일, 일하는 도중에도 그녀의 뜻대로 움직이는 것에 진저리가 나서 그녀의 곁을 떠났다. 그래서 그녀는 남편을 이용 가치 이외에는 필요로 하지 않았기 때문에 더 이상 공포증에 걸릴 아무런 이유가 없었다. 그녀는 딸을 남편과 대치해 보려고 생각했지만, 다행히도 그녀의 딸은 남편을 대신하지 않을 정도로 현명했다. 메리는 몇 주가 지나자 공포증을 멈추고 새로운 생활을 하기로 결심했다.

만일 그녀가 조지를 사랑했거나 조지의 보호를 필요로 했다면 공포증을 멈추지 않았을 것이다. 조지가 집을 나간 후 가족 중 누군가 또는 어떤 사회봉사 기관원이 방문하지 않았다면 그녀는 집에 계속 남아서 굶어 죽었을 것이다. 공포증 환자들은 대부분 메리보다 더 의존적이어서 보통 메리가 했던 것처럼 공포증을 멈추지 않는다. 조지에게서 그녀가 배운 것은, 누군가를 공격하였지만 세월이 흐름에 따라 타인에 대한 공격은 더 이상 만족을 얻을 수 없게 된다는 것이다. 조지가 갑자기 정신을 차려 집을 나갔을 때, 그녀는 조지 없이도 살아갈 수 있다는 것을 선택하는 것이 얼마나 행복한가에 놀랐다.

메리가 다른 공포증 환자들과는 달랐기 때문에, "불행에 대한 우리의 선택이 우리가 원하는 것을 우리에게 주지 못하며, 그래서 더 나은 선택이 가능하다고 생각하면 우리는 빨리 우리의 고통을 포기할 것"이라는 선택이론의 요점을 잘 보여 주고 있다. 메리는 대부분의 공포증 환자들이 믿지 않는 더 나은 선택이 가능하다는 것을 믿었기 때문에 그들과 다르다. 내가 7장에서 언급한 대로, 메리의 친구들에게 메리의 회복은 기적적으로 보일지도 모르지만 메리에게 왜 자신이 그를 필요로 하였는지를 판별할 통찰력이 있었기 때문에 남편이 떠난 것이 그녀에게는 행운이었다. 그녀의 '회복'에는 어떤 기적도 개입되지 않았다.

미국에는 메리, 테리, 랜디와 같이 행동하는 사람들이 많다. 그들은 자신들이 병을 앓고 있다고 굳게 믿으며, 그들 대부분은 그들이 정신병에 걸려 고생하는 것을 상담자가 '회복' 시켜 줄 것이라고 믿는다. 자신들이 병들었다고 믿고 자신을 환자로 여기는 한, '무능력'으로 통제력을 유지하므로, 더 나빠지면 나빠졌지 좋아지지는 않는다. 문제는 그들이 받는 치료가 그들의 '병'을 입증해 주거나, 그들이 아직 '병'이라고 믿지 않으면 '병'에 걸렸다고 가르쳐 준다는 것이다. 이것은 리차드의 사례에서 가장 잘 나타난다. 보험감독관인 리차드는 작업을 하다가 허리를 다쳐 지난 4년 동안 무능력 상태로 지내 왔다. 15만 달러 이상의 돈을 지불하며 수술을 3번 받았지만 허리의 통증은 전보다 더 악화되어 다시 일할 수 있을지 의심스러웠다.

리차드는 허리를 다쳤을 때, 그 상처가 회복된 후에도 오랫동안 계속해서 아프기로 선택하였다. 그것은 고통스러웠지만 이로써 리차드는 이전에 경험하지 못한 자신의 생활에 대한 통제력을 얻었다. 그가 계속 허리에 통증을 느끼는 한, 간호사에서 외과 임상의사에 이르기까지 대규모 의료지원은 물론 신경외과의사에서 장애재활의사(physiatrist)에 이르는 광범한 전문 의사를 대표하는 많은 외과 의사를 통제할 수 있었다. 이 호화스런 대규모의 치료 팀은 숙련된 20명 이상의 사람들로 구성되어 있었다. 이들은 혼자서 캐롤을 치료했던 필리스와 유사했다. 내가 이 유사성을 인용하는 이유는 이들 팀은 같아 보여도 지극히 중요한 차이가 하나 있다는 것을 지적하려는 데 있다. 리차드는 자신의 치료 팀을 통제하고 싶어 했으며, 치료 팀도 그에게 (사실은 그의 허리 통증) 통제받고 싶어 했다. 이것은 대부분 그들 생활이 리차드와 같은 수많은 사람들에게 통제받는 데서 얻어지기 때문이다. 한편 필리스는 캐롤이 통제하는 것을 몹시 싫어했기 때문에 선택이론을 배울 기회에 쾌히 응해서, 캐롤이 더 효과적인 선택을 하게 가르쳐 그녀의 통제에서 벗어날 수 있었다.

만일 리차드에게 통제받던 치료팀이 이 책의 선택이론을 호의적으로 받아들였다면, 리차드는 수술도 막대한 의료보호도 받지 않았을 것이며 치료비도 얼마 안 되었을 것이다. 그에게 Amytal이라는 약을 주고 그가 허리를 잘 움직일 수 있는지 보는 것과 같은 방법으로 그가 신체장애자가 아니라는 사실을 진단하는 많은 방법이 있으며, 그에게는 허리의 아픔 없이 자신의 생활을 통제하도록 상담받는 것이 필요하다. 그러나 이 순간에 리차드가 필요한 보살핌을 받을 기회는 까마득하다. 왜냐하면 그가 허리의 통증을 가지고 통제하는 사람들은 통제받는 것 때문에 이득을 보고 있기 때문이다. 이것은 알코올 중독자에게 술을 주면서 그것이 그에게 좋다고 말한 다음, 왜 그는 금주하지 않는지 의아해하는 것과 유사하다.

리차드가 허리 통증을 이용해서 통제하는 또 다른 집단은 변호사들로 그들은 강력한 힘이 있고 비싼 비용을 받는 사람들이다. 그들 역시 리차드 같은 사람의 통제를 받을 정도로 별로 나은 데가 없는 사람들이지만, 그래도 리차드는 지금 유명한 법률사무소에 출입하고 있는데, 훌륭한 변호사들은 마치 그의 등의 아픔이 세상에서 가장 중요한 일인 것처럼 그를 대접한다. 그는 150,000달러의 치료비를 받을 수 있도록 이들 변호사들을 움직인 자신의 힘에 감격해하고 아직도 아프기 때문에, 가능하다고 변호사들이 생각하면 그에게 치료비를 더 받게 해줄 것이다. 의료보험에는 재정상에 한계가 있으며 그가 더 받으면 받을수록 변호사의 수입도 늘어나게 된다. 그에게 외과의사의 치료보다 상담이 필요하다는 것을 의사가 권하게 되면, 변호사들은 수술이나 값비싼 물리치료를 제공해 줄 다른 의사를 찾을 것이다.

리차드는 또한 자신의 고용주와 부인, 그리고 가족까지도 통제하는 느낌을 갖고 있다. 말하자면 4년 동안 온 세상 사람이 그의 허리 통증에 매달려 있었다. 그동안 모든 비용에 대한 청구서(변호사에게 지불하는 청구서조차도)를 그는 거의 본 일이 없다. 그가 계속해서 허리가 아프다고 하는 한 이 강력하고 복잡한 '치료'의 모든 장치는 계속 가동할 것이다.

상담자가 최종적으로 초청을 받게 되면, 상담자는 시작부터 많은 공격을 받게 된다. 상담자는 리차드에게 인생을 사는 더 나은 방법을 선택하도록 가르쳐야 하며, 이것은 허리의 통증을 멈추라는 뜻이 된다. 그러나 리차드는 지금까지 그의 아픔으로 기득권을 가지고 있었으므로, 기꺼이 이것을 단념하고 지루한 일로 돌아가려고 하지 않을 것이다. 결국 그는 근로보상보험 회사가 마침내 그의 사건을 정리할 때 허리의 통증을 다소 잊게 될 것이다. 허리의 통증으로는 이제 어떤 통제도 할 수 없다는 것을 실감하게 되면, 그리고 3번의 수술에도 상처를 입지 않았거나 지통 약물요법에 빠지지 않았다면 더 나은 방법을 계획할 것이다. 리차드와 같은 사람이 보상 가능한 사고로 일단 부상하면, 그의 고통으로 통제받는 기득권을 가진 법률팀과 의료 팀을 통해서 멈출 것 같지 않은 기계가 가동하기 시작한다. 리차드와 같은 많은 환자들과 여러 해 함께 일하는 동안, 이런 커다란 의료기관과 법률기관이 일단 가동하기 시작했다면 이제 중요한 것은 오직 아픈 허리뿐이라는 사실이 필자에게 느껴졌다. 아픈 허리가 전체 인간의 오직 한 부분일 뿐이라는 사실은 이제 이 과정에서 부수적인 일로 보이게 된다.

대부분의 경우, 당신이 고통이나 무능력을 선택하여 타인이나 자신을 통제해 왔다면 당신을 환자 취급하는 사람에게서는 아무런 도움도 기대할 수 없다. 당신이 생활을 영위해 나가려고 선택한 것을 이해하는 상담자나 가족에게서만 도움을 얻을 것이며, 그들은 당신이 선택한 것으로 그들을 통제하지 못하도록 할 것이며, 항상 유용하고 더 나은 선택을 할 수 있도록 당신을 도와줄 것이다. 처음에는 당신의 '병'을 지지해 주지 않고 당신의 통제에서 탈피하려는 사람들에게 심하게 분개할 것이다. 사람들이 당신에게 이 책을 주면서 읽어 보라고 하면 당신은 책과 책을 준 사람에게 분개할 것이다. 왜냐하면 책의 내용을 인정하면 당신이 오랫동안 선택하여 온 고통스러운 생활을 통해 얻은 교묘한 통제력을 단념할 것을 고려해야만 하기 때문이다.

언제 당신이 통제력(고통스러운 통제력까지도)을 포기하더라도 '상실한 것'을 대체하기가 쉽지도 않고 또 빠르게 되지도 않는다. 마약없는 마약 중독자처럼 자신의 생활에서 더 나은 선택을 하도록 배울 때 괴로움을 선택하는 고통스러운 기간이 있다. 이때 당신이 할 수 있는 최선의 방법은 환자 취급을 하지 않는 사람 곁에 있는 것이다. 이들은 당신의 가장 좋은 친구이며, 고통에서 책임으로 전환하는 기간 내내 당신을 관찰할 것이다. 주도권을 잡으려고 당신이 고통스러워하는 것을 그만두길 원하고, 아프지 않으며 환자 취급을 받고 싶지 않다고 친구나 친척 심지어는 전문적인 조력자에게까지 말한다면, 그것 역시 당신의 책임인 것이다. 당신에게 필요한 것은 고통이나 무능력을 선택하지 않고 일하고 노는 것을 배우도록 하는 그들의 도움과 지원이다. 당신은 제멋대로 선택한 고통이 아니라 웃음을, 동정이 아닌 진정한 교제를 원하며, 당신의 불행으로 생활비를 버는 사람들에게 의존하지 않는 개인적 성취감을 경험할 필요가 있는 것이다.

제 20 장

우리의 건강을 통제하기

건강하다는 것과 아프지 않다는 것은 전혀 다르다. 건강하다는 것은 기분 좋고 튼튼하며 민첩하고 휴식을 취했고 정신적으로 예리하며 신체적으로 활발한 것을 의미한다. 건강은 정신적 신체적으로 도전받기를 바라고 있는 것을 뜻한다. 건강은 시간이 오래 지속되기보다 오히려 빨리 지나가는 것을 의미한다. 당신만이 당신의 건강을 평가할 수 있다.

우리나라에서 의사에게 치료받으러 갈 때는 누구나 통제력의 현저한 상실을 체험하도록 의료체계가 이루어지고 있다. 특별한 경우를 제외하고는, 우리의 유일한 책임은 환자로서 의사 앞에 나서는 것뿐이다. 그러고 나서는 직접 환자를 치료하거나 또는 환자를 건강하게 하거나 가능한 한 건강해지도록 우리에게 치료법을 지도해 주는 것은 의사의 책임이 된다. 현 체제 하에서는, 거의 모든 통제력이 환자에게서 제거되고 의사에게 이관되었기 때문에, 이론이나 실제에서 환자가 직접 자신의 치료에 적극적으로 참여하는 것을 격려해 주거나 기대한다는 것은 거의 없다.

그러나 필자가 12장에서 설명한 대로, 심장병이나 류머티즘 관절염같이 우리가 앓고 있는 장기 질병의 대부분은 원래 정신신체질환이 원인으로, 자신의 삶에 대한 통제력을 상실하는 데서 기인한다.

현재 우리의 의료전달 체계는 거의가 신체적 원인과 치료에만 치중하고 있어서, 삶에 대한 통제력을 회복하는 일을 도와주는 것과는 전혀 관계가 없기 때문에, 심장병이나 류머티즘 관절염 같은 질병에는 일반적으로 효과가 없다. 따라서 정신신체질환에 가장 효과적인 치료는 우리가 통제력을 회복하려고 스스로 할 수 있는 일을 하는 것이지 결코 의사가 우리를 위해 할 수 있는 것이 아니다. 예를 들어 필자가 12장에서 언급한 적이 있는 알렌은 심장병으로 고생하였고 계속해서 자기 삶에 대한 통제력을 상실하였기 때문에, 관상동맥을 잇는 수술 후에도 여전히 치유되지 않은 채 남아 있다. 만일 그가 담당의사에게 덜 의존하고 자신에게 더 의존했더라면 그의 병세는 더 호전되었을 것이다.

알렌의 심장병은 아무런 경고도 없이 갑자기 발병한 것이 아니었다. 그는 주치의에게 정기적인 검진을 받아 왔으며, 발병하기 전에 심장병의 뚜렷한 증세는 전혀 없었고 다만 피로하고 기분이 안 좋다고 호소하였다. 그의 혈압은 정상보다 높은 편이었으며, 심장병으로 간주되는 혈액의 화학성분도 아주 정상의 범주에 있었다. 그는 여전히 건강하다는 판정을 받았으므로 별로 걱정할 것이 없었고, 위급한 징후가 보이면 긴밀한 연락을 취하라는 주치의의 친절한 충고를 받았다.

주치의는 현재 그가 어떻게 생활하는지 자세히 묻지 않았으며, 삶에 대한 통제를 좀 더 효과적으로 취하고자 그가 할 수 있는 일들이 무엇인지 묻지도 않았다. 몇 가지 질문만 했더라도 발견할 수 있었던 문제들이 심각하게 통제력을 잃게 만든다. 주치의는 알렌이 이런 질문을 수용하지 않을 거라고 생각했거나, 또는 순수한 의학적인 치료에서 벗어나지 않으려고 했거나, 시간 들이는 것을 원치 않았거나, 또 현재 심장마비를 예방하는 데 잘 알려져 있는 방법을 가르쳐 주지 않으려고 했을지도 모른다. 어떤 의미에서는 알렌과 주치의가 '공모하여' 그의 심장마비의 토대를 마련한 셈이 되었다. 알렌의 실수는 의학적인 치료로 자신의 심장병을 예방하지 못했고, 그가 모든 생활의 통제력을 회복하도록 도와주어 진행 중인 심장병을 서서히 진행하게 하거나 멈추게 할 수 있는 심리학적, 신체적 운동과 영양학적인 프로그램을 제시해 주지 않는 주치의에게 전적으로 의존한 데 있다.

알렌이 솔선해서 전체 예방프로그램에 대한 주제를 끄집어냈다면, 그의 주치의는 그와 협력했거나 또는 이들 중요한 건강조처를 참작할 의료 프로그램에 알렌을 참여하게 했을 것이다. 만일 알렌이 선택이론을 알았더라면, 솔선해서 심장병을 예방하지 못하는 엄격한 의료 치료에 의존하지 않았을 것이다. 주치의가 이와 같은 중요한 프로그램에 적극적으로 참여하려는 데 협조하기를 원하지 않았다면, 알렌은 이 계획의 대부분을 혼자서 시작(이것은 누구나)할 수 있다. 이러한 건전한 예방법을 믿는 의사를 적극적으로 찾으려고 노력해서 자신의 건강을 조절하려고 했어야만 했다. 이것은 알렌이 한 가지 어떤 일을 행했다면 심장병의 예방은 보장되었을 거라고 말하는 것이 아니라, 우리의 생활방식을 바꾸면 심장병을 예방하거나 감소시킬 수 있는 많은 증거가 있다는 말이다.

우리가 건강을 유지하려면, 병에 걸렸을 때 의사가 우리를 치료해

주리라는 전통적인 생각에서 벗어나야 한다. 의사들이 몇 가지 심각한 비전염성(많지 않다) 질병을 치료할 수 있다는 사실은 건강에 도움이 된다. 그러나 "의사가 우리를 치료할 것이다."라는 접근 방법은 타당치가 못하다. 건강에 대한 전적인 책임은 우리 자신에게 달려 있다. 의사는 전문적인 상담자로서 우리의 건강 보호를 위해 우리가 스스로 터득할 수 있는 방법을 보충해 주는 역할을 해야 한다. 우리가 병에 걸리게 되면, 의사가 아닌 우리 자신이 책임을 져야 한다는 기본 전제를 잊어서는 안 된다. 병이 났을 때를 대비해서 우리가 신체적으로나 정신적으로 건강할 때, 의사와 적극적으로 의논해 우리의 건강을 지키도록 신경을 써야 한다. 중요한 것은 우리가 건강할 때는 이 방법을, 병이 나면 다른 방법을 쓰는 것이 아니라 같은 접근 방법을 지속해야 한다는 것이다. 우리의 건강에 대한 책임은 우리에게 있다. 우리는 건강할 때보다 아플 때 치료를 받게 되는데, 우리의 삶을 타인의 손에 맡겨서는 절대 안 된다. 우리의 삶을 남에게 맡길 때 통제력을 잃게 되고 필자가 믿고 있듯이, 만일 타인의 효과적인 통제가 건강에 필수적인 전제라면, 우리가 건강하고 건강한 상태에 머물러 있을 수 있는 절호의 기회를 놓치게 된다.

전체적인 접근을 시도하는 의학 같은 예외가 있기는 하지만 우리의 현재 의학체계가 건강 보호 체제라기보다 병자 보호 체제의 특징을 띠고 있다는 사실을 직시해야 한다. 이것은 건강을 유지하거나 증진시키고자 재정적 또는 심리적 보상이 거의 없이 질병을 치료하는 데에 한정되어 있는 현재의 의료비 지불 체계 때문이다. 도시 전체에 산재해 있는 큰 병원을 방문했을 때, 우리는 이 거대한 병원들이 치료하기 어렵거나 치료가 불가능한 수많은 환자들에게 서비스 제공을 위해 존재한다는 결론을 내릴 수밖에 없을 것이다. 필자는 대부분의 환자들이 정신신체질환에 걸려 있기 때문에 치료되기 어렵다고 생각한다. 현재 의료기관이 제공하는 치료로 환자는 모든 치료에 대한 책임은 면하지만, 이렇게 함으로써 모든 질병 치료에 있어서 가장 중요한 요소인 환자들이 그들 자신의 삶을 통제하는 능력을 상실하게 된다는 것이다.

그런데 알렌이나 우리 가운데 어느 누구도, 의료기관이 우리 건강에 대한 책임과 아플 때 치료하는 책임이 의사보다 환자에게 있다는 사실을 받아들여 우리 모두에게 가르칠 때까지 기다릴 수는 없다.

만일 이런 일이 일어나게 하려면 소비자가 먼저 솔선해야 한다. 현재 이것을 담당하는 의료기관의 어떤 주요한 부서에서도 재정적인 동기는 물론 개인적인 동기도(의사와 병원은 힘을 상실하게 될 것이다) 없다. 선택이론을 자신의 생활에 적용한 의료 소비자는 이 과정을 시작할 준비가 되어 있는 사람일 것이다. 미국의 자동차 산업에서 소비자가 부실하게 조립된 차를 사지 않고 수입차에 대한 구매가 늘어나자 생산품이 개선되었던 것처럼 건강에 좋지 않은 것을 인식하지 못하는 의료 진단 체계를 거부해야 하며, 우리 스스로 자신의 건강에 대한 일차적인 책임을 져야 한다. 우리가 이렇게 할 때, 이 체계는 질병 보호에서 건강 보호로 서서히 바뀌기 시작할 것이며, 현재의 질병 보호 체제에서 천문학적 금액인 의료청구도 실질적으로 줄어들게 될 것이다. 다시 말하면 이것은 의료 기관만의 잘못이 아니라 타인에게 우리의 삶에 대한 책임을 전가시킨 우리의 잘못이기도

하다.

알렌이 선택이론을 알았더라면, 심장병이 일어나기 훨씬 전에 기분이 좋지 않았던 사실에 더 주의를 기울일 준비를 했을 것이다. 그가 주의를 기울이지 않았던 이유는 두려움 때문이었다. 그는 자신의 건강을 호전시킬 수 있는 여러 방법이 있다는 것을 알지 못해, 가벼운 가슴의 통증과 가끔씩 숨이 차는 것 같은 징후를 무시하려 하였다. 그는 주치의의 "걱정하지 말고, 계속 연락하도록 하세요."라는 막연한 충고에 의지했기 때문에, 지난번 마지막 검사 때 주치의가 말한 것이(전에도 그랬었던 것같이) 옳았다고 하면서 스스로를 안심시키려 하였다. 그러나 알렌은 현명한 사람이어서 아프지 않은 상태와 건강이 좋은 상태 사이에 커다란 차이가 있다는 것을 알고 있었다. 알렌은 심장병에 걸리기 훨씬 전부터 건강이 좋지 않았으며, 그의 건강한 관상동맥이 서서히 부식해서 막혀 버렸다 해도, 현 의료 실무진의 기준에서 보면 심장마비를 일으킬 때까지 그는 아직 환자가 아니었다. 만일 그가 건강 유지 프로그램을 관상동맥순환의 상태가 꽤 좋았을 때 신청해서 받았더라면, 심장병을 예방할 수 있었을지도 모른다.

사실 좋은 프로그램들이 많아 그것들을 찾아보기는 쉽지만 이 프로그램들은 모두 우리가 자신의 삶을 통제해야 하며, 통제함으로써 자신의 건강을 지킬 수 있다는 전제에 기초한다. 알렌의 경우 선택이론을 알았더라면, 통제력에서 벗어나는 상황을 통제하려는 더 많은 노력을 기울였을 것이다. 비난에 대한 선택이론의 지식에서, 만일 그가 자신과 사장과의 관계를 개선시키기 위해 무언가를 하지 않는다면 그의 건강은 위태로운 상태에 놓이리라는 것을 알았을 것이다. 그는 다른 사람들이 사장에 대해 알고 있는 만큼 알았으며, 사장이 평소보다 긴장이 풀어져서 포용력이 있을 때에 그에게 다가가 이야기 좀 할 수 있느냐고 물어볼 수 있었을 것이다. 그는 이 사업을 성공시키는 데 기여하는 모든 중요한 사항을 적어 두어 이번 이야기에 대비한 후 사장과 자리를 함께 했을 때, 적어 둔 것을 하나씩 하나씩 점검해 볼 수 있었을 것이다. 그런 후 사업을 더욱 성공적으로 이끌기 위해 그가 할 수 있는 일이 무엇인지 묻고 사장이 하는 말은 무엇이든 기록했어야만 했다. 그러고 나서 원하는 것만큼 그들 사이가 좋지 않다고 느낀 것을 친절하면서도 단호하게 사장에게 말했어야 했다. 그 후에 사장이 무엇을 말하든지 — 그가 분명하면서도 진지하게 자기 의사를 피력했는지는 의심스럽지만 — 알렌은 그들의 관계가 더 호전되기 위해 할 수 있는 일이 무엇인지를 물었어야만 했다.

이때 사장은 아마도 할 말이 별로 없었을지도 모른다. 그러나 그가 어떤 말을 하든, 알렌은 사장에게 말을 하게 하고 경청했어야 했다. 알렌은 이때 사장에게 복사한 목록표를 주고, 그 목록표에 있는 것을 사장이 원하는 것만큼 그가 하지 않고 있다면, 사적으로 다시 이야기를 나누고 싶다는 것과 자리를 같이 할 수 있는 기회를 갖게 된 것이 기뻤다고 말했어야 했다. 만일 사장이 다른 사람들 앞에서 습관대로 알렌을 계속 공격한다면, 알렌은 그에게 그 구체적인 문제에 관해서 사적으로 말하겠다고 말한 후 자리를 뜨는 것이다. 또 사장에게 대중 앞에서 자기에게 한 공격이 자기를 몹시 당황케 했고, 그리고 자신은 당황하게 되면 일을 효율적으로 하지 못한다고 말한다.

알렌은 이러한 통제력을 회복하는 접근 방법 때문에 해고될지도 모르지만(이렇게 될 것 같지는 않지만), 실직이 심장병에 걸리는 것보다 훨씬 낫다. 그러나 사장은 아마도 알렌의 공손한 자기 주장을 존중하여 다른 사람을 골라 공격할 확률이 크다.

말하자면 선택이론에서 우리가 고통이나 병에 걸리는 것을 택해야 한다는 말이 하나도 없는 것처럼, 다른 사람에게 공격당할 때 수동적인 자세를 취할 이유가 하나도 없다. 우리가 해야 할 최선의 일은 필자가 제안한 대로 자신을 현명하게 방어하는 것이다. 만일 우리가 알렌이 한 것처럼 심리적으로 수동적인 자세를 취하기로 한다면, 우리는 건강을 해치게 될 것이다. 알렌이 일단 선택이론을 배우게 되면, 자신의 삶이 언제 통제력을 잃게 되는지를 정확하게 알기 때문에 이를 치료하고자 무언가 타당하고 현명한 방법을 취할 준비를 하게 될 것이다. 아무리 알렌의 주치의가 심리적 요인에 민감하다 할지라도 알렌의 문제를 대신 해결해 줄 수는 없다. 공감을 주는 경청이 일시적으로 도움은 된다. 그러나 책임은 여전히 알렌이 져야 한다. 그의 삶에 대한 책임은 그의 주치의도 사장도 아닌 바로 알렌 자신이 져야 하는 것이다.

삶에 대한 통제를 유지하는 데 가장 어려운 경우는 환자로 입원해 있어야만 회복이 가능한 경우이다. 여러분은 수동적인 자세를 취해서는 안되며 당신을 위해 행해지는 모든 것에 적극적인 관심을 가져야 한다. 당신의 주치의가 모든 절차를 설명해야 하고 무엇이 진행되고 있는지를 당신이 이해해야 한다고 주장해야 한다. 당신이 동의할 수 없는 경우에는 반대 의사를 표명해야 한다. 당신에게 실시된 일에 대해 이해하기 어려울 때 타당한 이유를 알려 달라고 의사에게 요구하는 것은 주제넘은 짓이 아니다. 당신은 병이 낫는 데 도움이 되는 모든 수단을 강구하고자 입원한 것이다. 당신은 휴식을 취하는 데 특히 민감해야 하며, 당신이 계속적으로 방해를 받지 않도록 모든 절차가 병원이 아닌 당신에게 봉사해야 된다고 기대할 권리가 있으며, 특별히 중요한 것은 마음속으로 화가 날 때 수동적인 자세로 잠자코 따르지 않는 것이다. 당신의 구뇌는 당신이 빨리 회복되도록 있는 힘을 다해 힘들게 일하고 있다. 분노나 피로로 과중한 호르몬과 화학적인 부담이 추가되어서는 안 된다.

당신은 또한 자신을 위해 할 수 있는 데까지 해야만 한다. 당신의 치료를 돕는 간호사나 보조원을 당신이 도울 수 있는 방법이 있다면, 치료는 더욱 효과적일 것이다. 대부분의 병원 치료에서 당신의 수동성과 의존성은 당신의 적이 되기 때문에 가능한 한 능동적이어야 한다. 당신이 할 수 있는 것이 무엇인지를 가능한 한 많이 생각하고, 어떻게 느끼는지에 대해서는 가능한 한 적게 생각하라. 문병 온 사람들에게 당신의 감정에 관해 말하는 것은 피하라. 왜냐하면 당신의 고통이 그들을 통제하고 있다는 사실을 알게 되면, 신체적으로 병세가 호전될 때조차도 고통을 택하는 것을 멈추기가 힘들기 때문이다. 다시 말해서 여기서 핵심은 가능한 한 많은 자기 통제력을 유지하라는 것이다. 몹시 아플 때라도 자신의 삶을 통제하는 당신의 능력은 건강을 위한 최선의 기회를 제공한다. 급성질환의 경우, 통제력을 유지하는 방법은 노만 커슨스의 새로운 저서 '심장 치유법(The Healing Heart)'에 잘 설명되어 있는데, 이 책에서 저자는 자기가 심각한 심장병에 걸렸을 때 통제력을 유지하기 위한 개인적인 투병기록을 자세하게 싣고 있다. 당신은 이 귀중한 책에서 많은 것을 배울 수 있다.

　퇴원할 때, 당신은 주치의와 자세한 회복 계획을 세워서 그 계획에 따라야 한다. 이제 당신은 회복하는 데 대한 책임을 질 기획을 가졌으며, 이 기회를 이용하는 것에 대한 모든 책임을 져야 한다. 만약 집에서 요양해야 한다면, 일어설 수 있는 힘이 있는 한 누워 있지 마라. 옷을 입고 몇 가지 보람 있는 활동에 참여하라. 피로하면 집에 돌아가 피로가 회복될 때까지 휴식을 취하거나 낮잠을 자라. 당신의 신체 조건이 허용하는 한도까지 노력하고 당신이 좀 더 활동할 수 있는지 의사에게 언제나 물어 본다. 장기적인 약물치료의 효과에 대해 물어 보고, 발륨(Valium)과 같은 중독성이 있는 약은 기간을 연장해서 복용하지 않도록 한다. 모든 약물치료는 위험하기 때문에, 가능한 적게 사용하도록 하라. 그러나 당신을 위해 처방된 약이 효과가 있다는 확신이 서면, 이 약의 사용이 당신에게 필요하다고 입증되는 동안에는 충실하게 약을 복용하라.

　건강하다는 것과 아프지 않다는 것은 전혀 다르다. 건강하다는 것은 기분 좋고 튼튼하며 민첩하고 휴식을 취했고 정신적으로 예리하며 신체적으로 활발한 것을 의미한다. 건강은 정신적, 신체적으로 도전받기를 바라고 있는 것을 뜻한다. 건강은 시간이 오래 지속되기보다 오히려 빨리 지나가는 것을 의미한다. 당신만이 당신의 건강을 평가할 수 있다. 의사는 당신에게 "뚜렷한 병이 없다."라고 말할 수는 있지만, 그것은 건강과는 별개의 것이다. 건강하려면 당신은 자신의 삶을 잘 통제해야 하고, 이 통제력을 유지하려면 매일 규칙적으로 휴식 시간을 갖는 것이 중요하며, 이것을 필자는 '통제의 시간(in-control time)'이라고 부르고자 한다. 당신이 달콤한 낮잠을 자든 뜨거운 목욕을 하든 일과 후의 정기적인 친선 모임을 갖든 상관없으며, 힘든 테니스 경기 같은 것도 피로나 긴장을 풀어 줄 수 있다. 그러나 무엇을 하든 날마다 적어도 30분간은 당신이 하고자 하는 일을 꼭 하도록 노력해야 한다.

예를 들어 당신이 모노폴리(monopoly) 게임에서 게임판 위에 있는 모든 호텔을 가졌을 때를 기억해 보라. 주사위를 굴릴 때마다 돈이 생겨서 당신은 어느 곳에 내리든 거의 안전했다. 당신은 확실한 승자였음에도 게임을 계속하여, 대담하게 돈을 빌려서 상대방의 압류된 재산을 양도받게 되었다. 당신은 통제 상태에 있기 때문에(you were in control) 마음을 아주 느긋하고 관대하게 갖고 게임하는 다른 사람들과 함께 어울리기도 선택(choose) 했나. 당신의 솜씨를 훌륭히 발휘한 이번 게임에서 이긴 까닭에 당신의 성취, 재미, 그리고 소속 욕구가 멋지게 충족되었다. 그리고 당신이 그 게임을 시작할 때 감기에 걸려 있었다 해도 당신이 이기는 동안은 아마 코를 풀 생각조차 안했을 것이다.

건강해지기 위해 우리는 이와 같은 시간이 필요하며, 알렌의 삶에서 한 가지 중요한 결함을 지적한다면 일상생활에서 이 중요한 통제의 시간을 갖지 않았다는 것이다. 그는 사장의 협박으로 늦게까지 일하기 일쑤였다. 그래서 늦은 귀가에 불만을 토로하는 가족을 위해 서둘러 귀가하곤 했다. 게다가 가족들이 그가 사장과 어떤 어려움을 겪는지를 이해하지 못했기 때문에 그들에게 화를 내곤 했다. 그가 협상해야 할 가장 중요한 것 한 가지는 근무시간을 조정하는 것이다. 그에게 쉴 시간이 없다면 우리 모두가 건강하기 위해 필요로 하는 매일의 휴식을 그는 결코 갖지 못할 것이다. 경쟁의식이 강한 알렌은, 테니스나 라켓볼과 같은 경쟁적인 경기로 긴장을 풀려고 할 것이다. 테니스나 라켓볼을 하려면 기술면에서 자신과 수준이 같은 사람들과 경기를 해야만 한다. 그렇지 않으면 경기에 져서 패배감을 맛보게 되거나 또는 경기에 쉽게 이기게 되면 지루함을 많이 느끼게 될 것이다. 어떠한 게임이든 통제 상태에서 행해지는 행동이 되기 위해서는, 게임의 승패에 관계없이 그 게임을 즐겨야 한다. 우리가 공정한 몫을 얻지 못하면 어느 게임에서든지 지속적으로 만족하기가 어렵다.

 그러나 게임에서 이기는 것 이상으로, 어떤 게임이든 충분히 만족을 얻고 그것이 통제 가능한 활동이 되게 하려면 게임을 같이 하는 사람들과 교제를 즐겨야 한다. 테니스를 배우는 동안 필자는 시종일관 나에게 패배만을 안겨 준 사람과 몇 년 동안 테니스를 쳤는데, 이 훌륭한 선수가 오랫동안 게임에 지면서도 만족해하는 나를 인내하면서 게임을 해준 것에 대해 필자는 대단히 고마웠다. 그는 모든 라인을 정확하게 불러 준 양심적이며 공정한 선수였을 뿐만 아니라, 각 세트 중간마다 이야기하는 것을 즐기는 바로 그런 종류의 사람이었다. 따라서 우리는 통제 상태에 있는 시간(in-control time)이 다른 사람도 포함시키는 활동이 된다면, 때때로 그 활동이 좋은 성과를 거두지 못할지라도 같이 있는 것만으로도 서로 만족을 해야 한다.

어떤 게임도(예를 들면 골프, 테니스, 카드놀이…) 다 건강에 좋을 거라는 보장은 없으므로, 게임이 통제 상태에 있는 시간이 되려면 우리와 함께 게임하는 사람들이 시종일관 즐거움을 누릴 수 있다는 보장이 있어야만 한다.

　어떤 활동을 하든지 우리가 그것을 하며 보낼 때는, 완전히 긴장을 풀 수 있을 정도로 충분한 시간이 있어야 한다. 그것은 우리가 원하는 것과 우리가 가진 것의 차이가 아주 작아서 우리가 다른 것을 해야 할 필요성이 없을 정도의 시간이어야 한다. 신뇌가 긴장을 풀게 됨에 따라 우리의 몸 전체도 긴장을 풀게 된다. 격렬한 운동이라도 우리가 하고 싶을 때에 하면 정신적으로 긴장을 푸는 활동이 될 수 있다. 모든 사람에게 적절하다고 생각되는, 통제 상태의 시간이라는 것을 분명하게 세울 수 있는 최적의 기준은 없다. 그러나 필자의 생각으로는 우리 모두가 좋은 건강을 지키기 위해 하루에 30분 정도면 속하나 많으면 많을수록 더 좋다. 그러나 이것을 규칙석으로 하면 어린 자녀가 있는 어머니들처럼 바쁜 사람이 5분간이라도 완전히 긴장을 푼다면 놀랄 만한 효과를 발휘할 수 있을 것이다. 그것을 할 수 있을 정도로 운 좋은 시간이 없는 사람에게는 3분간의 풋잠도 매우 귀중한 긴장완화가 될 수 있다.

　통제 상태에 있는 시간(in-control time)이 효율적이 되려면 우리가 행하는 것이 우리의 머릿속에 있는 한 가지 분명한 사진을 만족시켜야 하지 결코 갈등을 경험하는 시간이 되어서는 안된다. 예를 들어 나는 테니스를 치고 싶으면 마음속에 다른 아무 것도 없는 상태에서 테니스를 친다. 텔레비전을 앉아서 보고 싶으면 텔레비전을 보는 것이 내가 하는 것이고 내가 하고 싶은 것의 전부이다. 날마다 같은 활동을 해야 한다는 것은 아니지만, 매일 이런 시간이 있어야 하며 만약 그것이 다른 사람들과 함께하는 것이면, 그 활동이 무엇이든 그 사람들이 함께 지내기에 즐거운 사람이라야 한다. 만일 우리가 이 시간에 술을 마신다면(많은 사람들이 일과가 끝난 후 '긴장을 풀려고' 술 마시는 것을 좋아한다), 우리가 술을 마시는 곳이 집이든 술집이든, 그 분위기가 아주 좋아서 마시지 않아도 만족할 정도가 되어야 우리는 여전히 통제 상태에 있다고 느낀다. 알코올은 통제 상태에 있는 시간을 증진시킬 수 있다. 그러나 만약 알코올이 통제를 하고 있다는 편안한 느낌을 갖게 하는 데 꼭 필요하다면, 이것은 필자가 언급하려고 하는 건전한 통제 상태의 시간이 되지 않는다고 말하고 싶다.

성(sex)이 이러한 요구들을 충족시킬 수 있는지에 대해 많은 사람들이 내게 질문해 왔다. 이에 대한 답변은 그것이 양쪽을 다 충족시켜 준다면, 멋진 통제 상태의 시간이 될 것이다. 그러나 성적 만족은 통제하기에 아주 어려운 많은 요소들에 상당히 의존하고 있기 때문에, 만약 필자가 통제 상태의 시간을 위한 활동을 찾으려고 한다면, 나는 성적 만족에만 완전히 의존하지 않을 것이다. 우리 가운데 지나치게 긴장 완화를 시키는 사람은 거의 없겠지만, 우리는 친밀한 관계에 있는 것보다 우리 통제 하에 있는 여러가지 활동에 의존해야 한다. 독서 특히 취침 전의 독서는 거의 완전하게 우리의 통제하에 있는 활동의 한 예이다. 독서는 거의 매일 밤 할 수 있고 독서가 만족을 준다면, 독서는 이때의 요구조건을 완벽하게 충족시키는 것이다. 한편 극장이나 연주회에 가는 것도 아주 즐거운 일이지만, 비싼 입장료나 평범한 연주와 같이 복잡한 활동에 따르는 아주 많은 실제적인 좌절감들이 있다. 그러기에 우리가 필요로 하는 규칙적인 통제 상태의 시간을 마련하려면 이런 복잡한 활동들에 의존할 수 없다.

그 활동이 무엇이든지 완전히 어떤 특별한 사람에게 의존하지 말아야 할뿐더러, 실행하는 데 엄청난 노력과 비용이 들어서도 안된다. 이것을 당신이 테니스나 골프를 친다면, 먼저 테니스와 골프를 칠 여유가 있고 시간을 낼 수 있어야 하며 당신이 규칙적으로 즐겁게 같이 칠 사람이 몇몇 있어야 한다는 것을 뜻한다. 통제 상태의 시간은 당신이 규칙적으로 몰두할 수도 있고, 때때로 다른 사람들과 함께 나눌 수도 있는 취미가 될 수 있다. 그러나 취미는 당시에게 만족을 주어야만 한다. 때문에 수많은 취미들이 있으며 모든 취미는 규칙적으로 쉽게 통제 상태의 시간을 제공해 준다.

필자는 규칙적으로 하지 못하지만, 강아지를 데리고 산책하는 것이 내게는 아주 멋진 통제 상태의 시간(in-control time)이 된다는 것을 알았다. 필자는 대부분 집에서 글을 쓰며 글쓰는 것이 피곤할 때, 사냥개를 데리고 똑같은 거리를 30분간 산책 하고 돌아오면 긴장이 풀리고 원기가 회복되는 것을 느꼈다. 이것은 내가 글쓰는 것에서 해방되는 시간으로, 이때 자발적으로 따라오는 동반자로 이 개가 최적이다. 이 개는 나와 산책 가는 것을 한 번도 거절한 적이 없으며 앞으로도 거절하리라고 전혀 생각하지 않는다.

이 간단한 묘사로 당신은 통제 상태하의 활동(in-control activity)이 무엇인지를 이해하는 데 어려움이 없을 것이다. 그러나 당신은 이런 상태가 아닌데도 통제 상태에 있다고 자기를 납득시킬 수 있다. 이런 시간은 휴식이나 게임을 하거나 또는 일을 멈추고 잠시 쉬는 시간을 가지는 것 이상으로 귀중하다. 당신이 하고 싶은 것을 하고 있고, 아무도 그것을 하는 당신의 권리를 문제 삼지 않을 것이기 때문에, 당신은 높은 통제감을 순간순간 느끼게 된다.

약품을 사용하지 않고 이런 시간을 갖는다는 것은 우리 대부분이 인식하는 것보다 무척 어렵다. TV에서 선전하는 맥주 광고에서 보여주는 모든 재미있는 시간이 맥주가 없이도 재미있을까? 볼링이나 포커와 같은 게임이 당신에게 통제감과 긴장완화(relaxation)를 제공해 주는가? 또 공이 당신이 원하는 대로 가지 않거나 카드가 너무 자주 잘못 나오기 때문에 당신을 좌절시키지는 않는가? 당신이 즐거운 마음으로 기다리는 시간인 잠자리에서 읽을 좋은 책과 잡지들을 구하려고 노력을 기울이는가?

필자는 우리 가운데 많은 사람이 이런 통제 상태에 있는 시간을 충분히 갖지 않는다고 믿는다. 이를 테면 당신과 당신의 배우자가 직장에서 힘들고 불만족스런 하루를 겪었다고 하자. 이것은 당신이 태만하게 일을 했다는 것을 뜻하는 것이 아니라, 어떠한 직업도 8시간 동안이나 만족스러울 만한 일을 제공할 수 없다는 뜻이다. 하루의 일과가 지남에 따라 당신에게는 좌절감이 쌓이기 시작해, 퇴근 무렵에는 이 좌절감이 가슴에 사무치게 된다. 이런 좌절감은 그 자체가 압도시키지는 않지만 낙타등 위의 밀짚처럼, 하찮은 것도 한도를 넘으면 큰 일이 되는 것처럼 쌓이고 쌓이면 무거워진다. 이 일들로 인해 생긴 좌절감을 해소하기 위해 당신 부부는 긴장을 풀 시간이 필요하며, 귀가하자마자 이런 시간을 가지기를 희망할 것이다. 집에는 더 많은 좌절이 있을 것이라는 것을 잘 알고 있기 때문에 당신은 그것들을 다루기 전에 직장에서 얻은 좌절감들을 해소하고 싶어 한다. 화내거나 의기소침해하거나 또는 통제력을 다시 회복하고자 하는 시도로 잠재적으로 어떤 다른 파괴적인 방법으로 행동하지 않고서는 좌절로 인해 생긴 마음의 짐이 너무 무거워서, 한 번에 짊어질 수 있는 데에는 한계가 있다는 것을 당신은 잘 알고 있다. 우리 모두는 우리의 배우자나 자녀에게 큰소리로 몰아세우는 자신을 발견하게 되는데, 이것은 그들의 행동이 특별히 '좌절감'을 불러일으키기 때문이 아니라, 사소한 안달이 쌓여서 무거워진 부담에 그들의 행동이 더해지기 때문이다. 예를 들어 가족 중에 한 사람이 테니스로 긴장을 풀고 있는 동안 다른 사람은 뜨거운 물로 목욕하면서 하루의 긴장을 풀어 버리면 온 가족이 더 좋은 저녁시간을 함께하는 기회를 가지게 될 것이다. 이러한 상식이야말로 훌륭한 선택이론의 적용이다.

비록 이것이 효과를 본다 해도 규칙적인 동세 상태에 있는 시간(regular in-control time)도 한계가 있다. 이런 시간도 당신을 중요한 문제에서 구제해 주지는 못할 것이다. 당신의 결혼생활이 위기에 처해 있거나, 어린아이가 심하게 아프거나, 당신이 중요한 승진에서 탈락되었다면, 테니스를 치거나 일과 후 한두 시간 동안 즐겁게 쉰다고 해서 이러한 생각을 당신의 마음에서 떨쳐버릴 수는 없을 것이다. 당신은 알렌이 J.B.에게 이야기했을 때 한 것처럼 능동적인 일을 해야만 한다. 훌륭한 통제 상태에서 행하는 활동은 당신이 계획을 세우는 동안 얼마간의 시간을 당신에게 제공해 주겠지만, 당신의 머릿속에 있는 구체적인 사진을 만족시켜 주는 대체물은 되지 못한다.

7장에서 자세히 설명했듯이, 극도의 좌절감을 겪으면서도 병이 나지 않을 수 있다. 우울증이나 두통과 같은 고통스런 느끼기 행동들이 많이 쌓여 있는데도, 우리는 이것을 통제력을 얻는 데 사용할 수 있다. 그러나 당신이 우울하거나 두통에 시달리고 있다면, 내가 본장의 앞부분에서 정의 내린 대로 당신은 건강하지 못하다.

통제 상태에 있는 창의적인 시간

필자가 1976년에 쓴 「긍정적인 중독」을 위해 조사 연구할 때, 나는 우리가 그것을 계발하는 방법을 배우기만 한다면, 우리 내부에는 상당한 잠재적인 힘의 원천이 있다는 것을 알게 되었다. 규칙적으로 긴장을 푸는 달리기와 같이 사실상 명상을 유도해 내는 단순한 활동들은, 심각한 음주자를 알코올 중독증에서 회복하도록 도와주고, 일생 동안 앓아 온 편두통을 낫게 해주고, 진행성 관상동맥 환자의 병이 서서히 낫게 도와줄 정도로 잠재력을 계발할 수 있게 한다. 내가 연구했던 긍정적인 중독자들의 한 집단 사례를 인용해 보면, 달리는 사람들은 기대했던 대로 상당한 신체적인 힘과 건강을 얻었을 뿐 아니라, 내가 믿고 있는 우리 모두의 내부에 존재하는 부단한 창의성에 더 많이 접근함으로써 그들의 정신력이 눈에 띄게 증진되었다.

나는 창의적인 인간이 되기 위해서 모두 긍정적인 중독자가 될 필요가 있다는 것을 암시하는 것은 아니다. 오히려 대부분 고도로 창의적인 사람들은 그렇지 않다. 그리고 명상하는 것을 통해서 우리가 유익한 창의력을 얻을 것이라고 보장하지도 않는다. 우리 머릿속에 있는 사진과 우리가 갖고 있는 사진의 차이를 해소하려고 열심히 노력하는 우리 모두는, 늘 자신의 창의력을 계발하고 있으며 엄청나게 효과를 본 경우도 많다. 편안하게 앉아서 워드 프로세서를 기쁘게 조작하면, 새로운 아이디어들이 끊임없이 떠오른다. 나는 새로운 아이디어들에 관심을 집중시키는데, 그것들이 내 머리에 떠오를 때 나는 그것들을 자주 사용한다. 이러한 현상은 주의를 집중하고 내 말을 지지해 주는 집단에서 필자가 강의할 때에도 일어난다. 새로운 아이디어들은 끊임없이 놀라울 정도로 내 마음속에서 갑자기 떠오르며, 그중 일부는 아주 유익하고 대부분은 아주 재미있다.

   나는 우리 대부분이 자신의 창의력이 끊임없이 제공해 주는 것에 주의를 기울임으로써 창의성에 더 많이 접근할 수 있다고 믿는다. 그러나 우리 대부분은 너무 바빠서 창의성에 주의를 기울이지 않거나 의심을 품는다. 사실상 위대한 사람과 보통 사람의 중요한 차이 하나는, 위대한 사람은 자신의 타고난 창의성에 세심한 관심을 기울이고 창의성이 제공해 주는 일을 주의 깊게 고려하는 것일지도 모른다. 그러나 우리는 지나칠 정도로 창의적이 될 수 없으므로 긍정적인 중독 활동은 고려할 가치가 있는 것으로, 우리 삶에 작지만 중요한 면을 더해 줄 수 있다.

   모든 달리는 사람이나 사색하는 사람이 충분히 긴장을 풀고 자신을 수용한다고 해서 그들이 반드시 창의성에 접근할 수 있는 마음의 상태에 도달하는 것은 아니다. 어떤 사람들(특히 달리는 사람들)은 마치 그들이 오르막 경주에서 반드시 이겨야만 하는 것처럼 이 행동에 몰두한다. 그리고 그들이 얻으려고 노력하는 '기준'에 도달하지 못하면, 그들 자신을 비난하고 날로 증가하는 성취 욕구를 채우려고 자신을 몰아세운다. 이것으로 힘을 추구하려는 그들의 욕구를 충족시킬 수는 있으나, 그들의 삶에서 생긴 좌절감을 채우고자 강박적인 행동을 취할지도 모른다. 그러나 그것은 활동이 긍정적으로 중독되게 하는 데 필요한 긴장을 풀게 하고 성취감에 대한 만족을 줄 수 있는 자기 수용을 제공해 주지는 못한다.

명상하며 달리는 사람과 강박적으로 또는 경쟁적으로 달리는 사람을 구별하는 좋은 방법은, 명상하며 달리는 사람은 활동의 창의적인 사생활에 가치를 두기 때문에 자신의 활동에 대해 좀처럼 언급하지 않는다는 것이다. 반면에 경쟁적으로 달리는 사람은 달리는 것 이외에는 거의 말하지 않는다. 그의 신발, 달린 횟수, 식사, 신체상 근육에 대한 지방의 비율은 달리기의 중요성으로 볼 때 그가 주의를 불러일으켜야 할 노력의 전부이다. 명상하며 달리는 사람도 또한 때때로 경주할 수 있으나, 대부분은 달리는 것 자체에다 목적을 둔다. 그는 혼자 달리거나 자신처럼 비경쟁적인 사람들과 함께 달리는 것을 좋아한다. 그러나 달리는 많은 사람은 두 가지를 다하는데, 즉 그들은 주로 명상할 시간을 마련하고자 달리지만 가끔은 마라톤으로 달리거나 또는 시합을 한다. 두 종류의 달리기의 차이를 알고 있기에 그들은 그것들을 구분한다.

중독이 될 수 있는 규칙적인 즐거움은 당신이 긴장을 풀고 통제 상태에 있는 동안 뜻밖의 창의적인 과정에 접근했을 때 얻는 즐거움과 같다. 갑자기 영감이 떠오르거나 당신의 환상적인 이야기를 제지하지 않고 들어주는 좋은 친구에게 긴장을 풀고 이야기하는 것이 얼마나 즐거운지 상상해 보라. 이 모든 유쾌한 활동에서 즐거움의 근원은 창조성이다. 우리가 창조적으로 생각을 하고 있을 때, 가치가 없거나 파괴적인 새로운 행동까지도 생각해 낼지 모르지만 그것을 사용할 필요가 없기 때문에 지나가는 생각으로 나타났다가 사라지게 된다. 그러나 우리 의식을 통과하는 창의적인 생각은 어느 것이나 가치가 있을 수 있다. 만일 우리가 이것을 실천에 옮길 수만 있다면, 더 많은 통제력을 얻는 데 도움이 될 수도 있다. 긍정적으로 중독되는 활동에 참여한다는 것은 돈을 집어 넣지 않고 자동 도박 기계(slot machine)와 놀 수 있는 기회를 가지는 것과 유사하다. 우리가 돈을 딸 수 있을지는 모르나 잃지는 않는다. 긍정적인 중독은 그들의 창의력에 접근하게 해주며, 창의성은 항상 즐거울 수 있고 잠재적으로 강한 힘을 지니게 해주지만, 그것이 지금 또는 나중에 도움이 될 것 같지 않으면 어떠한 압력 하에서도 이 접근을 사용하지 말아야 한다. 창의력이 반드시 좋은 것만은 아니라는 사실을 명심하라. 그러나 긍정적인 중독을 통해서 얻어진 창의성은 아주 좋을 수 있으며, 그 이유는 '통제 상태에 있을 때' 우리가 건설적으로 창의적인 행동들을 사용할 수 있기 때문이다. 단지 우리의 삶이 심각하게 통제 상태를 벗어났을 때에만, 미치거나 질병을 일으키는 정신적 또는 신체상의 창의적인 행동을 필사적으로 받아들여 실천하게 된다.

긍정적인 중독들은 쉽게 생기지 않는다. 당신이 긍정적으로 중독되기 위해서 규칙적으로 달리기를 하려고 한다면, 적어도 처음 6개월 동안은 당신이 원하는 목표에 도달할 수 있는 기회가 조금밖에 없다는 것을 알아야 한다. 그러나 단지 2~3주내에 얻게 되는 것은 매우 건강한 통제 상태에 있는 활동이다. 당신이 달리기를 즐겨서 일과 후에 달린다고 가정할 때, 긴장도 풀리고 그날의 웬만한 좌절감은 빠르게 해소될 것이다. 아침에 달리면 좌절감이 해소되어 기분이 상쾌하고 준비성 있게 하루 일과를 시작할 수 있을 것이다.

그러나 당신이 적어도 45분 동안 일주일에 3번씩 규칙적으로 달리려고 노력한다면 최소한 6개월 후에, 때로는 몇 년 되지 않아서 이 활동에 적극적으로 중독될 수 있을 것이다. 당신이 언제나 긍정적으로 중독되리라는 보장은 없지만, 당신이 그렇게 하면 좋은 통제 상태에서 시작한 활동이 더 창의적인 통제 상태에 있는 활동으로 발전될 수 있다. 뜨거운 목욕을 하는 것, 또는 일과 후의 사교적인 음주와 같은, 좋은 통제 상태에서 행하는 많은 활동은 충분한 노력이나 집중을 하지 않기 때문에 결코 긍정적인 중독이 될 수 없다. 당신이 지금 하고 있는 것을 제외하고 걱정되는 모든 것을 일소해서 긍정적인 중독에 도달하기 위한 발판을 마련하려면 달리기와 수영을 하려는 노력, 좋은 명상 또는 요가 연습 등에 전념해야 한다. 만일 당신이 그것에 도달하는 데 성공하면, 그날의 사소한 좌절감을 깨끗이 씻어버리는 것 이상의 효과가 있다. 당신은 창의성에 쉽게 접근할 수 있게 된다. 이것은 또한 당신이 인생에서 직면하게 될지도 모르는 어떤 문제들에 대처해 나가는 데 도움이 되는 것으로 작지만 의미 있고 상당히 큰 힘을 당신에게 제공해 줄 것이다.

이 과정을 이해하기 위해, 창의성은 우리의 생존에 필수적이기 때문에 창의적 행동 체계의 작용은 결코 중단되어서는 안된다는 것을 명심하라. 당신이 규칙적으로 하고 있는 일을 세밀히 들여다보면, 무슨 일이든 당신이 하는 일을 정확히 똑같은 방법으로 두 번 반복하지 않는다는 것을 알게 될 것이다. 우리의 창의적 체계는 우리에게 무엇을 개선해야 할 것인지 꾸준히 알려 주며, 대개 우리가 알지 못하는 사이에 우리는 그것들을 철저히 시험한다. 그것이 자주 작용함에 따라, 우리가 행한 행동을 조금밖에 의식하지 못한 채 그것들을 행동에 첨가한다. 그러나 이것을 초월해서 우리의 창의적 체계가 언제나 활동적이라는 것을 확신시켜 주는 사실은, 우리가 전혀 예기치 못한 창의적인 번뜩임에 빈번히 놀라게 된다는 것이다.

'명상'이라고 불리는 다양한 행동 속에서 수 세기 동안 종사해 온 사람들은 명상이 창의성에 접근하는 것이라고 믿는다. 명상은 달리기나 수영처럼, 신체적인 활동성이 있을 수도 있고, 선(Zen; 禪)을 할 때처럼 신체적으로는 활동하지 않지만 정신적으로 집중할 수도 있으며 요가와 같이 양자를 결합한 것일 수도 있다. 그러나 활동적이든 비활동적이든 명상은 마음의 흐트러짐 없이 집중할 수 있을 정도로 정신을 통일해야 하는데, 그렇지 못할 경우 효과가 없다.

예를 들면 달리기는 달리는 사람이 더 연습이 필요하다는 사진을 자신의 머릿속에 가지고 출발하기 때문에 만족을 준다. 달리기는 행동이 구체화되는 한 방법이며, 일주일에 적어도 3번은 규칙적으로 달리는 사진들을 그들의 사진첩 속에 끼워 넣는다. 인내력을 키우는 것은 시간과 노력이 들지만 아무런 기술이 필요하지 않다. 우리 모두는 달리는 방법을 알고 있으며, 우리가 어떤 방법으로 달리든 그것은 우리를 편하고 기분 좋게 하기에 충분하다. 건강 상태가 정상이고 일주일에 적어도 3번씩 45분간 규칙적으로 달린다면, 3개월 내에 약 5마일을 1시간 내에 달릴 수 있게 된다. 당신이 빨리 달리지 않아 1시간 걸린다 해도, 그것은 걷는 것보다 2배나 빠르다. 명상하기 위해 달리는 것이라면 빨리 달린다든가 멀리까지 달리는 것보다 편하게 달리는 것이 더 중요하다. 당신이 충분히 노력하면 4~5마일을 달리기 전에 벌써 당신은 그 사실을 알게 될 것이다.

당신이 계속해서 달리기만 하면 당신의 인내력은 증가되겠지만, 당신이 궁극적으로 얻은 인내력이 얼마 만큼인지는 중요하지 않다. 중요한 것은 몇 마일을 쉽게 달린다는 점에서 자신을 인내력을 지닌 훌륭한 경주자로 보고 매일 달리기를 결심하는 것이다. 이때 당신이 자신을 몰아세운다면 불만족스럽게 느끼는 날들이 많아질 것이므로 당신은 만족스런 긍정적인 중독의 수준에 도달하지 못할 것이다. 중독된 주자는 상당한 인내력을 가지고 있다. 그러나 그 사람은 달리기 그 자체에 만족하기 때문에 자신이나 다른 사람과 경쟁하지 않는다. 당신이 계속해서 달리고 계획했던 것을 성취하고 있다는 것을 믿게 됨에 따라, 당신은 이 지상에서 편안하게 움직임으로써 거의 완전한 통제 상태에 있는 자신을 발견하게 된다. 이제 규칙적이라는 점에서 당신이 현실 세계에서 보고 있는 달리는 사람과 당신의 사진첩에서 달리고 있는 사람과는 동일하다.

이런 활동을 하기로 노력하는 동안에는 당신의 마음에서 거의 아무것도 요구하지 않기 때문에 그것은 곧 구뇌조차 '즐기는' 쉽고 일상적인 구뇌의 활동으로 되어 간다. 만일 당신이 완전한 통제 상태에서 긴장이 풀린 채로 몇 달 동안 달리는 데만 만족하게 되면, 짧은 순간 당신이 하고 있는 행동이 궤도를 이탈한 것 같은 경험을 하게 될 것이다. 당신이 지나친 것을 기억하지 못하는 사이에 벌써 일정한 거리를 달려 왔음을 당신은 알게 된다. 그것은 당신이 의식이 없었다는 것이 아니라 달리기에 쉽도록 일상적인 리듬으로 달리고 있는 동안, 마음이 당신이 무엇을 하고 있는지를 잊어버리고 오락가락하기 시작했다는 것이다. 당신은 보통 당신이 생각하는 방법과는 전적으로 다른 일련의 여러가지 생각들을 하고 있다는 것을 또한 알아채게 될 것이다. 당신이 이와 같은 짧은 경험에서 벗어났을 때, 당신 주변의 사물들이 더 눈에 잘 띄게 될 것이다. 나무, 꽃, 인도(人道)와 뒷골목은 전보다 달라 보이고 그리고 더 당신의 마음을 끌기 시작할 것이다.

이것들은 잠시 당신의 마음이 긍정적인 중독 상태 또는 명상 상태에 빠져 있었던 때에 일어난 일이다. 당신은 곧장 당신의 창의적인 세계 속으로 빠져 들고 있었던 것이다. 당신은 새로운 사고를 통해서 그것을 대부분 의식하였을 뿐만 아니라 잠시 기분이 아주 좋았고 심지어는 황홀하리 만큼 기분이 고조되었다는 것을 또한 알아챘다. 신체적으로 당신은 힘과 자신감을 얻은 기분일 것이다. 이것은 마치 그 전에는 당신의 존재 안에 내재해 있지 않았던 어떤 좋은 무엇이 첨가된 것과 같다. 일부 달리는 사람에게 이런 현상이 달리고 있는 동안에는 일어나지 않을지도 모르지만, 그 후 즉시 일어나기도 하는데, 그것은 그들의 기분이 유쾌한 상태에 있을 때로 보통 만족스러운 일을 하고 난 뒤에 따르게 된다.

이것은 자주 일어나지 않으며 가장 열심히 달리는 사람의 경우나 명상가들에게조차도 오랫동안 일어나지 않는다. 그러나 일단 일어나면 당신은 당신 자신의 창의적 체계를 깨닫게 되기 시작한다. 새로운 생각, 느낌, 그리고 새로운 활동의 암시가 당신의 의식 속으로 여과되어 들어간다. 이것들의 대부분은 그 자체로서는 가치가 없지만, 당신 자신의 창의 체계를 잠깐 스치기만 해도 힘과 자신감을 얻은 것으로 자연적인 마취에서 풀려나게 되었을 때 따르게 되는 기분과 같다.

편안하게 달리는 것은 이제 너무나 쉬운 것으로, 그것은 마치 당신이 아무것도 하지 않는 것과 같으며, 힘들이지 않고 성취감을 맛보는 그런 상태와 같다. 이때 전적으로 활동하는 것은 당신의 창의 체계의 산물이며, 그것은 당신이 성취하려고 노력하는 명상 상태인 것이다. 그것을 설명하는 것은 간단하지만 그것은 쉽게 이룰 수 있는 상태가 아니다. 불교의 선(禪)에 도통한 사람들은 이러한 정신 상태에 도달하기 위한 제반 방법, 소위 깨달음(悟)을 체득하려고 수 세기 동안 수행해 왔으며, 여기서 깨달음이란 당신과 세상 사람들이 얼마 동안 완전히 평화로운 상태로 있을 때도 선택이론의 용어를 빌리자면, 이런 경지에서는 당신의 머릿속 사진과 세상 사람들이 마치 하나인 것처럼 함께 융합되는 것으로, 이때 창의성은 거기에 존재하는 전부인 것이다.

당신은 자신이 지금 접근하고 있는 추가적인 창의성을 사용하고 있다는 것을 결코 인식하지 못할 수도 있으나, 필자는 당신이 항상 사용하고 있다고 확신한다. 당신이 창의적인 통제 상태에서 활동을 계속 실천할 때 달라진 마음의 상태는 오래 지속되는데, 때로는 15분에서 20분 동안 지속될 것이다. 달리는 사람과 명상하는 사람들이 이런 정신 상태에 있을 때, 그들은 자신이 깊이 생각하고 있었다는 것을 인식하지 못한 채, 문제를 해결해 주는 창의적인 번쩍임을 얻게 된다고 보고하고 있다. 그들은 또한 많은 창의적인 폐기물이 떠오른다는 것을 인정하지만, 그들은 창의적인 것과 폐기물을 구분하여 그 폐기물을 즐기기조차 한다. 누가 알겠는가? 지금 왕겨로 보이는 것이 좋은 곡식으로 변하게 될지도 모른다. 그들이 이것을 계속해 나감에 따라, 그들은 그들의 마음이 그들이 방문해야 할 황홀한 장소임을 알고 그들 자신의 창의적인 세계로 여행하는 것을 고대한다.

만일 규칙적인 창의적 통제 상태에 있는 시간을 갖지 못한다면, 자신이 덜 효과적으로 살게 되는 것이 아닌가라고 생각하지는 마라. 필자가 우리 모두에게 필요하다고 믿고 있는 통제 상태에 있는 시간(an in-control time)과는 달리, 창의적으로 통제 상태에 있는 시간(a creative in-control time)은 필수적인 것이 아니다. 그러나 당신이 당신의 삶에 힘을 더해 주는 방법들을 찾고 있다면 창의적인 통제 상태는 알아둘 만한 가치가 있는 중요한 선택이론의 개념이다.

제 21 장

어떻게 선택이론을 사용할 것인가

많은 관찰을 통해, 다음에는 개인적인 응용을 통해, 당신이 이런 기본 개념을 생활에 적용시킬 수 있으면, 당신은 효과적인 통제를 하는 방법으로 건강하게 잘 살 수 있을 것이다. 인내심을 가지고 꾸준하게 하라. 당신은 선택이론 없이도 오랫동안 살아왔으며, 변화는 항상 서서히 이루어진다. 선택이론이 우리 머릿속에 있는 사진들과 우리가 택하는 행동들을 통해서 실현되는 과정임을 이해한다면 당신은 확실한 출발을 한 것이다. 일단 당신이 꾸준하게 이것들을 실행해 나간다면, 나머지는 자연적으로 이루어지게 될 것이다.

필자는 이제 당신이 선택이론에 대한 내 설명을 이해하였으리라고 본다. 그러나 당신에게 이해가 되는 것들을 '읽는 것'에서부터 선택이론에서 얻은 아이디어들을 당신의 실생활에 '적용시키는' 데까지 가려면 큰 걸음을 내딛어야 한다. 이런 걸음을 내딛게 하는 첩경은 당신의 생활에 급격한 변화를 시도하는 것이 아니다. 처음에는 선택이론에서 설명하는 지각 여과기를 통해서 당신 주변의 사람들을 바라보도록 하라. 당신이 그렇게 함에 따라, 이 이론이 더 살아 있는 이론으로 인식되기 시작할 것이며 사람들이 행하고 생각하고 느끼는 것들을 봄으로써 더욱더 이해하게 될 것이다. 그런 후에 같은 방법으로 당신 자신의 생활을 들여다보기 시작하라. 그러면 쉽사리 당신의 생활에서 선택이론을 사용하기 시작한 당신 자신의 모습을 발견하게 될 것이다.

필자가 "당신 주변의 사람을 바라보라"고 말한 의도를 당신이 쉽게 이해할 수 있도록 한 가지 예를 들어보겠다. 나와 아내는 인근 대학에서 벌어지고 있는 농구와 축구 경기들을 자주 보러 간다. 관중석은 우리처럼 본고장 팀을 응원하는 관중으로 만원을 이루고 있는데, 상대방 팀을 응원하며 큰 소리로 외치는 소수의 사람들도 언제나 있기 마련이다. 우리 모두는 힘에 대한 욕구, 소속에 대한 욕구, 재미에 대한 욕구를 충족시키려고 하는데, 이것은 우리 머릿속에 있는 팀이 이길 때 얻어진다. 만일 우리 팀이 지게 되면, 우리 대부분은 노여움을 통제하기 위해 잠시 침울해하는 것을 택한다. 우리 팀이 큰 경기에서 이긴 후 한 열광적인 팬이 실망을 한 패배 팀의 팬들이 줄지어 나갈 때, "자, 자살하려면 이것을 가지고 가라."고 하면서 깨진 병 하나를 그들에게 주었다. 우리 모두는 웃었지만 통제가 이기는 것과 결부되어 있는 이 간단한 상황은, 우리 모두가 자신의 삶에서 통제력을 가졌을 때 또는 통제력을 잃었을 때 선택하게 되는 다양한 느끼기 행동을 관찰하기에 좋은 장소이다. 우리 팀이 경기를 잘 풀어 나가면 더 잘 싸우라고 격려의 박수를 보내면서 즐거운 환성을 지른다. 그러나 수많은 관중들은 우리 팀이 마지막에 가서 지게 되면, 우리도 모르는 사이에 실망하여 침묵을 지키게 된다. 모든 것이 아주 명쾌하고 그리고 이해하기 쉽기 때문에 필자는 이 경기를 예로 들어 인용한 것이다. 우리 팀이 이기면 갈등이 없으며, 우리는 우리 자신의 머릿속에 있는 매우 뚜렷한 사진을 거의 완벽하게 충족시키게 된다.

　여러분이 여러 가지 분명한 상황 속에서 선택이론의 실제를 관찰함에 따라 여러분은 이 관찰 결과를 여러분 자신의 생활에 자연스럽게 확대해 나가기 시작할 것이다. 당신이 원했던 승진을 못하게 된 것을 알게 되면, '결정적인' 경기에서 당신의 팀이 패배했을 때와 같은 방법으로 행동하는 자신을 보게 될 것이다. 당신의 머릿속에 있는 사진을 충족시키지 못해서 당신은 좌절감을 느끼며, 통제력을 상실하였기 때문에 우울해하는 것을 택하는 것이다. 그러나 경기와는 달리 승리의 사진은 빨리 희미해져 가지만, 승진에 대한 사진은 쉽사리 사라지지 않고 지속된다. 만일 당신이 이 책을 읽는 데만 열중하고 당신 주위에 있는 사람들에게 작용하는 선택이론을 관찰하지 않는다면, 우울해하는 것을 중단하기가 어렵고 또한 당신을 실망케 한 상사를 비난하기가 쉽다는 것을 알게 될 것이다. 그러나 다른 사람들이 고통스러운 선택들을 해오고 있는 것을 본 후라면, 당신 자신이 지금 느끼고 있는 것을 당신이 선택하고 있다는 사실을 더 잘 보게 될 것이다.

당신의 머릿속에서 승진되는 사진이 충족되지 않았는데도 이 사진을 바꾸려고 하지 않으면, 당신이 원하는 승진을 하기 위한 노력을 하는 것 외에는 다른 선택의 여지가 없다는 것을 알게 된다. 당신이 경기에서 박수갈채를 보냈다든가 침울해하는 것을 선택했던 때와 같이 당신은 자신의 행동을 선택하고 있다는 것을 또한 알게 된다. 당신은 자신의 인생행로가 그 당시에 당신이 원하고 있는 사진에 의해 결정되며, 더 나은 것이 없어서 고통스러워하거나 자기 파괴적인 행동들에 의지하게 될지라도, 당신이 이러한 사진들을 충족시키기 위한 노력을 포기하지 않을 것이라는 사실을 잘 인식하고 있다.

당신이 아는 사람들을 볼 때 먼저 그들의 머릿속에 있는 중요한 사진들이 어떤 것들인지 이해하기 위해 노력하라. 당신은 아마도 그 사진들이 정확하게 무엇인지는 모를 것이다. 그 이유는 대부분의 상황들이 축구 경기처럼 승부가 명확하지 않기 때문이지만, 모든 사람은 항상 자신의 사진들을 충족시키고자 행동하고 있으므로, 당신이 그들의 행동들을 관찰할 때 현재의 사진은 과연 어떠한 것인가를 추측해 보려고 노력하라. 비록 그들이 원하는 것을 얻는 것이 불가능할지라도 그들 자신의 사진들을 바꾸는 것이 얼마나 어려운지를 주목하라. 당신이 원하는 사진들에 대한 생각을 계속하며 거의 또는 전혀 충족될 기회가 없는 사진들이 자신의 사진첩에 얼마나 많이 간직되어 있는지를 보라. 모든 사진 중에서 바꿀 수도 없고 버릴 수도 없는 유일한 사진은 우리가 숨 쉬고 있는 사진뿐이다. "나는 충족시킬 수 없는 사진의 노예가 되기를 선택하고 있는가?"라고 자문해 보자.

그리고 나서 당신이 지켜보고 있는 사람들의 행동을 관찰해 보라. 당신은 그 사진들을 추측해 볼 필요는 없다. 당신이 선택이론을 알고 있든 모르고 있든 경기에서 본 '광적인' 행동들을 선택할 것은 확실하다. 선택이론을 알지 못하는 사람들에게서 불행을 보았을 때, 그것이 선택이라는 것을 알게 될 것이다. 이러한 새로운 지식을 당신 생활에 적용시키려면 오랜 시간이 걸릴 것이다. 왜냐하면 불행이 우연히 당신에게 생기게 되었다고 지금까지 쭉 생각해 왔으며, 불행이 우연히 생긴 것 같은 느낌이 확실히 들기 때문이다. 그러나 당신이 선택이론의 여과기를 통해 아내를 통제하려고 침울해하는 것을 선택한 이웃 집 사람이나, 지금까지 경제적으로 한 번도 성공한 일이 없기에 술을 마시며 일생을 보낼 결심을 한 당신의 형제, 또는 사촌을 통제하려고 수 년간 우울증에 걸린 당신의 숙모를 보았을 때, 이런 것들이 선택이라는 사실이 점점 더 명백해질 것이다. 고통스럽고 자기 파괴적인 행동들을 선택하고 있는 당신 주위 사람들을 끊임없이 쉽고 흥미 있는 선택이론으로 관찰해 보면, 당신이 그들과 별로 다를 바가 없다는 사실을 받아들이게 될 것이다. 우리 모두는 유전자의 꾸준한 지시를 만족시키려고 시도함으로써 즐거움뿐만 아니라 고통도 선택하고 있는 존재이다.

마지막으로 우리가 하는 일에 대해 우리가 자의로 통제한다는 것을 설명한 제6장을 잊지 말고 명심하라. 우리가 아무리 우울해하더라도, 우리 머리가 아무리 고통스럽더라도, 우리 피부가 아무리 찢어지게 아플지라도, 심장의 관상동맥이 막힐지라도, 우리 아무리 술을 많이 마신다 해도, 우리는 자신이 행하고 생각하는 것을 언제나 바꿀 수 있다. 우리는 약을 복용하지 않으면서 즉각적으로 또는 직접적으로 기분을 고조시키거나 머리에 상처를 낫게 하거나 동맥의 막힘을 뚫는 선택은 할 수 없다. 그러나 우리에게 보다 더 만족을 주는 선택을 할 수 있다. 만일 우리가 노력만 한다면 사회생활을 증진시킬 수 있으며, 만족을 주는 게임을 정기적으로 할 수 있으며, 새로운 직업을 찾기 위해 공부할 수 있으며, 가족을 따뜻하게 사랑으로 대할 수 있다. 우리의 행동을 바꾸고 싶지 않다는 논의가 타당할지라도, 우리는 언제나 우리의 행동을 바꿀 수 있다. 그리고 우리가 행동을 바꿀 때, 만약 바꾼 행동이 만족을 준다면, 우리는 항상 기분이 더 나아질 것이며 덜 파괴적인 방식으로 행동하게 될 것이다.

기억해야 할 중요한 두 가지 개념은 다음과 같다.

1. 당신의 사진들은 당신 자신의 것이다. 그러므로 당신은 사진을 사진첩에 끼우고, 사진들을 바꿀 수도 있고 제거할 수도 있고 새로운 사진들을 첨가할 수도 있다. 당신은 또한 만족을 줄 수 있는 사진들에 전력을 기울일 것을 선택할 수 있으며, 만족을 주진 못하지만 아직 당신의 머릿속에서 없애 버릴 준비가 되어 있지 않은 사진들에 시간과 에너지를 소모하지 않을 수도 있다.

2. 우울해하는 것같이 당신이 직접적으로 행동을 선택하든지, 또는 정신신체질환처럼 간접적인 창의적 선택을 하든지, 당신은 더 만족을 주는 그 어떤 활동이나 생각을 언제나 선택할 수가 있다. 당신은 숨을 쉬어야 하는데, 그것은 여러분들 모두가 절대적으로 해야 하는 것이다. 당신이 선택해야 할 나머지 것은 당신이 그것을 하고 싶은지 또는 하고 싶지 않은지에 달려 있다.

먼저 많은 관찰을 통해, 다음에는 개인적인 응용을 통해, 당신이 이런 기본 개념을 생활에 적용시킬 수 있으면, 당신은 효과적인 통제를 하는 방법으로 건강하게 잘 살 수 있을 것이다. 인내심을 가지고 꾸준하게 하라. 당신은 선택이론 없이도 오랫동안 살아왔으며 변화는 항상 서서히 이루어진다. 선택이론이 머릿속에 있는 사진들과 우리가 택하는 행동들을 통해서 실현되는 과정임을 이해한다면 당신은 확실한 출발을 한 것이다. 일단 당신이 꾸준하게 이것들을 실행해 나간다면, 나머지는 자연적으로 이루어지게 될 것이다.

색인

A

Addicting drugs. See Drugs : 약물 중독. 약물 참조
Addictions, positive : 긍정적 중독
Agoraphobia : 광장공포증
AIDS(acquired immune deficiency syndrome) : 에이즈(후천성 면역 결핍증)
Alanon : 알코올 중독자 가족 모임
Alateen : 알코올 중독자 형제자매 모임
Alcohol : 알코올
Alcoholics : 알코올 중독자
Alcholics Anonymous : 알코올 중독 방지회
Alcoholism Council : 알코올 중독자 협회
Angering : 화를 내는 것
choice of misery and : 불행과 ___의 선택, choosing : 선택하기
Animals : 동물
Anorexia nervosa : 신경성 식욕 감퇴증
Antidepressant drugs : 항 우울증 약물
Antipsychotic drugs : 항정신병 약물
Anxietying : 근심하기
Automatic behaviors : 자동적인 행동
Awareness : 인식
of choosing misery : 불행 선택의 ___
of the passage of time : 시간의 흐름 ___

B

Babies : 아기

behavioral systems of : 의 행동 체계
crying : 울기
Backaching : 허리 아프기
Bad labels : 나쁜 꼬리표
Barbiturates : 바르비투산염
Behavioral systems : 행동 체계
Behaviors : 행동
cause of : ___의 원인
components of : ___구성 요소
crazy : 미친
creating new : 새로운 ___창조
feeling : 감정 ___
total : 전 ___
Belonging : 소속
freedom and : 자유와 ___
need for : ___의 욕구
Benzedrine :
Brain. See also New brain : 뇌. 신뇌 참조
Old brain : 구뇌
need to survive and reproduce and : 생존 및 생식의 욕구와 ___

C

Caffeine : 카페인
Cancer : 암
Cerebral cortex. See New brain : 대뇌피질. 신뇌 참조
Child-rearing : 자녀양육
basic axiom of : ___의 기본적인 원칙
discipline and : 훈육과 ___
negotiation and compromise in : ___에서의 타협과 절충
procedures used in : ___의 절차
punishment and : 처벌과 ___
Children : 자녀
creativity and : 창의성과 ___
discipline and : 훈육과 ___
punishment of : 처벌
taking control of their own lives : 자신들의 삶을 통제하기
Choices(choosing) : 선택들(선택하기)
angering : 화내기
misery : 불행
Cigarettes. See Nicotine : 담배
Cocaine : 코카인
Compromising with children : 자녀와 타협하기
Compulsive behavior : 강박적인 행동
Conflict : 갈등
doing nothing as way of dealing

with : ___대처하는 방법으로 아무것도 하지 않기
false versus true : 거짓 ___과 참 ___
morality and : 도덕과 ___
between old and new pictures : 옛 사진과 새로운 사진 간의 ___
responsibility and : 책임감과 ___
waiting as response to : 갈등에 대한 응답으로서의 기다림
Conflicting needs, new brain and : 신뇌와 상충되는 욕구
Connors, Jimmy :
Consciousness. See New brain : 의식. 신뇌 참조
Control. See also Taking control of one's own life : 통제. 자기 삶을 통제하기 참조
　of angering, choosing misery and : 화내고 불행을 선택하기
　crazy behaviors and : 미친 행동과 ___
　good feelings associated with : ___와 관련된 좋은 느낌
　misery as means of gaining : ___얻기 위한 불행
Control systems : 통제체계

drugs' actions on : ___에 대한 약물들의 작용
Control theory : 선택 이론
　child-rearing and : 자녀 양육과 ___
　how to start using : 어떻게 ___을 사용하기 시작 할 것인가
　regaining control of one's life and : 자신의 삶에 대한 통제력 획득과 ___
Cooperation, need for : 협력. ___의 욕구
Coronary artery disease. See Heart disease : 심장 질환 참조
Counseling : 상담
Cousins, Norman : 노만 커즌즈
Crazy behaviors : 미친 행동
Creative disease. See Psychosomatic illness : 창조적 질환. 정신신체질환 참조
Creative in-control time : 통제 상태에 있는 창의적인 시간 380-389
Creativity : 창의성
　children and : 자녀와 ___
　craziness and : 광증과 ___
　psychosomatic illness and : 정신신체질환과 ___
Criticism : 비판

constructive : 건설적___
marriage and : 결혼과___
reward and punishment and : 보상과 벌과___
self___ : 자기___
Crying babies : 우는 아기

D

Depressing. See also Misery(feeling miserable) : 우울해 하기 참조
mourning : 애도하기
attracting help by : ___ 으로 도움 유도하기
drugs prescribed for : ___ 위해 처방된 약물
to excuse ineffectiveness or fear : 비효율성·두려움에 대한 변명으로써___
gaining control by : ___ 에 의한 통제력 획득
replacing angering with : 화내는 것을 ___ 로 대체하기
Dexedrine :
Discipline, children and : 자녀 훈육
Disease. See Illness : 질병. 병 참조
Doing : 행하기
as component of total behaviors : 전행동의 구성 요소로서___
control over : ___ 에 대한 통제력
Dreams : 꿈
drugs and : 약물과___
Drugs : 약물
control systems and : 통제체계와___
dreams and : 꿈과___
new brain and : 신뇌와___
old brain and : 구뇌와___
prescribed by doctors : 의사에 의해 처방된___

F

Failure : 실패
Feeling behaviors : 감정행동
Feelings : 감정
as component of total behaviors : 전행동의 구성 요소로서___
pure(short-term intense) : 순수한___
Freedom. need for : 자유, ___의 욕구
Friends : 친구
children's : 자녀의___
need for : ___ 에 대한 욕구
power and : 힘과___

Fun, need for : 즐거움, ___의 욕구

G

Genes : 유전자
    psychological needs and : 심리적인 욕구와___
Genital herpes : 음부포진

H

Health : 건강
    definition of : ___의 정의
    taking control of one's own : 자신의 ___통제
Heart disease : 심장병
Help, depressing as meant attract : 도움, 주의를 끌려는 우울해 하기
Heroin : 마약
Herpes, genital : 음부포진
Hinckley, John, Jr. : 존 힝클리
Homosexuals : 동성연애자
Hospitals : 병원

I

Illness. See also health : 질환. 건강 참조
    prevention of : ___의 예방
    psychosomatic. See psychosomatic illness : 정신신체질환
Immune system : 면역 체계
    cancer and : 암과___
In-control time : 통제 상태에 있는 시간
    creative : 창의적___
Ineffectiveness, pain and misery as an excuse for : 변명으로서의 비효율성, 고통, 불행
Infants. See babies : 유아, 아기참조

K

knowledge, need for : 지식, ___의 욕구

L

Labels, bad : 나쁜 꼬리표
Laughter : 웃음
Learning, fun and : 학습, 즐거움과
Lewis, Joe E. : 조 루이스
Lithium carbonate : 리튬산
Loneliness : 고독
Love : 사랑
    freedom and___ : 자유와

need for : ___의 욕구
power need and : 힘의 욕구와 ___
LSD : 환각제의 일종

M

Marijuana : 마리화나
Marriage : 결혼
   criticism and : 비난과___
   freedom and : 자유와___
   power need and : 힘의 욕구와 ___
   regaining control of one's life and : 개인의 통제력 획득과 ___
Meditation : 명상
Memory, picture albums and : 기억, 사진첩과
Mental illness. See also Crazy behaviors : 정신병. 미친 행동참조
Methedrine : 메테드린
Migraining : 편두통
Misery(feeling miserable). See also Depressing : 불행(불행느낌). 우울 참조
   angering and choice of : 화내기와 ___선택

attracting help by : ___으로 도움 유도하기
as automatic : 자동적으로
awareness of choosing : 불행선택의 인식
choosing : ___ 선택하기
controlling others with : ___로 타인을 통제하기
to excuse ineffectiveness or fear : 비효율성이나 두려움에 대한 변명으로서의___
gaining control by : ___에 의한 통제력 획득
self-esteem and awareness of choosing : 자기 존중감과 ___선택의 의식
Morality, conflict and : 도덕, 갈등과 ___
Morphine : 모르핀
Motivation : 동기
Mourning : 애도

N

Needs : 욕구
   to belong(to love, share and cooperate) : 소속의(사랑, 나눔 그리고 협력)___

conflicting : 상충되는 ___
for freedom : 자유의 ___
for fun : 즐거움의 ___
for knowledge : 지식의 ___
Pictures of what we believe will satisfy, See Pictures : 충족시킬 수 있다고 믿고 있는 사진. 사진 참조
for power : 힘의 ___
psychological : 심리적 ___
for religion : 종교에 대한 ___
to survive and reproduce: 생존과 생식하려는 ___
Negotiating with children : 자녀와 타협하기
New brain : 신뇌
   drugs and : 약물과 ___
   need to survive and reproduce and : 생존 및 생식의 욕구와
Nicotine : 니코틴

O

Old brain : 구뇌
   drugs : 약물과 ___
   need to survive and reproduce and : 생존 및 생식의 욕구와 ___

Older people : 노인들
Opiates : 아편
Organized behaviors : 조직화된 행동
Orwell, George : 조지 오웰

P

Painful feeling behaviors. See also Misery(feeling Miserable) : 고통스러운 느낌행동, 불행(불행한 감정) 참조
   controling others with : ___ 으로 타인을 통제하기
Pain(ing) : 고통
Perceptions. See also Picture : 지각. 사진 참조.
Percodan :
Phobias(phobicking) : 공포증
Physiology as component of total behaviors : 전행동의 구성 요소로서의 생리작용
Picture albums, personal : 개인의 사진첩
Pictures : 사진들
   of alcoholics : 알콜 중독자의 ___

anorexia nervosa and : 신경성
식욕 감퇴증과 ___
that cannot be satisfied : 만족될
수 없는 ___
changing : ___ 바꾸기
conflict between old and new :
과거의 ___ 와 새로운 ___ 의 갈등
controlling other people and :
다른 사람을 통제하기 ___
impossibility of sharing the same
: 똑같은 ___ 공유 하기의 불가능
성
sharing : ___ 함께 나누기
Play. See also fun : 놀이. 즐거움 참조
Positive addiction : 긍정적인 중독
Power : 힘
    fun and : 즐거움과 ___
    need for : ___ 의 욕구
Praise : 칭찬
Prevention of illness : 질병의 예방
Psychological needs : 심리적인 욕구
    to belong(to love, share and cooperate)
    : 소속의 ___
    for freedom : 자유의 ___
    for fun : 즐거움의 ___
    for power : 힘의 ___
Psychology : 심리
Psychosomatic illness : 정신 신체질환

cancer : 암
creativity and : 창의성과 ___
heart disease : 심장병
immune system and : 면역체계
와 ___
old brain and new brain in :
___ 과 구뇌와 신뇌의 작용
Punishment : 벌 288-290
    children and : 자녀와 ___
Pure feelings : 순수한 감정

Q

Quaaludes :

R

Religion : 종교
Reorganization : 재조직
    with crazy behaviors : 미친 행동
으로 ___
Reproduce, need to : 생식, ___ 의
욕구
responsibility : 책임
    conflict and : 갈등과 ___
    for crazy behaviors : 미친 행동
의 ___
Reward : 보상

Rheumatoid arthritis : 류머티즘성 관절염
Rickles, Don : 돈 리콜스
Running : 달리기

S

Self-criticism : 자기 비난
Self-destructive behaviors : 자기 파괴적인 행동
Self-esteem, awareness of choosing and : 자기 존중감, 선택의 인식과 ___
Sensors, internal : 내적 감각기관
Sensory camera : 지각용 카메라
Sexual activity : 성적 활동
Sexual signals : 성적 신호
Sharing, need for : 나눔, ___의 욕구
Signals : 신호
Sleeping peels : 수면제
Stimulus-response(S-R) system : 자극-반응 체계
Stimulus-response theory(or psychology) : 자극-반응 이론(심리)
Suffering. See also Misery(feeling miserable) : 고통을 겪는. 불행 참조
Suicide : 자살
Survival : 생존

angering and : 화를 내는 것과 ___
need for : ___의 욕구

T

Taking control of one's own life : 자신의 삶을 통제하기
  children : 자녀 ___
Thinking : 사고
  as component of total behaviors : 전행동의 구성요소로서 ___
Time, awareness of the passage of : 시간, 흐름의 인식
Tolerance : 관용

U

Uppers : 각성제

V

Valium : 발륨
Values in sensory cameras : 지각용 카메라에 들어 있는 가치
Ventricular fibrillation : 심실이 가늘게 떨리는 것

W

Waiting, as response to conflict : 기다림, 갈등에 대한 반응으로서의

Women, power need of : 여성의 힘에 대한 욕구

한국심리상담연구소 생활심리시리즈

1. 부모역할 배워지는 것인가 　　T. Gordon, J. G. Sands공저/ 김인자 역 / 값 12,500원	18. 현실요법(치료상담) 연구집 　　　　　　한국현실요법연구회 엮음 / 값 5,000원
2. 인간관계와 자기표현 　　　　R. B. Adler 저 / 김인자 역 / 값 12,000원	19. 현실치료상담-선택이론 'Blue Chart 설명서' 　　　　The William Glasser Institute 저 / 값 5,000원
3. 적응심리 (개정판) 　　　　E. Atwater 저 / 김인자 역 / 값 16,000원	20. 헌팅턴우즈는 이렇게 해서 좋은학교가 되었다 　　　　W. Glasser 저 / 좋은학교 연구회 역 / 값 7,000원
4. 당신의 삶은 누가 통제하는가 　　　　W. Glasser 저 / 김인자 역 / 값 12,500원	21. 좋은학교를 만드는 비결 S. Ludwig & K. Mentley저 / 　　　　　　계수정, 김희수 외 공역 / 값 8,000원
5. 현실치료상담의 적용 Ⅰ 　　　　R. E. Wubbolding 저 / 김인자 역 / 값 12,000원	22. 당신도 유능한 상담자가 되고 싶은가 　　　　W. Glasser 저 / 김인자 역 / 값 12,000원
5-1. 현실요법(치료상담) 사례집('96, '97) 　　김인자 엮음 / 값 5,000원('96), 값 5,000원('97)	23. 현실치료상담과 선택이론 Intensive Week 자료집: 기초 / 중급 수강 시 수령.　　김인자 엮음 / 기초 & 중급 - 값 5,000원
5-2. 현실요법(치료상담) 논문집('96, '02) 　　김인자 엮음 / 값 8,000원('96), 값 4,500원('02)	24. 아이에게 행복을 가르쳐 주세요. 　　　　Robert A. Sullo저 / 한귀선 역 / 값 6,500원
6. P.E.T. 논문집('93, '94) 　　김인자 엮음 / 값 4,000원('93), 값 5,000원('94)	25. 섬유근육통, Fibromyalgia 　　　　W. Glasser 저 / 김인자, 박은미 역 / 값 8,500원
7. 좋은 학교 　　　　W. Glasser 저 / 김인자 엮음 / 값 10,000원	26. 동기부여를 위한 효과적인 의사소통 기술 　　　　R. E. Wubboling 저 / 신난자 옮김 / 값 8,000원
8. 사람의 마음을 여는 열쇠 8가지 　　　　　　　　김인자 저 / 값 8,500원	27. 경고: 정신과 치료가 당신의 정신건강에 피해를 줄 수 있다. 　　　　W. Glasser 저 / 박재황 역 / 값 12,000원
9. 열린 부모 신나는 아이들 　　　　　　　　김인자 엮음 / 값 7,500원	28. 불행한 10대를 도우려면 　　　　W. Glasser 저/ 박광석 역/ 값 9,500원
10. 현실치료상담과 선택이론 　　　　　　　　김인자 저 / 값 10,000원	29. 당신은 어떤 사람으로 살고 싶은가 　　　　Harold S. Kushner 저 / 박은미 역 / 값 8,500원
11. 다이어트는 이제 그만 　　J. McFadden 저 / 김인자, 서민경 역 / 값 6,500원	30. 성격강점과 덕목의 분류(CSV) 　　C.Perterson & M.Seligman저(2019년 인쇄예정 없음)
12. 긍정적 중독 　　　　W. Glasser 저 / 김인자 역 / 개정판 작업 중	31. 수필집 - 처음 살아보는 오늘 　　　　　　　　김인자 저 /　값 10,000원
13. 어린이 마음을 여는 기술 　　　　R. E. Wubbolding 저/ 이양희 역/ 값 6,500원	32. 행복을 선택하는 부부 　　　　W. Glasser 저 / 홍미혜 역(2019년 인쇄예정 없음)
14. 자신을 행복하게 만드는 비결 　　　　R. E. Wubboling 저 / 김은진 역 / 값 6,000원	35. 긍정심리학 프라이머 　　C. Peterson 저 / 문용린, 김인자 외 역 값 23,000원
15. 어떠한 학생이라도 성공할 수 있다. 　　　　W. Glasser 저 / 박재황 역 / 값 8,500원	36. 현실치료(상담)의 적용 Ⅱ 　　　　R. E. Wubboling 저 / 박재황, 김은진 역 / 값 12,000원
16. 마음의 병을 고친 사람들 이야기 　　　　Naomi Glasser 저 / 조성희 외 역 / 값 8,000원	37. 선택이론(구, 행복의 심리) 　　　　W. Glasser 저 / 김인자, 우애령 역 / 값 12,500원
17. 좋은 선생님이 되는 비결 　　　　W. Glasser 저 / 박정자 역 / 값 6,000원	38. 내 삶의 주인이 되다(Take charge of your Life) 　　　　W. Glasser 저 / 김인자, 홍미혜 역 / 값 13,000원